Para [illegible] Padilla

Con mucho afecto

Miguel León

España plurilingüe

Alianza Universidad

Miquel Siguan

España plurilingüe

Alianza
Editorial

Primera edición en "Alianza Universidad": 1992
Primera reimpresión en "Alianza Universidad": 1994

Calle Juan Ignacio Luca de Tena, 15; 28027 Madrid; teléf. 741 66 00
ISBN: 84-206-2701-6
Depósito legal: M. 28.459-1994
Compuesto en Fernández Ciudad, S. L.
Impreso en Lavel. Los Llanos, C/ Gran Canaria, 12. Humanes (Madrid)
Printed in Spain

INDICE

INTRODUCCION

La Constitución española de 1978, en su artículo 2, después de afirmar la «indisoluble unidad de la nación española» continúa diciendo que «reconoce y garantiza el derecho a la autonomía de las nacionalidades y regiones que la integran y la solidaridad entre ellas». Y el artículo 3, inmediatamente después de establecer que «el castellano es la lengua española oficial de España», añade que «las demás lenguas españolas serán también oficiales en las respectivas Comunidades Autónomas de acuerdo con sus Estatutos y que la riqueza de las distintas modalidades lingüísticas de España es un patrimonio cultural que será objeto de especial respeto y protección».

Este reconocimiento de la pluralidad nacional y lingüística de España constituye una innovación total respecto a la idea tradicional de España que ha inspirado sus instituciones políticas en los últimos siglos. Una innovación que, una vez que España se ha estructurado en un conjunto de Comunidades Autónomas, ha tenido como primera consecuencia que en la actualidad algo mas del 40 por cien de los ciudadanos españoles residan en territorios en los que la lengua castellana o española comparte con otra el carácter de lengua oficial y como segunda que en los respectivos gobiernos se han promulgado y puesto en ejecución políticas lingüísticas destinadas a la defensa y promoción de estas lenguas.

Unos cambios de tal envergadura no pueden consumarse en un

momento, y hay que hablar más bien de procesos de cambio, procesos legislativos y administrativos impulsados por una voluntad política que responde a unas situaciones sociológicas y sociolingüísticas que tienen a su vez raíces históricas. Procesos complejos, por tanto, que interfieren a su vez con otros y de los que por su proximidad nos resulta difícil advertir las líneas maestras y las tendencias futuras. Procesos que suscitan adhesiones, tropiezan con resistencias y engendran conflictos, que provocan en sus protagonistas actitudes apasionadas, entusiastas u hostiles, o también recelosas o indiferente y en círculos más amplios una actitud generalizada de atención y curiosidad. Y ello no sólo en el interior de las fronteras españolas, sino también en su exterior, especialmente en Europa, donde las cuestiones de convivencia entre lenguas y nacionalidades tienen actualmente una actualidad candente.

La curiosidad por España como «Nación de naciones» o como «Estado plurilingüe» es, por ello, perfectamente comprensible. Menos comprensible resulta, en cambio, que sea tan difícil satisfacerla. La estricta verdad es que no existe en el mercado ningún libro que pretenda ofrecer una visión global y mínimamente pormenorizada de las consecuencias de la estructuración de España en Comunidades Autónomas y sobre los comportamientos lingüísticos colectivos.

Han sido la constatación de esta ausencia y la frecuencia con que en los más variados escenarios me he visto invitado a satisfacer curiosidades sobre el tema lo que me ha decidido a emprender la redacción de esta obra. Una decisión ciertamente arriesgada y de cuyos riesgos yo era el primero en darme cuenta.

Riesgos, en primer lugar, en cuanto a la actitud, la mía, al escribir y la de los lectores al leerlo. Como es bien sabido, todas las cuestiones que se refieren a la sociolingüística y a la política lingüística acostumbran a estar teñidas de apasionamiento e incluso los que pretenden abordarlas científicamente con frecuencia se consideran beligerantes y utilizan la ciencia como un arma más en la batalla por la defensa de su lengua. Sé que hay razones para que ello ocurra, sé que la plena objetividad no existe, que cada uno escribe desde su propia perspectiva y que esto es cierto incluso del científico, y sé que nadie escribe sobre un tema por el que no esté profundamente interesado. Pero sé también que sólo merece el nombre de ciencia el esfuerzo tenaz por entender la realidad desde ella misma, y que en el caso de las ciencias sociales la realidad que se pretende entender está constituida por hombres, que no todos piensan como yo o como los de mi grupo, pero que cada uno tiene sus propias razones. Y creo, por tanto, que el científico que se ocupa de realidades sociales no sólo debe esforzarse por ser objetivo sino que debe empezar por enseñar sus cartas, por enunciar claramente sus fidelidades y sus compromisos y el sistema de valores por el que en definitiva se rige.

De mí puedo decir que tengo con el catalán y con la cultura que se expresa en esta lengua no sólo la relación afectiva que implica el que sea mi primera lengua, sino que me siento personalmente comprometido con ella y en alguna medida responsable de su supervivencia y su expansión. Pero precisamente por este sentido de responsabilidad creo que el mejor servicio que puedo hacerle es presentar su situación y sus problemas con la mayor objetividad de que soy capaz.

El hecho de que esta obra pretenda tratar no sólo del catalán sino de todas las lenguas que conviven con el castellano en el ámbito del Estado español añade una dificultad suplementaria. No sólo se trata de que cada una de ellas exige un esfuerzo parecido de objetividad, lo que por mi menor compromiso personal con ellas debería resultarme más fácil, sino que debo luchar contra la tendencia a considerar que lo que ocurre en otras comunidades y con otras lenguas son simplemente variantes de lo que ocurre en Cataluña, cuando de lo que se trata es de entender cada situación desde sus propias raíces y no comparándola con un modelo extraño. Esto es, en todo caso, lo que he intentado, otra cosa es, naturalmente, que lo haya conseguido.

Reconozco que para adoptar esta actitud de comprensión simpática y de objetividad me ha ayudado una cierta experiencia en ocuparme de cuestiones lingüísticas desde una perspectiva europea. De hecho, la decisión de escribir esta obra la tomé después de haber preparado un informe para la CEE sobre las minorías lingüísticas en el sur de Europa. También la tarea de coordinador del proyecto LINGUAPAX de la UNESCO para poner en relación la enseñanza de lenguas extranjeras con la educación para la paz me ha orientado en esta dirección.

Al lado de las dificultades relacionadas con la actitud a adoptar están las que se derivan de la recogida y la organización de datos disponibles. Afortunadamente algunas Comunidades Autónomas con lengua propia aprovecharon los dos últimos censos de población para acompañarlos con censos lingüísticos, otros lo hicieron con el último censo y es probable que con el próximo sean ya todas las que recojan y publiquen estos datos, y digo afortunadamente porque en otros países no hay ni esto. Pero, de todos modos, se trata de una innovación que sólo dentro de unos cuantos años, cuando se puedan establecer y comparar series temporales, dará sus mejores frutos. Cuando se pasa de los datos estrictamente demográficos a temas de contornos menos definidos la información se hace aun más fragmentaria y dispersa. No existen estudios de actitudes con metodología homogénea que permitan comparaciones entre distintas comunidades, ni estudios sociológicos afinados sobre las principales variables intervinientes. Existen, eso sí, masas de documentaciones dispersas, textos legales y jurídicos, estadísticas fragmentarias y sobre temas dispares, análisis de problemas aislados, opiniones matizadas, tomas de posición rotundas... Para reunir, organizar y digerir esta información habría necesitado disponer de un tiempo y de un equipo de colaboradores que no he tenido a mi disposición. Y tampoco tenía sentido abrumar al lector con una colección de disposiciones legales y administrativas y de datos estadísticos sobre hechos importantes dejándole a él la tarea de organizarlos e interpretarlos. Porque lo que me he propuesto es relativamente más simple: ofrecer una visión comprensible de las políticas lingüísticas de las distintas Comunidades Autónomas con lengua propia de modo que permita la comparación entre ellas y, en función de esta comparación, formular un juicio global sobre sus posibilidades y sus perspectivas. Para hacer comprensible estas políticas he debido comenzar por presentar una panorámica de las lenguas en presencia y de la situación sociolingüística en cada Comunidad. Y la descripción de cada política lingüística la he centrado en cuatro temas principales: el uso institucional de la lengua, su uso en las administraciones en general y más concretamente en la Administración Pública autonómica, su uso en todos los niveles del sistema educativo, de la enseñanza básica a la universidad, y finalmente el papel de la lengua en los productos culturales y en los medios de comunicación impresos y audiovisuales. Y de estas descripciones separadas he pasado finalmente a un intento de descripción y de evaluación del proceso en su conjunto. Es evidente que podía haber tratado otros temas o haber adoptado otro enfoque, centrarme en los aspectos sociológicos o insistir más en las producciones literarias y culturales de cada lengua. O incluso centrado en la política lingüística podía no haberla limitado a la política gubernamental y haberme referido a otras instituciones, la Iglesia por ejemplo, que ciertamente ha jugado un papel importante en las cuestiones lingüísticas, pero en alguna parte había que situar el límite.

Y después de aludir al espíritu con que ha sido escrito este libro y de esbozar su contenido me queda por referirme a su intención. He empezado por decir que nació como un intento de responder a las necesidades informativas de unas personas que se interesan por un proceso realmente singular y de gran trascendencia. Pero, el esfuerzo por entenderlo no podía satisfacerse con una simple descripción. La situación de las distintas lenguas en España, como toda situación histórica, sólo puede entenderse como resultado de unos acontecimientos pasados y en el marco de un proyecto para el futuro. Ello me ha impulsado a comenzar el libro con un relato de la situación de estas lenguas a lo largo del tiempo. No soy historiador de profesión y me excuso por lo que mi intento revele de ensayo de aficionado. Pero también quiero dejar claro que no podemos deducir del pasado la configuración del futuro. El pasado es indefectiblemente pasado, y lo único que nos ha dejado es un conjunto de posibilidades para actuar en el presente pensando en el futuro. Y el futuro es también irremisiblemente futuro y, por tanto, indeterminado. Por esto, el libro no termina con un ejercicio de anticipación del futuro sino con una enunciación de tareas para hacer más pensable, y con ello más vivible, España como «Nación de naciones» y como «Estado plurilingüe». Una tarea menos difícil si se tiene en cuenta que nuestro futuro se llama Europa y que Europa es también una «Nación de naciones» y un «Supraestado plurilingüe».

Para escribir este libro he contado con la ayuda, que agradezco cordialmente, del Colegio Libre de Eméritos. Pero no me ha sido fácil escribirlo. Varias veces he estado a punto de abandonar su redacción y he dudado mucho antes de darlo por terminado, dolorosamente consciente como soy de sus limitaciones. Sólo la insistencia de algunas personas en la necesidad de que un libro sobre este tema se publicase lo antes posible me ha hecho superar mis indecisiones y mis temores. Ahora sólo deseo que una vez abierto el surco, sucesivos cultivadores encuentren la tarea más cómoda y más fructífera.

Capítulo 1

LAS RAICES HISTORICAS

1. La configuración de la pluralidad lingüística

Antes de la colonización romana

Cuando en el siglo II a. C. los romanos iniciaron la ocupación de la Península Ibérica, ésta estaba ya habitada por distintos pueblos. En las zonas del noroeste y el centro residían pueblos de raza céltica que habían llegado a la Península hacía ya varios siglos formando parte de las sucesivas oleadas indogermánicas que desde Asia Central se extendieron por Europa y, aunque no conocemos la lengua, o las lenguas, que hablaban hemos de suponer que pertenecería al grupo celta, del que han sobrevivido hasta hoy el bretón o el galés. En las zonas orientales y meridionales de la Península se encontraban los íberos, llegados mucho antes que los celtas, probablemente desde el norte de Africa. Y aun cuando se conservan algunas inscripciones ibéricas hasta ahora no descifradas, la verdad es que no sabemos prácticamente nada sobre la lengua, o las lenguas, que hablaban, y ni tan siquiera podemos decidir si era íbera la lengua de los habitantes de Tartessos, donde sabemos que florecía una literatura importante. Menos todavía podemos decir sobre la relación entre la lengua de los íberos y el vasco, la única anterior al latín que se ha mantenido viva hasta nuestros días. Sí sabemos, por el testimonio de los toponímicos, que el vasco se hablaba en una zona geográfica que por los

Pirineos llegaba al Mediterráneo, una zona, por tanto, mucho más extensa que la actual, y ciertos indicios hacen sospechar, pero sólo sospechar, que puede estar emparentado con ciertas lenguas caucásicas actuales. Aunque también debe suponerse que a lo largo de treinta siglos el vasco habrá evolucionado de una manera tan profunda como lo han hecho otras lenguas, por ejemplo el latín, y por tanto que entre el vasco antiguo o protovasco y el euskera actual habrá diferencias sustanciales.

La ocupación romana de la Península tuvo como consecuencia la rápida difusión de la lengua de los colonizadores. El latín, la lengua de los primitivos habitantes de Roma, era otra de las lenguas de la familia indogermánica llegada a Europa en forma parecida y por la misma época que las lenguas celtas. Su rápida difusión, más que a la presión de los colonizadores, hay que atribuirla al superior prestigio de la civilización que representaba y al interés de los indígenas por incorporarse a ella. Aun admitiendo que la aceptación del latín fue más rápida en la ciudad que en el campo y en las zonas más cultivadas que en las agrestes, y que la transición implicó un bilingüismo más o menos prolongado, puede decirse que en los comienzos de nuestra era el latín ya era la lengua habitual de la mayoría de los habitantes de la Península que entonces se denominaba Hispania. Así, por primera vez en el conjunto de la Península se hablaba una misma lengua que era al mismo tiempo lengua común de todas las tierras que formaban el Imperio romano. Esta comunidad lingüística se basaba en el hecho de que, a diferencia de las lenguas indígenas, el latín era además una lengua escrita, con normas uniformes en todos los ámbitos de su utilización, a la vez que instrumento de una administración compleja y eficaz y medio de expresión de una literatura floreciente.

Pero si el latín escrito y culto era común a todos los súbditos del Imperio capaces de utilizarlo, el latín hablado en la vida cotidiana —llamado latín vulgar— variaba de unas provincias imperiales a otras y dentro de éstas de una región o de una comarca a otra. Y en esta diversificación jugaba un papel principal la influencia de las lenguas habladas anteriormente por la población y desde las que, en cada caso, habían accedido al latín. Es lo que los historiadores de las lenguas denominan la influencia del sustrato previo, que es evidente en la fonética pero también en el léxico e incluso en la morfología y en la sintaxis.

Con la progresiva decadencia del Imperio y con la disolución de su administración centralizada el proceso de fragmentación y de transformación del latín se acentuó. En la Península se establecieron los visigodos, un pueblo germánico pero ya latinizado y que además constituía sólo una pequeña minoría en el conjunto de la población, aunque fuese la minoría dirigente. Con los visigodos tanto la Administración como la Iglesia siguieron utilizando el latín escrito, pero un latín cada vez más alejado de las normas clásicas. En cuanto al latín hablado, aceleró el proceso de transformación y de diferenciaciones locales, proceso que no conocemos directamente porque no ha dejado huellas escritas, pero que podemos deducir de los desarrollos posteriores. Esta evolución habría acabado por producir variedades lingüísticas y lenguas diferenciadas en distintos lugares de la Península igual que ocurría por la misma época en distintas regiones de Europa. Pero en la Península Ibérica ocurrió un hecho singular que incidió fuertemente sobre este proceso. A comienzos del siglo X los árabes invadieron el reino visigodo y prácticamente sin encontrar resistencia ocuparon la mayor parte de la Península. Sus habitantes conocieron así la llegada de una nueva lengua y una consiguiente etapa bilingüe que en algunos lugares iba a prolongarse durante siglos.

La ocupación árabe de la Península no fue, sin embargo, completa. Los cristianos mozárabes que se resistieron a la ocupación se refugiaron en las zonas montañosas del norte de la Península, del Atlántico al Mediterráneo, y fue en estas zonas de resistencia donde cristalizaron las variedades lingüísticas que acabaron convirtiéndose en nuevas lenguas derivadas del latín. La complicada orografía de estas zonas facilitó la aparición de un gran número de estas variedades y todavía hoy en las montañas cántabras y en los Pirineos el habla de dos valles vecinos presenta diferencias apreciables, pero finalmente acabaron por concretarse cinco núcleos lingüísticos principales: el gallego, que posteriormente fue gallego-portugués, el astur-leonés, el castellano, el aragonés y el catalán. A estos cinco núcleos herederos del latín hay que añadir el vasco, que desde la llegada de los romanos en el siglo II a. C. hasta la invasión musulmana a finales del siglo IX había resistido la presión del latín aunque fuese a costa de la reducción de su territorio. Una reducción que en ciertos lugares comportaría la coexistencia de las dos lenguas, el latín en las zonas llanas y más fértiles y el vasco en las montañosas y aisladas. De hecho, el castellano se formó en una zona, Burgos y la Rioja, en la que al comienzo de la romanización se hablaba todavía vasco, y es posible que haya que atribuir a este sustrato vasco algunas de las características más típicas del castellano, como la precisión de su sistema vocálico y quizás incluso su mayor facilidad para separarse del latín en contraste con los demás romances peninsulares.

Expansión territorial y expresión literaria

Los distintos núcleos enumerados eran a la vez sistemas lingüísticos diferenciados y medios de comunicación de grupos humanos que con el correr del tiempo iban a organizarse políticamente, a entrar en competencia entre sí, y a expansionarse hacia el sur ganando terreno a los árabes en lo que se llamó la Reconquista. Y como es fácil de imaginar fue esta historia política la que en gran parte determinó la suerte de las distintas lenguas en gestación.

En un primer período fue el núcleo astur-leonés el que asumió el primer plano: la Reconquista se inició en Covadonga, o al menos esta fue la imagen que se consagró posteriormente, y los monarcas de la monarquía leonesa se consideraban herederos de la herencia mozárabe. Pero en la pugna entablada entre la monarquía leonesa y el condado de Castilla fue ésta la que impuso su hegemonía, al mismo tiempo que la expansión del castellano hacia el oeste bloqueaba el desarrollo de la que podía haber sido la lengua asturiana. En los primeros siglos de la Reconquista el castellano se extendió igualmente hacia el Este. En Navarra, a pesar de la fuerte influencia francesa y de que en una buena parte del territorio se hablaba vasco, la monarquía y la población se inclinaron por el castellano. Y lo mismo ocurrió en Aragón, impidiendo la posible constitución de una lengua aragonesa a partir del núcleo lingüístico del Pirineo central. Así, a lo largo de los siglos X y XI el castellano se extendió como una doble cuña hacia el este y el oeste al mismo tiempo que progresaba hacia el sur en las tierras conquistadas a los moros hasta llegar a ocupar toda la parte central de la Península.

En el extremo noroccidental el gallego, a pesar de no disponer de estructuras políticas propias, demostró una gran vitalidad y por la repoblación de las tierras conquistadas a los árabes se fue extendiendo hacia al sur por el borde atlántico.

En el otro extremo de la Península el núcleo catalán, a caballo de las dos vertientes, pues en esta región el Pirineo no constituye una barrera, dispuso de estructuras políticas propias desde que a finales del siglo X los condes de Barcelona formalizaron su independencia respecto al Imperio carolingio e iniciaron su expansión hacia el sur. No exclusivamente hacia el sur, pues durante bastante tiempo el núcleo catalán, estrechamente relacionado con la cultura occitana, soñó con afianzarse a ambos lados del Pirineo, hasta que la cruzada albigense y la liquidación de la cultura provenzal a manos de los franceses del norte a comienzos del siglo XII liquidó estas perspectivas y consagró su versión hacia el sur y por el Mediterráneo. Es cierto que esta expansión se hizo en nombre de la Corona de Aragón en la que ambas entidades conservaron sus instituciones y su lengua pero en la que Barcelona asumió la iniciativa de la expansión, lo que explica que el catalán se convirtiese en la lengua de las Baleares y de la mayor parte de Valencia.

De esta manera, a finales del siglo XIII quedaban definitivamente configuradas las líneas generales del mapa lingüístico de la Península Ibérica. En la amplia faja central el castellano ocupaba el condado de Castilla y el antiguo reino de León, o sea, lo que en la España actual se denomina Asturias, Santander, Castilla la Vieja y la Rioja, así como la mayor parte de Navarra y de Aragón, y la previsible expansión hacia al sur iba a establecerlo en Castilla la Nueva y Andalucía. El gallego había desbordado el territorio de la Galicia actual y se había extendido por lo que hoy es la zona septentrional de Portugal, con la posibilidad de seguir progresando hacia el sur. Y el catalán, además de ser la lengua hablada en Cataluña, se había extendido por el reino de Valencia y aspiraba a llegar todavía más al sur, posibilidad que sólo en parte se cumplió, y ya en el Mediterráneo se hablaba en las Baleares y temporalmente en otras islas. En cuanto al vasco, sin poseer estructuras políticas propias que participasen en la Reconquista, había quedado al margen de esta expansión territorial asegurando su supervivencia por el aislamiento.

Coincidiendo con esta expansión territorial y demográfica los tres romances peninsulares comenzaron a utilizarse para tareas administrativas sustituyendo al latín y, por tanto, en forma escrita. Al mismo tiempo empezaron sus primeras manifestaciones literarias, al principio exclusivamente en forma oral. Sabemos que en el siglo XI florecía en la Península, tanto en las tierras cristianas como entre la población mozárabe de las ocupadas por los árabes, una poesía lírica popular de la que nos han llegado algunas huellas. También debe situarse en este siglo la composición del *Poema de Mío Cid* que sólo dos siglos después se pondría por escrito. Ya en el siglo XI se difundió una poesía culta influida por los trovadores provenzales, y tan fuerte fue esta influencia que los poetas catalanes durante mucho tiempo escribieron sus versos en provenzal. En el otro extremo de la Península, en Galicia, en el mismo siglo surgió una lírica trovadoresca que alcanzó tal prestigio que también durante mucho tiempo los poetas de León y de Castilla utilizaban el gallego en sus composiciones poéticas.

A finales del siglo XIII no sólo, como hemos dicho, los dominios territoriales de las tres lenguas estaban claramente delimitados sino que las tres se habían convertido en medios de expresión adecuados para la creación literaria y las tres daban muestras de una gran vitalidad en este sentido. La producción en gallego siguió centrada principalmente en la lírica. En cambio, el castellano, además de desarrollar una poesía culta, el «mester de clerecía», inició el cultivo de la prosa con colecciones de narraciones y crónicas históricas e incluso, con Alfonso X el Sabio, textos didácticos y científicos. Durante el siglo XII, en la Escuela de Traductores de Toledo, árabes, judíos y cristianos habían traducido al latín antiguos textos griegos para difundirlos en la Europa cristiana. Un siglo después, por inspiración de Alfonso X el Sabio, lo que se traducían eran textos orientales al castellano. En el siglo XIV la literatura en lengua castellana estuvo dominada por los versos del *Libro del buen amor* del Arcipreste de Hita y por la prosa del Príncipe Don Juan Manuel. Y en el siglo XV la tragicomedia *La Celestina* y la poesía del Marqués de Santillana representan la introducción de las ideas renacentistas. También es típicamente renacentista el esfuerzo de Nebrija por codificar la lengua castellana.

La producción literaria en catalán alcanzó también en el siglo XIII un nivel muy alto especialmente por obra de Ramón LLull, un escritor polifacético, filósofo, místico, poeta, novelista, etc., en cuyas manos el catalán se convirtió en una lengua literaria extremadamente dúctil y también en la primera lengua vulgar en la que se escribieron textos filosóficos. A una altura similar hay que situar las grandes crónicas históricas, comparables con las mejores que ha producido el Occidente cristiano. Y en el siglo XIV a autores como Eiximenis y

Turmeda. En el siglo XV se inicia el declive político de Cataluña y su producción literaria desciende también, pero en cambio en este siglo la literatura en lengua catalana alcanza sus cotas más altas en tierras valencianas con la poesía de Ausiàs March y la célebre novela *Tirant lo Blanch*. Pero es también su canto del cisne.

En cuanto a la literatura en lengua gallega ya se ha dicho que se limita a la lírica y que no sobrepasa el siglo XIII. Pero en los territorios portugueses que ya poseen una estructura política propia el gallego inicia una nueva evolución que le convierte en portugués, y pronto surge una literatura en lengua portuguesa.

2. El proceso de unificación

En 1469 tuvo lugar el matrimonio de Isabel, reina de Castilla, y de Fernando, rey de Aragón, y aunque se trataba de una unión estrictamente personal y los dos reinos conservaron íntegramente todas sus instituciones, el matrimonio puso en marcha un proceso unificador cuyas consecuencias empezaron a ser visibles durante el mismo reinado. En 1492 los reyes, que adoptaron el título de Reyes Católicos, conquistaron Granada, el último territorio que los árabes conservaban en la Península y unos meses más tarde Cristóbal Colón llegó a América y tomó posesión de sus tierras en nombre de los Reyes de Castilla. Unos años después, en 1512, Navarra se incorporó definitivamente a la Corona manteniendo también sus instituciones propias.

Es posible que los Reyes Católicos adoptasen este calificativo y no el de Reyes de España porque en su tiempo la denominación España parecía aludir todavía al conjunto de toda la Península y aunque Portugal era independiente desde 1143 nunca se habían perdido del todo las esperanzas de una eventual reunificación. Pero, de todas maneras, el hecho es que a finales del siglo XV y como consecuencia de su reinado se configuró definitivamente el mapa de España y se consagró el papel predominante de Castilla en esta configuración y en la política que llevará a la unificación interna de los territorios que constituyen este mapa. Paralelamente a este proceso la lengua castellana se convertirá en la lengua predominante del nuevo Estado y empezará a denominarse lengua española. Y la literatura en lengua castellana conocerá su época de máximo esplendor, mientras que las restantes lenguas dejan de tener expresión literaria.

Contemplado desde una perspectiva posterior, es posible presentar este proceso como el despliegue de un proyecto previo iniciado con la Reconquista y la consecución de la unidad peninsular como forma de realización de la nacionalidad española, proyecto implícito en la herencia visigoda y asumido por los monarcas leoneses y tras ellos por los castellanos. Pero como acostumbra a ocurrir con las interpretaciones *a posteriori* de la historia, al razonar de esta manera olvidamos que las realidades aludidas no son esencias intemporales previamente existentes sino precisamente realidades históricas que emergen y se constituyen en el tiempo. Y en el caso que nos ocupa no sólo no existía la nación española sino que ni tan siquiera existía el concepto nacionalidad en el sentido que tiene hoy esta palabra, un concepto que se irá constituyendo a lo largo de la época moderna hasta convertirse en uno de los elementos fundamentales de la sociedad europea.

La defensa frente a los árabes y la progresiva ocupación del territorio ocupado por éstos fue llevada a cabo por grupos de hombres unidos por lazos de sangre y de lengua, aglutinados por fidelidades personales de tipo feudal que progresivamente se convirtieron en sistemas monárquicos. Y el hecho de que en esta lucha las distintas monarquías tuviesen un enemigo común y una justificación común, la lucha contra los infieles y la liberación de los cristianos, debía generar una conciencia común, que bien puede calificarse como de espíritu de cruzada. Y es igualmente cierto que las distintas monarquías peninsulares debían acabar entrando en conflicto luchando por los mismos territorios e intentando imponer su hegemonía. Y en esta pugna el recuerdo de la monarquía visigoda fue pronto un argumento importante, pues justificaba la ocupación de tierras a los árabes como una reconquista y justificaba al mismo tiempo la pretensión de una autoridad hegemónica para toda la Península.

Si todo esto es cierto también lo es que la Reconquista se extendió a lo largo de seiscientos años y que en este tiempo tan dilatado las temporadas de conflictos se alternaron con largos períodos de coexistencia pacífica e incluso de colaboración. Y que muy a menudo los reyes cristianos no sólo luchaban contra los moros sino que luchaban entre sí, y a veces incluso mezclaban a los árabes en sus disputas. Y recordemos finalmente que los soberanos cristianos de estos siglos con facilidad dividían sus estados entre sus hijos o los ampliaban por medio de matrimonios, algo totalmente extraño a lo que modernamente entendemos por nación y por territorio nacional.

Resulta, por tanto, exagerado decir que los Reyes Católicos pretendían realizar la unidad de España como nación. Lo que pretendían era afianzar su autoridad sobre todo el territorio de su reino desmontando la autoridad feudal y asegurándose directamente la fidelidad de todos los habitantes. Y la conquista de nuevos territorios hasta abarcar toda la Península era una manera más de afianzar esta autoridad. Otras monarquías de Europa en la misma época seguían el mismo camino, y en el término de este camino se encuentran los Estados nacionales. Probablemente más justo que decir que estos estados fueron la realización de una idea nacional sería afirmar que la nacionalidad surgió en el proceso de constitución de los Estados modernos como justificación ideológica y como traducción en el plano de la conciencia colectiva. Hablo, naturalmente, de los Estados que se constituyeron con la modernidad; en los que como Alemania o Italia no se constituyeron hasta el siglo XIX, la conciencia nacional fue previa al esfuerzo por construir el Estado que la encarnase.

Pero en el siglo XV esta conciencia era todavía vaga. El descubrimiento y conquista de América se hizo en nombre de Castilla. Y Carlos I, rey de España y Emperador de Alemania, dedicó la mayor parte de su vida a defender una determinada concepción de Europa, aunque con el paso del tiempo acentuase su españolización.

También Cataluña poseía un alto grado de conciencia de su identidad colectiva y de sus características distintivas como la lengua así como de su solidaridad en las empresas comunes, y abundan los testimonios de los siglos XIII y XIV que lo demuestran, pero sería exagerado decir que existía ya una nacionalidad catalana en el sentido actual, estaba en camino de existir en el marco de la construcción de un Estado moderno, un Estado que probablemente habría sido muy distinto de los que acabaron cristalizando en España y en Francia, como parece indicarlo el hecho de que la incorporación de nuevos territorios, Valencia y Mallorca, se hizo con la fórmula de una Confederación.

En cuanto a Galicia y el País Vasco, sin estructuras políticas propias y sin posibilidad de articular un proyecto colectivo, menos todavía puede decirse que en el siglo XV constituyeran una nación si no es como pura posibilidad.

Tampoco Portugal era todavía plenamente una nación. Se había unido y separado varias veces de Castilla y todavía parecía posible que con el tiempo y gracias a un matrimonio real se consiguiese su reincorporación. Sorprendentemente, ocurrió lo contrario. Y digo sorprendentemente porque si a alguien, contemplando el mapa de la Península en el siglo XIII, se le hubiese vaticinado que en el futuro se constituirían en la Península dos Estados independientes habría deducido que uno tendría la fachada atlántica y el otro la mediterránea. Pero tampoco sería acertado reducir la separación de Portugal a anécdotas matrimoniales; lo que dio a Portugal una conciencia nacional y aseguró su independencia fueron sus empresas ultramarinas africanas y americanas, lo que por otra parte coincidió con el descenso del papel del Mediterráneo en la política europea. Y es igualmente cierto que si la capital de España se hubiese establecido en Lisboa o en Sevilla la nacionalidad española se habría constituido de una manera muy distinta de como la conocemos.

Pero la historia es como es y no como pudo ser, y lo cierto es que el esfuerzo de los Reyes Católicos puso en marcha un proceso de unificación administrativa y política de un territorio que para sus descendientes fue ya un reino único. Y aun cuando es cierto que el proyecto de los Reyes no incluía la unificación lingüística, no es menos cierto que el solo hecho de reforzar el poder real desde tierras de Castilla y en lengua castellana debía tener efectos desfavorables sobre las otras lenguas.

Un ejemplo muy claro en este sentido lo ofrece Galicia. En el conflicto sucesorio que terminó con la entronización de la reina Isabel, la nobleza local gallega se había puesto en su mayor parte del lado de los Trastámara, lo que hizo que fuesen sustituidos por personajes afectos a la reina al mismo tiempo que se ponía en pie una administración delegada de la Corte. Así, progresivamente, una nobleza local de lengua gallega fue sustituida por nobles y funcionarios de lengua castellana, mientras que la mayoría de la población continuaba conociendo y usando exclusivamente el gallego.

En Cataluña, Valencia y Mallorca, en cambio, las instituciones locales siguieron intactas y siguieron utilizando el catalán como lengua administrativa y de relación externa. A pesar de lo cual el sólo hecho de que el castellano fuese la lengua del poder real bastaba para darle un indudable prestigio en el ámbito de la Administración. Con el tiempo se hizo cada vez más frecuente que el monarca se dirigiese a las autoridades de Cataluña en castellano y que esperase que se le respondiese en la misma lengua. Y dado que la producción literaria en catalán prácticamente había desaparecido, el castellano tenía además el prestigio que le concedía el ser la lengua de los libros, unos libros que la generalización de la imprenta empezaba a popularizar. Incluso en la Universidad de Barcelona, que tenía como lenguas el latín y el catalán, empezaban a circular textos en castellano. Y la nobleza catalana empezó a emparentar con la castellana y en parte a adoptar su lengua. Este proceso de penetración progresiva del castellano en los niveles altos de la sociedad ocurrió en forma parecida pero mucho más fuerte en Valencia y en alguna medida también en Baleares. Todo lo cual no obsta para que en Cataluña, Valencia y Baleares, al igual que en Galicia, la mayoría de la población siguiese conociendo y usando casi exclusivamente su propia lengua.

En Navarra y el País Vasco la situación era, a su vez, diferente. Navarra se había constituido en una entidad política —el reino de Navarra— que se extendía por las dos vertientes de los Pirineos y en la que en amplias zonas se hablaba en vasco, pero casi exclusivamente en forma oral. El latín, como lengua de la administración y de la cultura, había sido sustituido desde el principio por el francés y por el castellano. En cuanto a las villas y señoríos del País Vasco, no constituyeron una entidad política unitaria pero gozaban, como era normal al final de la Edad Media, de un sistema de derechos locales y estamentales —los fueros— que los señores debían respetar. Esta pequeña nobleza pronto se trasladó a la corte castellana pero las villas y los señoríos mantuvieron una gran vitalidad y una cierta prosperidad económica, agrícola en el interior y marinera en la costa, y evidentemente mantuvieron sus fueros y su autonomía; pero tampoco aquí se había utilizado el vasco en funciones administrativas. De hecho, las primeras producciones escritas en vasco que se conservan son del siglo XVI. Pero se puede notar incluso una cierta presión en favor del uso oral del castellano en las circunstancias formales, concretamente a partir del siglo XV abundan las propuestas de que sólo se elijan representantes en los consejos locales que sean capaces de entender el castellano.

A lo largo del siglo XVII cuando España, después de haber abandonado el proyecto imperial, intentó constituir un Estado moderno en el sentido de un Estado nacional la política de unificación se hizo más explícita. Es conocida la admonición del Conde Duque de Olivares a Felipe IV, «Tenga VM: por el negocio más importante de su Monarquía el hacerse rey de España. Quiero decir, Señor, que no se contente VM con ser rey de Portugal, de Aragón, de Valencia, Conde de Barcelona sino que trabaje y piense con consejo maduro y secreto por reducir estos reinos de que se compone España al estilo y leyes de Castilla sin ninguna diferencia». De lo que se trata es de una unificación política y administrativa, las mismas leyes y los mismos reglamentos, pero la diferencia de lenguas, y más exactamente el desconocimiento del castellano, empieza a sentirse como obstáculo.

En el caso de Galicia y el País Vasco este desconocimiento se interpreta como una forma de ignorancia que está en relación con la pobreza y el aislamiento de los lugares en los que esto ocurre y que constituye un freno a su modernización. En el caso de Cataluña esta acusación está menos justificada, y la insistencia en utilizar su lengua se relaciona con la insistencia en reclamar el respeto a las instituciones propias de las que el derecho a usar la propia lengua es sólo un aspecto, y esta insistencia a su vez se interpreta como una obcecación obstruccionista a los esfuerzos de modernización y de eficacia del Estado. Este es, al menos, el punto de vista de Olivares.

Como el tema del enfrentamiento entre Olivares y los catalanes en el marco de los proyectos de modernización es un tema incómodo propenso a los apasionamientos y a los malentendidos prefiero referirme a un hecho aparentemente de menos fuste como es el papel de los jesuitas en la difusión del castellano en Cataluña. Es sabido que entre las actividades preferidas de la orden de los jesuitas desde sus orígenes estuvo lo que hoy llamaríamos la «formación de élites» y en esta línea establecieron en Barcelona a comienzos del siglo XVII, y precisamente en la Rambla y justo al lado del *Estudi General* que así se denominaba la Universidad barcelonesa, un Colegio de Nobles, más conocido por Colegio de Cordelles.

Entre los alumnos de uno y otro centro la rivalidad era continua y las peleas a pedradas frecuentes. Era fácil, sin embargo, distinguirlos por su indumentaria, los de Cordelles llevaban hábito de caballeros y ceñían espadín, mientras que los del *Estudi*, hijos de comerciantes y de propietarios rurales, iban de trapillo. La diferencia entre los dos centros no se limitaba a la procedencia social de sus alumnos sino que se extendía a la pedagogía. Cordelles, de acuerdo con la renovación pedagógica impulsada por los jesuitas, cultivaba el latín clásico al mismo tiempo que la gramática y la retórica castellanas, mientras que en el *Estudi* se utilizaba el latín macarrónico de los textos escolásticos o el catalán coloquial. Y el contraste llegaba a la ideología, y cuando creció su prestigio algunos profesores de Cordelles quisieron optar a cátedras de la Universidad a lo que la Universidad se opuso y la disputa llegó hasta la Corte con los jesuitas reclamando su derecho y la Universidad afirmando su autonomía. Pero la disputa además de legal e institucional tenía ribetes ideológicos; la Universidad, de acuerdo con el obispo, pretendía que todas las cátedras de filosofía siguiesen fieles a la enseñanza de santo Tomás, o sea, al tomismo estricto, mientras que los jesuitas proponían que se tuviesen en cuenta también doctrinas más modernas. Es evidente que frente a los jesuitas llegados de Castilla y protegidos por la Corte la Universidad se sentía solidaria con las instituciones de Cataluña y con el uso de su lengua, y es evidente también que esta solidaridad implicaba un conservadurismo de fondo plenamente compartido por la sociedad catalana.

A la muerte de Carlos II, dos pretendientes se disputaban el trono de España, un nieto de Luis XIV de Francia, Felipe, y un archiduque austríaco, Carlos. Uno y otro consiguieron partidarios y aliados en la sociedad española y en su ejército, y la pugna llevó a una guerra abierta que bien puede calificarse de guerra civil. En la pugna, catalanes y valencianos se pusieron al lado del Archiduque, y aunque la decisión no puede calificarse de nacionalista, pues se trataba de elegir un rey de España, es evidente que en la misma influyó el convencimiento de que el pretendiente austríaco estaba más dispuesto a respetar las instituciones tradicionales de estos reinos que el francés. La guerra quedó virtualmente decidida en el momento en que el pretendiente austríaco aceptó la corona de su país, pero entonces los catalanes, y concretamente, la ciudad de Barcelona, prolongaron una resistencia tan heroica como sin esperanzas que sólo puede explicarse por el valor simbólico que tomó la defensa de las instituciones propias y por el entusiasmo popular que esta defensa provocaba. Y resulta revelador considerar la composición de los ejércitos enfrentados en esta última batalla. El ejército que sitiaba Barcelona era un ejército profesional, con soldados procedentes de diferentes países al mando del duque de Berwick francés, mientras, la defensa de la ciudad estaba a cargo de los restos del ejército español que se había decantado por el archiduque y fundamentalmente por una milicia urbana formada por ciudadanos encuadrados por gremios y a cuyo frente estaba el *Conseller en cap* de la ciudad enarbolando la bandera blanca de Santa Eulalia. Y con los agremiados, los estudiantes. En el último y definitivo asalto, el bastión de Portal Nou fue arrollado y sus defensores aniquilados. Se trataba de una compañía de espaderos, una de orfebres y una tercera de estudiantes de distintas facultades al mando del catedrático de Prima Philosophia, cátedra de la que pocos años antes los jesuitas habían querido desplazar a un tomista estricto. En los umbrales del siglo XVII este ejército urbano y estamental era un bello y patético anacronismo.

La entronización de Felipe V de Borbón en el trono de España significó la consagración de la política de Estado nacional unificado y centralizado de acuerdo con el modelo francés que los Borbones estaban aplicando en Francia con indiscutible éxito. En los lugares en los que la uniformidad administrativa era ya un hecho más o menos consumado la nueva política significó simplemente un paso más en esta dirección, mientras que en los lugares que mantenían instituciones y leyes propias debía acarrear su desaparición. Sólo Navarra y las villas vascas, que desde el primer momento se pusieron al lado del pretendiente francés, mantuvieron sus fueros tradicionales. En cambio, en los territorios del antiguo reino de Aragón —Aragón, Cataluña, Valencia y Mallorca—, que mayoritariamente habían abrazado la causa del Archiduque, los decretos de Nueva Planta derogaron sus regímenes jurídicos y administrativos tradicionales sustituyéndolos por el régimen común español, es decir, por el del reino de Castilla. En el caso de Cataluña, de Valencia y de Mallorca la uniformidad administrativa implicaba además el uso exclusivo del castellano en todas las actuaciones jurídicas y administrativas. Si hasta entonces la progresiva marginación de las lenguas distintas del castellano había sido una consecuencia secundaria de la política de unificación, a partir de este momento la uniformidad lingüística será un objetivo directamente buscado, y esta uniformidad no sólo se considerará como una forma de racionalidad sino como expresión de la unidad nacional. Una imposición que no podía dejar de provocar resistencias, y buena prueba de ello son las instrucciones a las nuevas autoridades recomendando la prudencia y la cautela e incluso el sigilo a la hora de aplicar esta política.

Un primer ejemplo de la resistencia que encontró esta política debemos buscarlo en la Iglesia. En la Iglesia ha sido constante la doctrina, ratificada por el Concilio de Trento, de que la predicación al pueblo, y en primer lugar la enseñanza del catecismo a los niños, ha de hacerse en la lengua que el pueblo entiende y utiliza, y así se había hecho tradicionalmente en los distintos territorios lingüísticos de la Península. Pero a partir de los comienzos del siglo XVIII, y en algunos lugares desde bastante antes, un conjunto de circunstancias como la progresiva centralización de los nombramientos episcopales, que facilitó el nombramiento de obispos forasteros de lengua castellana, los esfuerzos por reformar desde el centro ciertas órdenes monásticas decaídas, caso de Montserrat en Cataluña y de muchos monasterios gallegos, o simplemente la creciente colaboración de las jerarquías eclesiásticas con las autoridades civiles o la progresiva diglosia del público de las ciudades, produjo una presencia cada vez mayor del castellano en la predicación y en la enseñanza. Pero esta penetración, a su vez, provocó la resistencia y la oposición de una parte del clero regular e incluso de algunos obispos. La intensidad de la penetración y la amplitud de la resistencia dependieron muchas veces de factores personales y ocasionales, pero en conjunto puede decirse que la resistencia fue casi nula en Galicia, débil en Valencia, más importante en Baleares y muy fuerte en muchas diócesis catalanas.

El País Vasco constituye un caso aparte en este sentido. El clero local no sólo siguió utilizando la lengua vasca en la predicación y en la enseñanza religiosa, sino que la utilizó en forma escrita en obras piadosas y ascéticas de tal modo que el vasco, que hasta entonces no había tenido un uso escrito, empezó así a tenerlo, y que fueron los ambientes eclesiásticos los que aseguraron la supervivencia de la lengua escrita. Se ha calculado que del total de los autores de escritos a lo largo de los siglos XVI, XVII y XVIII el noventa por ciento fueron clérigos.

No menos significativo es el caso de la enseñanza. En 1768, Carlos III, el monarca ilustrado, dictó una resolución «para que en todo el reino se actúe y enseñe en lengua castellana». La referencia a la actuación alude al viejo tema de la lengua de la Administración, pero la referencia explícita a la enseñanza se relaciona con un hecho nuevo: mientras que tradicionalmente sólo recibían una educación formal los que aspiraban a ingresar en el Seminario o en la Universidad en el siglo XVIII se generalizaba la necesidad de una instrucción básica para sectores cada vez más amplios de la sociedad, y la orden especificaba que esta instrucción debía darse en castellano, incluso en los lugares en los que no se hablaba esta lengua, pues en los que era la lengua común la orden era superflua. Una justificación aducida de esta orden era que el castellano era la lengua de la Administración y, por tanto, que el conocimiento del castellano era una condición necesaria para relacionarse con ella. Pero puede suponerse que la verdadera razón era que, al menos para los gobernantes, el castellano había llegado a identificarse con la lengua de la cultura, la lengua de la letra impresa, y su conocimiento en la condición para tener acceso a la cultura. Aunque la razón de fondo era, por supuesto y como ya he señalado, que la unidad lingüística y el uso del castellano se habían convertido en símbolo de la unidad nacional.

La exigencia de enseñar exclusivamente en castellano tropezó con resistencias más fuertes en aquellos lugares en los que, como en Cataluña, existía ya una cierta práctica docente en la lengua propia. La resistencia se apoyaba generalmente en la consideración de que enseñar en castellano a niños que no conocían esta lengua podía tener consecuencias contrarias a las que se pretendían, perpetuando la ignorancia de los alumnos. Desde esta perspectiva hubo pedagogos que defendiendo la necesidad de la adquisición del castellano proponían su aprendizaje paulatino y a través de la lengua materna. En otros casos la resistencia se apoyaba explícitamente en la defensa de la lengua propia y en el derecho a utilizarla en actividades culturales.

Un testimonio significativo de la nueva situación nos lo ofrece el pensamiento de los intelectuales «ilustrados». En el siglo XVIII, como respuesta a la impresión generalizada de que España pierde cada vez más peso en la marcha de la política y de la cultura europeas surgen hombres que se esfuerzan por incorporar España a las nuevas corrientes y por ofrecer planteamientos más racionales a los problemas urgentes de la vida colectiva. Las sociedades económicas de Amigos del País y sus iniciativas por renovar la economía son un buen ejemplo de sus intenciones. En línea con estos planteamientos Jovellanos, preso en el castillo de Bellver, se lamenta de que los niños mallorquines por recibir la enseñanza en castellano, no asimilen las enseñanza que deberían recibir y con la que podrían mejorar su agricultura. Pero es un ejemplo aislado y no puede decirse que los ilustrados, a pesar de la influencia que alcanzaron, propusieran ninguna medida en favor de las lenguas ni que se interesasen por ellas. Lo que sí es cierto es que la Ilustración se acompañó de un interés por el pasado y por elaborar una historia erudita y crítica, lo que llevó a interesarse por la historia local y, en ciertos casos como el Padre Sarmiento en Galicia, a reivindicar su lengua y su cultura. Pero es también un ejemplo aislado. La mayoría de los ilustrados setecentistas tienen un interés puramente erudito por el pasado y no creen en su posible recuperación. Tal postura la podemos ver típicamente representada en A. de Campmany, historiador entusiasta de las glorias pasadas de Cataluña que en el prólogo a su traducción castellana del *Llibre del Consolat de Mar (Código de las costumbres marítimas de Barcelona*. Madrid, 1791) escribe: «Sería inútil copiarlo en un idioma antiguo y provincial muerto hoy para la república de las letras y desconocido en el resto de Europa».

A comienzos del siglo XIX, y como consecuencia de la Revolución francesa y de la invasión napoleónica, España experimentó una conmoción ideológica que tuvo, sin embargo, escasa influencia sobre el tema que nos ocupa. Los revolucionarios franceses habían defendido la causa de la lengua francesa como lengua nacional con más entusiasmo incluso que los monarcas Borbones y los liberales hispánicos, que simpatizaban en mayor o menor grado con las ideas revolucionarias, no demostraron ninguna preocupación por la decadencia de las lenguas regionales. Con muy contadas excepciones ni los que con mayor empeño atacaban el centralismo y defendían una Constitución federal, ni los que a lo largo del siglo protagonizaron pronunciamientos a veces de corte claramente cantonal, dieron muestras de interesarse por el tema.

Y lo que es más sintomático todavía, en el extremo opuesto del panorama político el movimiento tradicionalista, más conocido por carlismo, del nombre del pretendiente a la corona que propugnaban, que entró violentamente en pugna con los sucesivos gobiernos liberales en dos guerras sangrientas e interminables que dominan la historia política del siglo XIX español, tampoco asumió la defensa de estas lenguas. Ello es tanto más significativo en tanto que el carlismo se opone en redondo a la concepción del estado moderno, nacido de la Revolución francesa, monolítico y centralizado, en nombre de un régimen monárquico basado en la tradición, la fe religiosa y los «fueros» o leyes tradicionales. Más significativo todavía, porque el carlismo asentaba su fuerza en regiones que no sólo han tenido instituciones propias sino que mantienen una lengua propia: Navarra, Galicia, Valencia y Cataluña. A pesar de lo cual y de que muchos cabecillas carlistas se expresaban usualmente en su primera lengua, en los programas tradicionalistas no figuran reivindicaciones lingüísticas.

Por tanto, ninguno de los grupos ideológicos que pretenden influir en la vida política española hasta el último tercio del siglo XIX considera que la diversidad lingüística constituya un problema que merezca ser planteado. Hombres políticamente tan influyentes como Balmes o el general Prim, para los que el español era su segunda lengua, no hacían alusión al tema.

Si en el siglo XVIII el castellano se había establecido definitivamente como la lengua de la Administración y de la cultura y también de los niveles superiores de la sociedad, a lo largo del siglo XIX se produciría su progresiva expansión en las clases populares a través de la generalización de la enseñanza.

La presión por imponer el castellano en la enseñanza y por habituar a los alumnos a usarlo desde el comienzo de la escolaridad que se había iniciado en el siglo XVIII se mantuvo y aumentó a lo largo del XIX. He aquí un ejemplo anecdótico pero significativo tanto de esta presión como del desconocimiento del castellano por parte de muchos escolares. El 22 de julio de 1837, el Gobernador político (antecesor de los actuales Gobernadores Civiles) de Baleares, para promover el uso del castellano entre los alumnos de las escuelas, dictó una disposición de la que transcribo un par de párrafos:

> Cada maestro o maestra tendra una sortija de metal que el lunes entregará a uno de sus discípulos adviertiendo a los demás que dentro del umbral de la escuela ninguno hable palabra que no sea en castellano so pena de que oyéndola aquel que tiene la sortija se la entregará en el momento y el culpable no podrá negarse a recibirla pero con el bien entendido de que en oyendo éste en el mismo local que otro condiscípulo incurre en la misma falta tendrá acción a pasarle el anillo y éste a otro en caso igual y así sucesivamente durante la semana hasta la tarde del sábado en que a la hora señalada aquel en cuyo poder se encuentre el anillo sufra la pena que en los primeros ensayos será muy leve pero que se irá aumentando a proporción de la mayor facilidad que los alumnos vayan adquiriendo de expresarse en castellano y para conseguirlo más

pronto convendrá también señalar a los más adelantados algún privilegio tal como el de no recibir la sortija los lunes o el ser juez en los pleitos que naturalmente se suscitarán sobre la identidad o dialecto de la palabra en disputa.

De esta manera, insensiblemente sin trabajo alguno por parte de los maestros y siendo los castigos incomparablemente menores que las faltas se conseguirá no solamente que al cabo de algún tiempo de constancia llegue a familiarizarse la juventud mallorquina con la lengua en la que están escritas las doctrinas y conocimientos que aprende y a expresarlos con facilidad y soltura, sino también el que se guarde más silencio en las escuelas por el temor que cada uno tendrá de incurrir inadvertidamente en la pena del anillo y exponerse al castigo o a lo menos a las zozobras que siempre le precederán.

El celo mejor entendido de los maestros en plantear y sostener esta medida tan sencilla y el adelantamiento de sus discípulos será un mérito particular para unos y otros y un objeto especial de examen en la visita anual que pasaré a todas las escuelas de la provincia y para perpetuo recuerdo y observancia de esta disposición se conservará fijo en el interior de las escuelas el presente edicto. Dado en la ciudad de Palma, a 22 de febrero de 1837 (Melia, 1970).

La orden del Gobernador político no sólo demuestra el celo de las autoridades delegadas de la Administración central por colaborar en la política de unificación lingüística, sino que permite comprobar que esta política seguía modelos extranjeros, concretamente franceses. La «sencilla medida» que el Gobernador propone es la que los inspectores del Ministerio de Educación francés recomendaban a los maestros en las regiones de Francia con leguas autóctonas, especialmente en Bretaña, y la que a imitación de ésta las autoridades educativas inglesas aplicaban en el País de Gales.

Unos años más tarde, la llamada *Ley Moyano* que por primera vez pretendía regular la totalidad del sistema educativo español, prescribía que la lengua de la enseñanza, tanto la lengua enseñada como la lengua en la que se enseñaba, era el castellano y precisamente el definido por las normas de la Real Academia. A pesar de lo cual abundan los ejemplos de pedagogos que entienden que precisamente para enseñar mejor el castellano conviene partir de la lengua familiar de los alumnos, esfuerzos que a veces son recibidos con comprensión y a veces censurados y prohibidos. La resistencia a abandonar la lengua se prolonga en algunos lugares y sobre todo en Cataluña respecto a la enseñanza de las nociones religiosas ya que algunos obispos insisten en la necesidad de hacerlo en la lengua más familiar para el niño, práctica que todavía a principios del siglo XX estuvo expresamente prohibida por el Ministerio de Educación.

A pesar de esta presión sostenida a lo largo del tiempo y dirigida a la totalidad de la población escolarizada, la verdad es que a finales del siglo XIX en todos los territorios en los que en la Edad Media se hablaban lenguas distintas de la lengua castellana estas lenguas seguían vivas y seguían siendo los medios de expresión y de comunicación habituales de la mayoría de la población. Para citar sólo un testimonio aduciré lo que dice el archiduque Salvador de Austria en su monumental obra sobre Baleares, medio siglo después de que un gobernador dictase la «sencilla medida» de la sortija:

> Según el Censo oficial de 1860, que es el último publicado, existen en la isla 26.181 personas que pueden leer y escribir en lengua castellana. Probablemente este número es mayor en la actualidad. Teniendo en cuenta los defectos de aquel censo y que tanto la población como la instrucción han aumentado en los últimos diez años se puede calcular que el número de personas que conocen el castellano será de 32-33.000; a esta cifra hay que añadir unas 2.000 personas de las clases populares que sin saber leer ni escribir pueden expresarse, no obstante, en castellano; se trata de gente que ha habitado largo tiempo en las provincias españolas o en las posesiones de ultramar o que ha estado al servicio durante mucho tiempo de empleados o militares españoles o que han sido soldados o marinos de la marina de guerra, es decir veteranos con muchos años de servicio, en una palabra, personas que han pasado parte de su vida en lugares donde no oían más que castellano. La mayor parte de ellos son hombres de Palma y su término; sumando el número de estas personas a la cifra dada antes podemos deducir que en Mallorca entienden el castellano unas 35.000 personas, es decir, una sexta parte de la población, y si descontamos los niños menores de diez años de ambos sexos, una cuarta parte de los mallorquines se puede valer de esta lengua. Pero sólo una parte muy pequeña de estas personas usan el castellano en su vida corriente; únicamente los funcionarios y sus familias, los soldados que han venido del continente y otros españoles, con excepción de los catalanes, todos se encuentran accidentalmente en la isla y el número de los que se han domiciliado en Mallorca no pasará de los dos o tres mil.
>
> Para el resto de la población el castellano es un idioma más o menos extraño que nunca es empleado en el seno de la familia, ni siquiera en Palma, donde su conocimiento está más extendido. Es verdad que en la capital existirán unas cuatro mil personas, tal vez cinco mil, que usan diariamente el castellano pero sólo en sus relaciones con los forasteros o sea con los españoles del continente. Cuando los mallorquines se encuentran en una sociedad de esta clase hablan en castellano por cortesía pero tan pronto como el forastero se ha alejado vuelven a su idioma natural como si una invencible inclinación hasta aquel momento reprimida recobrase su libre curso. El motivo de este modo de obrar debe atribuirse al hábito y a la gran facilidad con que se expresan en su lengua materna, por la que sienten una auténtica estimación tan entrañable como la pasión con la que aman a su tierra.

Con más o menos exactitud, la descripción que hace el archiduque de una situación diglósica podía aplicarse a Cataluña, a Valencia, a Galicia y a ciertas comarcas del País Vasco. O sea, que las lenguas seguían existiendo pero casi exclusivamente en forma oral con más intensidad en el campo que en las ciudades y en las clases populares que en las altas. Y además en retroceso. El propio archiduque hace notar que mientras que las sesiones del Ayuntamiento de Palma y de los demás ayuntamientos de la isla se celebran en catalán, las actas de las sesiones se escriben desde hace un tiempo en castellano. Y que cada vez es más frecuente que la correspondencia privada se escriba en castellano. Y que en los pueblos donde normalmente en las iglesias se predica en catalán, en las fiestas solemnes se empieza a invitar a un predicador de la capital que lo haga en castellano. Y lo que el archiduque considera más significativo del cambio que se está produciendo es que los campesinos se sienten orgullosos de que sus hijos se hagan capaces de leer y de escribir en castellano, porque para ellos el castellano se identifica con la lengua escrita y con las actividades prestigiosas.

Así a lo largo del siglo XIX la suerte de las lenguas distintas del castellano parecía definitivamente echada y su desaparición era sólo cuestión de tiempo.

3. La recuperación de las «otras» lenguas

En 1833, Buenaventura C. Aribau, empleado de un financiero catalán instalado en Madrid, compuso para su jefe un poema en catalán, *Oda a la Patria*, que, publicado posteriormente en Barcelona, produjo una fuerte impresión. En los años siguientes se publicaron varios volúmenes de poesías líricas en catalán, y en 1859 se instituyeron los *Jocs Florals* que pretendían resucitar la tradición de unas fiestas provenzales en honor de la poesía; se celebrarían cada año y sólo se admitirían composiciones poéticas en catalán. Dieciocho años después, en los *Jocs* de 1877, Verdaguer se dio a conocer con el poema épico *La Atlántida,* que causó sensación. Verdaguer no era solamente un gran poeta sino que con él empezó también la prosa literaria catalana moderna. En su estela aparecieron una generación de novelistas y dramaturgos de tal modo que a finales del siglo XIX y comienzos del XX la literatura en lengua catalana podía considerarse ya una literatura «normal» en sintonía con las corrientes estéticas vigentes en Europa. Paralelamente, la *Renaixença,* que así se autocalificó esta recuperación lingüística y literaria, había ampliado su cauce y se había convertido en un movimiento que abarcaba muchos aspectos de la vida de la sociedad catalana y que se había traducido en formulaciones políticas.

Un movimiento de esta amplitud no puede ser fruto del azar ni constituir un hecho aislado, más bien debe considerarse la manifestación de Cataluña de algo que podemos considerar como «espíritu del tiempo». El romanticismo, que imperaba en Europa a comienzos del siglo XIX como reacción frente al racionalismo y el uniformismo cultural del siglo anterior, se interesaba por el pasado medieval, las leyendas populares y las culturas tradicionales. Y frente a la «fría razón» exaltaba la espontaneidad y el sentimiento. El romanticismo tenía indudablemente un aspecto nostálgico y antirrevolucionario de oposición a los principios de la Revolución francesa, pero al mismo tiempo se abría a una nueva modernidad exaltando la creatividad, el individualismo e incluso la insurrección. En cualquier caso, el romanticismo provocó en toda Europa el interés por las culturas «dejadas de lado por la historia» y en muchos casos su reactivación en el plano literario e incluso en el político. Esto es lo que sucedió en Cataluña y en otras comunidades españolas con lengua propia, donde surgieron movimientos de recuperación lingüística más o menos similares a la *Renaixença* catalana. Ello obliga a describir separadamente cada uno de ellos.

Cataluña

En Cataluña, la recuperación de la lengua como instrumento literario se convirtió pronto en un movimiento que afectaba a los aspectos más diversos de la vida social y que en alguna medida los dinamizaba. Así, en 1876 se fundó la *Societat Catalana d'Excursionisme Cientific,* que unía el interés geográfico con el folklórico y el arqueológico y que adoptó el catalán como lengua exclusiva. Otras asociaciones siguieron su ejemplo, y en 1895 Guimerà pronunció en catalán el discurso inaugural del curso en el Ateneo, lo que produjo considerable impresión en los círculos intelectuales de la ciudad.

La primera publicación periódica en catalán que alcanzó una cierta continuidad fue *Un Troç de Paper,* quincenal a partir de 1865 y durante un par de años. El primer periódico diario fue *El Poble Català,* aparecido en 1879 y que duró también un par de años. Pero

La Veu de Catalunya, convertida en diario de 1899, siguió publicándose hasta la guerra civil. Paralelamente iba aumentando la edición de libros en catalán.

La difusión cada vez más amplia del uso del catalán produjo lógicamente la preocupación por la corrección de su uso, una preocupación que en realidad es anterior al movimiento de recuperación. Ya en 1838 Labernia había publicado un *Diccionari de la llegua catalana.* Lo que realmente produjo la difusión de uso fue una anarquía ortográfica y sobre todo la controversia entre los partidarios de resucitar un catalán arcaizante y los defensores del catalán cotidiano, *el catalá que ara es parla,* una controversia que se arrastrará hasta la obra normativa de Fabra.

Un aspecto importante y significativo del movimiento de recuperación de la lengua es que desde finales del siglo XIX la mayoría de movimientos de renovación pedagógica en Cataluña han incluido la reivindicación del catalán como lengua de enseñanza. Un hito en este sentido lo constituye el establecimiento en 1906 de la *Escola de Mestres* de Bardinas.

Otro dato a tener en cuenta es la participación de la Iglesia. En todas las diócesis de Cataluña se había mantenido siempre en alguna medida la predicación y la enseñanza del catecismo en catalán. Pero en el tercer tercio del siglo XIX se produjo un claro compromiso de una parte importante de la jerarquía y de algunas órdenes religiosas con el uso del catalán y con los objetivos del catalanismo. Bastará con citar un par de ejemplos en este sentido: la publicación por el obispo Torres y Bages en 1892 de *La tradició catalana,* breviario del nacionalismo catalán desde una óptica cristiana, y el papel destacado que desde entonces ha jugado el Monasterio de Montserrat tanto en la orientación de la espiritualidad catalana como en el apoyo al catalanismo. Hubo, de todos modos, sectores de la Iglesia, una parte del clero regular y la mayor parte de las órdenes religiosas, que se mantuvieron al margen del movimiento incluso en forma muy explícita.

Pero sería erróneo suponer que esta participación de la Iglesia define la orientación del movimiento de recuperación lingüística. Desde el comienzo hubo corrientes populares hostiles a las manifestaciones religiosas o decididamente anticlericales que se expresaron en catalán, incluso en publicaciones periódicas de amplia audiencia.

El dato fundamental es, de todos modos, que el movimiento

iniciado con la *Renaixença* literaria desembocó en formulaciones políticas. En 1866 se publicó *Lo catalanisme* de Valentín Almirall, una formulación del catalanismo radical inspirada en el federalismo. Pero el intento de Almirall de hacer del catalanismo la bandera común de las corrientes populares e izquierdistas terminó en fracaso. Veinticinco años después (1892) Prat de la Riba, que representaba a una burguesía ilustrada y renovadora al mismo tiempo que anclada en la tradición, publicó *La nacionalitat catalana,* el libro clásico sobre el tema que iba a constituirse en catalizador del movimiento. Por los mismos días en que se publicó la obra se formularon las *Bases de Manresa*, una reclamación explícita de autogobierno para Cataluña apoyada en una amplia movilización popular.

Así, en menos de cuarenta años se produjo un cambio completo en el panorama político catalán; de una reivindicación exclusivamente literaria se pasó a unos planteamientos políticos maximalistas. Un cambio tan importante y que iba a tener consecuencias tan profundas no sólo para Cataluña sino para España obliga a preguntarse por las fuerzas que lo determinaron.

Una primera explicación arranca de los planteamientos políticos inmediatamente anteriores. El carlismo, que tanto arraigo tuvo en Cataluña, no reivindicaba la lengua pero en cambio luchaba contra el Estado central en nombre de las estructuras sociales tradicionales, y su derrota militar dejó libres unas energías de las que al menos una parte pudieron ser canalizadas hacia el catalanismo. Que los reductos del carlismo, así la ciudad de Vic y su seminario episcopal, una generación más tarde fuesen viveros de catalanismo es un fuerte indicio en este sentido. Y en el bando opuesto también había liberales que se oponían al Estado centralista y autoritario en nombre de las entidades sociales naturales y que proponían un Estado federal, y no es casualidad que el primer teórico del catalanismo, Almirall, procediese de las filas federales.

Y hay que añadir todavía la aportación de generaciones de intelectuales dedicados a estudiar el pasado de Cataluña y de sus instituciones, tarea iniciada por los ilustrados del siglo XVIII y continuada en los más diversos campos, de la historia del derecho a la de la lengua. A esta contribución erudita y crítica el romanticismo añadió una historia de estilo popular y mitificante de la que Víctor Balaguer es un representante típico. Su *Historia de Cataluña*, publicada entre 1850 y 1863, se sitúa en una perspectiva liberal pero al mismo tiempo reivindicadora de la personalidad histórica de Cataluña de tal modo que se la podría calificar de historia nacionalista.

Pero todo esto no sería suficiente para explicar la envergadura del movimiento catalanista. El dato verdaderamente decisivo es la transformación socioeconómica que convirtió a Cataluña en una región industrial en el conjunto de un país que seguía siendo predominantemente agrario.

El cambio había empezado a finales del siglo XVIII cuando se instalaron en Barcelona las primeras fábricas textiles y cuando una burguesía ilustrada favoreció de diferentes maneras la difusión de los conocimientos científicos y técnicos. Cuando en 1854 se derribaron las murallas, en el interior del recinto amurallado funcionaban ya unas cuarenta fábricas de vapor y muchas más en los alrededores y en el conjunto de Cataluña. Y se había inaugurado ya el primer ferrocarril.

En aquellos días la población de Cataluña representaba la séptima parte de la población española; en cambio, de los aproximadamente cien mil trabajadores industriales censados, la mitad residían en Cataluña. Un contraste tan pronunciado necesariamente debía producir incomprensiones y tensiones. De los muchos testimonios que podrían aducirse me limitaré al de Balmes, una de las cabezas más claras y más ponderadas del siglo XIX español. En una serie de artículos dedicados a la situación y los problemas de Cataluña, publicados en 1843, precisamente el año en que se derribaron las murallas, define este contraste: «Conviene no perder de vista que Cataluña es la única provincia que participa propiamente hablando del movimiento industrial europeo y así sólo en ella se presentan los nuevos problemas sociales», y remachando el clavo de las diferencias comenta: «Cuando se pasa de Cataluña al extranjero nada se observa que no sea una especie de continuación de lo que ahí se ha visto. Diríase que el viaje se hace dentro de una misma nación, de una a otra provincia, pero al salir del Principado para lo interior de España entonces parece que en realidad se ha dejado la patria y se entra en países extraños...» Nada se encuentra (en Cataluña) que no contraste vivamente con la dejadez, la ociosidad, el desaseo que ofrenda en otras poblaciones de la Península, y concluye: «La vida de España está en las extremidades, el centro está exánime, flaco, frío, poco menos que muerto.» Y el símbolo de estas diferencias lo ofrece el contraste entre Barcelona y Madrid; Barcelona una ciudad activa y progresiva y Madrid una ciudad exclusivamente administrativa. Mientras París o Londres son los motores del desarrollo de sus respectivos países, Madrid es más bien un freno. La consecuencia que de ello extrae Balmes es clara: Madrid no entiende los problemas de Cataluña y difícilmente puede contribuir a su solución. Cataluña deberá confiar más bien en su propia iniciativa. Balmes es un político moderado y conciliador que ha propuesto una solución de compromiso para el pleito dinástico que dividía a España y confía en un diálogo que contribuirá al progreso de España. Su receta es el «provincialismo» como opuesto al centralismo. Otros propondrán respuestas más radicales. Pero lo que quiero destacar es que las opiniones de Balmes no hacen más que expresar unos puntos de vista que son ampliamente compartidos en la Barcelona de mediados del siglo XIX y que encontramos repetidos en autores de las más diversas procedencias.

Pero hay todavía algo más. En la misma serie de artículos Balmes explica el progreso industrial y económico de Cataluña por una «ética del trabajo» que para él constituye una característica de la manera de obrar y de ser de los catalanes. Encontramos así otro tema, el del «carácter catalán», extremadamente popular a lo largo del siglo. Para citar un solo ejemplo, veinte años más tarde, en 1862, el que con el tiempo sería el célebre Doctor Letamendi, y ya instalado en Madrid, decano de su Facultad de Medicina, publicó un diagnóstico del carácter catalán con el título de *Ensayo de fisiología provincial* cuyo argumento fundamental es que Cataluña es una tierra pobre y áspera y que los catalanes para sobrevivir y progresar han debido trabajar duramente y que este trabajo obstinado es lo que ha moldeado su carácter y le ha dado los rasgos que lo definen. Poco tiempo después, el mismo Letamendi que entre otras cosas y además de catedrático de Anatomía fue fundador del Fomento de la Producción Española, pronunció en el Ateneo barcelonés una sonada conferencia sobre el proteccionismo industrial, y en la que analizando las causas de la decadencia económica española la atribuye al carácter español, que oscila entre el heroísmo y la picaresca pero que es indiferente ante el trabajo como forma de progreso. El contraste entre las dos caracterizaciones no podía ser más evidente pero es, por otra parte, un lugar común en la época.

En la medida en que esta diferencia de situación y de mentalidad entre Barcelona y Madrid era real, quien más directamente debía experimentarla era la burguesía, que impulsaba la industrialización en Cataluña pero que precisaba de la protección del gobierno central para asegurar este desarrollo. Por supuesto, en la larga batalla del proteccionismo arancelario pedía protección frente a la competencia extranjera porque así convenía a sus intereses pero también porque creía que la industrialización era buena para Cataluña y también para España. En algún momento imaginó poder ponerse al frente del proceso de industrialización español. Pero en conjunto y a diferencia de los vascos sólo recogió decepciones y periódicamente sintió la tentación de desentenderse de Madrid y replegarse sobre sí misma. Su situación era, sin embargo, difícil. La industrialización estaba provocando la aparición de un proletariado industrial, lógicamente reivindicativo, lo que unido al fermento liberal muy vivo en Barcelona y en otras localidades de Cataluña producía periódicamente revueltas y conflictos violentos que sólo podían ser sofocados por las fuerzas del orden y en último término por la autoridad central, en la que los empresarios debían en definitiva confiar. Esto llevaba a la burguesía catalana a una continua oscilación entre la crítica y la apelación a Madrid. Pero a finales del siglo, y tras el desencanto de las ilusiones producidas por la restauración, una mayoría sustancial de esta burguesía se comprometió decisivamente con el catalanismo político. Prueba de ello es su participación en la fundación de la *Lliga,* el primer gran partido catalanista y también en el que uno de sus más destacados representantes, Prat de la Riba, fue a la vez el definidor del nacionalismo y el primer presidente de un organismo público catalán: la *Mancomunitat de Catalunya.*

Lo cual no significa que el catalanismo se conviertese en patrimonio de una clase o de un grupo social. Todo lo que he dicho sobre sus antecedentes y sobre los apoyos que recibió indican que afectó a todos los ámbitos de la sociedad y que desembocó en una toma colectiva de conciencia que parece justificado calificar de conciencia nacional. Conviene, pues, decir algo sobre la formulación de esta conciencia y sobre su influencia en el tema de la lengua.

En 1854 Llorens y Barba, catedrático de Filosofía de la recién restablecida Universidad de Barcelona, pronunció el discurso de inauguración del curso hablando sobre la filosofía y su historia. La filosofía tiene una historia común que se despliega a través de los siglos pero, además, en cada país la filosofía tiene una fisonomía propia y ello es porque cada nación tiene su propio espíritu, el espíritu nacional, que se manifiesta de múltiples maneras en las costumbres, en las leyes, en la lengua, en la literatura y en último término en la filosofía que produce.

El espíritu nacional, el *volkgeist,* que con tanto entusiasmo describe Llorens en su discurso, es la justificación ideológica del concepto de nación que ha elaborado el romanticismo alemán. La nación se define por un espíritu nacional que a su vez se manifiesta en sus creaciones culturales, en la cultura nacional. Si a esto le unimos la identificación que ha establecido la Revolución francesa entre nación y Estado, el Estado como encarnación de la nación, tendremos la justificación de todos los nacionalismos políticos en el siglo XIX, tanto de los que están instalados en el poder de un Estado como de los que reivindican su derecho a alcanzarlo.

Llorens terminó su discurso afirmando que era tarea de la universidad cultivar el espíritu nacional pero sin especificar a qué nacionalidad se refería, y dado el año en que hablaba debemos suponer que sobreentendía la española, y que sus oyentes y colegas en el claustro, Martí de Aixala, Milá i Fontanals, Rubió i Ors, así lo entendían. Pero unos años después los propios discípulos de Llorens trasponían los términos del discurso a Cataluña. Entre ellos estaba el ya citado obispo Torres y Bages que en *La tradició catalana* se propone formalmente caracterizar el espíritu nacional de Cataluña identificándolo con su raíz cristiana.

Las ideas de Herder y de otros románticos alemanes sobre el espíritu nacional no fueron la única fuente ideológica del nacionalismo catalán. Valentín Almirall, que ya he dicho que procedía del federalismo, estaba principalmente influido por el positivismo francés. La sociedad se organiza expontáneamente de abajo arriba y por tanto el Estado debe concebirse como una confederación de entidades nacionales. Pero a la hora de definir estas entidades nacionales Almirall insiste en la base biológica, o sea en la raza, y como derivado de ella, en el carácter nacional, o sea en la psicología de los hombres que componen la nación. En la misma línea, pero en forma más exagerada y atrabiliaria, Peius Gener contrapone la raza catalana a la raza española. Recuérdese que a lo largo del siglo pasado la insistencia en la herencia biológica como determinante del comportamiento es característica del pensamiento de izquierda a diferencia de lo que ha ocurrido posteriormente.

La formulación más precisa y también la más influyente de la nacionalidad catalana es la que hizo Prat de la Riba en el libro de este mismo título: *La nacionalitat catalana* (1892). Prat, que como jurista se había formado en fuentes germánicas, concretamente en la escuela histórica del derecho, coincide plenamente con Llorens al considerar que el espíritu nacional se manifiesta a lo largo de la historia de un pueblo en sus usos y costumbres y en sus leyes e instituciones jurídicas al mismo tiempo que en sus tradiciones populares, en sus leyendas y en sus obras literarias alude a la sociología francesa y a la psicología de los pueblos alemanes para destacar el papel del carácter colectivo o nacional como un dato a tener en cuenta, pero apenas si alude al tema de la raza. En cambio, sitúa en primer plano el significado de la lengua: «La lengua es prenda y garantía de nacionalidad.»

Antes he recordado que la publicación de *La nacionalitat catalana* coincidió con la eclosión de las reclamaciones políticas catalanas y la aparición de partidos políticos catalanistas. En 1914, después de unas elecciones aparatosamente ganadas por los partidos catalanistas, Prat de la Riba asumió la presidencia de la *Mancomunitat* de Diputaciones de Cataluña, organismo que en realidad tenía escasas competencias pero que inteligentemente aprovechadas permitieron a su Presidente crear una serie de instituciones y poner en marcha un conjunto de iniciativas que resultaron decisivas para el futuro de Cataluña. Entre ellas está la creación del *Institut d'Estudis Catalans* (1917), cuya sección de filología, por obra de Pompeu Fabra y con el apoyo decidido de Prat de la Riba, formuló en 1913 las primeras normas comunes para el catalán moderno.

La temprana muerte de Prat de la Riba comprometió la continuidad de su obra y de su proyecto de solidaridad nacional. Cataluña vivía una época de conflictividad social aguda y una parte de la burguesía dudaba de que el catalanismo pudiera constituir una respuesta adecuada, de manera que no tuvo inconveniente en colaborar con la dictadura de Primo de Ribera (1923-1930). Así, cuando en 1931 se proclamó la República, el partido que había liderado Prat quedó en minoría, y fue un partido de izquierda el que asumió la vanguardia del catalanismo. Pero a pesar de esta oposición, tanto unos como otros, la *Lliga* como *Esquerra Republicana*, se declaraban explícitamente partidarios de la autonomía de Cataluña y de la defensa y la promoción de la lengua catalana.

Islas Baleares

También en las islas Baleares, donde se habla el catalán desde el siglo XIII y donde en el propio siglo XIII Ramón Llull había llevado el catalán a una de sus cimas más altas, la influencia del romanticismo y el ejemplo de Cataluña provocó a mediados del siglo XIX un cierto resurgir del uso literario de la lengua que si inicialmente fue puramente mimético respecto a lo que ocurría en Cataluña —*Jocs Florals*—, pronto inspiró una producción poética original. Y hacia finales del siglo la existencia de un grupo de poetas mallorquines de extraordinaria calidad permiten hablar de una escuela poética mallorquina con características muy definidas —perfección formal, afición al clasicismo, herencia mediterránea— y que forman un capítulo importante de la literatura en lengua catalana. En cambio la producción en prosa apenas superó los ensayos costumbristas.

El sacerdote Antonio Alcover realizó una contribución importante al renacimiento lingüístico en el campo de la filología. Emprendió la magna tarea de recopilar un diccionario completo de la lengua que tituló: *Diccionari Catalá-Balear-Valenciá*, y para ello solicitó la colaboración de todos los hablantes de la lengua catalana. Aunque sólo se pudo terminar después de su muerte ha quedado como hito importante en la historia de la lengua. El también organizó y promovió el Primer Congreso Internacional de la Lengua Catalana.

Pero si la aportación de la isla de Mallorca a la recuperación de la lengua fue importante, en cambio se limitó exclusivamente al ámbito literario y filosófico, y prácticamente no tuvo implicaciones ni repercusiones sociales ni políticas. Para entenderlo hay que tener en cuenta la estructura socioeconómica de la isla. Mallorca seguía siendo una sociedad agrícola y tradicional regida por una clase dirigente de propietarios rurales y funcionarios. La insularidad reforzaba todavía estas características. Y la vida política local seguía fielmente los dictados de los partidos políticos españoles con predominio de los de signo conservador. El ritmo de los cambios sociales que comporta la modernidad era muy lento. Y los poetas en catalán compartían plenamente esta mentalidad conservadora y eran reacios a convertir su compromiso lingüístico en un compromiso político. Y tampoco existían otras fuerzas sociales que les impulsasen a hacerlo. En estas condiciones la diglosia existente, el catalán en la variedad local como lengua habitual exclusiva en el campo y general en la ciudad y el castellano como lengua de los funcionarios y de las actividades administrativas y públicas, con la única excepción de una producción literaria en catalán, estaba ampliamente aceptada.

Si en vez de limitarnos a Mallorca ampliamos la consideración de las restantes islas de las Baleares el panorama no cambia substancialmente. En Ibiza las formas de vida más que de tradicionales habría de calificarlas de primitivas, y si el monolingüismo catalán era la regla para la mayoría de la población también lo era el predominio del analfabetismo. En estas circunstancias la contribución de la recuperación literaria de la lengua fue mínima y reducida a algunas personalidades individuales. Mayor interés presenta el caso de Menorca. A lo largo del siglo XVIII y coincidiendo con la ocupación británica la isla había conocido un cierto desarrollo económico y también cultural y el nivel de instrucción era el más alto de las islas. También coincidiendo con la ocupación inglesa y debido a la ausencia del castellano se había producido algún cultivo literario del catalán. El movimiento no tuvo, sin embargo, continuidad y cuando a finales del siglo XIX vuelven a producirse manifestaciones de este tipo es por influencia de la *Renaixença* catalana. Pero aunque la vida política menorquina tenía un signo mucho más liberal que la de Mallorca tampoco aquí el uso literario del catalán tuvo repercusiones políticas.

Valencia

A comienzos del siglo XIX en el antiguo Reino de Valencia, o más exactamente en la parte del reino de Valencia por la que se había extendido el catalán, la presencia y la presión mantenida por el castellano durante varios siglos había producido una diglosia avanzada y las clases dirigentes habían abandonado prácticamente su uso. La lengua, aunque muy afectada por el contacto cada vez más frecuente con el castellano, seguía viva en las clases populares y en el campo, aun cuando en las comarcas del sur había iniciado un retroceso. Pero su uso, exclusivamente en forma oral, estaba socialmente desvalorizado y cuando se utilizaba en forma escrita era con intenciones populacheras o chabacanas.

Los primeros intentos de reintroducir un uso literario de la lengua, inspirados por lo que ocurría en Cataluña, fueron relativamente tempranos, en 1859 se celebraron en Valencia unos *Jocs Florals*. Y hacia finales de siglo se contaban varios poetas en lengua catalana, entre ellos Teodor Llorente y Vicente Querol. Con ellos se inicia una tradición que se continúa en los comienzos del siglo XX. También de estos años data el intento de algunos escritores de aceptar y adaptar las normas lingüísticas propuestas por el *Institut d'Estudis Catalans*.

Paralelamente se fundaron algunas asociaciones e instituciones dedicadas a dar a conocer el pasado cultural y literario de Valencia y a revalorizar el uso de la lengua. Pero su repercusión fue pequeña. El uso literario de la lengua apenas si pasó de pequeños círculos y se limitó a la poesía. Y lo que es todavía más significativo, el movimiento literario no tuvo ningún correlato político.

La sociedad valenciana era, como la mallorquina a la que acabo de referirme, una sociedad fundamentalmente agraria, pero a diferencia de aquélla no se la podía calificar de tradicional y conservadora, se apoyaba en una economía agrícola en expansión que empezaba a dedicarse sistemáticamente a la exportación y se acompañaba de un inicio de industrialización. Políticamente favorecía a los partidos liberales y progresistas, y durante todo el siglo menudearon en Valencia las tomas de posición radicales, incluso de signo federal. Pero se trataba de actitudes políticas comunes a las del conjunto de España. A diferencia de lo que ocurrió en otros lugares, a finales del siglo XIX en Valencia no surgió ningún movimiento político de tipo autonomista. Habrá que esperar hasta los tiempos de la República, bien entrado el siglo XX, para que se produzcan los primeros intentos en esta dirección.

Galicia

Probablemente fue Galicia el territorio con lengua propia en el que la penetración del castellano fue más temprana y el fenómeno diglósico alcanzó mayor profundidad, de manera que a comienzos del siglo XIX la devaluación social de la lengua era total. A pesar de lo cual, a mediados de siglo, por efecto de la sensibilidad romántica y casi al mismo tiempo que en Cataluña, empezaron a publicarse algunas poesías en lengua gallega. En 1861 y siguiendo el ejemplo catalán de los *Jocs Florals* se celebraron los *I Xogos Florais* a los que se presentaron composiciones luego recogidas en un volumen. Pero la primera obra íntegramente en gallego y de una innegable calidad literaria son los *Cantares gallegos* de Rosalía de Castro (1863) con los que se inaugura la literatura gallega moderna. En 1880 se publicaron otros dos libros importantes, *Follas Novas* de la misma Rosalía, y *Aires da miña terra,* de Curros Enríques, y en años sucesivos otros libros no sólo de poesía sino de relatos, de teatro y de prosa didáctica. Estaba en marcha lo que se llamó *Renaixença.* Contemporáneamente con este renacer literario se publicaron varias gramáticas y diccionarios de la lengua y al mismo tiempo la profundización de la práctica literaria obligó a plantearse problemas sobre la propia sustancia de la misma. Los primeros escritores habían utilizado la lengua de su entorno local, un dialecto local plagado además de castellanismos. La incorporación de nuevos autores a la *Renaixença* llevó paulativamente a utilizar un lengua interdialectal y a procurar eliminar las huellas demasiado visibles del castellano sobre la lengua cotidiana. También la ortografía planteaba problemas. La necesidad de una norma se hizo cada vez más evidente, y en 1905 se creó la *Academia de la Lengua Gallega* con la finalidad, entre otras, de definirla.

No es difícil señalar un claro paralelismo entre este resurgir de la literatura en lengua gallega y el que he descrito en Cataluña. Un paralelismo en la sucesión de las fases, de la poesía lírica a las otras formas literarias, y de la lengua local y cotidiana a la preocupación por la norma lingüística y a la creación de una institución para definirla e incluso un paralelismo en las fechas en las que las fases se producen. Un paralelismo, por otra parte, en el que Cataluña actúa frecuentemente de factor estimulante, tanto por la anticipación en iniciar las etapas como por la magnitud de los resultados alcanzados.

Este fenómeno puede extenderse al orden político. También, como en Cataluña, el proceso de recuperación literaria se acompañó de una progresiva toma de conciencia de la identidad colectiva gallega, una toma de conciencia que en sus líneas de fondo es bastante anterior a la *Renaixença.* Al hablar de la Ilustración del siglo XVIII he citado ya la obra del P. Sarmiento en defensa de Galicia y de su lengua, una tarea continuada por eruditos e historiadores a lo largo del siglo XIX. En un plano más directamente político, a mediados del siglo XIX se configura una corriente de opinión en defensa de los intereses de Galicia que se califica de «provincianismo» y que está ligada a la mentalidad liberal e incluso a formulaciones federalistas y que toma como símbolo el pronunciamiento liberal de Solís en Lugo (1846).

Unas décadas después, y agotado el impulso de la «generación del 46», tomó cuerpo un nuevo movimiento de opinión regionalista y contemporáneo de la *Renaixença* literaria, que pretendía apoyarse en la pequeña burguesía y en la intelectualidad local y que presentaba una clara similitud con el regionalismo catalán de aquellos mismos años. Como culminación de este movimiento de opinión e inspirándose en el modelo catalán, en 1907 se contituyó la *Solidaridad Galega* como una fórmula para intervenir en las elecciones frente a los partidos tradicionales, y con el propósito último de renovar la vida política gallega, pero mientras la *Solidaritat* catalana alcanzó un triunfo aplastante, con lo que los catalanistas consiguieron un alto nivel de influencia política, los resultados conseguidos por la *Solidaridad Galega* fueron decepcionantes, lo que arrastró su disolución.

Pocos años después algunos de los elementos que había propugnado *Solidaridad* crearon las *Irmandades da Fala* y con ellas comenzó una nueva etapa del galleguismo. En la I Asamblea (Lugo, 1918) las *Irmandades* se proclamaron explícitamente nacionalistas: «Teniendo Galicia todas las características esenciales de nacionalidad nos llamamos de hoy para siempre nacionalistas gallegos, ya que la palabra regionalismo no recoge todas las aspiraciones ni abarca toda la intensidad de nuestros problemas.» La justificación de este nacionalismo se encuentra en primer lugar en los textos de uno de los fundadores de las *Irmandades,* Vilar Ponte: *Nacionalismo gallego,* pero sobre todo en el libro posterior de Vicente Risco, *Teoria do nazonalismo galego* (1920). La justificación del nacionalismo gallego en estos autores se apoya en la historia pero se centra en los factores culturales, como en Cataluña lo había hecho Prat, e insiste en el papel determinante de la lengua. Notemos, en cambio, un rasgo diferenciador, la insistencia en la herencia celta como un rasgo definidor de la cultura y de la personalidad gallegas.

La Asamblea de 1918 de las *Irmandades* proponía como objetivos políticos del nacionalismo la renovación económica y social de Galicia de modo que se evitase la emigración, el autogobierno de Galicia en el marco de una federación de nacionalidades ibéricas y la cooficialidad de la lengua gallega. Pronto, sin embargo, en el seno de las *Irmandades* se dibujaron dos tendencias, los que pretendían una acción política inmediata y los que la consideraban prematura y querían concentrarse en la actividad cultural para provocar una sensibilización colectiva. En esta dirección fue especialmente importante la revista *NOS*, dirigida a lo largo de dieciséis años (1920-1936) por el ya citado Vicente Rico, que agrupó a un conjunto variado de intelectuales empeñados en llevar el uso del gallego a todos los ámbitos de la vida cultural y en línea con la modernidad. Pero con la llamada «generación de *NOS*» llegamos a los tiempos de la República, a los que me referiré más adelante.

Igual que hemos visto para el renacimiento literario, este esbozo esquemático del camino recorrido por el galleguismo, del «provincialismo» al nacionalismo, muestra un claro paralelismo con la evolución del catalanismo, al mismo tiempo que una clara influencia del mismo. En cambio, los resultados fueron completamente distintos. Mientras el catalanismo, ya antes de 1923, llegó a constituir una postura política mayoritaria compartida por partidos de signo muy diverso, el galleguismo no llegó a ejercer ningún peso apreciable en el juego de las fuerzas políticas de Galicia.

También en este caso la razón hay que buscarla en las estructuras socioeconómicas de la sociedad. Mientras que la sociedad catalana presentaba rasgos típicos de una sociedad en vías de industrialización, la sociedad gallega, por el contrario, era casi exclusivamente agrícola y con una agricultura pobre y atrasada, incluso en relación con el conjunto de las regiones agrícolas de España. Una propiedad fragmentadísima y unos campesinos que a su vez no eran propietarios de las tierras que cultivaban producían una problación menesterosa con un nivel de instrucción extremadamente bajo y en gran parte condenada a la emigración. En esta sociedad predominantemente rural las estructuras de poder seguían siendo las tradicionales, basadas en una dependencia directa y personal, las redes de autoridades locales (caciques), que actuaban como representantes de los partidos politicos españoles con sede en Madrid aunque subordinándolos a sus propios intereses. Los intentos del galleguismo de crear una conciencia colectiva al margen de esta estructura difícilmente podían tener éxito y el movimiento no logró romper los límites de sus núcleos iniciales: intelectuales y pequeña burguesía urbana.

Pero la estructura social gallega no sólo dificultaba la concienciación y la actividad política sino que repercutía también con fuerza sobre el prestigio de la lengua. En la sociedad gallega de comienzos de siglo la lengua propia aparecía irremisiblemente unida a la vida rural y con ello a la ignorancia y a la miseria, mientras que cualquier forma de ascenso social implicaba el conocimiento y el uso del castellano. En estas condiciones los intentos por despertar el orgullo de su uso parecían condenados al fracaso. La semilla, sin embargo, estaba echada y nuevas circunstancias políticas y sociales iban a hacerla germinar.

País Vasco

Igual que en Cataluña, el siglo XVIII representó para el País Vasco una época de paulatino crecimiento económico, y también aquí el pensamiento ilustrado además de una preocupación directa por la economía favoreció el interés por el pasado histórico, por el estudio de las instituciones y de la lengua vasca, y este interés se mantuvo en forma creciente a lo largo del siglo XIX. Durante este siglo el País Vasco conoció, al mismo tiempo que Cataluña, un desarrollo industrial progresivo; de hecho fue en el País Vasco y Cataluña donde comenzó el desarrollo industrial de España a gran escala. Y a finales de este mismo siglo en el País Vasco como en Cataluña se propuso y se popularizó un proyecto político nacionalista. A primera vista, por tanto, los dos procesos deberían haber sido estrictamente paralelos y similares, pero en realidad presentan fuertes diferencias.

La primera diferencia se encuentra en el papel jugado por la lengua. La lengua vasca no tenía un pasado literario brillante que pudiese ser recuperado y el ámbito de su uso además se había reducido progresivamente hasta concentrarse en ambientes rurales, y su distancia lingüística respecto del castellano hacía difícil su adquisición a los que no lo hablaban. Por esto, el interés por la lengua a lo largo del siglo XIX es principalmente erudito y arqueológico. Los intentos de utilización literaria son escasos y poco influyentes. Nada, por tanto, del papel primordial que jugó el renacimiento literario catalán en la constitución del catalanismo. La defensa de la lengua vasca y el esfuerzo por recuperar su uso fueron más bien una consecuencia del nacionalismo que no una de sus raíces.

Tampoco en el pasado del País Vasco había existido una entidad política unitaria e independiente —como había sido el condado de Barcelona y más tarde la monarquía catalana— que pudiese servir de estímulo para la recuperación. Tanto el Señorío de Vizcaya como las restantes comunidades del País Vasco mantuvieron desde el principio sus distancias con el reino de Navarra y muy pronto se incorporaron a la Corona de Castilla aunque conservando sus libertades locales —los fueros— similares a los que tenian muchas entidades locales en la Europa medieval pero que han desaparecido a lo largo de la edad moderna. Sólo Navarra habia constituido una entidad política propia, el reino de Navarra, que se mantuvo independiente hasta finales del siglo XV cuando al final del reinado de los Reyes Católicos se incorporó a la Corona española conservando también su autonomía legal. Y otro dato diferencial importante es que cuando a comienzos del siglo XVIII se produjo la Guerra de Sucesión al trono de España, los vascos se situaron al lado del pretendiente francés con el resultado de que a pesar de la política cerradamente centralista de los Borbones tanto el País Vasco como Navarra mantuvieron sus fueros tradicionales, lo que resultó especialmente importante en el aspecto económico para el desarrollo del comercio y de la incipiente industrialización. La primera amenaza realmente fuerte contra los «fueros» vino con el entusiasmo unificador de las Cortes de Cádiz y de su Constitución liberal, y la defensa y la reivindicación de los fueros presidieron la historia de Navarra y de lo que entonces se llamaban las Provincias Vascongadas durante todo el siglo XIX.

No es cierto que las guerras carlistas se declarasen primariamente para reclamar los «fueros» tradicionales. Su objetivo era luchar contra la concepción moderna del Estado en nombre de la sociedad tradicional y de su sistema de valores, pero los fueros formaban parte de esta sociedad tradicional y con el correr del tiempo la reivindicación foral fue ganando protagonismo. El abrazo de Vergara con el que terminó la primera guerra carlista tuvo como condición el reconocimiento de los fueros por parte del Gobierno español. Y la segunda guerra empezó cuando pareció evidente que este reconocimiento no era efectivo.

Pero es cierto que los carlistas nunca pusieron en duda su fidelidad a una determinada concepción de España ni pusieron en cuestión su unidad. La ruptura se produjo a finales de siglo cuando Sabino de Arana unió la defensa de los fueros con el nacionalismo vasco. Como para los carlistas o tradicionalistas, el ideario de Arana se basa en «Dios y leyes antiguas», las leyes antiguas —los fueros— como fuente de legitimidad y Dios como fundamento de las leyes antiguas. Pero para Arana el sujeto de las leyes antiguas y quien a través de ellas se expresa es la nación vasca que él propone llamar no ya *Euskalerria,* los que hablan vasco, sino *Euzkadi* la nación vasca.

Arana conoce y comparte las ideas sobre nacionalidad populares en su tiempo, el carácter nacional de Euzkadi se revela en sus instituciones tradicionales, en sus usos y costumbres mantenidas a lo largo de siglos, en una historia ininterrumpida a lo largo de varios milenios resistiendo toda clase de presiones exteriores y por supuesto por la lengua, que ha mantenido la cohesión de la nación vasca a lo largo de los tiempos. Pero en las formulaciones de Arana la exaltación de los caracteres tradicionales de la nación vasca se acompaña del rechazo explícito de una modernidad —la sociedad urbana e industrial— que amenaza con destruir sus rasgos esenciales. Y al mismo tiempo el rechazo a todo lo extraño, que identifica en primer lugar con lo español. Extraño no sólo en el sentido cultural sino también étnico, Arana entiende que la nación como grupo humano se apoya en una herencia biológica transmitida a lo largo de las generaciones —la raza vasca— y para justificar sus afirmaciones apela a la antropología, una ciencia joven y prestigiosa en aquella época. De acuerdo con esta perspectiva, en el partido político que fundó, el Partido Nacionalista Vasco, durante muchos años sólo se permitía el ingreso a los que demostraban tener algún apellido genuinamente vasco. Y en un conocido texto Arana disiente del comportamiento de los catalanes que se esfuerzan porque sus inmigrantes aprendan el catalán; para él, un inmigrante, por mucho que llegase a hablar en euskera, seguiría siendo un cuerpo extraño en Euzkadi.

Arana no se limitó a teorizar sobre el nacionalismo sino que, como acabo de recordar, puso en pie una organización política que debía convertir en realidad sus ideales. Y también en este sentido podemos notar una clara diferencia con lo ocurrido en Cataluña y Galicia. Mientras que en estos lugares la aparición del nacionalismo va precedida de una etapa de actividad literaria y luego de política regionalista, en el País Vasco el nacionalismo aparece en forma brusca y con planteamientos radicales desde el primer momento.

Pero la mayor diferencia con lo ocurrido en Cataluña reside en el distinto papel jugado por el proceso de industrialización y por las clases sociales surgidas de él respecto al nacionalismo naciente. El propio proceso de industrialización tuvo ya caracteres distintos. Mientras que en Cataluña, huérfana de materias primas, se desarrolló muy pronto una industria ligera básicamente textil, en el País Vasco se desarrolló en primer lugar una industria de extracción —mineral de hierro— que posteriormente permitió establecer una gran industria siderúrgica —fundición— centrada en la provincia de Vizcaya y complementada con una red de industrias transformadoras mecánicas esparcidas por Guipúzcoa. Y mientras que en Cataluña, y en cierta medida en Guipúzcoa, predominaban las empresas medias y pequeñas de propiedad familiar, en Vizcaya aparecieron pronto las grandes concentraciones industriales y en función de ellas las grandes concentraciones financieras. Altos Hornos de Vizcaya fue fundado en 1902, el Banco de Vizcaya en 1901, Hidroeléctrica Española en 1901, Euskalduna en 1900, la Sociedad Española de Construcción Naval en 1908. Y la burguesía que impulsó este desarrollo, aunque fue consecuentemente proteccionista, no encontró dificultad, al revés que la catalana, en enlazar con las clases dirigentes en Madrid y en participar económicamente en la industrialización del conjunto del espacio español, tarea en la que el Banco de Bilbao y el de Vizcaya jugaron un papel importante. Precisamente por esto esta misma burguesía, con escasas excepciones, fue extraña y hostil al nacionalismo.

Como es imaginable la industrialización produjo la formación de un proletariado constituido en parte por antiguos campesinos y también, y sobre todo, por inmigrantes procedentes de otras zonas de la Península. Y produjo por supuesto conflictos sociales y las primeras organizaciones obreras de las que pronto destacó la Unión General de Trabajadores, inspirada y apoyada por el PSOE, el Partido Socialista Obrero Español. Sindicato y partido eran igualmente extraños y hostiles al nacionalismo vasco. Y lo eran también la mayoría de los intelectuales vascos que por aquellas fechas habían optado por la modernidad y de los que Unamuno, Baroja o Ramiro de Maeztu pueden ser los nombres más conocidos y representativos, pero no los únicos.

El nacionalismo, en cambio, reclutó fácilmente adeptos en el campo y en la costa, donde existía una agricultura próspera y una industria pesquera importante, especialmente en las comarcas, donde la lengua se mantenía viva, y también entre los trabajadores de las pequeñas empresas, que muchas veces alternaban el trabajo industrial con las pequeñas explotaciones agrícolas familiares. En estos ambientes el nacionalismo tuvo una difusión muy rápida explicable entre otras cosas porque se trataba de una sociedad que tenía y sigue teniendo un tejido asociativo muy variado y muy tupido que pronto se hizo solidario del nacionalismo. La penetración en los grandes núcleos industriales fue más lenta y se apoyó en una clase media de profesionales y pequeños propietarios y también en los obreros industriales no inmigrantes. Así, más que una consecuencia de la industrialización el nacionalismo vasco aparece más bien al contrario como una reacción frente a la amenaza que la industrialización representaba para las formas de vida tradicionales de la sociedad vasca, una sociedad profundamente anclada en la tradición pero que era al mismo tiempo muy dinámica y capaz de adoptar muchas iniciativas modernas.

El hecho de que el nacionalismo apareciese ligado a la defensa de la religión facilitó esta aceptación popular. Y dentro de la propia Iglesia una fracción importante del clero secular y algunas órdenes religiosas tomaron decididamente partido por él. Hay que añadir a esto que tradicionalmente y como ya hemos visto la Iglesia había jugado un papel importante en la conservación de la lengua vasca y que seguía jugándolo a comienzos del siglo XX y que los eclesiásticos constituían elementos muy influyentes en el tejido social de la sociedad vasca. Y también que en una sociedad sin universidad ni tradición universitaria, los eclesiásticos ocupaban buena parte del espacio que, de otra manera, habrían ocupado los intelectuales universitarios.

Partiendo de estos supuestos se comprende que la difusión del nacionalismo en el País Vasco produjese unos resultados distintos que en Cataluña. Mientras que en Cataluña en el primer tercio de este siglo y hasta la proclamación de la República se fue estableciendo un cierto consenso político en torno al catalanismo del que sólo algunos grupos extremos quedaban excluidos, en el País Vasco lo que se produjo fue una polarización creciente entre dos nacionalismos opuestos. Por un lado, y prácticamente en solitario, estaba el PNV, Partido Nacionalista Vasco, cerradamente nacionalista y explícitamente confesional —católico— y por otro un abanico de partidos «españolistas», los liberales —la tradición liberal era muy fuerte en Vizcaya desde el sitio de Bilbao por los carlistas— que derivaban hacia el republicanismo, los monárquicos conservadores con los que se había integrado la nueva burguesía, y los partidos obreristas de izquierda con el PSOE en primer lugar y un incipiente Partido Comunista. Y con estos partidos políticos la gran mayoría de los intelectuales que habían optado por la modernidad, tanto los que se habían establecido fuera del país —Unamuno, Baroja, Maeztu, etc.— como los que seguían residiendo en él —Medinaveitia, Sánchez Mazas, Zunzunegui—. El corte era tajante, afectaba a todos los agentes sociales: asociaciones, periódicos... y dejaba escaso lugar para las posturas intermedias.

Aunque más que de enfrentamiento habría que hablar de triangulación, pues en las sucesivas elecciones había tres tendencias que se repartían los votos casi por igual: derecha española (monárquicos y liberales), izquierda española (socialistas y comunistas) y nacionalistas vascos, representados por el PNV. Pero poco a poco los nacionalistas fueron ganando posiciones, especialmente en los ayuntamientos a partir de su intensa participación en la vida local, y en 1916 fueron ya el partido más votado, aunque menos que la suma de sus oponentes, y Bilbao tuvo un alcalde nacionalista. Unos años después, la dictadura de Primo de Ribera les obligó a poner en sordina las reivindicaciones y a concentrarse en afianzar su presencia en la sociedad.

Otro rasgo característico del nacionalismo vasco lo constituye el que desde su origen en la formulación de Sabino de Arana ha afirmado que la nación vasca está constituída por todas las tierras donde se habla o se ha hablado euskera y por tanto que su territorio comprende además de la actual Comunidad Autónoma del País Vasco, Navarra y las tres provincias del País Vasco francés. Y que la lucha por el autogobierno de Euzkadi debe llevarse solidariamente en los siete territorios y con un objetivo común, motivo por el que el Partido Nacionalista Vasco desde el primer día pretendió implantarse en los siete territorios. Y aunque los territorios vascofranceses escapan al tema de este libro, no así Navarra.

De hecho, a mediados del siglo XIX, la defensa y reivindicación de los fueros tradicionales era más viva en Navarra que en el País Vasco. El carlismo los defendía explícitamente y las guerras carlistas se libraron en parte en su nombre. Y acabada la guerra en Navarra existió durante un tiempo una asociación, la Asociación Euzcara de Navarra (1877-1883), que se dedicaba a la exaltación de la lengua vasca y de la historia y las tradiciones vascas. Y ya he dicho que el propio Sabino de Arana procedía del carlismo. Pero el hecho es que el nacionalismo vasco no halló en Navarra el eco que despertaba en el País Vasco. Quizá porque Navarra tenía una agricultura relativamente avanzada y próspera, y no sintiese en cambio la amenaza de una industrialización brusca y masiva, la mayoría de los carlistas en Navarra continuaron empeñados en la defensa de sus fueros tradicionales, pero sin sentirse obligados a romper con las estructuras del Estado español, unas estructuras que se sentían con fuerzas para cambiar. Más adelante, cuando para sacar adelante el Estatuto de Autonomía el PNV se ve llevado a pactar con partidos laicos y de izquierda, la rotura del carlismo navarro con el nacionalismo vasco se hará completa y en la guerra civil se situarán en bandos opuestos.

Y todavía una última observación sobre el papel de la lengua. He recordado ya el papel que el fundador del nacionalismo vasco atribuía a la lengua no sólo como medio de comunicación entre los vascos, sino como símbolo de la nación vasca y de su perduración a lo largo de los siglos. El compromiso nacionalista debía representar una reafirmación de este significado y también un esfuerzo por prestigiar y extender su uso. El propio Arana aplicaba a la lengua una exigencia de máxima pureza, y a él se deben la mayoría de versiones al euskera de nombres del santoral. Y es fácil advertir a partir de entonces una clara relación entre estudiosos y cultivadores de la lengua y ambientes nacionalistas. Y a medida que cristalizaban organizaciones cívicas de distintos tipos, y que los nacionalistas ganaban posiciones en ayuntamientos y en otras instituciones, las iniciativas en favor del cultivo y la difusión del euskera se multiplicaban: apoyo a publicaciones, cursos para la enseñanza, materiales pedagógicos, etc. Había, sin embargo, un grave problema planteado y era la diversidad de los dialectos vascos, que llegaban a dificultar la comprensión mutua, un tema en el que el propio Arana no se había atrevido a intervenir y en el que los esfuerzos de Resurrección M. de Azcúe, primer presidente de la Academia de la Lengua Vasca, tuvieron escasos resultados.

Reformulación del nacionalismo español

La aparición de una producción poética en catalán y en gallego despertó en los círculos literarios de Madrid y del conjunto de

España una curiosidad teñida de simpatía. Menéndez Pelayo, que había sido alumno de la Universidad de Barcelona y se consideraba discípulo y admirador de Milá, destacó la importancia de La *Atlantida* de Verdaguer, y los poetas románticos celebraron la lírica de Rosalía y de Curros Enríquez. Y el brillante equipo de los novelistas naturalistas —Pereda, Alas, Galdós, la Pardo Bazán— saludaron y aplaudieron la aparición de una narrativa naturalista en Cataluña y entablaron relaciones amistosas con sus autores, especialmente con Narcís Oller, cuyas obras en el original catalán o traducidas al castellano fueron muy celebradas. Aunque la simpatía estaba teñida de reservas. Todo el mundo parecía dispuesto a aceptar que la poesía lírica exigiese ser escrita en la lengua materna, pero para la prosa les resultaba sorprendente renunciar a la riqueza del español y a su mayor difusión. Y cuando al uso de la lengua se agregó el catalanismo político, la incomprensión se hizo mayor.

Unas décadas más tarde, la llamada generación del 98 coincidió en el tiempo con las formulaciones más explícitas del nacionalismo, y dada la preocupación de los hombres de esta generación por España es natural que se interesasen por las nuevas literaturas y por sus implicaciones políticas. La mayoría de ellos, empezando por Ganivet que se puede considerar un precursor de la generación, conocieron de primera mano las literaturas y los movimientos políticos periféricos e incluso mantuvieron relaciones personales con algunos de sus representantes, sin embargo, acabaron por marcar su desacuerdo. Machado, por ejemplo, igual que lo hizo Azorín en sus escritos juveniles criticó ásperamente la España que veía en torno suyo «zaragatera y triste», y a pesar de su relación afectiva con Castilla la describió en forma despiadada:

> Castilla miserable, ayer dominadora envuelta
> en sus andrajos desprecia cuanto ignora.

Y más adelante:

> Filósofos nutridos de sopa de convento
> contemplan impasibles el amplio firmamento
> y si les llega en sueños como un rumor distante
> clamor de mercaderes de muelles de Levante
> no acudirán siquiera a preguntar: ¿qué pasa?
> Y ya la guerra ha abierto las puertas de su casa.

Pero siempre proclamó la primacía de España y aunque durante los últimos años de su vida, en plena guerra civil, residió en Cataluña y aprendió a comprender y estimar a su gente, todavía en estos años escribe:

De aquellos que se dicen gallegos, catalanes, vascos, extremeños, castellanos, etcétera, antes de españoles, desconfiad siempre. Suelen ser españoles incompletos, insuficientes, de quienes nada grande puede esperarse.

Según esto, amigo Mairena —habla Tortolez en un café de Sevilla—, un andaluz andalucista sería también un andaluz de segunda clase.

En efecto —respondía Mairena— un español de segunda clase y un andaluz de tercera.

(Antonio Machado. *La guerra. Escritos 1936-1939.*)

Aunque quizá refleja mejor su pensamiento otro texto de la misma época en el que después de hablar con entusiasmo de la lengua de la literatura catalana termina:

«¡Si la guerra nos dejara pensar! ¡Si la guerra nos dejara sentir! ¡Bah! Lamentaciones son éstas de pobre diablo. Porque la ceguera es un tema de meditación como otro cualquiera y un tema cordial esencialísimo. Y hay cosas que sólo la guerra nos hace ver claras. Por ejemplo: Qué bien nos entendemos en lenguas maternas diferentes, cuantos decimos, de este lado del Ebro, bajo un diluvio de iniquidades: "Nosotros no hemos vendido nuestra España". Y el que esto se diga en catalán como en castellano en nada amengua ni acrecienta su verdad». (*Ibidem* p. 273).

Quizá por ser vascos es especialmente significativo el caso de Baroja y de Unamuno. Baroja se declaró siempre muy vasco y muy castellano, aunque totalmente indiferente a los intentos de recuperar la lengua vasca o las formulaciones nacionalistas. En cambio, hizo notar siempre su indiferencia cuando no su desprecio ante la «frivolidad» mediterránea. También Unamuno se declaró siempre profundamente vasco y profundamente castellano, y rechazó formalmente la ilusión de resucitar la lengua vasca o de poner en pie un nacionalismo vasco que para él era un sin sentido. Su actitud ante la lengua y la cultura catalana es mucho más matizada; sin dejar de marcar sus distancias («levantinos, os ahoga la estética») siente una gran curiosidad por ella, e incluso una voluntad real de acercamiento y de comprensión, lo que se traduce en relaciones personales estrechas con algunas de sus personalidades señeras, concretamente con Joan Maragall, el gran poeta catalán preocupado también por el ser y por el futuro de España.

La correspondencia entre Unamuno y Maragall, profundamente

sincera y a ratos dramática, pone de manifiesto la intensidad del impulso que les llevaba a interrogarse mutuamente, y también la raíz de sus diferencias. Les separaba su idea de España.

Efectivamente, los nacionalismos periféricos formulados a finales de siglo XIX pusieron en cuestión las ideas vigentes sobre España. Pero ¿cuáles eran las ideas vigentes sobre España?

A lo largo de la edad moderna, al mismo tiempo que España se constituía como un estado moderno, los ideales que habían presidido su nacimiento se cuarteaban. El proyecto de mantener la unidad religiosa de Europa bajo el signo del catolicismo había acabado en fracaso y la conquista de América no había producido en la Península el bienestar que parecía esperable. Y mientras tanto, la modernidad iba tomando forma, tanto en el orden intelectual y científico como en el económico y político, al margen de las ideas tradicionales y fuera de las fronteras de España. Progresivamente, España quedaba aislada y marginada en el conjunto de Europa y la decepción por este aislamiento empezó a ser visible en el siglo XVII.

En unos versos escritos en los primeros años de este siglo Maragall formula así su imagen de España (transcribo la traducción que hace Laín en su prólogo al volumen de las *Obras Completas* de Maragall):

> Escucha España - la voz de un hijo
> que te habla en lengua no castellana,
> hablo la lengua que me regala la tierra áspera
> en esta lengua pocos te hablaron
> hartos en la otra.
> Harto te hablaron - de saguntinos
> y de los muertos por la patria
> tus altas glorias, - tu alto pasado,
> pasado y gloria sólo de muertos
> triste has vivido.
> ....
> Yo vi los barcos en que enviabas
> a que muriesen hijos sin número.
> ....
> ¿Dónde hoy los barcos? - ¿Dónde los hijos?
> Pregúntalo al poniente, - a la ola brava.
> Todo perdiste - y a nadie tienes.
> ¡España, España, - vuelve hacia ti,
> llora como una madre!
> Sálvate, sálvate de tanto mal,

que el llanto te haga nueva, alegre y viva,
piensa en la vida que te rodea,
alza tu frente,
sonríe al iris que en las nubes brilla.
¿Donde estás, España? - no logro verte.
¿No te hiere mi voz atronadora?
¿No entiendes esta lengua - que te habla entre peligros?
¿No sabes ya comprender a tus hijos?
¡Adiós, España!

La imagen trágica y decadente de España y el impacto de las últimas derrotas ultramarinas se corresponden exactamente con las preocupaciones de los hombres del 98, pero el «¡Adiós, España!» final implica una respuesta distinta, la del nacionalismo catalán. En los años posteriores Maragall se sitúa en una perspectiva de superación de los nacionalismos en una unidad superior, una perspectiva en la que cree coincidir con Unamuno. En una carta a éste de 1911 le dice: «Y este alma ibérica que todavía somos tan pocos en sentir hay que buscarla hacia adentro, hacia adentro en su Castilla los castellanos, hacia adentro en su Portugal los portugueses, hacia adentro de nuestra Cataluña los catalanes, hasta llegar a la raíz común y de allí arrancar la España grande, la europea por invasión espiritual, y yo no entiendo otro europeísmo que éste que usted ha predicado ya como profeta ni veo otro camino» (*Obras Completas,* vol. XXIII).

La preocupación por lo que se ha llamado «el ser de España» venía de lejos, del siglo XVII nada menos y desde entonces la impresión de que España quedaba al margen del nuevo orden político y cultural que se fijaba en Europa no había hecho sino crecer. Es cierto que la decadencia era menor de lo que a menudo se dice y es cierto que en el siglo XVIII los ilustrados hicieron un esfuerzo apreciable por romper el aislamiento y situarse a la altura de los tiempos pero su esfuerzo acabó agotándose. Por razones obvias, los ilustrados buscaron las fuentes de su inspiración en la vecina Francia, y la Revolución francesa y la posterior invasión napoleónica descalificaron su modelo, y más que una crisis representaron una tragedia para este esfuerzo. En la desorientación subsiguiente y durante todo el siglo XIX se enfrentaron dos ideas contrapuestas de España, una visión idealizada de un pasado glorioso que en la apología de este pasado escondía su incapacidad para cambiar, y una visión negativa del pasado, que hacía de este rechazo la palanca del cambio y del progreso.

La oposición entre las dos interpretaciones de España se hizo más dura a medida que la liquidación del Imperio colonial y la sucesión indefinida de pronunciamientos y temporadas de guerra civil llevaban el prestigio y el papel internacional de España a niveles cada vez más bajos y parecía condenar irremisiblemente cualquier esperanza de salir de un atraso cada vez más acusado.

Y fue precisamente en estas horas bajas de la historia de España cuando empezó a dibujarse una reacción que pretendía encontrar un camino de salida al marasmo, un camino que pasaba por aceptar la herencia histórica en su escueta realidad renunciando a discutir sobre lo que significó en el pasado, para concentrarse en trabajar para el mañana fijándose unos objetivos en relación con los problemas existentes y a la medida de sus posibilidades. O sea, una llamada a la responsabilidad, al realismo y al esfuerzo cotidiano y sostenido. El primer ejemplo de esta reacción lo constituyen los llamados regeneracionistas, como Joaquín Costa (1846-1911), pero su manifestación más característica hay que situarla en los hombres de la Institución Libre de Enseñanza que, no por casualidad, no eran un conjunto de individualidades sino que formaron un equipo coherente.

El objetivo último de estos hombres, y del que eran plenamente conscientes, era la renovación de la sociedad española entendida como una exigencia ética que les comprometía personalmente. Esta renovación la buscaban principalmente en dos direcciones, la formación de una mentalidad cívica y democrática, «tolerante con las diferencias e intolerante con la intolerancia» y al mismo tiempo la promoción de un espíritu científico, de afición por la investigación, porque el espíritu científico no sólo es la mejor garantía de la tolerancia y el civismo sino el único medio para que España supere su retraso secular. Pero si esto puede resumir los objetivos de la Institución hay que añadir que la Institución en sí misma era una entidad educativa dedicada a formar alumnos e indirectamente, pero sobre todo, a formar maestros. Y si algo define a los hombres de la Institución es su firme convencimiento de que la renovación de la sociedad española solo podía conseguirse a través del sistema educativo y ser el resultado de una renovación pedagógica.

Al llegar aquí es obligado recordar que los diferentes movimientos de toma de conciencia de una realidad colectiva e histórica y de proyectos políticos en relación con ella que hemos visto, ligados a movimientos de recuperación lingüística en Cataluña, en Galicia y en el País Vasco, también tienen como punto de partida el rechazo de una sociedad española que parece incapaz de salir de su marasmo y ajustarse a los nuevos tiempos. También ellos tienen objetivos y proyectos regeneracionistas y en algún caso las similitudes llegan hasta los programas concretos. Así, el proyecto pedagógico inspirado por el catalanismo en Cataluña y puesto en marcha a comienzos de siglo coincide en su inspiración profunda y en muchas realizaciones de detalle con el que por los mismos días impulsaba la Institución. Con la diferencia, por supuesto, de que uno está pensado desde España y para renovar España y el otro está pensado desde Cataluña y para renovar Cataluña.

Cada uno de los proyectos que hemos visto proponer en Cataluña, en Galicia o en el País Vasco para renovar la vida de la sociedad apoyándose en el propio pasado como forma de orientar el futuro terminó por formular un nacionalismo. Lógicamente, los esfuerzos por renovar la sociedad española enlazando su pasado con su futuro debían también llevar a formular o, para ser más exactos, reformular el nacionalismo español.

Ya he señalado la preocupación por el «ser» de España, de todos los componentes de la generación del 98. Lo mismo puede decirse de los hombres de la Institución, y de los que siguieron sus enseñanzas y se dedicaron al cultivo de distintas disciplinas y fueron contemporáneos del desastre del 98. En los escritos de la mayoría de ellos puede rastrearse un conjunto de ideas coherentes que configuran una determinada visión de España como realidad nacional. Pero la formulación más sistemática, y en todo caso la que ha alcanzado mayor popularidad, es la que se encuentra en la obra de Ramón Menéndez Pidal, entre otros lugares en el Prólogo que antepuso a la magna *Historia de España* publicada bajo su dirección.

Para Menéndez Pidal España es, en primer lugar, la continuidad biológica de los pueblos que han habitado la Península Ibérica desde los albores de la historia, con unos límites geográficos claramente definidos, los de la Península, y con una actuación común, apreciable ya antes de la ocupación romana en las interrelaciones entre las tribus, reforzada por los romanos con una administración unificada para Hispania y continuada por los visigodos como una monarquía peninsular. Pero la época decisiva para la constitución de la conciencia nacional española fue la de la Reconquista en lucha durante siglos contra un enemigo común. En esta lucha centenaria fue Castilla la que asumió la idea de la unidad española, y se responsabilizó por su realización, y fue por ello su lengua la que acabó convirtiéndose en nexo común de los españoles y en símbolo de su unidad nacional. Una unidad nacional que no se limitó a consolidar un Estado nacional sino que pretendió unificar Europa y europeizar América. La continuidad biológica a través de una historia tan dilatada y tan esforzada ha forjado un tipo humano —un carácter nacional— con unas características relativamente definidas y que se ha traducido en un determinado estilo de pensar y de obrar que permite seguir las huellas de un pensamiento español a través de los siglos y descubrir rasgos comunes en sus producciones culturales.

Pero la historia de la nacionalidad española no ha sido sólo una sucesión de realizaciones. El proyecto europeo y el proyecto americano resultaron a la larga excesivos para los medios disponibles, y desembocaron en una decadencia de la que la sociedad española en la actualidad intenta salir. Una historia, por tanto, con altibajos en la que no por casualidad las épocas de plenitud han coincidido con un impulso unitario y las de decadencia con la presencia de tendencias disgregadoras.

De esta síntesis, indiscutiblemente brillante, parece desprenderse una consecuencia clara: la única posibilidad que tienen los españoles de renovar su vida colectiva y dirigirla hacia un futuro más brillante consiste en reforzar su unidad. Los particularismos periféricos han de entenderse como una manifestación de la decadencia española, y en la medida en que pretendan afirmar y proyectar su propio futuro al margen de la empresa común se convierten en una forma de insolidaridad.

> «Federalismo, cantonalismo y nacionalismo modernos vienen ellos por sí a destruir la unidad multisecular y no logran estabilizarse; lejos de representar la España auténtica, no responden sino a un momento anormal y transitorio, desmayo de las fuerzas vitales que no puede propagarse sin grave peligro cuando las fuerzas de la nación se apocan extremadamente, pues toda enfermedad consiste en el automatismo de algún órgano que se niega a cooperar al funcionamiento vital unitario del cuerpo.»

Las tesis de Menéndez Pidal han encontrado una amplia acogida y han influido en muchos autores. En nuestros días han sido inteligentemente reformuladas por J. Marías.

Otros historiadores igualmente reputados propusieron otras interpretaciones de la formación, y sobre todo de la decadencia de España. Para Sánchez Albornoz la gran desviación de la auténtica historia de España fue la aventura imperial europea de Carlos V y Felipe II y de esta desviación Castilla no fue la beneficiada sino la víctima. Y para Castro, de una manera más unilateral, todos los problemas de España derivan de una estructura de castas de origen religioso. Pero a parte de que uno y otro punto de vista sólo han conseguido una aceptación reducida, ambos historiadores coinciden en que la unidad de España una vez establecida es ya irreversible y desconfían, por tanto, de cualquier intento disgregador.

Por supuesto, no se trata de discutir aquí sobre el fundamento de estas interpretaciones ni sobre las consecuencias que de ellas se derivan. Se trata simplemente de hacer notar que en un momento determinado de la historia de España y en un momento de crisis se proponen dos tipos de proyectos de renovación social apoyados a su vez en afirmaciones nacionalistas, unos que para entendernos podemos denominar unitarios y otros periféricos. Y de constatar que se formulan ignorándose mutuamente.

Puede parecer sorprendente que el proyecto nacional español pudiese dejar de tener en cuenta los problemas que planteaban los nacionalismos periféricos, calificándolos simplemente de subproductos de la decadencia española y acusándolos de egoísmo insolidario, cuando era evidente que se trataba de auténticos proyectos de renovación que estaban consiguiendo movilizar las energías colectivas y que resultaba ilusorio intentar prever el futuro de España sin tenerlos en cuenta. A lo que se puede añadir que igualmente resulta sorprendente que los proyectos periféricos prestasen tan poca atención a cómo podían articularse los distintos proyectos en un inevitable marco político común, cualquiera que fuese el nombre que se diese a este marco.

Sorprendente o no, el hecho es que en la década de los años veinte —los felices veinte— los españoles se preparaban para derrocar la monarquía y establecer un nuevo régimen sin tener una idea común sobre la estructura que consideraban adecuada para España.

La época de la República y los primeros Estatutos de Autonomía

En 1931 unas elecciones municipales dieron el triunfo claro a los partidos políticos hostiles a la monarquía, lo que provocó la abdicación del monarca y la instauración de un régimen republicano. En

Cataluña Francesc Maciá, lider del partido catalanista de izquierda triunfante en las elecciones, proclamó inmediatamente la República catalana, una declaración rectificada poco después y sustituida por el compromiso del recién constituido gobierno de la República Española de conceder a Cataluña un Estatuto de Autonomía. Este compromiso no puede entenderse simplemente como un expediente para neutralizar el gesto secesionista, en realidad era el resultado de un acuerdo alcanzado unos meses antes por las distintas fuerzas de la oposición antimonárquica y entre ellas por el partido que lideraba Maciá y cuya justicación era evidente, si de lo que se trataba era de instaurar en España un régimen democrático y si en Cataluña y en el País Vasco los votantes se mostraban partidarios de alguna forma de autogobierno era inevitable responder a esta demanda.

La discusión del proyecto de Estatuto para Cataluña en el Parlamento español no fue, sin embargo, fácil. Los partidos españoles de derecha se oponían a lo que consideraban un atentado a la unidad nacional. Y los de la izquierda, y muy explícitamente el Partido Socialista, tampoco sentían ninguna simpatía por los movimientos nacionalistas. La defensa del Estatuto, aparte de los diputados catalanes y vascos, recayó en los partidos del centro izquierda y aun esto con las reservas de algunos intelectuales destacados que militaban en sus filas. Incluso alcanzado un acuerdo sobre la necesidad del Estatuto las discusiones sobre su contenido se eternizaban. El intento de subversión militar contra la República que se produjo por aquellos días aceleró el final, pues no en balde Cataluña era un de los soportes más claros del régimen republicano. Manuel Azaña, presidente del Gobierno y máximo responsable de que el Estatuto llegase a aprobarse, al mismo tiempo que un destacado intelectual, en el discurso que cerró los debates explicó que España arrastraba desde hacía siglos el «problema catalán» que la monarquía no había sido capaz de resolver y que finalmente la República se había decidido a abordar. La raíz del problema consistía en que los catalanes sólo podían participar en la vida española a través de unas mediaciones propias, del apego a su tierra y a su lengua. El Estatuto, satisfaciendo los deseos de los catalanes, aseguraba así su colaboración con el conjunto de España. Conviene añadir que para Azaña esta posibilidad de incorporarse a España como una comunidad diferenciada podía aplicarse a otras regiones pero no a Castilla, para la que no existían objetivos propios, «regionales», distintos de los españoles. En el propio discurso hay frases como: «Las preocupaciones de Castilla no son de orden regional sino del orden del Estado», o bien: «A nosotros (castellanos) nos basta con nuestro destino, que es llevar sobre los hombres lo universal del nombre de España», frases que no habrían desentonado en labios de Menéndez Pidal.

Aunque el contenido del Estatuto que aprobó el Parlamento era sensiblemente inferior al que originariamente se había propuesto desde Cataluña, significaba de todos modos un considerable nivel de autogobierno: un Parlamento catalán, unos órganos de gobierno y una administración propia que tenía delegadas importantes competencias, entre ellas el orden público, y por tanto las fuerzas de policía. En el orden cultural y educativo, en cambio, la liberalidad había sido menor, probablemente por los recelos expresados por algunos intelectuales prestigiosos e influyentes. El Estado mantenía la administración de la totalidad del sistema educativo existente aunque autorizaba a la *Generalitat* a crear y administrar centros educativos de cualquier tipo. En el nivel universitario esto habría significado la existencia de dos universidades, una en castellano y otra en catalán, una posibilidad que fue sustituida por la concesión a la Universidad de Barcelona de un régimen de autonomía administrada por un Patronato en el que el Gobierno central español y el de Cataluña estaban representados por igual, y que afirmaba su voluntad de servicio a las dos lenguas y a la cultura que a través de ellas se expresa.

El papel del catalán en la vida pública, que con el advenimiento de la República ya se había incrementado, aumentó todavía considerablemente. Después del primer ensayo con la Mancomunidad de Prat de la Riba, el catalán volvía a ser lengua oficial de un gobierno y de una administración pública. También aumentó la presencia del catalán en el mercado editorial y en los medios de comunicación. Y en la radio, que por aquellos años empezaba a popularizarse, era todavía mayor y la mayoría de las emisoras que se instalaron emitían casi exclusivamente en catalán. La presencia del catalán en el sistema educativo empezó a ser también importante, tanto en algunos centros privados como en los creados por la *Generalitat* o los patrocinados por los ayuntamientos. Y después de muchos siglos el catalán volvió también a estar presente con fuerza en la universidad. Al lado de este balance favorable hay que recordar que el tiempo de vigencia del Estatuto de Cataluña fue en realidad corto, promulgado en 1932 quedó en suspenso en octubre de 1934 a consecuencia de unos episodios más o menos revolucionarios y no volvió a entrar en vigor hasta febrero del 36. Cinco meses después empezaba la guerra civil, y aunque en teoría el Estatuto siguió vigente, las circunstancias bélicas limitaron ampliamente su efectividad.

Los mismos o parecidos argumentos que habían justificado la aprobación de un Estatuto de Autonomía para Cataluña podían aplicarse al País Vasco, y efectivamente pronto se preparó el oportuno proyecto, pero el proceso hasta su aprobación fue mucho más largo. Mientras el partido catalanista mayoritario —Esquerra Republicana de Catalunya— tenía su aliado natural en las izquierdas españolas, el Partido Nacionalista Vasco se encontraba en una situación mucho más incómoda. Era rechazado frontalmente por las derechas españolas, que le reprochaban su nacionalismo separatista y al mismo tiempo, por su condición de partido confesional y explícitamente católico, se enfrentaba a los partidos de izquierda por su política religiosa y abiertamente anticlerical. Este aislamiento influyó lógicamente en el proceso de presentación y discusión del Estatuto vasco, que sólo fue discutido y aprobado en la última etapa de la República, ya en vísperas de la guerra civil, y sólo pudo entrar en vigor empezada ésta y durante los meses que transcurrieron hasta la ocupación del País Vasco por las tropas franquistas. Aunque es cierto que el aislamiento en que se encontró el País Vasco durante estos meses respecto del Gobierno central hizo que las competencias reales del Gobierno vasco fuesen muy superiores a las previstas por el Estatuto.

En Galicia y durante el período republicano el galleguismo logró por primera vez convertirse en una fuerza política, el *Partido Galeguista,* con alguna representación electoral. A partir de esta representatividad y del ejemplo ofrecido por Cataluña y por el País Vasco se redactó un Estatuto de Autonomía que llegó a ser plebiscitado por la población de Galicia, justo en las vísperas de la guerra civil. La aprobación por el Parlamento español, en la medida en que pudo reunirse, tuvo lugar iniciada ya la guerra y sólo pudo tener un valor simbólico ya que desde el primer día Galicia quedó incorporada al territorio controlado por el llamado «movimiento nacional». Un valor simbólico que se convirtió en un precedente importante cuando cuarenta años después se restableció la democracia.

Años de silencio y resistencia

La sublevación en nombre del «movimiento nacional» (julio 1936) en un primer momento, además de ocupar una parte considerable del territorio nacional produjo la desarticulación del aparato del Estado localizado en Madrid, lo que entre otras cosas dejó en libertad casi completa a los Gobiernos de Euskadi y de Cataluña. El primero tuvo que exiliarse al cabo de unos meses, cuando las tropas franquistas ocuparon su territorio, pero en cambio el Gobierno catalán continuó en ejercicio prácticamente hasta el final de la guerra, años en los que el Estatuto de Autonomía continuó vigente pero condicionado por la evolución de la guerra y las vicisitudes bélicas. Durante los primeros meses, el Gobierno catalán tuvo que intentar encauzar una revolución de signo anarquista, un enfrentamiento que terminó con la recuperación por el Gobierno central del control sobre el orden público en Cataluña, limitando así las competencias autonómicas. Unos meses después era el propio Gobierno central el que se instalaba en Barcelona, al mismo tiempo que la Presidencia de la República y que el mando supremo del ejército. Y cada vez más la causa de la República se presentaba como una guerra de liberación nacional frente a ingerencias extranjeras y se apelaba al patriotismo español.

Pero es inútil discutir cuál habría sido el futuro de las autonomías si los republicanos hubiesen ganado la guerra. Lo cierto es que quienes ganaron la guerra fueron los partidarios del General Franco y que el programa del Movimiento en este tema era inequívoco: la unidad de España era un valor esencial previo a cualquier otra consideración, y cualquier tendencia disgregadora, fuese cual fuese la denominación con la que se presentase, regionalismo o nacionalismo, debía ser reprimida y perseguida. El objetivo explícito era la unanimidad en el sentimiento nacional y la uniformidad en la administración del territorio. Y dado que la lengua española se había convertido en expresión y símbolo de esta unidad debía convertirse en la lengua única o principal de todos los españoles y en todo caso era la única que podía emplearse en las situaciones públicas y cualquier intento de usar otra debía ser prohibido.

El régimen surgido de la victoria militar aplicó estos principios a rajatabla y se esforzó por justificarlos incluso a costa de caer en contradicciones. Inmediatamente después del final de la guerra en

Cataluña se difundió ampliamente el eslogan: «Si eres español habla en español», que fue suprimido cuando algunas personalidades del propio régimen hicieron notar que dado que los catalanes hablaban en catalán y se resistían a dejar de hacerlo, la consecuencia lógica era que no eran españoles. La sustitución del eslogan por otro más retórico: «Si eres español habla la lengua del Imperio», no resultó más afortunada.

No sería difícil recopilar un repertorio de disposiciones de diferentes tipos y estilos, de la retórica imperial a las argucias administrativas o los desplantes de funcionarios engreídos, todas con el común objetivo de prohibir el uso de cualquier lengua distinta del español/castellano. Como consecuencia de esta política sistemáticamente practicada, el catalán, el vasco y el gallego dejaron de aparecer en cualquier tipo de publicación: libros, revistas, periódicos..., dejaron de oírse en la radio y en cualquier acto público, oficial o no, incluidos los actos y las ceremonias religiosas y no pudieron utilizarse en la enseñanza ni tampoco ser enseñadas. Oficialmente habían dejado de existir.

La política de represión de las lenguas distintas del español provocó, como es lógico, una resistencia que fue mayor en aquellos lugares en los que su cultivo estaba más arraigado. Por otra parte, la política gubernamental perdió su rigidez inicial y se fue suavizando con el paso del tiempo.

En lo que hace referencia al catalán aunque hubo algunos ejemplos esporádicos anteriores fue en 1946 cuando empezó a autorizarse la publicación regular de algunos libros. Cinco años después, en 1951, podía hablarse ya de una cierta recuperación editorial. En 1959 empezó a publicarse *Serra d'Or,* una revista patrocinada por el Monasterio de Montserrat, de intención y contenido netamente catalanista, que pronto alcanzó los 12.000 suscriptores. En los años sesenta y coincidiendo con la liberalización de la economía se liberalizaron también los criterios del control de publicaciones. En el año 1966 se publicaron 600 títulos en catalán, una cifra similar a la de los años de mayor actividad antes de la guerra. Este aumento de la producción se corresponde con un aumento de la actividad creativa, la literatura catalana se encuentra en un momento brillante: Espriu, Rodoreda... También en estos años se difunde el movimiento de la *nova cançço* que jugará un gran papel en la popularización del uso del catalán incluso fuera de Cataluña. A comienzos de la década de los setenta los movimientos de oposición clandestinos y no clandestinos son cada vez más activos, y paralelamente se crean organizaciones para la defensa y difusión de la lengua y la cultura catalana. Se multiplican los cursos para enseñanza de la lengua y empiezan a ser frecuentes actos públicos en catalán. Para completar estos datos sobre las publicaciones y el uso del catalán durante la época franquista habrá que tener en cuenta la actividad desplegada por los catalanes emigrados en distintos países, Francia y América especialmente, actividades muy intensas en los primeros años que fueron declinando a medida que se normalizaba la situación en Cataluña.

La recuperación del uso público del gallego fue paralela a la del catalán aunque sea a escala más modesta. Más todavía que en el caso del catalán, la intensa actividad desplegada por los exiliados en América, especialmente en Argentina por influencia de Castelao, resultó esencial para la supervivencia del uso literario del gallego. En la propia Galicia la recuperación comienza con la fundación en 1950 de la Editorial Galaxia, dedicada exclusivamente a la publicación de obras en gallego. En la década de los sesenta se incrementa el número de publicaciones y aparecen diversas asociaciones dedicadas a la promoción de la lengua, al mismo tiempo que se crean los primeros partidos clandestinos y que se populariza la canción gallega.

La recuperación del uso escrito y literario del euskera fue más lenta en razón de la menor difusión de su conocimiento. Entre 1954 y 1964 se suceden las publicaciones y obras y también revistas de escasa difusión. 1964 puede considerarse una fecha significativa en este proceso porque se publicaron 19 obras en euskera y más todavía por la aparición de *Harri eta Herri* de G. Aresti, una novela que encontró muchos lectores y que por primera vez, en vez de reflejar un mundo rural y tradicional, tenía por temática la vida contemporánea y urbana.

A pesar de que progresivamente se fue aflojando hasta casi desaparecer la presión ejercida durante tantos años sobre estas lenguas, necesariamente debía tener consecuencias que podrían resumirse así: el uso privado y familiar, si prescindimos de casos aislados y numéricamente poco significativos, apenas resultó alterado, o sea que las familias que hablaban en su seno catalán, vasco o gallego siguieron hablándolo, y por tanto sus hijos lo tuvieron también como primera lengua.

Al mismo tiempo, y en sentido negativo, estos niños que tenían el catalán, el vasco o el gallego como primera lengua no tuvieron ocasión de familiarizarse con su uso escrito en la escuela ni oportunidades posteriores de leerla y de escribirla, y resultaron analfabetos en su propia lengua. A estas consecuencias negativas a nivel individual hay que añadir a nivel colectivo, lo que significa para una lengua el que durante años no pueda ser utilizada en muchas dimensiones de la actividad humana con el lógico resultado de un empobrecimiento o de un retraso en su desarrollo.

La evolución de la sociedad española durante los años del franquismo tuvo, especialmente en su segunda etapa y a partir de la liberación económica de 1960, otra consecuencia, indirecta pero importante y negativa, sobre estas lenguas. Me refiero a las inmigraciones masivas desde las regiones de agricultura pobre a las más industrializadas, que provocaron un aumento importante de la población de lengua materna castellana en ciertas zonas de Cataluña (cinturón urbano de Barcelona, Tarragona) y del País Vasco (Vitoria).

Pero la consecuencia más importante e imprevista de la política de unificación lingüística fue su efecto «boomerang». En unos casos la presión ejercida contra la lengua llevó a aumentar la solidaridad con ésta y a abrazar la lucha contra la dictadura como una forma de defenderla. En otros casos, al contrario, partiendo de la lucha contra la dictadura se llegó a la solidaridad con la lengua como una forma de oposición. Pero en conjunto puede decirse que con mayor o menor intensidad en todos los territorios con lengua propia se llegó a establecer una correlación entre lucha por la democracia y defensa de la lengua. Aunque con características diferenciales en cada caso.

En Cataluña, la conexión entre defensa de la lengua y oposición al régimen desde el principio fue muy clara, de modo que incluso sectores conservadores que por haber sido víctima o espectadores de la violencia revolucionaria formaban parte de lo que se ha llamado el «franquismo sociológico» pronto empezaron a marcar sus distancias con el régimen precisamente por este motivo. Pero todavía más importante fue la repercusión que ello tuvo sobre el movimiento obrero que antes de la guerra civil, si se prescinde de grupos marxistas muy activos pero minoritarios, estaba masivamente encuadrado en organizaciones de inspiración anarquista indiferentes cuando no hostiles al catalanismo, lo que debe ponerse en relación con el predominio de la población inmigrante en sus filas. Durante la resistencia antifranquista este movimiento anarquista perdió importancia y fue sustituido por sindicatos de orientación socialista y sobre todo comunistas (Comisiones Obreras) que por inspiración de los respectivos partidos políticos empezaron a asumir como propias las reivindicaciones catalanas de autonomía y de recuperación lingüística. Así, el carácter de consenso entre todas las fuerzas políticas que tenía el catalanismo antes de la guerra y que permitía hablar de una conciencia nacional resultó todavía reforzado. La constitución en 1971 de la Asamblea de Cataluña como órgano conjunto de todas las fuerzas políticas de Cataluña fue bastante significativa en este sentido.

En el País Vasco, por la manera en que se había desarrollado la guerra la condenación del nacionalismo fue más explícita y su persecución más dura. Ello no produjo la unanimidad de la resistencia en torno al nacionalismo, pues hubo sectores de la población resueltamente comprometidos en la lucha antifranquista, como eran los socialistas, que no participaban de las ideas nacionalistas, pero en cambio, aumentó su popularidad y su prestigio y lo radicalizó. Los nacionalistas vascos no sólo proclamaron como los catalanes su derecho al autogobierno sino que en su interior apareció un grupo que optó por la lucha armada y que durante bastante tiempo gozó de una amplia simpatía en muchos ambientes de la oposición española a pesar de ser el único grupo que había optado por la violencia. Pero en estos años, y en relación con lo que puede considerarse una reformulación del nacionalismo vasco, se produjo un cambio de actitud respecto a la lengua. Si hasta entonces el vasco o euskera se había considerado símbolo de la nacionalidad, ahora se entiende además que es condición de su existencia y, por tanto, que es necesario generalizar su conocimiento y su uso hasta convertirlo en la lengua común de los vascos. Y dado que buena parte de la sociedad vasca había perdido su conocimiento, era necesario hacer un esfuerzo colectivo, por costoso que fuese, para recuperarlo. Símbolo de esta voluntad de recuperación fue la creación de la red de ikastolas, y paralelamente de los cursos para adultos como un movimiento popular de concienciación nacional.

En Galicia, las actividades culturales, como las promovidas por la Editorial Galaxia, contribuyeron efectivamente a elevar el prestigio social de la lengua, sin embargo, la implicación entre oposición al régimen y reivindicación política fue más lenta en producirse;

simbólicamente puede situarse en las agitaciones estudiantiles de finales de la década de los setenta, cuando los estudiantes de la Universidad de Santiago decidieron que el gallego era la lengua del pueblo y que, por tanto, su compromiso social implicaba el compromiso por esta lengua. De estos años datan también la aparición de organizaciones nacionalistas radicalizadas.

En las islas Baleares y en Valencia las implicaciones fueron más débiles. En Baleares los diferentes partidos de la oposición coincidieron en una reclamación lingüística que no parecía plantear problemas importantes. Y en Valencia la cuestión lingüística tenía en los comienzos del franquismo escasa relevancia. Pero precisamente en aquellos años se produjo un hecho nuevo que iba a actuar como revulsivo. Su detonante fue la publicación del libro de J. Fuster, *Nosaltres els valencians,* en el que se propone despertar la conciencia valenciana centrándola en su lengua y su historia común con Cataluña y deduciendo de ello la necesidad de un proyecto cultural y político común. El libro provocó reacciones apasionadas en favor y en contra, y abrió una polémica, cuyos ecos continúan vivos en la actualidad, pero en todo caso lo que es indiscutible es que renovó el interés por la lengua hablada en Valencia y le dio un significado político.

La hostilidad del régimen franquista hacia las lenguas distintas del castellano tuvo otras consecuencias importantes no ya en los territorios donde se hablan estas lenguas sino en aquellos donde sólo se habla castellano y en general en el conjunto de España. Desde el propio interior del régimen y a medida que su coherencia ideológica se iba debilitando surgían voces en defensa de estas lenguas, de las que un artículo de Pemán a comienzos de 1970, «Un vaso de agua clara», fue el primer ejemplo representativo. En los círculos más aperturistas, que ya en la década de los sesenta habían empezado a tomar cuerpo, la simpatía por la literatura en estas lenguas era un ingrediente importante de su actitud. Así ocurría en la valoración del diálogo y de la comprensión por parte de intelectuales como Ridruejo o Laín. Y en la década de los setenta, a medida que se generalizaban las posiciones en contra de la dictadura y en favor de la democracia, las formas de expresión de las culturas en otras lenguas se convertían en símbolos de resistencia y de oposición en el marco de una causa común y recibían por ello un amplio margen de simpatía. Y así resultó posible que en aquellos años se presentasen en

Madrid y en otras ciudades españolas cantantes y compañías de teatro actuando en catalán, en vasco o en gallego, y fuesen acogidos con interés e incluso con entusiasmo, lo que ciertamente era una novedad absoluta.

Símbolo de esta nueva actitud puede ser la gran popularidad que en vísperas de la transición política alcanzó un poema de Espriu en el que Sepharad equivale a España y que en la traducción castellana de J. Batlló dice así:

> Recuerda esto siempre, Sepharad.
> haz que sean seguros los puentes del diálogo
> e intenta comprender y amar
> las diversas razones y las hablas de tus hijos.
> Que la lluvia caiga lentamente en los sembrados
> y pase el aire como una mano extendida,
> suave y muy benigna, sobre los anchos campos.
> Que Sepharad viva eternamente
> en el orden y la paz, en el trabajo,
> en la difícil y merecida
> libertad.

Así, puede concluirse que la política de represión de las lenguas distintas de la castellana mantenida a lo largo de cuarenta años en nombre de la unidad de España produjo finalmente resultados opuestos a los previstos, y que a la muerte del Franco y en los umbrales de la transición democrática las reivindicaciones de estas lenguas se planteaban con mayor radicalidad y con mayor soporte popular que en ningún momento anterior.

Capítulo 2

LA NUEVA SITUACION. PANORAMA DE CONJUNTO

1. La España de las Autonomías

Desde un punto de vista legal e institucional, la situación actual de las distintas lenguas en España tiene un doble fundamento: el hecho de que la Constitución reconozca el carácter plurilingüe y pluricultural de España y el hecho de que, utilizando la posibilidad que establece la propia Constitución, España se haya estructurado en un conjunto de Comunidades Autónomas. Con su estructuración en Comunidades Autónomas España no se ha convertido en un Estado Federal, pues el Gobierno Central mantiene una plenitud de atribuciones en muchos aspectos, pero de todos modos las competencias de las Comunidades Autónomas, definidas por sus respectivos Estatutos de Autonomías, sobrepasan ampliamente los límites de una simple descentralización administrativa e incluyen competencias legislativas ejercidas por los respectivos Parlamentos Autónomos. Pero además, y este es el punto que ahora interesa subrayar, los Estatutos de Autonomía de determinadas Comunidades reconocen la existencia de una lengua propia de la Comunidad, que en su ámbito comparte con el castellano el carácter de lengua oficial.

He aquí el texto de los artículos de la Constitución que se refieren a la pluralidad lingüística y cultural de España:

Constitución española de 1978

Preámbulo.

La nación española........ proclama su voluntad de:

....

Proteger a todos los españoles y pueblos de España en el ejercicio de los derechos humanos, sus culturas y tradiciones, lenguas e instituciones.

Título Preliminar.

Artículo 2

La Constitución se fundamenta en la indisoluble unidad de la Nación española, patria común e indivisible de todos los españoles y reconoce y garantiza el derecho a la autonomía de las nacionalidades y regiones que la integran y la solidaridad entre todas ellas.

Artículo 3

1. El castellano es la lengua española oficial del Estado. Todos los españoles tienen el deber de conocerla y el derecho de usarla.
2. Las demás lenguas españolas serán también oficiales en las respectivas Comunidades Autónomas de acuerdo con sus Estatutos.
3. La riqueza de las distintas modalidades lingüísticas de España es un patrimonio cultural que será objeto de especial respeto y protección.

Otros artículos de la Constitución se refieren a la naturaleza de las Comunidades Autónomas y a la forma de constituirse; son los siguientes:

Título VIII. De la organización territorial del Estado.

Artículo 137

El Estado se organiza territorialmente en municipios, en provincias y en las Comunidades Autónomas que se constituyan. Todas estas entidades gozan de autonomía para la gestión de sus respectivos intereses.

Artículo 143

En el ejercicio del derecho a la autonomía reconocido en el artículo 2 de la Constitución, las provincias limítrofes con características históricas, culturales y económicas comunes, los territorios insulares y las provincias con entidad regional histórica podrán acceder a su autogobierno y constituirse en Comunidades Autónomas con arreglo a lo previsto en este título y en los respectivos Estatutos.

La estructuración del Estado Español en un conjunto de Comunidades autónomas con competencias relativamente amplias constituye una novedad completa en la historia moderna de España pero sus razones son relativamente fáciles de entender. Tal como se ha recordado en el capítulo anterior dedicado a las raíces históricas, el régimen surgido de la guerra civil y capitaneado por Franco había hecho de la unidad de España uno de los ejes principales de su ideología, y en nombre de esta unidad había perseguido los nacionalismos periféricos y sus lenguas, considerando éstas soportes naturales de los sentimientos nacionalistas. Y como también se ha recordado, esta represión sistemática produjo en los territorios con lengua propia y con tradición autonómica una actitud generalizada de oposición al régimen y tuvo al mismo tiempo como consecuencia que las reclamaciones autonómicas y lingüísticas encontrasen comprensión y apoyo en el conjunto de la oposición española a la dictadura. Por esto cuando desaparecido Franco se inició la transición política existía entre todas las fuerzas democráticas españolas el acuerdo implícito de que era necesario satisfacer las demandas de estas «nacionalidades históricas» y concederles al menos la autonomía que ya habían conocido, aunque fuese por poco tiempo, con la República. Antes, incluso, de que se redactase la Constitución del nuevo Estado se tomaron ya medidas en este sentido y así se restableció, aunque fuese en forma provisional, el Gobierno de Cataluña (Generalitat) y algo parecido se hizo en el País Vasco y en Galicia. Y por supuesto la Constitución estableció la fórmula para aprobar los Estatutos por los que se iban a regir estas Comunidades históricamente fundadas. Pero como parecía difícil justificar, porque unas regiones podían aspirar a la autonomía y otras no, pues había regiones como Navarra que gozaban desde hacía siglos de un régimen jurídico especial, y otras como las islas Baleares o Valencia que sin formar parte de Cataluña hablaban el catalán o una lengua que podía identificarse con él, y otras como Andalucía que sin tener una lengua propia tenían en cambio una personalidad fuertemente definida, o como las islas Canarias con una situación y unos intereses singulares, la propia Constitución estableció los mecanismos por los que cualquier región española podía acceder a la Autonomía.

En diciembre de 1979 se aprobaron los Estatutos de Autonomía del País Vasco y de Cataluña, e inmediatamente se sucedieron las peticiones de autonomía por parte de otras regiones hasta que en febrero de 1983 se aprobaron los últimos Estatutos y todo el territorio del Estado Español quedó dividido en 17 Comunidades Autónomas, resultado que ciertamente no había sido previsto por los que redactaron la Constitución. Para explicar el entusiasmo autonómico que llevó a este resultado es posible pensar que el espectáculo de su concesión a regiones que habían luchado largamente por ella provocó en otras, que nunca habían sentido estas aspiraciones, el miedo a quedar marginados o la ilusión de conseguir una mayor solidaridad colectiva. Pero es innegable que el movimiento fue también alentado por los grandes partidos políticos en el Gobierno (UCD) y en la oposición (PSOE) sea porque se sintiesen incapaces de justificar la distinción entre regiones autónomas y no autónomas o porque se sintiesen recelosos ante las complicaciones que ello entrañaría para el funcionamiento del Estado, aunque también es posible sospechar que creyesen que con la generalización de las autonomías sería más fácil frenar las peticiones de las nacionalidades históricas de un trato singular. Cualesquiera que fuesen las razones circunstanciales que lo explican el hecho es que en pocos años España adquirió una estructura que constituía una novedad radical respecto a su pasado, pero que después de algunos años de funcionamiento parece ampliamente consolidada.

A continuación figura la relación de las Comunidades Autónomas que actualmente constituyen España.

España: Comunidades Autónomas

Denominación	*Extensión*	*Habitantes*
Catalunya	31.930	5.978.638
Islas Baleares	5.014	680.933
Valencia	23.305	3.732.680
País Vasco	7.261	2.136.100
Navarra	10.421	515.900
Galicia	29.434	2.844.472
Asturias	10.565	1.112.186
Aragón	47.650	1.184.295
Cantabria	5.289	522.664
Rioja	5.034	260.024
Castilla-León	94.193	2.582.327
Castilla-La Mancha	79.230	1.675.715
Extremadura	41.602	1.086.420
Murcia	11.317	1.006.788
Andalucía	87.268	6.789.772
Islas Canarias	7.242	1.466.391
Madrid	7.995	4.780.572
Conjunto de España	504.750	38.473.418

Fuente: *Censo de población de 1986.*

En el cuadro anterior, las cifras de población son las del censo de 1 de abril de 1986.

Basta contemplar el cuadro anterior para advertir grandes diferencias entre las distintas Comunidades Autónomas.

Andalucía, Castilla-León y Castilla-La Mancha tienen una extensión entre quince y veinte veces mayor que Cantabria, La Rioja o las Islas Baleares. En el volumen de población las diferencias no son menores entre los casi siete millones de habitantes de Andalucia o los seis de Cataluña y el cuarto de millón de La Rioja o el medio millón de Navarra. Pero las diferencias más importantes y significativas resultan al comparar los índices de densidad de población. Incluso prescindiendo del caso singular de la Comunidad de Madrid, constituída por la aglomeración urbana de la capital y su espacio circundante (600 hab. por Km^2), la amplitud de las diferencias se extiende de los 294 habitantes por kilómetro del País Vasco y 202 de las islas Canarias a los 26 de Extremadura, 24 de Aragón o 21 de Castilla-La Mancha.

Y hay todavía otras diferencias menos fácilmente expresables en cifras, pero no menos importantes. Las distintas Comunidades difieren sobre todo por el grado de conciencia que tienen sus habitantes de constituir una identidad colectiva y de solidarizarse con ella. Como ya queda dicho, hay Comunidades en las que este sentimiento de identificación es muy fuerte y en las que la autonomía es sentida como el resultado de un esfuerzo histórico, pero hay otras en las que este sentimiento es mucho menor porque no tienen precedentes históricos o porque si los tienen ya no son actuales. Territorios que han tenido un pasado histórico propio pero cuyo recuerdo ha dejado de tener vigencia y territorios con una personalidad muy definida pero sin un pasado histórico de unidad; territorios cuyos precedentes históricos son contradictorios y sus límites discutibles como ocurre con la inclusión de la provincia de León en la Comunidad de Castilla o con la división de las dos Castillas y con la erección de Madrid y su *hinterland* en una Comunidad propia. Territorios, en fin, con una singularidad geográfica y humana y en algún caso incluso histórica definida pero de dimensiones tan pequeñas que parece discutible su viabilidad como Comunidad Autónoma.

Al igual que las dimensiones de extensión y de población, también el volumen económico de la Comunidad, si es muy bajo, puede incidir en su viabilidad obligando a acudir a mecanismos compensatorios de difícil manejo. En el caso de España estos desequilibrios económicos tienen unos condicionantes geográficos muy claros. Con la única excepción del centro, Madrid y su *hinterland,* el desarrollo español se concentra en la periferia, con una amplia corona de subdesarrollo entre el núcleo central y la zona costera y con un claro desequilibrio entre el norte y el sur. Pero las distintas Comunidades no sólo difieren por el nivel de desarrollo y de riqueza sino también por el tipo de dedicación económica, fuente de sus ingresos. Hay Comunidades en las que predomina la agricultura de secano, mientras que en otras predomina la de regadío y en otras la industria, la pesca o el turismo. Estas diferentes dedicaciones producen diferencias de intereses perfectamente reales entre Comunidades que a la hora de negociar con el Mercado Común Europeo, por ejemplo, se hacen aparatosas.

Y queda todavía por recordar que las Comunidades Autónomas difieren además por el nivel y el contenido de sus competencias autónomas. Cada Estatuto de Autonomía fue redactado y discutido por separado en las Cortes y las competencias que en ellos se establecen son distintas de una a otra aunque, en líneas generales, se puede distinguir entre las Comunidades con competencias amplias y las restantes. Así, por poner un ejemplo significativo, Cataluña, País Vasco, Andalucía, Valencia y Galicia y desde hace poco Navarra tienen competencias plenas sobre el sistema educativo, mientras que en las restantes Comunidades el sistema educativo sigue dependiendo directamente del Ministerio de Educación.

Basta la enumeración de estas diferencias para darse cuenta de que la organización autonómica del Estado ha de plantear muchos problemas y que si se hubiesen previsto se podía haber procurado una división en Comunidades menos desequilibrada y una atribución de competencias más homogénea incluso si se querían distinguir varios niveles de autonomía. Aunque también es cierto que a pesar de los problemas surgidos el sistema autonómico no sólo ha dado sus primeros pasos, sino que parece cada vez más consolidado cara al futuro.

2. Comunidades Autónomas con lengua propia

A las abundantes diferencias reseñadas entre Comunidades Autónomas hay que añadir todavía las que constituyen el tema de esta obra, las diferencias lingüísticas. Los Estatutos de Autonomía de determinadas Comunidades Autónomas declaran que la Comunidad tiene una lengua propia en el ámbito de la Comunidad, o en el caso de Navarra, en una zona que él tiene al mismo tiempo que el español carácter de lengua oficial.

En el siguiente cuadro se relacionan las Comunidades Autónomas en cuyo Estatuto se les reconoce una lengua propia y se consigna su población y el porcentaje que representa respecto a la población total de España.

Comunidades Autónomas con lengua propia

	Lengua propia	*Población*	*%*
Conjunto de España		38.473.418	100,00
Cataluña	catalán	5.978.628	16,39
Islas Baleares	catalán	680.933	1,76
Valencia	valenciano (catalán)	3.730.628	9,70
Galicia	gallego	2.844.472	7,39
País Vasco	euskera	2.136.100	5,55
Navarra	vizcaíno euskera castellano	515.900	1,34

Según estos datos, en las Comunidades Autónomas en las que sus respectivos Estatutos reconocen tener una lengua propia distinta de la castellana y establecen la cooficialidad de las dos lenguas residen algo más del 42 % de los habitantes de España. E incluso si se prescinde de los residentes en Navarra, donde la cooficialidad de las dos lenguas se limita a una pequeña zona, esta proporción continúa siendo superior al 40 %, una proporción ciertamente importante.

En capítulos posteriores de este libro se describen con algún detalle las características específicas de cada una de estas Comunidades Autónomas, así como la política lingüística que aplican. La visión general previa que se ofrece en este capítulo se reduce a unos datos generales sobre la situación sociolingüística en cada una de ellas, empezando con unos datos estadísticos sobre el conocimiento de las lenguas propias. Son los que se encuentran en el cuadro que figura a continuación.

En este cuadro los datos marcados con un asterisco se han extraído de las encuestas lingüísticas que acompañaron al Censo de

Población de 1986. Los restantes son evaluaciones propias basadas en los estudios disponibles. Como ocurre con todas las encuestas lingüísticas, incluso las mejores, la precisión de las cifras es sólo aparente pero ilustra sobre la dimensión de los hechos considerados.

Comunidades Autónomas: Evaluación del número de hablantes de las respectivas lenguas propias

Comunidad Autónoma	*Población mayor de 2 años*	*Tiene la lengua propia como materna*	*Habla la lengua propia*	*Entiende la lengua propia*
Cataluña	5.739 (100 %)	2.846 (50 %)	3.747 (65 %) *	5.287 (92 %) *
I. Baleares	659 (100 %)	421 (64 %)	444 (67 %) *	560 (85 %) *
Valencia	3.732 (100 %)	1.492 (40 %)	1.780 (48 %) *	2.775 (74 %) *
País Vasco	2.070 (100 %)	405 (20 %) *	476 (23 %) *	786 (38 %) *
Navarra	499 (100 %)	45 (9 %) *	59 (12 %) *	77 (15 %) *
Galicia	2.756 (100 %)	1.515 (55 %)	2.480 (90 %)	2.590 (94 %)
Conjunto de Comunidades con lengua propia	15.455 (100 %)	6.724 (43 %)	8.986 (58 %)	12.095 (78 %)
Conjunto de España	37.281 (100 %)	6.724 (18 %)	8.986 (24 %)	12.095 (32 %)

* Datos de los censos lingüísticos de 1986.

CATALUÑA

En la introducción histórica se ha hecho ya referencia al pasado brillante de la lengua catalana y a su recuperación en el siglo pasado, que no se limitó a un renacimiento literario sino que arrastró un movimiento cultural y político de signo nacionalista. En la actualidad el catalán es una lengua ampliamente conocida y prestigiada, con una presencia importante en el sistema educativo, en los medios de comunicación y en todas las facetas de la vida pública. Pero, al mismo tiempo hay que tener en cuenta que Cataluña es un país de inmigración y que la mitad aproximadamente de sus habitantes han nacido fuera de Cataluña, esto explica por qué, como se advierte en el cuadro estadístico, una proporción tan importante de la población de Cataluña no tiene el catalán como lengua materna sino el castellano. Aunque en el mismo cuadro puede observarse que una proporción importante de esta población de lengua familiar castellana entiende e incluso habla el catalán.

ISLAS BALEARES

La lengua propia de las islas Baleares es el catalán y así se dice en el Estatuto de Autonomía de las islas aunque el catalán hablado en las islas Baleares presente variedades locales muy marcadas y además distintas en cada isla. El hecho de que la mayoría de la población haya mantenido vivo su uso, y de que hasta muy recientemente la inmigración era escasa hacen que, como se advierte en el cuadro, la proporción de la población que tiene el catalán como lengua materna sea muy alta. Sin embargo, la dedicación intensiva de Baleares al turismo está produciendo una afluencia masiva de inmigrantes trabajadores en la construcción, en la hostelería y también de residentes extranjeros.

VALENCIA

En el capítulo correspondiente se hará referencia a los problemas que plantea la naturaleza del valenciano como lengua y su identificación como una variante del catalán. La baja proporción que puede observarse en el cuadro de los que lo tienen como lengua materna en parte responde al hecho de que una zona del territorio de la Comunidad Autónoma Valenciana ha sido desde sus orígenes de lengua castellana, pero también al bajo prestigio social de que ha gozado la lengua paulatinamente abandonada en las ciudades y en los niveles altos de la sociedad. Una parte importante de los que no la han tenido como lengua materna se declaran, sin embargo, capaces de entenderla.

GALICIA

Basta observar las cifras sobre conocimiento de las lenguas para advertir que Galicia es la Comunidad en la que la proporción de habitantes que tiene la lengua propia de la comunidad como lengua materna es la más alta. Esto significa un alto grado de conservación lingüística, pero significa también que Galicia a lo largo de los tiempos ha sido una región de emigración y no una región de inmigración. Pero si el número de personas que declaran conocer la lengua es muy alto, también es cierto que tradicionalmente el prestigio social de la lengua ha sido mínimo, y que su uso ha estado asociado a la pobreza y la ignorancia, situación que paulatinamente está cambiando.

PAIS VASCO

Aunque en el País Vasco los sentimientos nacionalistas tienen una gran fuerza, los datos del Censo recogidos en el cuadro indican que de todas las Comunidades con lengua propia el País Vasco es la Comunidad en la que el conocimiento de la lengua propia es proporcionalmente menor. Ello es debido a que a lo largo de la historia el ámbito geográfico del vasco se ha ido reduciendo, y en el propio País Vasco hay comarcas donde el euskera dejó de hablarse hace ya varios siglos. A ello hay que añadir que la distancia lingüística entre el castellano y el euskera es muy grande y por tanto que su adquisición para quienes no lo tienen como lengua materna requiere un esfuerzo considerable, lo que hace más difíciles los proyectos de recuperación. A pesar de lo cual, en los últimos años se han producido avances innegables.

NAVARRA

En el territorio de Navarra la lengua vasca sólo se ha mantenido en una zona al norte del territorio y esto explica la escasa proporción de hablantes que nos muestra el censo lingüístico. De todos modos, los esfuerzos por recuperar su conocimiento y su uso han dado ya algunos frutos, y empiezan a encontrarse vascófonos en todo el territorio navarro aunque sea en pequeño número.

3. El marco legal: Estatutos de Autonomía y Leyes de Normalización

De acuerdo con los principios de la Constitución que en los artículos que antes se han transcrito afirman la pluralidad lingüística y cultural de España y establecen que en las Comunidades Autónomas en las que se hablen lenguas distintas del castellano estas lenguas serán también lenguas oficiales, en los Estatutos de las Comunidades Autónomas que se encuentran en este caso figuran una serie de disposiciones que hacen referencia a la lengua.

Aunque en los distintos Estatutos estas disposiciones se formulan de maneras diversas, prácticamente todos coinciden en los siguientes puntos básicos:

La denominación de la lengua y su calificación de «lengua propia».

Su carácter de lengua oficial al mismo tiempo que el castellano.

El derecho de todos los miembros de la Comunidad a conocer y a utilizar la lengua propia. En la Constitución figura ya la obligación de conocer el castellano y el derecho a utilizarlo para todos los españoles.

La no discriminación por razones de lengua.

A pesar de esta coincidencia de fondo, dada su importancia legal, a continuación se reproducen los artículos referentes a la lengua en cada uno de los Estatutos.

CATALUÑA

Artículo 3

1. La lengua propia de Cataluña es el catalán.
2. El idioma catalán es el oficial de Cataluña así como también lo es el castellano, oficial en todo el Estado Español.
3. La Generalidad garantizará el uso normal y oficial de los dos idiomas, adoptará las medidas necesarias para asegurar su conocimiento y creará las condiciones que permitan alcanzar su plena igualdad en lo que se refiere a los derechos y los deberes de los ciudadanos de Cataluña.

ISLAS BALEARES

Artículo 3

La lengua catalana propia de las islas Baleares tendrá, junto con la castellana, el carácter de idioma oficial, y todos tienen el derecho de conocerla y de utilizarla. Nadie podrá ser discriminado por razón del idioma.

Artículo 14

Las modalidades insulares de la lengua catalana serán objeto de estudio y protección sin perjuicio de la unidad del idioma.

COMUNIDAD VALENCIANA

Artículo 7:

1. Los dos idiomas oficiales de la Comunidad Autónoma son el valenciano y el castellano. Todos tienen derecho a conocerlos y a usarlos.
2. La Generalidat Valenciana garantizará el uso normal y oficial de las dos lenguas y adoptará las medidas necesarias para asegurar su conocimiento.
3. Nadie podrá ser discriminado por razón de su lengua.
4. Se otorgará especial protección y respeto a la recuperación del valenciano.
5. La Ley establecerá los criterios de aplicación de la lengua propia en la Administración y en la Enseñanza.
6. Mediante Ley se determinarán los territorios en los que predomina el uso de una y otra lengua, así como los que puedan exceptuarse de la enseñanza y del uso de la lengua propia de la Comunidad.

GALICIA
Estatuto de Autonomía

Artículo 5

1. La lengua propia de Galicia es el gallego.
2. Los idiomas gallego y castellano son oficiales en Galicia y todos tienen el derecho de conocerlos y de usarlos.
3. Los poderes públicos de Galicia garantizarán el uso normal y oficial de los dos idiomas y potenciarán la utilización del gallego en todos los órdenes de la vida pública, cultural e informativa y dispondrán los medios necesarios para facilitar su conocimiento.
4. Nadie podrá ser discriminado por razón de la lengua.

PAIS VASCO
Estatuto de Autonomía

Artículo 6

1. El euskera, lengua propia del País Vasco, tendrá, como el castellano, carácter de lengua oficial de Euzkadi y todos sus habitantes tienen el derecho a conocer y usar ambas lenguas.
2. Las instituciones comunes de la Comunidad Autónoma, teniendo en cuenta la diversidad sociolingüística del País Vasco, garantizarán el uso de ambas lenguas regulando su carácter oficial y arbitrarán y regularán las medidas y medios necesarios para asegurar su conocimiento.
3. Nadie podrá ser discriminado por razón de la lengua.
4. La Real Academia de la Lengua Vasca-Euskaltazaindia es la institución consultiva oficial en lo referente al euskera.

NAVARRA

Ley de Integración y Amejoramiento del Régimen foral de Navarra (Estatuto de Autonomía) de 10/VIII/1982

Artículo 9

1. El castellano es la lengua oficial de Navarra.
2. El vascuence tendrá también carácter de lengua oficial en las zonas vascoparlantes de Navarra.

Una ley foral determinará dichas zonas, regulará el uso oficial del vascuence y, en el marco de la legislación general del Estado, ordenará la enseñanza de esta lengua.

Aun cuando en los Estatutos de las seis Comunidades Autónomas que acabamos de mencionar, en los que se atribuye a una lengua distinta del castellano el carácter de cooficial en todo el territorio de la Comunidad o, en el caso de Navarra, en una parte del territorio, en los Estatutos de otras tres Comunidades Autónomas figuran artículos que se refieren a peculiaridades lingüísticas propias de la Comunidad, sin que ello fundamente la cooficialidad o cualquier otro título legal. Son los siguientes.

ASTURIAS

Estatuto de Autonomía

Artículo 4

El bable gozará de protección. Se promoverá su uso, su difusión en los medios de comunicación y de enseñanza respetando en todo caso las variantes locales y la voluntariedad de su aprendizaje.

ARAGON

Estatuto de Autonomía

Artículo 7

Las diversas modalidades lingüísticas de Aragón gozarán de protección como elementos integrantes de su patrimonio cultural e histórico.

ANDALUCIA

Estatuto de Autonomía

Artículo 12

3. La Comunidad Autónoma ejercerá sus poderes con los siguientes objetivos básicos:

... Afianzar la conciencia de identidad andaluza a través de la investigación, difusión y conocimiento de los valores históricos, culturales y lingüísticos del pueblo andaluz en toda su riqueza y variedad.

Leyes de normalización lingüística

Dado que las Comunidades Autónomas tienen facultades legislativas, todas han promulgado leyes, previamente aprobadas por sus Parlamentos, que desarrollan los artículos de sus Estatutos referentes a las lenguas y que acabamos de transcribir. Todas tienen por objeto la defensa y promoción de su lengua propia y pueden considerarse como la formulación de una política lingüística.

He aquí la relación de estas leyes, ordenadas cronológicamente por orden de su aprobación:

- País Vasco. «Ley de normalización del uso del euskera». Noviembre 1982.
- Cataluña. «Ley de normalización lingüística en Cataluña». Junio 1983.
- Galicia. «Ley de normalización lingüística de Galicia». Junio 1983.
- Valencia. «Ley sobre uso y enseñanza del valenciano». Noviembre 1983.
- Islas Baleares. «Ley de normalización lingüística de las Islas Baleares». Junio 1986.
- Navarra. «Ley Foral del Vascuence». Diciembre 1986

Todas estas Leyes tienen una estructura parecida y unos contenidos comparables. Se inician con un preámbulo que señala sus fundamentos legales en la Constitución y en los respectivos Estatutos y exponen la justificación de su intencionalidad. Ya en el cuerpo de la ley empiezan por ratificar y ampliar los puntos ya citados en los Estatutos sobre la denominación y el carácter de lengua propia, su cooficialidad con el español, el derecho a conocerla y a utilizarla en cualquier circunstancia y el principio de no discriminación por motivos de lengua.

Algunas leyes delimitan y matizan el ámbito geográfico en el que se aplican, así la de la Comunidad Valenciana delimita la zona castellanoparlante donde la ley se aplica en forma restringida, y la de Navarra distingue tres zonas: vascófona, mixta y castellana, según su predominio lingüístico previendo una aplicación diferenciada de la ley según las zonas. Por otra parte la ley de Cataluña dedica un capítulo a definir la política lingüística que se aplicará en el Valle de Arán, donde se habla el aranés, dialecto gascón de la familia occitana.

Implícita o explícitamente todas las leyes confían a los respectivos Gobiernos la responsabilidad de promover el conocimiento y el uso de la lengua propia compensando la situación de inferioridad en que se encuentra y haciendo efectivo el derecho a utilizarla en cualquier circunstancia.

He aquí algunos extractos de las justificaciones iniciales en las distintas leyes:

CATALUÑA

Preámbulo

... Esta Ley se propone superar la actual desigualdad lingüística impulsando la normalización del uso de la lengua catalana en todo el territorio de Cataluña. En este sentido la presente Ley garantiza el uso oficial de ambas lenguas para asegurar de todos los ciudadanos la participación en la vida pública, señala como objetivo de la enseñanza el conocimiento de ambas lenguas, las equilibra en los medios de comunicación social, erradica cualquier discriminación por motivos lingüísticos y especifica las vías de impulso institucional en la normalización lingüística de Cataluña.

ISLAS BALEARES

Preámbulo

... La Comunidad tiene como objetivo llevar a cabo las acciones pertinentes de orden institucional para que el catalán como vehículo de expresión y como principal símbolo de nuestra identidad como pueblo vuelva a ser el elemento cohesionador del genio isleño y ocupe el lugar que le corresponde en calidad de lengua propia de las islas Baleares.

Artículo 1

La presente Ley tiene por objeto desarrollar el artículo 3 del Estatuto de Autonomía en lo que respecta a la normalización de la lengua catalana como propia de las islas Baleares en todos los ámbitos y garantizar el uso del catalán y del castellano como idiomas oficiales de la Comunidad Autónoma.

VALENCIA

Preámbulo

... La Generalidat como sujeto fundamental en el proceso de recuperación de la plena identidad del pueblo valenciano tiene el derecho y el deber de devolver a nuestra lengua el rango y el lugar que merece acabando con la situación de abandono y deterioro en que se encuentra... La presente Ley trata de superar la relación de desigualdad existente entre las dos lenguas oficiales de nuestra Comunidad Autónoma, disponiendo para ello de las medidas pertinentes para impulsar el uso del valenciano en todas las esferas de nuestra sociedad y especialmente en la Administración y la enseñanza del mismo como vehículo de su recuperación. El fin último de la Ley es lograr a través de la promoción del valenciano su equiparamiento efectivo con el castellano y garantizar el uso normal y oficial de ambos idiomas en condiciones de igualdad desterrando cualquier forma de discriminación lingüística.

PAIS VASCO

Preámbulo

... Reconocida la lengua como elemento integrador de todos los ciudadanos del País Vasco deben incorporarse a nuestro ordenamiento jurídico los derechos de los ciudadanos vascos en materia lingüística en particular el derecho a expresarse en cualquiera de las dos lenguas oficiales y la garantía de la defensa de nuestra lengua como parte esencial de un patrimonio cultural del que el Pueblo Vasco es depositario.

NAVARRA

Preámbulo

... Aquellas Comunidades que, como Navarra, se honran en disponer en su patrimonio de más de una lengua están obligadas a preservar este tesoro y evitar su deterioro o su pérdida. Mas la protección de tal patrimonio no puede ni debe ofrecerse desde la confrontación u oposición de las lenguas, sino como establece el artículo 3 de la Constitución, reconociendo en ellas un patrimonio cultural que debe ser objeto de especial respeto y protección.

GALICIA

Preámbulo

... La Constitución de 1978 al reconocer nuestros derechos autonómicos como nacionalidad histórica hizo posible la puesta en marcha de un esfuerzo constructivo encaminado a la plena recuperación de nuestra personalidad colectiva y de su potencia creadora. Uno de los factores fundamentales de esa recuperación es la lengua, por ser el núcleo vital de nuestra identidad. La lengua es la mayor y más original creación colectiva de los gallegos, es la verdadera fuerza espiritual que le da unidad interna a nuestra Comunidad. Nos une con el pasado de nuestro pueblo porque de él la recibimos como patrimonio vivo y nos unirá con su futuro porque la recibirá de nosotros como legado de identidad común. Y en la Galicia del presente sirve de vínculo esencial entre los gallegos afincados en la tierra nativa y los gallegos emigrados por el mundo.

En cuanto a sus disposiciones más concretas todas las leyes de normalización abordan tres grandes temas: la lengua en la Administración Pública, la lengua en la enseñanza y la lengua en las producciones culturales y en los medios de comunicación.

En lo que hace referencia a la Administración Pública, puede decirse que en general y con formulaciones diversas todas las leyes establecen que las disposiciones legales han de publicarse en las dos lenguas y que la información administrativa ha de estar a disposición de quien lo solicite en las dos lenguas. Igualmente, todas establecen que los actos administrativos y jurídicos tendrán validez cualquiera que sea la lengua en la que estén formulados. Y todas ofrecen garantías de que los ciudadanos podrán dirigirse a la Administración y mantener relaciones con ella en cualquiera de las dos lenguas oficiales, lo que, teniendo en cuenta que esta posibilidad ya está asegurada para el castellano, implica poner en obra las medidas necesarias para asegurarlo también en la lengua propia.

La Ley del País Vasco y la de Navarra para asegurar esta posibilidad prevén la existencia de servicios de traducción al servicio de los administrados y de la propia Administración dando por supuesto que no todos los funcionarios conocerán la lengua. La Ley catalana excluye expresamente esta posibilidad dando por supuesto que el personal de la Administración debe conocer las dos lenguas.

La ley catalana señala que por ser el catalán la lengua propia de Cataluña debe ser tambien la lengua usual del funcionamiento administrativo. Lo cual significa que respetando el principio de publicar todas las disposiciones en las dos lenguas y de atender al público en la lengua que prefiera, la lengua del funcionamiento interno de la Administración será el catalán. Otras leyes, en cambio, no hacen alusión a este funcionamiento interno.

Los preceptos de las leyes de normalización se refieren en primer lugar a la propia Administración autonómica y por tanto a la que depende de los respectivos Gobiernos Autónomos, pero incluyen también recomendaciones a las Administraciones locales: ayuntamientos y diputaciones.

Respecto a la enseñanza, en la ley de normalización de Cataluña figuran los siguientes artículos:

Artículo 14

3. La lengua catalana y la lengua castellana deben ser enseñadas obligatoriamente en todos los niveles y los grados de la enseñanza no universitaria.

4. Todos los niños de Cataluña cualquiera que sea su lengua habitual al iniciar la

enseñanza deben poder utilizar normal y correctamente el catalán y el castellano al final de sus estudios básicos.

5. La Administración debe tomar las medidas convenientes para que los alumnos no sean separados en centros distintos por razón de lengua.

Todos estos puntos figuran con formulaciones más o menos diversas en las leyes de las restantes Comunidades con lengua propia. En Valencia, con limitaciones en la zona castellanoparlante, y en Navarra reducidos a la zona vascófona. De hecho, la enseñanza de la lengua propia en todos los niveles era ya obligatoria desde los «decretos de bilingüismo».

Otros artículos que se encuentran prácticamente en todas las leyes se refieren a la presencia de la lengua en otras formas de enseñanza distinta de la obligatoria: enseñanzas especiales, formación de adultos, etcétera.

Sobre la competencia lingüística del profesorado la Ley de Cataluña dice:

Artículo 18

1. De acuerdo con las exigencias de su labor docente los profesores deben conocer las dos lenguas oficiales.

2. Los planes de estudio para los cursos y los centros de formación del profesorado deben ser elaborados de forma que los alumnos alcancen la plena capacitación en lengua catalana y en lengua castellana de acuerdo con las exigencias de cada especialidad docente.

Artículo 19

La ley reguladora del acceso al profesorado deberá establecer los mecanismos y las condiciones necesarias para dar cumplimiento al artículo anterior.

Estas exigencias figuran en forma casi idéntica en las leyes de las islas Baleares y en las de Valencia y en forma más suave en las restantes. Todas, por otra parte, señalan plazos temporales para su cumplimiento y prevén el establecimiento de planes de capacitación.

Lo dicho hasta aquí puede entenderse referido a la enseñanza de la lengua, pero la lengua puede ser utilizada también como vehículo de enseñanza. La Ley de Cataluña, en su artículo 14, apartado 2, dice:

Los niños tienen el derecho a recibir la primera enseñanza en su lengua habitual, ya sea ésta el catalán o el castellano. La Administración debe garantizar este derecho y poner los medios necesarios para hacerlo efectivo. Los padres o los tutores pueden ejercerlo en nombre de sus hijos instando a que se aplique.

Todas las restantes leyes lingüísticas enuncian de distintas formas la misma exigencia:

ISLAS BALEARES

Artículo 18

1. Los alumnos tienen el derecho a recibir la primera enseñanza en su lengua, sea la catalana o la castellana.

2. A tal efecto el Gobierno ha de arbitrar las medidas pertinentes de cara a hacer efectivo este derecho. En todo caso, los padres o tutores pueden ejercer en nombre de sus hijos este derecho instando a las autoridades competentes para que sea implementado adecuadamente.

VALENCIA

Artículo 19

1. Se tenderá, en la medida de las posibilidades organizativas de los centros, a que todos los escolares reciban las primeras enseñanzas en su lengua habitual, valenciano o castellano.

GALICIA

Artículo 13

1. Los niños tienen derecho a recibir la primera enseñanza en su lengua materna. El Gobierno Gallego arbitrará las medidas necesarias para hacer efectivo este derecho.

PAIS VASCO

Artículo 15

Se reconoce a todo alumno el derecho de recibir la enseñanza tanto en euskera como en castellano.

Artículo 16

En las enseñanzas que se desarrollen hasta el inicio de los estudios universitarios será obligatoria la enseñanza de la lengua oficial que no haya sido elegida por el padre o tutor o en su caso el alumno para recibir sus enseñanzas.

NAVARRA (Zona vascófona)

Artículo 24

1. Todos los alumnos recibirán la enseñanza en la lengua oficial que elija la persona que tenga atribuida la patria potestad o la tutela o en su caso el propio alumno.

Aunque similares en la intención, estas distintas formulaciones presentan una diferencia importante de la que no es seguro que sus redactores fuesen conscientes; en unas se habla del derecho a recibir la enseñanza en la lengua materna o habitual, y en otras simplemente del derecho a elegir la lengua de enseñanza. Aunque dado que el derecho a recibir la enseñanza en una lengua sólo se hace efectivo si el padre o el propio alumno lo reclama y evidentemente puede renunciar a reclamarlo, lo que queda en definitiva es la libertad de elección.

Pero para que exista esta libertad de elección es necesario que no sólo funcione una enseñanza elemental en castellano con enseñanza de la lengua propia, sino una enseñanza en la lengua propia de la Comunidad.

La Ley del País Vasco reconoce explícitamente la existencia de escuelas de distintos «modelos» según la lengua que utilizan como vehículo de la enseñanza, y en un anexo los describe con detalle. En las leyes de las restantes Comunidades tal reconocimiento no se encuentra. Es posible pensar que en la mayoría de Comunidades Autónomas en el momento de redactar la ley no había ejemplos ni experiencia de enseñanza en la lengua propia que permitiesen anticipar su ordenación legal. Pero en el caso de Cataluña puede proponerse otra interpretación.

En la ley catalana, el primer artículo dedicado a la enseñanza dice así:

Artículo 14

1. El catalán, como lengua propia de Cataluña, lo es también de la enseñanza en todos los niveles educativos.

Y en el artículo 14 (5) antes ya citado, después de establecer que los alumnos no deben ser separados en centros distintos por razón de lengua, añade: «La lengua catalana será utilizada progresivamente a medida que todos los alumnos la vayan dominando». Lo cual puede interpretarse bien en el sentido de que los centros de enseñanza inicialmente ofrecen la enseñanza a cada niño según la lengua materna y con enseñanza de la otra, bien en el sentido de que a medida que los de lengua castellana se familiarizan con el catalán esta lengua se convertirá en la lengua normal de enseñanza.

Notemos finalmente que tanto la ley de Cataluña como la de Galicia se refieren al nivel universitario para decir que en este nivel tanto los profesores como los alumnos pueden utilizar en todas las ocasiones la lengua que prefieran de las dos oficiales. Una disposición probablemente superflua, ya que en el ordenamiento español actual las universidades tienen amplia autonomía para darse sus propios Estatutos, y por tanto para definir en ellos su política lingüística.

En cuanto a la presencia de la lengua en las actividades culturales, en los medios de comunicación y en general en la vida pública todas las leyes de normalización incluyen artículos de contenido muy similar en los que se encarga a los respectivos gobiernos el fomento de la presencia de la lengua en la producción editorial, la producción teatral y la cinematográfica. Con mayor detalle se insiste en la necesidad de fomentar la presencia de la lengua en los medios de comunicación, especialmente emisoras de radio y de TV gestionadas por la Comunidad Autónoma. Recomendaciones más genéricas se refieren al fomento de la presencia de la lengua en todos los aspectos de la vida pública.

Y quedan los aspectos que se refieren directamente a la lengua como tal. No en el texto de la Ley del País Vasco, sino en el propio Estatuto de Autonomía se afirma explícitamente (Art. 6,4):

> La Real Academia de la Lengua Vasca es la institución consultiva oficial en lo referente al euskera.

Y el artículo 30 de la Ley de Normalización añade:

> El Gobierno velará por la unificación y la normalización del euskera en su condición de lengua escrita oficial común en el ámbito territorial de la Comunidad Autónoma del País Vasco sin perjuicio del respeto a los diversos dialectos, parte esencial del patrimonio cultural del País Vasco en las zonas en que son hablados.

Y la disposición adicional primera dice:

> El Gobierno en el ámbito de sus competencias establecerá vínculos culturales con aquellas instituciones o poderes que actuando fuera del ámbito territorial de la

Comunidad Autónoma realicen actividades de investigación, protección y fomento del euskera.

La Ley lingüística de Navarra, a pesar de que denomine a la lengua propia, vascuence, y no vasco o euskera, en su artículo 3,3 dice:

> La institución consultiva oficial a los efectos del establecimiento de las normas lingüísticas será la Real Academia de la Lengua Vasca, a la que los poderes públicos solicitarán cuantos informes o dictámenes consideren necesarios.
>
> Los poderes públicos respetarán la norma idiomática en todas las actuaciones que se deriven de lo dispuesto en esta Ley Foral y en las disposiciones que la desarrollan.

La Ley catalana no hace referencia al tema de la norma lingüística ni a la autoridad que la define. Aunque puede entenderse que da por supuesto que esta función corresponde al *Institut d'Estudis Catalans*, ya que es la institución que fijó las normas vigentes y que las actualiza con una autoridad que, al menos en principio, nadie discute.

La Ley de Normalización de las islas Baleares, recogiendo lo dicho en el Estatuto de Autonomía, establece en su disposición adicional 3:

> Asimismo, de acuerdo con la disposición adicional 2 del Estatuto de Autonomía, la institución oficial consultiva para todo lo que haga referencia a la lengua catalana será la Universidad de las islas Baleares. La Comunidad Autónoma de las islas Baleares podrá participar en una institución dirigida a salvaguardar la unidad lingüística, institución que estará formada, de acuerdo con la Ley del Estado, en colaboración con otras Comunidades Autónomas que reconozcan la cooficialidad de la lengua catalana y decidan formar parte de la misma.

Y en la misma Ley, la disposición adicional 2 dice:

> Siendo la lengua catalana también patrimonio de otras Comunidades aparte de los vínculos que se puedan establecer entre las instituciones de las Comunidades citadas, la Comunidad Autónoma de las islas Baleares podrá solicitar al Gobierno de la Nación y a las Cortes Generales los convenios de cooperación y de relación que se consideren oportunos para salvaguardar el patrimonio lingüístico común, así como para efectuar la comunicación cultural entre las comunidades señaladas anteriormente.

La Ley de la Comunidad Valenciana no hace ninguna referencia al tema de la norma lingüística, lo que teniendo en cuenta que en el momento de discutirse la ley la controversia en torno a este tema era muy viva, su silencio resulta comprensible.

En la Ley de Normalización de Galicia tampoco aparece ninguna referencia a la norma ni al organismo responsable por ella. Pero poco antes de aprobarse la Ley el Gobierno Autónomo había publicado una disposición sobre «la normativización de la lengua gallega» (Decreto 173/1982, de 17 noviembre. *Diario Oficial* de 20 abril 1983) que literalmente dice:

Artículo 1.º

El acuerdo de la Real Academia Gallega y del Instituto da Lingua Galega ... queda aprobado como norma básica para la unificación morfológica y ortográfica de la lengua gallega.

Artículo 2.º

De acuerdo con el trabajo realizado la Real Academia de la Lengua Gallega y el Instituto da Lingua Galega podrán, previo acuerdo conjunto, elevar a la Xunta de Galicia cuantas mejoras estimen conveniente incorporar a las normas básicas.

Y en otros artículos se señala que todas las publicaciones oficiales así como los textos escolares que se sometan a la aprobación de las autoridades educativas deberán ajustarse a estas normas.

Finalmente, todas las leyes de normalización incluyen artículos que hacen referencia a la planificación de la política lingüística y a sus instrumentos. Transcribo los de la Ley de las islas Baleares, los más explícitos en este punto:

Artículo 39

El Govern de la Comunidad Autónoma asumirá la planificación, organización, coordinación y supervisión del proceso de normalización de la lengua catalana, y ha de informar anualmente al Parlamento de las islas Baleares sobre su evolución. Con este fin, debe crear y poner en funcionamiento un servicio que tenga por objeto las funciones señaladas, sin perjuicio de las atribuciones reconocidas en la Disposición Adicional Segunda del Estatuto de Autonomía a la Universidad de las islas Baleares.

Artículo 40

1. El Govern de la Comunidad Autónoma ha de establecer un plan con el asesoramiento de la Universidad, para que la población tome conciencia de la importancia y utilidad de la normalización de la lengua catalana y de la conservación, fomento y transmisión de la cultura propia de las islas Baleares.
2. Igualmente, debe realizarse una encuesta sobre la situación actual de la lengua catalana en las islas Baleares, en relación al conocimiento y al uso por parte de los ciudadanos de esta lengua, y debe promoverse la elaboración de un mapa sociolingüístico de las islas Baleares.
3. La encuesta y el mapa han de ser revisados periódicamente, con el fin de

adecuar a la realizada la acción reguladora y ejecutiva de la política lingüística y, al mismo tiempo, con el fin de valorar la incidencia de la planificación en el progresivo conocimiento de la lengua catalana.

Los textos legales que inciden sobre la situación lingüística en las Comunidades Autónomas con lengua propia no se limitan a las que en conjunto he denominado leyes de normalización. En relación con ellas cada Comunidad ha producido disposiciones de diferente rango: decretos, órdenes, reglamentaciones..., disposiciones que han sido especialmente abundantes en el campo de la enseñanza. También el Gobierno central ha promulgado disposiciones sobre el tema en las esferas de su competencia. Finalmente el Tribunal Constitucional ha tenido que decidir sobre la presunta inconstitucionalidad de ciertas disposiciones. En los capítulos dedicados a cada Comunidad en concreto habrá ocasión de hacer referencia a algunos de estos textos.

4. Las políticas lingüísticas

Los objetivos

Podemos definir la política lingüística como un conjunto sistemático de acciones destinadas a alcanzar una situación lingüística que se considera deseable. Una política lingüística puede estar al servicio de una lengua fuerte asegurando su estabilidad y facilitando su expansión. Pero una política lingüística puede estar también al servicio de una lengua minorizada para estimular y apoyar su recuperación.

Como es lógico, cada política lingüística es libre de fijar sus propios límites pero hay que partir de un dato básico. El que una lengua se encuentre en una situación de inferioridad siempre es el resultado de la presencia de otra lengua más fuerte que se emplea exclusiva o preferentemente en determinadas situaciones o bien para cumplir determinadas funciones. Por tanto, definir los objetivos de su recuperación equivale a definir cuál será el papel de una y otra lengua en las distintas situaciones sociales en el momento en el que se haya conseguido la recuperación.

Teniendo esto en cuenta ¿qué objetivos últimos se proponen las leyes lingüísticas de las distintas Comunidades Autónomas?

De la lectura de los fragmentos transcritos, especialmente de los que corresponden a los preámbulos de las leyes y a sus primeros artículos, se desprende que con la única excepción de la de Navarra, que adopta otro planteamiento, todas coinciden en tres enunciados básicos que pueden considerarse la formulación de sus objetivos más generales:

a) La afirmación de que una lengua determinada es vínculo histórico y señal de identidad de la Comunidad que promulga la Ley. De ahí el calificativo de lengua propia.

b) La decisión de compensar la situación de inferioridad en que se encuentra y por tanto la voluntad de promover su conocimiento y su uso en todos los ámbitos de la vida social hasta conseguir la normalidad de su uso. De aquí el nombre de normalización que en la mayoría de las leyes recibe el proceso que con ellas se pretende impulsar.

c) El precepto constitucional que establece la cooficialidad de la lengua propia con el castellano, lengua oficial del Estado, y con ello la necesidad de establecer las condiciones que aseguren la posibilidad de utilizar en cualquier circunstancia cualquiera de las dos lenguas y con los mismos efectos legales.

Los tres enunciados están claramente relacionados entre sí y se puede suponer que el tercero, lo que podríamos llamar conseguir la cooficialidad real, constituye el objetivo básico de los procesos de normalización, pero no es la única interpretación posible. Antes de discutirlo conviene que hagamos una aclaración terminológica.

Con la palabra normalización tradicionalmente se ha designado el conjunto de decisiones que explicitan o establecen las normas internas de una lengua: gramática, léxico, normas ortográficas... decisiones que para ciertas lenguas hace tiempo que se tomaron y están generalmente aceptadas, mientras que para otras todavía son problemáticas y están en discusión. Pero hace algún tiempo en Cataluña empezó a utilizarse la palabra normalización para designar el proceso por el que una lengua que en alguna época histórica fue dejada de lado por la presencia de otra más fuerte intenta recuperar su vigencia social y por tanto su prestigio y su uso generalizado. En este nuevo sentido la normalización ya no se refiere a la normativa interna de la lengua, que ahora se llama normativización, sino a la normalidad de su uso. Utilizando la terminología anglosajona cada vez más popularizada, la normativización se correspondería con el *code planning* y la normalización con el *status planning*. La innovación hizo fortuna y ha sido aceptada, en España y fuera de España, por los defensores de otras lenguas minorizadas, y buena prueba de esta aceptación lo constituye el hecho de que de las siete leyes que formulan la política lingüística de otras tantas Comunidades con lengua propia, cuatro se titulen «Leyes de Normalización Lingüística». Pero una vez aclarado que la palabra normalización se refiere al uso y no a la norma continúa en pie la pregunta sobre el objetivo último del proceso de normalización y de la respectiva política lingüística.

Una primera respuesta, lo he señalado ya, es la cooficialidad, la equivalencia legal de las dos lenguas y la igualdad de derechos para sus hablantes. Si hasta ahora, para mostrarlo con un ejemplo, un catalán en Cataluña para entrar en contacto con la Administración Pública, para hacer una petición, reclamar un derecho o recibir una información, tenía que hacerlo necesariamente en castellano, a partir de ahora o a partir del momento en que la situación esté plenamente normalizada podrá hacerlo en catalán. Y no sólo en los ejemplos citados, sino que en cualquier situación en la que hasta ahora sólo podía utilizar el castellano podrá utilizar el catalán. Aunque igualmente él mismo o cualquier otro podrá, si lo desea, en las mismas situaciones, seguir utilizando el castellano. Y los actos efectuados tendrán la misma eficacia administrativa y legal cualquiera que sea la lengua utilizada. De modo parecido, una vez normalizada la situación lingüística el ciudadano de Cataluña podrá leer prensa, oír emisiones radiofónicas, contemplar televisión en catalán, igual que podrá seguir haciéndolo en castellano. Resulta evidente que la normalización así entendida apoyada en la cooficialidad parece implicar un bilingüismo generalizado.

Hay muchas afirmaciones en las leyes de normalización que pueden interpretarse en el sentido de esta cooficialidad plena y del bilingüismo generalizado. He aquí algunas que se encuentran prácticamente en todas las leyes: las dos lenguas son oficiales. Nadie será discriminado por razones lingüísticas. Los ciudadanos pueden relacionarse con la Administración en la lengua que deseen. Los documentos jurídicos tienen el mismo valor cualquiera que sea la lengua en la que están extendidos. Las leyes se harán públicas en las dos lenguas. La información ha de estar disponible en las dos lenguas. Al término de la etapa escolar los alumnos han de ser capaces de utilizar las dos lenguas, los funcionarios de la Administración o al menos una parte de ellos deberán conocer las dos lenguas, etcétera.

Es cierto que estas mismas leyes que proclaman la cooficialidad y con ella un cierto equilibrio e intercambiabilidad entre las dos lenguas a la hora de proponer acciones de promoción lingüística se refieren sólo a la lengua propia y ello se desprende ya de su propio nombre, «normalización del catalán» o «uso y enseñanza del valenciano», por ejemplo, lo que parece incongruente con el equilibrio propuesto. Pero basta recordar que se parte de una situación de pleno desequilibrio para comprender que si se aspira a un cierto equilibrio lo que hay que promocionar enérgicamente en cada caso es la lengua en situación de inferioridad.

Pero el objetivo último de los procesos de normalización que proponen estas leyes puede entenderse de otra manera.

Incluso un individuo plenamente bilingüe acostumbra a tener una lengua principal, y algo parecido puede decirse de las organizaciones. Hay organizaciones internacionales que tienen varias lenguas oficiales en las cuales pueden recibir, procesar y producir información, pero que tienen una lengua principal de funcionamiento o quizás dos, pero en todo caso en menor número que las lenguas oficiales. Traducido a nuestro caso esto significa que una Administración puede atender al público en las dos lenguas de modo que se cumpla plenamente el principio de que los ciudadanos pueden entrar en contacto con la Administración en la lengua que prefieran pero seguir funcionando internamente en castellano. Pero también es posible imaginar lo contrario, la Administración atendiendo y comunicándose con el público indiferentemente en las dos lenguas, pero funcionado internamente en catalán, en gallego o en euskera.

Y algo parecido puede decirse para la enseñanza, en primer lugar respetando la condición de que ha de tenerse en cuenta la lengua materna de los escolares y en segundo lugar el objetivo de que al término de la escolaridad han de poder utilizar las dos lenguas, se pueden imaginar fórmulas muy diversas para satisfacerlos tanto si la lengua principal de enseñanza es el castellano como si es la lengua propia de la Comunidad. Esto es exactamente lo que propone la Ley de Normalización del catalán: que por ser el catalán la lengua propia de Cataluña debe ser también la lengua de la Administración y la lengua de la enseñanza. En las restantes leyes no hay afirmaciones tan tajantes, pero sin embargo en la mayoría de ellas abundan las expresiones que pueden interpretarse en esta única dirección.

Si la primera manera de entender los objetivos de la normalización hemos visto que se apoyaba en el concepto de «cooficialidad» y por tanto en la equivalencia que parece suponer entre las lenguas, la que ahora comento se apoya más bien en la noción de «lengua propia» que figura en los Estatutos de Autonomía como justificación de la cooficialidad y que parece concederle un cierto carácter preferente, las dos lenguas son oficiales pero la lengua de la Comunidad es oficial porque es su lengua propia mientras que el castellano es tambien oficial porque es la lengua oficial del conjunto del Estado. Claro que considerar que la lengua de la Comunidad es, en relación con el castellano, *primum inter pares*, con los mismos derechos y deberes pero preferible en igualdad de circunstancias tiene implicaciones que van mucho más allá de las estrictamente legales y supone una concepción política de la lengua propia como símbolo y como medio natural de expresión de la Comunidad.

Y queda todavía una tercera manera posible de entender el proceso de normalización de una lengua minorizada, una manera que se manifiesta en comentarios del tipo: el día que el catalán —o el euskera o el gallego— estén plenamente normalizados será tan normal hablar en catalán en Barcelona, euskera en Bilbao o gallego en Santiago como hablar francés en París o inglés en Londres. En esta concepción de la normalidad lingüística la «lengua propia» no sólo tiene una prioridad legal sobre la lengua oficial del Estado sino que efectivamente es la primera lengua de la mayoría de la población y por tanto la lengua espontáneamente preferida en cualquier actividad social. Y es fácil advertir que mientras que en las anteriores concepciones de la normalización lingüística podía situarse un modelo de sociedad bilingüe en ésta subyace claramente una aspiración al monolingüismo de base aunque se acompañe del conocimiento generalizado de otras lenguas.

De las distintas maneras de entender la normalización que acabo de enumerar tanto la primera como la segunda pueden considerarse objetivos posibles de una ley de normalización; la tercera, en cambio, claramente los desborda. Es perfectamente comprensible que los que consideran que la lengua es el primer signo distintivo de una comunidad aspiren a que esta lengua sea la primera forma de expresión y de comunicación de los miembros de la comunidad, pero cuando esto no ocurre, cuando una porción importante de ellos tiene otra lengua como primera lengua y la transmite así a sus hijos, el cambio lingüístico sólo puede ser el resultado de unas actitudes colectivas y de unas decisiones personales voluntariamente asumidas, algo que difícilmente puede confiarse a la efectividad de unas disposiciones legales.

El repaso que hemos hecho a las diferentes maneras de entender el objetivo final de las leyes de normalización lingüística puede ser tachado de puramente teórico, dado que inicialmente la situación de preponderancia del castellano/español era de tal magnitud que serán necesarios bastantes años de política lingüística coherente y decidida antes de que pueda hablarse de situaciones de relativo equilibrio y ni tan sólo esto es seguro que se alcance. Pero de todos modos el comentario nos ha servido para poner de relieve que las nociones de «cooficialidad de dos lenguas» y de «lengua propia», que juegan un papel tan importante en los Estatutos de Autonomía y en las leyes de normalización lingüística, cuando fueron introducidos en estos textos no tenían un significado legal o jurídico definido —y quizás se introdujeron precisamente gracias a esta indefinición—, pero después de los años transcurridos parece que sería conveniente intentar definirlos con alguna mayor precisión.

Los contenidos

El comentario a los objetivos últimos de una política de normalización nos lleva además a advertir que las políticas lingüísticas no sólo difieren por sus objetivos últimos sino también por los sujetos a los que se aplican y por los comportamientos sobre los que pretenden incidir. No es lo mismo la política lingüística entendida como conjunto de actuaciones que se consideran deseables, atribuyendo su responsabilidad al conjunto de la sociedad, que la política lingüística entendida como un programa de gobierno traducido en unas leyes y en unas actuaciones gubernamentales. Es evidente que en este segundo caso la autoridad gubernamental puede ordenar acciones que tienen consecuencias lingüísticas directas e inmediatas, puede decidir que ciertos documentos se redacten o se difundan en una lengua o en otra, que la enseñanza se dé en una lengua o en otra, que para optar a ciertos puestos funcionariales sea necesario conocer tal o cual lengua. Pero ni las leyes ni las autoridades administrativas pueden ordenar que los autores escriban o que los lectores lean en una lengua determinada mejor que en otra. Lo que sí, en cambio, es posible hacer desde la Administración es promocionar la lectura o la escritura en esta lengua subvencionando ediciones, patrocinando concursos, premiando autores y obras, dedicando campañas a popularizar la lectura, etc. Y hay finalmente comportamientos estrictamente personales, como es la decisión sobre la primera lengua en la que una pareja competente en dos lenguas quiere hablar en primer lugar con su hijo, sobre los cuales parece difícil incidir desde actuaciones gubernamentales. Como es lógico, las leyes de normalización a las que me estoy refiriendo se concentran en los temas en los que una acción de gobierno es más viable y puede resultar más eficaz.

Aunque el resumen general de las leyes de normalización ya permite deducir su temática y sus principales líneas de actuación, no será inútil enumerarlas:

1. La lengua señal de identidad.
   Uso de la lengua en la denominación del Gobierno y de sus órganos. Rectificación de la toponimia de acuerdo con la lengua.
2. Uso de la lengua en el Gobierno y en la Administración.
   Disposiciones que aseguran la posibilidad de que los ciudadanos puedan utilizar cualquiera de las dos lenguas oficiales y por tanto la propia del territorio en sus relaciones con la Administración con la misma eficacia y el mismo valor jurídico. Disposiciones sobre la lengua propia de la Administración y sobre el conocimiento de la lengua por parte de los funcionarios.
3. Enseñanza.
   Enunciación de los principios generales: Atención a la lengua familiar. Doble competencia lingüística al término de la enseñanza obligatoria. Niveles mínimos en la enseñanza de la lengua propia del territorio y posibilidad de utilizarla como lengua de enseñanza.
4. Productos culturales.
   Compromisos para promocionar la producción de libros y en general de productos culturales en la lengua propia de la Comunidad.

5. Medios de comunicación.
   Posibilidad de que la Comunidad disponga de sus propios órganos de comunicación: prensa, radio, televisión, como instrumentos para potenciar la lengua propia.
6. Conocimiento y uso de la lengua en general.
   Compromiso de organizar sistemas pedagógicos para difundir el conocimiento de la lengua por parte de la población así como de organizar campañas para promocionar su uso.
7. Normativa lingüística.
   La mayoría de leyes incluyen alguna referencia a la institución a la que corresponde la responsabilidad por la normativa lingüística de la lengua a la que se refiere la ley.
8. Gestión de la política lingüística.

La mayoría de leyes incluyen indicaciones sobre la manera de gestionar la política lingüística y algunas sobre el organismo administrativo específicamente encargado de ello.

Organismos encargados de la política lingüística

Figure o no en la respectiva ley, la mayoría de las Comunidades que han dictado leyes lingüísticas han creado también servicios administrativos específicos para impulsar la efectividad de la política lingüística proyectada por la ley. Son los siguientes:

Cataluña: Direcció General de Politica Linguistica. Dependiente de la Consejería de Cultura de la Generalitat de Catalunya.

Valencia: Dirección General de Política Lingüística. Dependiente de la Consejeria de Cultura, Educación y Ciencia de la Generalitat Valenciana.

Galicia: Direccion Xeral de Politica Lingüistica. Dependiente de la Consejería de Educación de la Xunta de Galicia.

País Vasco: Dirección General de Política Lingüística. Dependiente de la Presidencia del Gobierno Vasco.

Los condicionantes

El resumen ofrecido de las leyes de normalización lingüística basta para advertir que aunque entre ellas hay diferencias y en algunos puntos diferencias importantes, no sólo tienen una estructura parecida sino unos objetivos que pueden considerarse similares y orientados en una misma dirección. Y sin embargo, como tendremos ocasión de comprobar en los capítulos siguientes, los resultados alcanzados hasta ahora en cada caso son muy distintos.

La razón es evidente. Los resultados de una política de normalización lingüística no dependen sólo de los textos legales que la definen sino de un gran número de factores que en forma esquemática podemos resumir así: un primer grupo de factores está constituido por los elementos de la situación sociolingüística de la que se parte. Un primer elemento a tener en cuenta es el número y la proporción de habitantes que conocen y utilizan la lengua y la evolución previsible de este número y de esta proporción por diferentes razones, por ejemplo por la enseñanza o, en sentido inverso, por la llegada de inmigrantes desde el exterior. Y ya hemos visto hasta qué punto son distintos cada uno de estos datos en las distintas Comunidades.

Otro aspecto de la situación sociolingüística está definido por el nivel de uso público de la lengua y por el prestigio social de que goza, nivel de uso y de prestigio que viene determinado por una historia pasada que es posible interpretar pero no modificar y que en las distintas Comunidades es todavía más variada que los índices de conocimiento de la lengua.

A estos factores de índole sociolingüística hay que añadir otros estrictamente políticos de los que el primero es, naturalmente, la voluntad del Gobierno de la Comunidad Autónoma y de los partidos políticos representados en él de utilizar la Ley de Normalización para defender y promover la lengua propia. Resulta comprensible que un Gobierno de signo nacionalista tenga más empeño en promocionar la lengua propia que un Gobierno constituido por organizaciones locales de los grandes partidos con implantación en el conjunto del Estado. Pero tampoco puede aplicarse de la misma manera una Ley de Normalización si existe un consenso relativamente amplio entre las fuerzas políticas que si éstas están enfrentadas precisamente por cuestiones lingüísticas, bien porque haya grupos políticos que se opongan a la política de promoción lingüística, bien porque haya grupos que reclamen una política más radical en su favor.

Y todavía el dato más importante a tener en cuenta es que los resultados de una política lingüística no pueden explicarse exclusivamente a partir de unas acciones de gobierno. En primer lugar porque lo que determina el resultado de las acciones de gobierno es la adhesión popular que encuentra o el rechazo que provoca. Pero además porque muchos aspectos de una política lingüística no son ni pueden ser producidos por acciones de gobierno sino que son el resultado de la actividad de agentes sociales de todo tipo: instituciones, asociaciones, empresas industriales o comerciales, medios de comunicación y, en último término, de las personas individuales que con sus propias actuaciones colaboran o se oponen a la política propuesta. Y es obvio que las actitudes del «tejido social» en las distintas Comunidades Autónomas ante la promoción de la lengua propia son muy distintas.

Y queda todavía que aludir a la influencia de factores estrictamente lingüísticos. El hecho de que una lengua esté ya codificada de antiguo y la codificación esté plenamente aceptada, como ocurre con el catalán, que la codificación sea reciente, como es el caso del euskera, o que la codificación levante todavía polémica, como es el caso del gallego, naturalmente ha de influir en el proceso de normalización. También la distancia lingüística entre las lenguas en presencia es un factor a tener en cuenta. La gran distancia entre el euskera y el castellano, comparada con la relativa proximidad entre los tres romances hispánicos, efectivamente afecta con fuerza y de diferentes maneras a su normalización.

Capítulo 3
LAS LENGUAS

1. Castellano/Español

Lengua castellana significa propiamente lengua de los habitantes de Castilla por el lugar donde se originó y para diferenciarla de las otras lenguas románicas surgidas en otros lugares de la Península. A partir del reinado de los Reyes Católicos el castellano se convirtió en la lengua principal del reino unificado y progresivamente en el símbolo de esta unidad con lo que empezó a llamarse también español, y así cuando en el siglo XVIII se constituyó la Academia de la lengua se la llamó «Real Academia de la Lengua Española», denominación que todavía conserva. La antigua denominación de lengua castellana se siguió sin embargo usando con frecuencia. Al redactarse la Constitución de la República en 1931, la primera en la que se define la lengua oficial del Estado Español, hubo vivas discusiones sobre su denominación, y al final prevalecieron los argumentos aducidos por Menéndez Pelayo muchos años antes en el sentido de que llamar español al castellano implica negar el carácter de españolas a las otras lenguas habladas en su territorio y por extensión poner en duda el carácter de españoles de sus hablantes. Atendiendo a esta argumentación el artículo 4 de aquella Constitución establece que «el castellano es el idioma oficial de la República». Y puede considerarse que el mismo argumento ha inspirado la afirmación de la Constitución actual: «el castellano es la lengua española oficial de España».

Debemos concluir, por tanto, que castellano y español como denominaciones de una lengua determinada son rigurosamente sinónimas aunque en determinadas circunstancias o por determinados autores se prefiera una u otra, preferencias que pueden tener connotaciones políticas más o menos obvias. En cualquier caso, en esta obra se utilizan como sinónimos.

Historia de la lengua

El castellano o español es una lengua romance o neorrománica, que así se llama a las lenguas derivadas del latín, que pertenece al igual que los restantes romances peninsulares al grupo meridional de estas lenguas. Se distingue del resto de los romances peninsulares por su carácter más evolucionado respecto del latín. Basta recordar aquí el ejemplo más conocido de esta diferencia; mientras todos los demás romances peninsulares —mozárabe, gallego-portugués, antiguo leonés y bable actual, antiguo aragonés, catalán— conservan la «f» inicial de muchas palabras latinas, el castellano primero la aspiró y finalmente la suprimió.

Se ha sostenido que esta mayor facilidad para separarse del latín podía ser el resultado del sustrato vasco, pues en la introducción histórica ya he recordado que el castellano nació en una región donde antes de la ocupación romana se hablaba vasco, pero es una hipótesis difícilmente demostrable. Más fundamento parece tener la opinión que atribuye a este sustrato vasco la claridad y precisión del sistema vocálico castellano.

A pesar de este carácter más evolucionado respecto del latín, el castellano se ha mantenido relativamente estable a lo largo del tiempo, y algo parecido puede decirse del gallego-portugués y del catalán, lo que hace que un texto medieval en cualquiera de estas lenguas pueda ser comprendido sin dificultad por un lector culto actual. Lo contrario ocurre con el francés y, fuera del área románica, con el inglés o con el alemán.

El castellano primitivo empezó muy pronto su expansión territorial, lo que le llevó a asimilar elementos y rasgos de las lenguas habladas en los territorios por los que se extendía, del astur-leonés en un primer momento y a medida que avanzaba la reconquista del mozárabe que hablaban los cristianos que habían permanecido en los territorios ocupados por los árabes y, finalmente, del árabe. La herencia arábiga es muy abundante en el vocabulario español pero puede creerse que también la fonética del español que se habla en Andalucía dependa de esta influencia aunque también es posible que tenga un origen más antiguo e incluso bastante anterior a los árabes.

En los siglos medievales el castellano era todavía una lengua vacilante. Sólo los escribas más cultos y los poetas del Mester de Clerecía sentían alguna preocupación por la corrección de la lengua. Con el renacimiento y coincidiendo con la valorización de las lenguas vulgares frente al latín aparecieron las primeras gramáticas de estas lenguas entre las que la de Antonio de Nebrija, *Gramática Castellana,* 1492, ocupa un lugar muy destacado. Nebrija pretendía unificar y fijar la lengua de tal modo que «lo que ahora y de aquí en adelante se escriba pueda quedar en un tenor y entenderse por toda la duración de los tiempos», o sea, que pretendió hacer con el castellano lo que los gramáticos griegos y latinos hicieron con sus lenguas, «gracias a lo cual hoy pueden leerse sus textos». Con su *Gramática* Nebrija pretende además facilitar a los estudiantes el aprendizaje del latín, que seguía siendo el vehículo de la enseñanza superior, y facilitar también el aprendizaje de la lengua castellana a «muchos pueblos bárbaros y naciones de peregrinas lenguas» puestos bajo el dominio de los reyes de Castilla, lo que justifica con la conocida frase «que siempre fue la lengua compañera de Imperio».

En el siglo XVI, la confrontación entre el latín y las lenguas vulgares y las disputas sobre si es preferible comenzar la enseñanza en la lengua vulgar o directamente en latín continúan siendo muy vivas. En este ambiente de preocupación por la lengua aparecen apologías (Valdés, *Diálogo de la lengua*), gramáticas (Vilallón) y los primeros diccionarios (Covarrubias). El siglo XVI produjo la expansión española en Europa y en América y el español como lengua literaria alcanza una primera plenitud con autores como Garcilaso de la Vega y San Juan de la Cruz.

Con el siglo XVII la hegemonía española en Europa se desmorona y en la sociedad española empiezan a aparecer síntomas de inseguridad. Pero en el orden literario es un siglo esplendoroso, el llamado Siglo de Oro, que empieza con la exaltación del lenguaje claro y equilibrado: Cervantes, Lope de Vega, etc., para acabar con el desbordamiento barroco del conceptismo y el culteranismo: Góngora, Calderón, Gracián. Aunque en esta época la lengua es mucho más estable que en la Edad Media, no sólo hay cambios en el vocabulario sino que se advierte una clara evolución fonética que se corresponde con una cierta ambigüedad ortográfica.

El siglo XVIII representa una reacción purista: frente a la exaltación barroca se impone un lenguaje preciso y racional. Es el siglo en que se crea la Real Academia, encargada de velar por la pureza y la corrección de la lengua. En el siglo XIX se produce el desbordamiento verbal del romanticismo pero también el empeño del naturalismo por hacer materia literaria del lenguaje cotidiano. Y al mismo tiempo, el progreso científico y técnico obliga a una renovación continua del léxico para poder referirse a las nuevas realidades sociales y técnicas, tendencia que en el siglo actual todavía se manifiesta con mayor fuerza. Pero de la situación y los problemas de la lengua en la actualidad se hablará inmediatamente.

La norma lingüística

Durante la Edad Media, en el castellano, al igual que en cualquier otra lengua, la fonética e incluso la morfología y la sintaxis variaban de un lugar a otro y al compás del paso del tiempo. Y cuando empezó el uso escrito, las convenciones para la transcripción de los fonemas dependían de los hábitos de los amanuenses en la escritura del latín y de la opinión de cada escribano. Fue en el Renacimiento cuando las lenguas vulgares pasaron al primer plano y cuando aparecieron las primeras gramáticas como la ya citada de Nebrija y con ellas las primeras normas ortográficas. Pero fue bastante después, en pleno siglo XVIII, cuando, respondiendo al espíritu ilustrado de la época y siguiendo el ejemplo francés, se creó la Real Academia de la Lengua Española, constituida por un conjunto de personas que habían acreditado su competencia lingüística y cuya continuidad quedaba asegurada por un sistema de cooptación que prácticamente se ha mantenido sin cambios hasta la actualidad y que tenían entre sus tareas principales la determinación de la norma lingüística en las dimensiones fundamentales de la lengua tanto oral como escrita.

El hecho de que al igual que en Francia y a diferencia de otros países donde no existe una institución parecida, la Academia fuese creada y sostenida por el Estado no sólo representaba el reconocimiento explícito de la importancia que la máxima autoridad política concedía al tema de la lengua sino que implicaba la solidaridad del Estado y de la Administración pública con las normas que promulgase la Academia y por tanto el compromiso de cumplirlas y también de difundirlas a través de la enseñanza. Pero además, en países como Francia y España en los que la lengua «principal» y oficial coexistía con las lenguas «regionales», la creación de la Academia significaba el espaldarazo oficial a la unificación lingüística.

En este aspecto, la situación del español puede considerarse parecida a la francesa y en contraste con lo que ocurre con el inglés o el alemán, para los que no existe una institución oficialmente reconocida que sea responsable de la norma lingüística sino que ésta resulta del consenso entre lingüistas prestigiosos y editores que acaban convirtiéndose en «pilares del idioma», como ocurre con las gramáticas y los diccionarios patrocinados por las Universidades de Oxford y de Cambridge. Como veremos, el ejemplo de la Academia ha influido sobre el resto de las lenguas peninsulares, que también han procurado disponer de una institución normativa y oficialmente respaldada.

Aunque la Academia ha tenido desde el comienzo un carácter oficioso y aun oficial, la efectividad de sus normas, en último término, sólo podía ser resultado de su aceptación social. Y aun cuando la Academia siempre ha recibido críticas —a veces muy ásperas—, su autoridad en conjunto nunca ha sido discutida y ha gozado de un prestigio que a veces ha podido parecer exagerado.

La tarea encomendada a la Academia, que se simbolizaba en el lema «limpia, fija, y da esplendor», incluye tres aspectos fundamentales:

1. La conservación, depuración y actualización del léxico, tarea que se traduce en la edición de distintos tipos de diccionarios.
2. La explicitación de las regularidades de la lengua en forma de gramáticas normativas.
3. El establecimiento de un conjunto de reglas ortográficas para la transcripción escrita de las producciones linguísticas.

De todas las dimensiones de la lengua la ortografía es el componente más superficial y arbitrario y sin embargo es aquel en el que la norma tiene un aspecto más estrictamente normativo y la que tolera un menor grado de ambigüedad; la norma ortográfica se cumple o no se cumple y su incumplimiento queda inscrito en un texto escrito a la vista de todos los lectores presentes y futuros. Por ello, a la hora de discutir una norma las discusiones sobre la ortografía son las más frecuentes y populares al mismo tiempo que las más apasionadas.

Cuando se constituyó la Academia existía una tradición ortográfica en parte heredada del latín y en parte innovada por distintos gramáticos pero que en muchos puntos había quedado desbordada por la evolución fonética. Ya en la primera versión de su *Ortografía* la Academia decidió acabar con la confusión entre «u» y «v» reservando «u» para el sonido vocálico, y «v» para el consonante. Y también que el sonido se representaría por «c» delante de «e» e «i» y por «z» delante de «a», «o», «u» y en el final de palabra. Años después se suprimió la diferenciación entre «s» y «ss» dado que en el lenguaje oral había dejado de tener vigencia.

Pero sobre todo las versiones posteriores de la *Ortografía* rechazaron las grafías tradicionales justificadas sólo por razones etimológicas, es decir, por mantener la manera en que se escribían en latín o en griego. Es el caso de «ph» (philosofía), «th» (theología), «ch» (chirurgia), e «y» (martyr). Por la misma razón se condenó el uso de la «s» aislada inicial (stoico) o de la «cc» (accento, acceptar).

La edición de la *Ortografía* de 1815 introdujo las últimas reformas importantes. Se renunció al uso de «x» para designar el sonido que la lengua oral había abandonado y se la sustituyó por «j» o «g» según los casos. Y se reservó «x» para el grupo «ks» o «gs» (examen). El sonido se mantiene en México para designar el nombre del país, escrito por ello con la grafía antigua, «México». Se decidió, asimismo, en nombre de la coherencia y en contra de la etimología, utilizar «c» y no «q» para indicar el sonido «k» antes de «u» (cuatro y no quatro). Después de estas reformas de 1815 la ortografía española prácticamente no ha variado.

Desde el punto de vista de la racionalidad y la coherencia el sistema ortográfico español se compara favorablemente con el de otras grandes lenguas occidentales. La codificación de la ortografía francesa, ultimada poco antes de que se emprendiese la castellana y que los académicos de Madrid tuvieron muy en cuenta, se hizo con criterios mucho más conservadores con las grafías antiguas sobre todo con los argumentos etimológicos, y además prácticamente no se ha modificado desde su primera versión. En el caso de la lengua inglesa no ha habido nunca un proyecto sistemático de racionalización de la ortografía. Las reglas ortográficas son simplemente el resultado de una tradición, por lo que la distancia entre la fonética oral y su trascripción escrita es muy grande. En inglés, la ausencia de una autoridad lingüística institucional, que en el caso del léxico ha favorecido la innovación, en el caso de la ortografía ha reforzado el peso de la tradición.

A pesar de que la comparación resulte favorable para la ortografía española en ésta abundan las incongruencias. La Academia ha mantenido la distinción entre «b» y «v» aun cuando ya en el siglo XVIII reconocía que la mayoría de los españoles no distinguían entre los dos sonidos. Ha mantenido la «h» tanto en las palabras que la tenían en latín —aunque ya entre los latinos no se pronunciaba (honor)— como en las palabras en las que sustituía a la aspiración que reemplazó la «f» inicial latina y que hace tiempo se perdió (hijo). Ha regulado el uso de la «j» y de la «g» delante de «e» y de «i» por razones que no tienen nada que ver con la fonética, pues se trata del mismo sonido. Ha tolerado el uso de «k» en las palabras importadas que sonarían igual con «c» o con «qu» (kilo). Y sobre todo ha tolerado que tanto «c» como «g» representen sonidos distintos según la vocal que les sigue.

A lo largo del siglo XIX hubo varios intentos extraacadémicos de proseguir la reforma ortográfica de los que el más conocido y sostenido fue el del gramático Bello. También insistió en que sus obras se imprimiesen de acuerdo con su propia ortografía. Y ya en nuestro siglo, J. R. Jiménez exigió siempre que se respetase su criterio de utilizar exclusivamente la «j» para el sonido «g». Y hace unos años se ha propuesto una racionalización de la ortografía aplicable a todas las lenguas de Europa aunque con escaso éxito.

Recientemente, sin embargo, se ha producido un hecho que aunque anecdótico resulta muy significativo. Respondiendo a sugerencias de la Comunidad Económica Europea y apoyado por el Gobierno Español la Academia ha aceptado en principio en suprimir la letra «ll» del alfabeto a pesar de que «ll» en español designa un sonido específico, distinto del designado por «l». El motivo de la supresión tiene que ver con la ordenación de nombres propios. En cualquier país de Europa una palabra o un nombre propio que empiece con «ll» se ordena después de uno que empiece con «li» y antes que uno que empiece con «lo», en España, en cambio, la misma palabra se ordenará detrás de todas las que empiezan con «l» porque «ll» se considera una letra distinta, por este motivo las relaciones alfabéticas en España no son compatibles con las del resto de la Comunidad, en el sentido de que no son automáticamente conjugables. Y esto, en la era de los ordenadores intercomunicados, resulta un inconveniente. Aunque se trate de una cuestión mínima creo que es un buen ejemplo de la presión que las circunstancias del mundo contemporáneo pueden ejercer sobre las convenciones lingüísticas.

Gramática

La norma gramatical tiene un carácter menos arbitrario que la ortografía, pues simplemente pretende reflejar las regularidades internas a la propia lengua, tal como se desprende del uso que de ella hacen sus habitantes. Aunque es cierto que no todos los hablantes coinciden en este uso y es tarea de la gramática normativa determinar cuáles son las formas correctas y cuáles las incorrectas. Claro que las decisiones de la Academia pueden no coincidir con el uso general o quedar anticuadas por la evolución de este uso general, que es, en último termino, el que determina los cambios lingüísticos. En nuestros días la posibilidad de estos conflictos ha perdido dramatismo porque la reflexión sobre los problemas lingüísticos se ha extendido a muchos lugares distintos de la Academia —Departamentos Universitarios, por ejemplo— y también porque la necesidad de gramáticas y de textos para la enseñanza de la lengua se cubre por otros caminos. En las frecuentes discusiones sobre la lengua correcta y las modalidades de la misma la Academia es sólo uno entre los diferentes interlocutores.

Léxico

Desde la fundación de la Academia su actividad principal ha consistido en la preparación de diccionarios. El Diccionario de la Real Academia, que se reedita periódicamente, pretende recoger todas las palabras que constituyen el léxico de la lengua definidas con la mayor precisión posible. En cada nueva edición se intenta actualizar el léxico incorporando nuevas palabras que han entrado en el uso corriente y suprimiendo otras que han dejado de utilizarse. Este diccionario básico se pretende complementar con un Diccionario de Autoridades, que recoge la historia del uso escrito de cada palabra, y con un Diccionario Etimológico. De todas maneras, estos y otros proyectos de la Academia tropiezan con grandes dificultades, y las razones no son difíciles de imaginar. En nuestra sociedad contemporánea existe una gran demanda de diccionarios de todo tipo y la producción de los mismos ha dado lugar a empresas de considerables dimensiones que utilizan un gran número de técnicos especializados y un alto nivel de informatización. Ello contrasta con la forma artesanal con la que tradicionalmente ha trabajado la Academia, que dedica sesiones a reunir y discutir las «papeletas» preparadas por los propios académicos. Parece previsible que en el futuro se produzca una renovación a fondo de la Academia, a la que se añadiría un Instituto de Lexicología.

Variedades dialectales

Toda lengua no es nunca rígidamente uniforme. Incluso si su norma lingüística está generalmente aceptada, la misma lengua no se habla ni se escribe de la misma manera según los individuos, los grupos sociales y las ocasiones. A estas diferencias de índole social y cultural se añaden las que están condicionadas por la geografía. Los hombres que conviven en un mismo espacio geográfico y están con frecuencia en contacto directo desarrollan peculiaridades lingüísticas comunes que se transmiten de generación en generación constituyendo variantes dialectales de una misma lengua. Y estas diferencias pueden ser tan importantes que entre variantes dialectales extremas de una misma lengua la intercomprensión se haga difícil, lo cual puede llevar a sospechar que en realidad estamos ya ante lenguas distintas. Es cierto que en nuestro tiempo y en los países desarrollados la frecuencia de los desplazamientos y sobre todo la omnipresencia de los medios de comunicación audiovisuales tiende a difuminar estas diferencias en el interior de los Estados nacionales, pero de todos modos siguen existiendo, y en ciertos países y para ciertas lenguas son muy marcadas. Italia y Alemania son ejemplos típicos de Estados nacionales con diferencias dialectales muy importantes en el seno de su lengua nacional.

En comparación con estas lenguas el castellano presenta una gran unidad en toda su área, lo que no implica negar la existencia de formas dialectales. En la zona nororiental del territorio —Asturias, León y Salamanca— la línea de separación con el gallego es muy vaga y las influencias mutuas se extienden por una zona muy extensa. Pero sobre todo, los restos del antiguo astur-leonés determinan la existencia de variedades dialectales. Al este de la Península las hablas *(fablas)* de ciertos valles pirenaicos pueden considerarse dialectos castellanos determinados en este caso por los restos del primitivo aragonés, uno de los núcleos lingüísticos derivados del latín al comienzo de la Edad Media que no llegó a constituirse en lengua. Las peculiaridades actuales del habla de los aragoneses no tienen relación con esta lengua primitiva, siendo estrictamente variantes del castellano. En el sureste de la Península, Murcia, hay hablas locales (panocho) que conservan elementos deformados del catalán que durante un tiempo se habló en la zona.

La diferenciación realmente importante en el castellano o español es la que se da entre la lengua que se habla en el norte de la Península, y específicamente en Castilla la Vieja, donde se originó el castellano y donde se considera que la lengua que se habla es el verdadero castellano, y la que se habla en el sur de la Península. Una primera línea divisoria la marca la sierra de Guadarrama, al norte de Madrid. El castellano de Castilla la Nueva, el de las tierras reconquistadas después del siglo XIII, tiene características diferenciales respecto al del norte de Castilla. Pero las características diferenciales más notables se dan más al sur, concretamente en Andalucía.

Un caso especial lo constituye el español de Madrid. Por su situación geográfica, inmediatamente vecina a Castilla la Vieja, puede considerarse que está incluido en el área del castellano puro, pero el hecho de su capitalidad afecta necesariamente a sus formas lingüísticas. En Madrid coinciden hablantes de numerosas procedencias, lo que favorece la existencia de un lenguaje neutro e indefinido, pero al mismo tiempo existe una clara preocupación por destacar la propia personalidad, lo cual se consigue tanto prestigiando los rasgos más populares e incluso plebeyos del lenguaje (castizo, cheli) como con un cierto esnobismo expresivo y una gran permeabilidad frente a cualquier innovación lingüística. Por supuesto, a través de los medios de comunicación, especialmente de los audiovisuales, el «habla de Madrid» llega fácilmente a toda España. En Madrid es visible también un rasgo que en cierta medida es característico del español actual, y es la lenta aceptación en el norte de peculiaridades lingüísticas propias del sur. Esta aceptación de peculiaridades del sur puede ponerse en relación con el hecho de que el acento y el habla andaluza, aunque se consideren menos correctas lingüísticamente que el castellano de Castilla, tienen, en cambio, connotaciones positivas en muchos ambientes.

Finalmente, recordemos que en los lugares en los que el castellano está en contacto cotidiano con otra lengua —catalán, gallego o euskera—, adquiere peculiaridades características que son resultado de este contacto que se advierte en primer lugar en la fonética —entonación y pronunciación—, pero también en el léxico con préstamos e interferencias más o menos abundantes e incluso en ciertos aspectos sintácticos. Pero las variantes del español que así se producen normalmente no son consideradas como formas dialectales sino simplemente como errores y deformaciones, y acostumbran a tener connotaciones negativas.

Español en América

A las variedades dialectales que el español presenta en el territorio estatal hay que añadir las que presenta en el exterior de sus fronteras, especialmente en América. Dada la importancia que para entender el papel y la influencia de la lengua española tiene su presencia en los países americanos, resulta útil anteponer algunos datos sobre cómo se produjo su difusión.

A la llegada de los españoles a América, en los territorios en los que se establecieron se hablaban gran cantidad de lenguas —quizás del orden de 2.000—, unas habladas exclusivamente por tribus aisladas y poblaciones mínimas y otras que los recién llegados calificaron de «lenguas generales», habladas en vastísimos territorios por centenares de miles y aun por millones de personas. Entre ellas destaca el quechua, lengua común del Imperio azteca, hablado todavía hoy por más de cuatro millones de indígenas en Perú y Ecuador; el návatl, que los aztecas habían impuesto a sus aliados y confederados y que todavía sigue vivo en México junto con el zapoteco y una multitud de lenguas menores; el maya, supervivencia de un Imperio ya en decadencia a la llegada de los españoles pero que todavía mantiene varios cientos de miles de hablantes en Guatemala y países limítrofes. Y ya en la América austral el guaraní, lengua mayoritaria en el actual Paraguay, y el araucano en el norte de Chile.

Los colonizadores españoles que se establecían en América tenían, como cualquier colonizador, la tendencia natural a utilizar su propia lengua y a considerar que era tarea de los indígenas aprenderla o, en todo caso, aprovechar las facilidades que se les ofreciesen para aprenderla, y las autoridades militares y administrativas compartían esta opinión. La Iglesia en cambio, y muy especialmente los teólogos de la Universidad de Salamanca, consideraban que la colonización sólo se justificaba por la evangelización y por tanto no sólo había que predicar a los indígenas en su propia lengua sino había que ofrecerles la posibilidad de asimilar en la suya propia las nociones religiosas, para lo cual no sólo era necesario que los misioneros la conociesen sino que se fundasen escuelas y que se editasen libros en estas lenguas. En esta dirección se crearon cátedras de lengua y en 1580 Felipe II decidió que no se ordenase a ningún sacerdote que previamente no conociese la lengua de los que iban a ser sus feligreses. Y los jesuitas, por poner un ejemplo extremo, administraron exclusivamente en guaraní sus célebres «Reducciones» en Paraguay. Este punto de vista se contraponía con el de las autoridades civiles y concretamente con el del Consejo de Indias, que sostenía la conveniencia de enseñar a los indígenas el español lo más pronto posible y para ello renunciar a cualquier uso de las lenguas indígenas. El conflicto entre los dos puntos de vista se inclinó pronto por la opinión civil.

En el siglo siguiente, con el predominio de la mentalidad ilustrada, la política de unificación lingüística se hace inequívoca. En 1770, expulsados ya los jesuitas, Carlos III ordena el uso exclusivo del español en América. Luego, la independencia de los Estados americanos produjo una floración de nacionalismos pero no de interés por las lenguas y las culturas indígenas sino más bien al contrario pues el movimiento independentista se nutrió del impulso de la Revolución francesa y de su ideología racionalista y sólo muy entrado el siglo XX han empezado a demostrar los países americanos algún interés por las lenguas indígenas, de lo que puede ser ejemplo la declaración de cooficialidad del quechua en Perú y del guaraní en Paraguay. Y más significativamente todavía, empieza a manifestarse una cierta preocupación por la educación bilingüe y por tanto también por las lenguas indígenas.

Aunque la aportación lingüística desde la Península haya sido similar en todo el continente americano, la extraordinaria extensión y las dificultades de comunicación entre sus distintas regiones, agravada todavía por la división política, antes y después de la independencia, en compartimentos estancos y poco relacionados entre sí ha producido desarrollos lingüísticos autóctonos y con ello un acusado grado de diferenciación.

En esta diferenciación de la lengua hablada en las distintas repúblicas ha influido también el contacto del castellano con las lenguas indígenas, extraordinariamente variadas entre sí y que por tanto han dejado huellas distintas en cada caso. Estas influencias de las lenguas indígenas son muy abundantes y fácilmente constatables en el vocabulario, pero probablemente haya que atribuir también a esta influencia las diferencias en la entonación tan características de los distintos países o repúblicas.

Las diferencias son tan marcadas que es posible expresar la sospecha de que con el paso del tiempo el español en América acabe disgregándose en lenguas nacionales distintas. Para hacer frente a este peligro la Academia Española de la Lengua hace ya tiempo que estableció lazos de colaboración y de solidaridad con las academias de la lengua que ya en el siglo pasado se crearon en cada una de las repúblicas americanas, y existe un organismo de enlace de todas ellas con la española. Y de hecho, las academias americanas han seguido una política conservadora y unificadora. Menos claro es el caso de los literatos, algunos de los cuales se inclinan decididamente por el indigenismo o por el localismo, reforzando por tanto los elementos diferenciadores. A pesar de lo cual, y vista la facilidad con que esta literatura circula y es aceptada en los distintos países, no parece que la unidad de la lengua esté amenazada.

Un caso distinto lo constituye el español en Estados Unidos. En parte por la incorporación de unos territorios en los que el castellano era la lengua habitual: Nuevo México, Texas, Arizona, parte de California y Puerto Rico, en parte por una inmigración tumultuosa y que no tiene trazas de remitir, la población de origen hispano y de lengua nativa española en los Estados Unidos es muy voluminosa y probablemente supera los 20 millones de habitantes. Esta población tiene orígenes geográficos diversos: México y Puerto Rico en primer lugar, República Dominicana, Colombia y otros países de la América central en segundo lugar y Cuba, cuya emigración tiene caracteres socioculturales distintos. Estos orígenes geográficos distintos conllevan peculiaridades lingüísticas distintivas de cada grupo. Peculiaridades que a su vez se refuerzan porque los distintos grupos étnicos tienden a instalarse en regiones diferentes de Estados Unidos: los mexicanos o chicanos en los Estados del Suroeste, los puertorriqueños y dominicanos en la costa Este, los cubanos en Florida, etcétera.

Con excepción de los cubanos se trata además de poblaciones de un nivel sociocultural en conjunto bajo o muy bajo, lo que repercute sobre su lengua fuertemente coloquial y localista, poblaciones que viven en ambientes donde el prestigio del inglés y por tanto las presiones para usarlo son muy grandes y la enseñanza que reciben del español es muy deficiente, si no nula. En estas condiciones, el español de Estados Unidos a menudo está muy degradado y además presenta diferencias locales importantes según predomine la influencia chicana o antillana, lo que favorece la desintegración. Una mayor presencia del español en el sistema educativo podría compensarlo, pero aquí también las opiniones difieren. Hay quien cree que el español enseñado debería ser el español estándar como forma de reforzar la unidad de los hispanos y de elevar su nivel cultural y quienes consideran que así aumentarían las dificultades escolares de los alumnos y que el español de la educación bilingüe debe ser precisamente la lengua que hablan en su casa y en su ambiente. Por tanto, el peligro de desintegración del español en Estados Unidos puede ser real, pero no es probable que si se produjese su resultado encontrase respaldo político o cultural, siendo más bien el prólogo de su desaparición.

El español en el mundo

Para completar esta información básica sobre el castellano o español restan por añadir algunos datos sobre su situación en el mundo.

Se ha hecho ya referencia a la presencia del español en los países de la América meridional y central y en Estados Unidos. El español es además lengua cooficial en Guinea, se habla en el territorio meridional de Marruecos, que actualmente reclama su independencia con el nombre de República Saharahui y se mantiene en algunos grupos sociales de Filipinas. También los judíos expulsados de España en el siglo XVI —sefarditas— han conservado el uso del castellano dispersos por un área geográfica muy extensa aunque concentrado en los Balcanes y muy especialmente en la ciudad de Salónica. Pero, la persecución nazi y la emigración de los supervivientes a Israel los ha reducido a un pequeño grupo.

Resulta muy difícil ofrecer una cifra relativamente exacta del total de hablantes de español en el mundo. Las estadísticas lingüísticas son siempre de una fiabilidad reducida y más todavía cuando hay que tener en cuenta datos procedentes de países muy diversos. El *World Almanach* de 1988 cifra en 304 millones los que en el mundo tienen el español como lengua materna y, teniendo en cuenta otras apreciaciones ofrecidas por otras fuentes, la cifra parece razonable. La misma publicación evalúa entre 30-50 millones el número de los que sin tenerlo como lengua materna lo conocen y son capaces de utilizarlo porque viven en países en los que es lengua oficial o porque lo han aprendido por distintas razones. Así se llega a una cifra total de 350 millones de hablantes. Admitiendo que esta cifra tenga un margen de error de más o menos un 10 % y aceptando la hipótesis más desfavorable, dado el rápido crecimiento demográfico de la mayoría de países de lengua hispánica, incluso si esta cifra no era cierta en 1988 ciertamente lo será en el momento en que se publiquen estas páginas.

Estas cifras sitúan al español en el cuarto lugar entre las lenguas más habladas del mundo, después del chino mandarín, el inglés y el hindú. A continuación se sitúan otras siete lenguas con más de 100 millones de hablantes cada una. Entre ellas están el ruso, el portugués, el francés y el alemán.

A la hora de valorar el papel internacional de una lengua el número de sus hablantes no es el único factor a tener en cuenta. Otro dato importante es el número de países que la tienen como lengua oficial o cooficial. El chino mandarín, el hindú o el japonés a pesar del gran número de sus hablantes son lenguas de un solo país. Ordenando las lenguas según este criterio, el español, lengua oficial de 20 países, ocupa el tercer lugar inmediatamente después del inglés y del francés.

Se puede avanzar un paso más y tener en cuenta no sólo el

número de países sino su potencialidad económica tomando como indicador de ésta el PNB (Producto Nacional Bruto) en la medida en que es conocido. Al ordenar de este modo las lenguas habladas en pocos países pero de grandes posibilidades económicas, el alemán o el portugués (Brasil y Angola) adelantan su clasificación. Pero el dato más destacable es que el inglés no sólo sigue ocupando el primer lugar sino que el PNB del conjunto de países que tienen el inglés como lengua oficial representa más de la mitad y aun más del 60 % de la riqueza mundial y por tanto más que el conjunto de todos los países que tienen otras lenguas como lenguas oficiales. Este dato bastaría para explicar el papel preponderante del inglés a nivel mundial. Ordenando las lenguas con este criterio el segundo lugar corresponde al francés y a continuación se sitúan varias lenguas, entre ellas el español, sin que sea fácil distinguir entre ellas por varias razones, porque hay países, como es el caso de Rusia o China, que no publican sus cifras de PNB, y porque la deuda externa de los países de la América hispana como la de todos los países de tercer mundo hace poco significativa la cifra de su PNB.

Otro criterio posible para valorar el papel internacional de una lengua es su utilización por parte de los Organismos Internacionales. La ONU tiene seis lenguas oficiales: inglés, francés, ruso, español, chino y árabe, y una pauta parecida siguen las grandes organizaciones internacionales relacionadas con ella: UNESCO, OIT, FAO, OMS, etc. Pero, de hecho, el funcionamiento cotidiano de la ONU en Nueva York ocurre principalmente en inglés, mientras que las organizaciones radicadas en Europa y en ciudades de lengua francesa (París, Ginebra, etc.) el funcionamiento cotidiano se hace a la vez en inglés y en francés. La Comunidad Europea tiene como lenguas oficiales las de todos los países miembros de la Comunidad y a todas ellas se traduce toda la documentación oficial aun cuando el funcionamiento se hace normalmente en inglés y en francés. Lo mismo ocurre en el Consejo de Europa. En cuanto a la OCDE tiene como lenguas oficiales exclusivamente el inglés y francés; la Organización de Estados Africanos tiene como lenguas principales el inglés, el francés y el árabe, mientras que la organización de los Estados Americanos utiliza el inglés y el español. En conjunto, puede decirse que el inglés es la lengua principal para las relaciones internacionales, que en los organismos situados en Europa el francés mantiene todavía un lugar importante y que el español figura en el grupo de las grandes lenguas internacionales en función de su importancia en América.

El último dato que podemos tener en cuenta es el número de personas que lo estudian como segunda lengua y dado que este dato es prácticamente imposible de conseguir, ni que sea en forma aproximada, al menos la frecuencia con que es elegido en comparación con otras. En la actualidad la lengua más estudiada como secundaria es el inglés, tanto en el conjunto del mundo como en cada país considerado individualmente. En la mayoría de los países de Europa las elecciones después del inglés se dirigen al francés o al alemán, y en menor proporción al español y al italiano. Es cierto, de todos modos, que el francés, que un tiempo sobrepasaba al inglés como lengua más estudiada, actualmente está retrocediendo; el español, en cambio, que hasta ahora era una lengua muy poco estudiada en Europa, está ganando popularidad, pero el avance más significativo, por no decir espectacular, del estudio del español está ocurriendo en el Lejano Oriente, donde en varios países, Japón entre ellos, ha pasado a ser la lengua más estudiada después del inglés, aunque por supuesto a mucha distancia de éste.

Esta expansión de su estudio se ha producido sin que España haya puesto en práctica una política de promoción de la lengua de altos vuelos al modo de la desarrollada por Francia, ni haya creado una red internacional de instituciones para su enseñanza al estilo del British Council para el inglés o del Goethe Institut para el alemán. Sólo muy recientemente se ha creado con esta finalidad el Instituto Cervantes, que de todos modos todavía no ha comenzado a funcionar. Aunque también es cierto que el interés por el estudio del español más aun que al peso internacional que representa España hay que atribuirlo al interés que despierta la América hispana.

Problemas actuales de la lengua

Los problemas actuales del castellano son similares a los de otras lenguas de gran difusión en nuestro mundo occidental. Tradicionalmente se ha considerado que en el territorio de una lengua por encima de las diferencias geográficas y sociales existe una lengua estándar o lengua común, transmitida por la enseñanza en la escuela y difundida por los medios de comunicación, la cual a su vez tiene un nivel superior, la lengua culta, especializada en varias direcciones entre las que destaca la lengua literaria. La lengua común tiene a su vez manifestaciones subordinadas; así la lengua coloquial y todavía por debajo los distintos argots.

Esta delimitación y estratificación de las distintas modalidades del lenguaje no ha desaparecido porque sigue existiendo e influyendo en los comportamientos pero está en plena crisis porque se encuentra en crisis la idea de ejemplaridad y de jerarquía en la que se apoya. Una jerarquía que situaba la lengua escrita por encima de la lengua oral y la consideraba más digna de atención, que valoraba la lengua literaria y en general la lengua con intenciones estéticas por encima de la lengua cotidiana y que establecía normas sociales de admisibilidad y de prestigio y condenaba ciertas formas de lenguaje vulgares y groseras. No es preciso insistir en que en la actualidad la mayoría de estos diques se han roto. Hoy se tiende a poner el lenguaje oral antes que el escrito, a desconfiar de los modelos literarios y a exaltar la originalidad y la barrera entre las palabras correctas y groseras prácticamente ha desaparecido. Y las faltas de ortografía han dejado de descalificar al que las comete.

Las razones de este cambio son de orden muy diverso. Desde un difuso antiautoritarismo y el rechazo a cualquier forma de elitismo a la evolución de la propia literatura y al predominio de los medios audiovisuales y por tanto de la lengua oral. Y la propia pedagogía de la lengua en la escuela ha debido adaptarse a la misma situación de mayor libertad lingüística.

A esta mayor libertad y receptividad se añade que los cambios sociales y técnicos tan abundantes en nuestro tiempo invitan a la introducción constante de neologismos para referirse a las nuevas realidades. No sólo de nuevos vocablos, ya el telégrafo introdujo el estilo telegráfico y los sistemas informáticos están influyendo de alguna manera en las formas lingüísticas y en el estilo.

Pero, además, la mayoría de estas novedades técnicas vienen de la mano del inglés, a lo que puede añadirse que el inglés tiene una presencia predominante en muchos ámbitos de la vida social, en la investigación científica y técnica, en la gestión informatizada, en los sistemas de comunicación, en la música de entretenimiento, en la televisión y en tantos otros aspectos de la vida cotidiana. Así, la presión que ejerce el inglés sobre el vocabulario e incluso sobre la sintaxis se ha convertido en el problema mayor que tiene el castellano, lo que por otra parte ocurre también en otras lenguas.

Ante este conjunto de hechos se levantan voces que denuncian los peligros que representan, reclaman medidas drásticas en favor de la norma y de la ejemplaridad lingüística en los medios de comunicación y en la enseñanza y auguran la pronta degeneración y disgregación del español si no se hace un esfuerzo enérgico por corregir la tendencia. Frente a lo cual es posible pensar que desde sus comienzos la evolución de una lengua es el resultado de una serie de crisis sucesivas, crisis que son consecuencia de la necesidad de adaptarse a nuevas situaciones sociales. Y si la crisis actual es distinta a todas las anteriores, si no ya no sería nueva, y por tanto su desenlace es imprevisible, todo hace suponer que el español mantendrá en un futuro su vitalidad y su unidad.

2. Catalán/Valenciano

Historia de la lengua

Tal como se señaló en el capitulo dedicado a los orígenes históricos en los territorios de la Marca Hispánica, en ambas laderas de los Pirineos orientales a partir de la descomposición del latín se originó una lengua románica que recibió la denominación de catalán o lengua hablada por los habitantes de Cataluña.

El catalán presenta muchas analogías con las restantes lenguas románicas habladas en la Península Ibérica, especialmente con las distintas del castellano, y ello justifica el incluirlo en el grupo ibérico o meridional de las lenguas románicas, aunque al mismo tiempo es muy cercano al provenzal en sus distintas modalidades habladas en todo el sur de Francia, lo que permite hablar de un grupo intermedio entre los romances peninsulares y el francés.

La evolución histórica del catalán ha estado presidida por dos hechos principales; en primer lugar y durante varios siglos por su expansión territorial, que le ha puesto en relación con lenguas habladas en los territorios por los que se extendía y posteriormente y hasta nuestros días por su prolongado e intenso contacto con el castellano.

En su expansión hacia el sur a partir de su origen pirenaico el catalán se estableció en el resto de la Cataluña actual y más tarde en

Valencia y en las islas Baleares. En todos estos lugares los colonizadores catalanes entraron en contacto con una población cristiano-mozárabe más o menos abundante y con una población de lengua árabe que en parte se mantuvo en los territorios conquistados. Estos contactos lingüísticos han influido de diversas maneras en la evolución posterior del catalán. A menudo se ha hecho notar que la distinción entre el catalán oriental, hablado en el noreste Cataluña, y el catalán occidental, hablado en el noroeste y en el sur de Cataluña y en Valencia, distinción muy clara en el aspecto fonético y que puede tener este origen, pues el catalán occidental se habla precisamente en las zonas que estuvieron durante más tiempo ocupadas por los árabes. Pero en la actualidad los especialistas en el tema se inclinan más bien a atribuir esta diferencia a la influencia de diferencias en el sustrato previo anterior a la colonización romana, es decir, a diferencias lingüísticas entre íberos y celtíberos, sin olvidar una posible influencia vasca en la zona pirenaica.

En cuanto al contacto con el castellano, se inició muy pronto. Cuando en 1151, por el matrimonio de Ramón Berenguer con la hija de Ramiro el Monje, se unieron el Condado de Barcelona y la monarquía aragonesa la entidad política resultante se denominó Reino de Aragón, aunque su capitalidad se situase en Barcelona, y dado que la lengua de Aragón era el castellano, aunque en la corte de Barcelona el catalán era la lengua predominante, en la Cancillería real se utilizaba también el castellano. Cuando en el siglo XV la monarquía aragonesa se unió con la de Castilla la presencia y el peso del castellano se hicieron mayores y a partir del siglo XVII, tal como hemos visto en la introducción histórica, este peso se hizo dominante. Aparte de sus consecuencias de orden sociolingüístico ello tuvo sobre el catalán como lengua una doble consecuencia: el progresivo abandono de la práctica escrita y en general de los usos cultos de la lengua impidió su evolución normal y su adaptación a las nuevas circunstancias. Paralelamente, este desarrollo ausente se cubrió con incrustaciones léxicas y con calcos sintácticos del castellano. De tal modo que los escritores de la *Renaixensa* se encontraron con una lengua empobrecida que debían enriquecer, y en primer lugar purificar de sus adherencias castellanas.

Del catalán en los primeros tiempos, como de las restantes lenguas románicas, no se conservan testimonios escritos porque en aquellos tiempos sólo se escribía en latín, y sólo los errores o los descuidos de los escribas nos permiten rastrear palabras o frases catalanas. Los primeros textos escritos en catalán, las *Homilies d'Organya,* datan del siglo XII. En los siglos XIII y XIV, coincidiendo con la época de esplendor de la monarquía catalana, la literatura en catalán alcanza un alto nivel y ocupa un lugar distinguido entre las literaturas europeas; se cultivan todas las formas de la prosa incluso la didáctica y la filosófica; de hecho, por obra de Ramón Llull el catalán es la primera lengua vulgar en la que se escriben tratados de filosofía. Las cuatro grandes Crónicas históricas son comparables a las francesas contemporáneas y el *Tirant lo Blanc* es, sin duda, la novela medieval de mayor calidad literaria. Curiosamente, la poesía es el género literario que más tarda en aparecer; durante mucho tiempo los poetas catalanes al igual que los del norte de Italia preferían escribir en provenzal, limitación que quedó ampliamente compensada en el siglo XV con la obra de Ausiás March, una de las cimas de la poesía europea.

A partir de la segunda mitad del siglo XV la producción literaria en catalán decae y prácticamente desaparece; el Renacimiento apenas si llega a expresarse en catalán. Por supuesto, detrás de esta decadencia hay motivos políticos. Tal como ya se ha recordado la unificación española se acompañó de la difusión del castellano por los territorios peninsulares en los que se hablaban otras lenguas. Sin embargo, en una primera época no puede hablarse de una imposición del castellano sino de un mayor prestigio social de esta lengua y más en general de un menor peso de Cataluña y de su entorno mediterráneo en el conjunto de la política peninsular.

El renacimiento del cultivo de la lengua catalana a mediados del siglo XIX fue en primer lugar un fenómeno cultural ligado al romanticismo europeo pero se apoyó en un proceso de desarrollo económico y de cambio social que convirtió a Cataluña en una región avanzada en el conjunto español y se acompañó de un movimiento político que pronto iba a asumir formulaciones regionalistas y nacionalistas y que consiguió disponer a comienzos del siglo XX, aunque fuese por poco tiempo, de instituciones propias. Este apoyo político potenció el uso de la lengua ampliando las funciones públicas en las que se utilizaba y al mismo tiempo permitió, lo que resultó extraordinariamente importante, codificar sus normas.

En el aspecto estrictamente literario, la *Renaixença* comenzó con composiciones líricas pero pronto abarcó a todos los campos de la producción literaria. La poesía épica (Verdaguer, *La Atlántida*), la novela —especialmente la novela naturalista (Narcis Oller)— y el teatro y en conjunto puede decirse que el movimiento literario en lengua catalana, refleja con relativa fidelidad todos los movimientos que caracterizan la literatura europea en el tránsito del siglo XIX al XX. Esta actividad literaria se acompaña de un uso generalizado de la lengua en toda clase de actividades: ciencia, historia, enseñanza, periodismo... y consecuentemente en un esfuerzo por su modernización. El desenlace de la guerra española y los años del franquismo representaron la interrupción de este proceso en cuanto a los usos públicos de la lengua, pero su cultivo literario nunca se interrumpió y en algunos aspectos tanto en la poesía como en la narrativa puede decirse que alcanzó alguno de sus momentos más brillantes.

Los párrafos anteriores se refieren a la historia moderna de la lengua en Cataluña, en las restantes tierras de lengua catalana la situación ha sido distinta aunque en todas ellas ha influido fuertemente lo ocurrido en Cataluña. En el siglo XV cuando la lengua en Cataluña había iniciado ya la decadencia, en Valencia alcanzaba sus cotas más altas. Pero si en Valencia la decadencia de la lengua empieza más tarde, la incorporación del castellano es en cambio más rápida, y ya en el siglo XVI en Valencia florecen destacados cultivadores de la literatura en lengua castellana, hecho que no ocurre en Cataluña. En cambio, la *Renaixença* catalana del siglo XIX tuvo escasas repercusiones en Valencia tanto en el orden literario como en el político. Ha sido sólo después de la guerra cuando se ha despertado el interés por la revalorización de la lengua, un interés que ha provocado conflictos a los que más adelante deberemos referirnos.

En las islas Baleares, en una sociedad mucho más tradicional, la lengua catalana se había mantenido como lengua habitual sin demasiadas dificultades y por influencia de la *Renaixença* catalana se produjo un movimiento literario de alta calidad pero que no se acompañó de un movimiento político.

La norma lingüística

Los que en la Cataluña del siglo XIX renovaron el uso literario del catalán además de la lengua, en muchos aspectos degradada y que utilizaban en su vida cotidiana, podían apelar a los modelos que ofrecían los clásicos medievales y también a las reservas de lengua contenidas en los usos campesinos y populares. Un buen símbolo de esta preocupación por la lengua lo constituyen los grandes diccionarios que pretenden inventariar todos sus recursos, como el de Alcover.

Pero la gran distancia entre los clásicos y los usos modernos de la lengua, la abundancia y variedad de las formas dialectales, por no hablar del deseo legítimo de todo escritor de forjar en alguna medida su propia lengua, o simplemente las disparidades en la escritura como resultado de la inexistencia de normas ortográficas comúnmente aceptadas, todo debía llevar a plantear el tema de la norma lingüística como un problema grave. Y cuando a comienzos del siglo XX empezaron a existir instituciones que promovían el uso formal del catalán en distintos ámbitos: enseñanza, administración, etc., la necesidad se hizo urgente. Y el ejemplo de las lenguas vecinas como el castellano o el francés, que disponían de instituciones dedicadas a este fin, hacía deseable seguir su ejemplo. En 1907 Prat de la Riba, político nacionalista, presidente de la Diputación de Barcelona y más tarde de la Mancomunidad de Diputaciones de Cataluña, fundó el *Institut d'Estudis Catalans* que en 1911 establecía una sección de Filología con el cometido prioritario de formular la normativa lingüística del catalán en sus diversos aspectos léxicos y sintácticos.

La tarea recayó fundamentalmente en Pompeu Fabra, un ingeniero de formación y filólogo de vocación, que llevaba ya tiempo preparándose para ella y que la desempeñó con notable acierto. En 1913 aparecieron las *Normes Ortogràfiques* que, como acostumbra a ocurrir en estos casos, resultaron el aspecto más conflictivo de la empresa, y poco después una *Gramàtica* y un *Diccionari Ortografic* (1917) anticipo del *Diccionari General de la LLengua Catalana* aparecido en 1932. Con su obra, Fabra consiguió un prudente equilibrio entre las distintas variedades dialectales, que tampoco son tan diversas, y sobre todo entre el respeto a las formas antiguas, dado que el máximo esplendor de la lengua se había dado en la Edad Media, y las necesidades de una lengua moderna de modo que el catalán estuviese en condiciones para cualquiera de las funciones que debe cumplir una lengua en nuestro tiempo. Y aunque sus propuestas encontraron opositores en algunos apasionados, la oposición fue de corta duración y en conjunto puede decirse que la aceptación fue inmediata y general y que el tiempo la ha consagrado plenamente. Y es evidente que la codificación y su aceptación generalizada ha dado al catalán una ventaja considerable respecto a otras lenguas minoritarias y le ha permitido resistir los largos años de prohibición durante el período franquista prácticamente sin deteriorarse.

En la actualidad, la responsabilidad por la normativa lingüística sigue correspondiendo al *Institut d'Estudis Catalans* que cumple para la lengua catalana un papel similar al que cunplen para otras lenguas sus respectivas Academias. Su autoridad no ha sido nunca discutida y probablemente esta es la razón por la que en la Ley de Normalización Lingüística de Cataluña no se le atribuye esta autoridad, dándosela por supuesta.

De todos modos, es cierto que durante bastantes años, primero por las circunstancias políticas adversas y luego por la falta de medios materiales, el *Institut* ha llevado una existencia reducida y otras instituciones han realizado tareas que parecían corresponderle. Este es el caso de la *Fundació de l'Enciclopedia Catalana* que además de publicar una enciclopedia general en veinticinco volúmenes prepara y publica otras obras generales de interés lingüístico además de diccionarios bilingües de catalán y otras lenguas de los que los últimos aparecidos son un diccionario húngaro-catalán y uno japonés-catalán. Igualmente importante es la labor del TERMCAT, creado en 1985, que tiene como objetivo promover y sistematizar el vocabulario en distintos ámbitos científicos y técnicos por medio de un conjunto de comisiones sectoriales de especialistas y que está apoyado por un Banco de Datos con conexiones internacionales. Y al mismo tiempo que por lo reducido de su actividad el *Institut* ha recibido críticas en relación con las controversias en torno al modelo de lengua adecuado para los medios de comunicación, acusándoselo de mantener posturas exageradamente tradicionales y académicas.

Este conjunto de hechos han llevado a las autoridades de Cataluña a considerar que el *Institut* requiere una adecuación a los nuevos tiempos y se proyectan un conjunto de medidas legislativas para procurarlo, por un lado dando un respaldo oficial a las decisiones lingüísticas del *Institut* y al mismo tiempo dotándoselo de los medios adecuados para que pueda cumplir con eficacia las tareas que le corresponden.

Queda, sin embargo, una cuestión pendiente. Las instituciones políticas de Cataluña pueden respaldar formalmente las opiniones lingüísticas del *Institut* en el ámbito territorial de Cataluña, pero más allá de éste la aceptación de sus normas queda a la voluntad individual y colectiva de los hablantes. La sugerencia contenida en la Ley de Normalización de las Islas Baleares de colaborar con otras Comunidades Autónomas que tienen el catalán como lengua propia en la constitución de una institución para salvaguardar el patrimonio lingüístico común continúa siendo una posibilidad abierta. Una institucion cuya viabilidad política parece lejana pero que quizá podría suplirse con acuerdos lingüísticos entre las tres Comunidades o bien mediante fórmulas de colaboración entre Institutos Universitarios de lengua.

Unidad y variedad

Como todas las lenguas, el catalán presenta variedades dialectales en las distintas regiones en las que se habla, variedades que no rompen sin embargo la unidad de la lengua. De hecho, el catalán presenta una considerable unidad interna y para distinguir sus dialectos hay que acudir en primer lugar a diferencias fonológicas. Básicamente se distinguen dos variedades principales o dos grupos de dialectos, el oriental y el occidental. Los dialectos orientales neutralizan cuando no están acentuadas las vocales «a» y «e» cerradas y «e» abierta en «u» (excepto el mallorquín que lo hace en «o» cerrada). Los dialectos orientales sólo neutralizan la «e» cerrada y «e» abierta en «e» cerrada, y la «o» cerrada y «o» abierta en «o» cerrada.

El catalán oriental incluye el catalán central, el insular (mallorquín, menorquín e ibicenco), el septentrional (Rossellón, Francia) y el alguerés (Alguer, Sicilia, Italia). El catalán central se habla en la región oriental de Cataluña correspondiente a las provincias de Gerona, Barcelona y Tarragona e incluye por tanto la región donde el catalán se originó. En el interior del territorio del catalán central se pueden distinguir a su vez variedades locales como el uso del artículo: «es», «sa» derivado del latín «ipse» y propio de una zona de la costa de Gerona frente a «el», «la» derivados de «ille», común en todo el ámbito del catalán y más en general de todos los romances ibéricos, o como la persistencia de la distinción «b» y «v» en ciertas comarcas de Tarragona. Pero el dato principal es que en el área del catalán central se incluye Barcelona y su aglomeración urbana donde residen cerca de la mitad de los habitantes de Cataluña y donde radican las principales instituciones catalanas y los núcleos centrales de sus sistemas de comunicación. El habla de Barcelona aunque pertenezca a la variedad central es un habla característicamente urbana, con un cierto eclecticismo dialectal y más influida por el castellano que las hablas de las comarcas rurales. Y por su carácter de capitalidad y por la influencia que ejercen los medios de comunicación el habla de Barcelona y su fonética tienden a preponderar sobre al resto de las variedades de catalán en el conjunto de Cataluña.

El grupo de los dialectos occidentales está constituido por el catalán noroccidental, hablado en las cuencas de los ríos Segre y Ebro, en las provincias de Lérida y Tarragona, y el catalán meridional, más conocido como valenciano. Aunque hay que aclarar que en el sur de Cataluña y el norte de Valencia hay amplias zonas de transición entre los dialectos central y noroccidental y valenciano, en algún caso con características propias, como ocurre con el habla de Tortosa.

Fonéticamente, el valenciano difiere notablemente del catalán central. A diferencia de éste distingue claramente entre las átonas «a» y «e» y mantiene la «o» átona sin identificarla con la «u» como hace el catalán central, y mantiene asimismo la pronunciación de la «r» en final de palabra. Presenta también modalidades propias en la morfología y la sintaxis, así la terminación de indicativo «jo cante» o la estratificación, «açó, aixó, alló» (esto, eso, aquello) que el catalán central ha reducido a dos términos: «aixó, alló». En el léxico, aparte de presentar palabras específicas surgidas en su territorio, mantiene otras de etimología castellana que el catalán más al norte ha eliminado, e incluye mayor numero de arabismos.

A pesar de estas variedades dialectales la unidad de la lengua resulta indiscutible. Aunque es cierto que a partir del siglo XV cuando se rompen los lazos políticos entre los países de lengua catalana y cuando la lengua deja de utilizarse en forma escrita se hace frecuente la denominación de valenciano para la lengua hablada en Valencia igual que la de mallorquín para la hablada en Mallorca, a veces con conciencia expresa de que se trata de la misma lengua y otras probablemente sin ella. La confusión se hace mayor cuando en los primeros intentos de revalorizar la lengua en el siglo XIX se identifica el catalán con el lemosín como hacía por ejemplo Aribau. Pero en cuanto los romanistas empezaron a interesarse por la lengua catalana con criterios científicos la unidad de la lengua quedó patente y desde entonces nadie la ha puesto en duda. Con una única excepción, hace algún tiempo surgieron en Valencia voces que sostienen que el valenciano es una lengua distinta del catalán y que apoyan su opinión en el hecho de que cuando los catalanes conquistaron Valencia a los árabes en el siglo XIII en Valencia residía una población mozárabe que hablaba ya el valenciano. El hecho ya citado de que en los siglos de la decadencia fuese frecuente la denominación de valenciano les ofrece un argumento suplementario.

La argumentación es de escaso peso y no ha encontrado ningún lingüista prestigioso que la comparta. Es cierto que cuando los catalanes se instalaron en Valencia había una población mozárabe que hablaba en una lengua derivada del latín sobre la que poseemos escasa información y que su contacto influyó en la lengua de los recién llegados. Lo mismo ocurrió con el castellano cuando en la misma época los castellanos conquistaron las tierras de la meseta al sur de la sierra del Guadarrama y un siglo más tarde cuando se instalaron en Andalucía. La lengua que hoy se habla en Andalucía es sensiblemente distinta, sobre todo en el orden fonético, a la que se habla al norte de Duero, pero nadie puede dudar de que se trata de la misma lengua. También el gallego mantiene su unidad profunda con el portugués a pesar de que en este caso los cambios ocurridos han sido mucho más importante como tendremos ocasión de comentar.

Otra cosa es evidentemente el nombre que reciba la lengua. Valenciano puede significar tanto una lengua distinta como la denominación de una variedad del catalán. El problema surge cuando se entiende que llamar catalán a la lengua común implica reconocer una dependencia respecto a la modalidad de lengua hablada en Cataluña o, peor todavía, una subordinación política respecto a Cataluña. Y es en esta perspectiva de rechazar toda posible subordinación a Cataluña donde hay que entender la reivindicación de la singularidad del valenciano como lengua distinta.

Modalidades de lengua. Problemas actuales

Si la aceptación de la norma lingüística en sus aspectos básicos no ofrece problemas, en cambio son muy vivas las discusiones en torno a la definición de la lengua correcta o estándar, o si se quiere entre «puristas» y «laxistas», muy especialmente en torno a la lengua que debe usarse en los medios de comunicación y audiovisuales. Es una discusión que con mayor o menor intensidad se da en todas las lenguas pero que, en el caso de una lengua que como le ocurre al catalán está en contacto íntimo y continuado con otra lengua más fuerte como es el castellano y por tanto que en su uso cotidiano está fuertemente influido y deformado por ella, la disputa cobra una especial intensidad con acusaciones mutuas por un lado al proponer un modelo de lengua académico y alejado del lenguaje real y por otro de contribuir a la decadencia de la lengua y a su eventual desaparición. Es una disputa que se arrastra desde los comienzos de la *Renaixença* animada por los escritores costumbristas y naturalistas, pero que en nuestros días ha adquirido nueva actualidad a la hora de proponer modelos de lengua válidos para el periodismo y sobre todo para la televisión.

Difusión del catalán

En el capítulo en el que se expone la situación lingüística en las distintas Comunidades Autónomas se ha hecho constar ya la población total de las Comunidades en las que se hablan variedades del catalán así como el número de sus habitantes que según el último Censo de población son capaces de hablarlo: 3.747.000 en cifras redondas en Cataluña, 444.000 en las islas Baleares y 1.780.000 en la Comunidad Valenciana, en total 5.961.000, de los que una buena parte, 4.760.000 según mi evaluación, la tienen como lengua materna y familiar. Para conocer el número total de hablantes del catalán habría que añadir aquellos que habitan en otras áreas del dominio lingüístico del catalán, la franja de *Ponent*, en el territorio de la Comunidad de Aragón limítrofe con Cataluña; Andorra, donde es la lengua oficial; el Rossellón en Francia, y la ciudad de Alguer en la isla de Sicilia, Italia. Desgraciadamente para estos lugares no existen censos de población con datos lingüísticos y hemos de contentarnos con evaluaciones subjetivas. Hace un tiempo M. Strubell proponía la siguiente: en Andorra 20.000; en la Franja de Aragón 15.000; en Alguer 10.000, y en el Rosellón o Cataluña Norte 150.000, lo que hace un total 200.000 catalanohablantes en estas distintas áreas. Y todavía se podrían añadir entre 100 y 200 mil que residen fuera del conjunto del área del catalán.

Se trata, en todo caso, de cifras relativamente importantes que no sólo sitúan al catalán en el primer lugar entre las lenguas no estatales de Europa sino que incluso ocupa un lugar preferente entre las lenguas con estatus de cooficialidad como el esloveno, el bielorruso (6.000.000), o el ucraniano, e incluso supera en número de hablantes a algunas lenguas estatales: danés (4.500.000), noruego (3.500.000) y finlandés (4.000.000).

Gracias a este número, al prestigio de la literatura en lengua catalana y a la actividad de las instituciones catalanas, el catalán ha alcanzado una cierta proyección internacional. En varias universidades (París, Frankfurt...) existen institutos de estudios catalanes. Y al menos en cincuenta universidades es posible seguir estudios de catalán en sus Departamentos de lenguas románicas.

También en las instituciones europeas el catalán ha alcanzado cierto protagonismo. En 1981 el Consejo de Europa aprobó el llamado Informe Cirici, del nombre del parlamentario catalán que lo promovió, que recomendaba a los Estados miembros la adopción de determinadas medidas en favor de las lenguas no estatales o minoritarias, informe que está en la base de las sucesivas redacciones de la Carta Europea de las Lenguas Minoritarias. También en 1981 el Parlamento Europeo aprobó el Informe Arfe, de una intención parecida y prolongado luego en el Informe Kuippers. Pero pronto resultó evidente que la mayoría de derechos reclamados por estos informes eran para el catalán realidades adquiridas, lo que llevó a los parlamentarios catalanes a solicitar para el catalán un cierto reconocimiento oficial en el seno de las instituciones comunitarias. En diciembre de 1990 el Parlamento Europeo ha adoptado una resolución en este sentido que permite el uso del catalán en las instituciones en determinadas situaciones, resolución que requiere de todos modos su aprobación por el Consejo de Ministros de la Comunidad.

Esta proyección exterior del catalán ha de ponerse en relación con la política de defensa y promoción de la lengua promovida por las instituciones de Cataluña y más en general con las políticas de normalización lingüística adoptadas por las Comunidades Autónomas que tienen el catalán como lengua propia y que se tratarán en los capítulos correspondientes. A consecuencia de estas políticas resulta evidente el aumento en el uso oficial y público del catalán y este resultado ha dado pie a una discusión muy viva y apasionada sobre el futuro del catalán. Para unos este progreso asegura la supervivencia del catalán y permite esperar incluso su expansión, para otros, en cambio, este progreso es sólo superficial y coincide con un descenso en su uso real, preludio de su próxima desaparición si no se adopta una política más enérgica. Una controversia que en estos o en parecidos términos se debate también en otras lenguas minoritarias y a la que tendré que volver a hacer alusión más adelante.

3. Gallego

Historia

En el capítulo inicial dedicado a los antecedentes históricos figuran ya los datos básicos sobre el origen de esta lengua neolatina que cristalizó en los siglos IX y X en las zonas montañosas del noroeste de la Península Ibérica. Entre las lenguas neolatinas pertenece al grupo ibérico y como ya se ha hecho notar presenta muchas analogías con las restantes lenguas de este grupo, con la única excepción del castellano, más evolucionado respecto del latín. Dentro de este grupo sus analogías son mayores con la lengua vecina en su origen, el astur-leonés, aunque es difícil decidir en qué medida estas analogías proceden de la existencia de un sustrato común y más difícil todavía poner en relación este sustrato con una lengua celta anterior a la colonización romana.

Aunque Galicia en la Edad Media no llegó a constituir una entidad política independiente, pues el llamado reino de Galicia tuvo una existencia muy efímera y siempre estuvo en alguna medida subordinada al Reino de León primero y al de Castilla después, en cambio la lengua nacida en su territorio no sólo dejó muy pronto testimonios escritos sino que muy pronto también alcanzó un cultivo literario muy notable especialmente en el campo de la lírica. El hecho de que Santiago de Compostela, capital espiritual de Galicia, fuese un centro de peregrinaciones al que llegaban peregrinos de toda Europa influyó en forma decisiva en la eclosión de este movimiento lírico estrechamente relacionado con la poesía trovadoresca del sur de Francia. Y tan alto fue el prestigio de esta poesía en lengua gallega que en el siglo XII era frecuente que los poetas castellanos y leoneses empleasen el gallego en sus obras, y es sabido que Alfonso X de Castilla, llamado el Sabio, escribió en gallego sus *Cantigas a la Virgen.* Y la producción literaria gallega no se limitó a la poesía, aunque ésta fuese su manifestación más brillante sino que también se cultivó la prosa en distintos géneros: narrativa, hagiográfica, historia general, etcétera.

Y al mismo tiempo que se afianzaba como lengua popular y literaria, el gallego se extendía hacia el sur en la medida en que los árabes retrocedían ante la presión cristiana. En los siglos X y XI, cuando la lengua estaba todavía en período de constitución, los cristianos estaban ya asentados al norte del río Duero, es decir, en lo que actualmente es la zona norte de Portugal y por este motivo y por su desarrollo posterior la lengua nacida en tierras de Galicia se llama a menudo y con razón «gallego-portugués» o lengua «galaicoportuguesa». En esta época se trataba, efectivamente, de una lengua única. A medida que avanzaba hacia el sur el gallego-portugués entraba en contacto con poblaciones mozárabes que tenían un sustrato distinto y que habían vivido una evolución lingüística diferente, lo que necesariamente debía influir sobre la lengua de los que llegaban. Y al mismo tiempo y a la larga esto va a resultar el factor decisivo, las tierras al sur de Galicia empiezan a adquirir una estructura política propia. Ya en 1093, cuando la lengua está todavía en sus inicios, Alfonso VI creó el condado de Portugal, un condado que tras diversas vicisitudes en 1128 se hizo independiente y se convirtió en Reino de Portugal. El nuevo reino, que de todos modos tardó todavía bastante en asegurar su independencia respecto a Castilla, prosiguió la expansión hacia el sur y como resultado lógico de esta expansión fue desplazando su centro de poder y de influencia hacia el sur.

Cuando Portugal empezó a recorrer el camino de su independencia el gallego tenía, como hemos visto, un cultivo literario importante pero que duró poco tiempo. A lo largo del siglo XIV la producción literaria en lengua gallega parece agotarse. Y cuando en el siglo XV la nobleza local gallega es sustituida por una nobleza castellana, la presencia de la lengua castellana se hace avasalladora y el gallego queda reducido a ser una lengua popular y campesina ausente de cualquier uso culto o administrativo. Y mientras tanto en el Reino de Portugal el primitivo gallego-portugués proseguía su evolución. El desplazamiento de su centro de gravedad política más hacia el sur debía tener necesariamente consecuencias para la lengua. Para limitarnos a un ejemplo, en el siglo XV se unifican las terminaciones nasales para converger en el diptongo «ao», una de las características más típicas del portugués moderno. Así: panem(latín)-pan(español)-paõ(portugués) / manum-mano-maõ / leonem-león-leaõ / constitutio-constitución-constituiçao. Pero el hecho fundamental es que el antiguo gallego-portugués, ahora con el nombre de portugués, se convierte en la lengua de un Estado independiente y en proceso de expansión e incluso de creación de un Imperio ultramarino y que ha de asumir así todas las funciones propias de una lengua nacional y estatal.

Es cierto que esto no ocurre inmediatamente. Durante bastante tiempo, a lo largo de los siglos XIV y XV, los escritores portugueses dudan de que su lengua tenga los recursos suficientes para ser empleada como lengua literaria y tienden a preferir el castellano. Gil Vicente ocupa un lugar distinguido tanto en la historia de la literatura española como en la de la literatura portuguesa. Pero a medida que avanza la construcción del Estado portugués y a medida que sus empresas ultramarinas convierten a Portugal en la cabeza de un vasto Imperio la lengua portuguesa no sólo es ampliamente utilizada en funciones administrativas y en trabajos científicos sino que produce una literatura de alto nivel e internacionalmente apreciada.

Así, a pesar de su origen común y de la contigüidad geográfica, una historia distinta y una falta total de relación mutua hicieron que el primitivo galaico-portugués evolucionase en forma totalmente distinta al sur y al norte del río Miño. Mientras que el portugués se convertía en una de las grandes lenguas de Europa, el gallego quedaba reducido a un habla rural, estancado y condicionado en su evolución por el contacto y la presión del castellano.

A mediados del siglo XIX y al compás del movimiento romántico que removía Europa se inició el renacimiento de la poesía en lengua gallega (Rosalía de Castro, Curros Enríquez), que pronto se extendió a otras formas literarias. Ello produjo a su vez un interés por la lengua en forma de gramáticas y diccionarios y en 1906 se creó la Academia de la Lengua Gallega. Pero, como hemos visto en la introducción histórica, el renacimiento literario no desembocó en una toma de conciencia política colectiva, y los diferentes intentos que se hicieron en esta dirección a lo largo del siglo XIX y de los que las *Irmandades da Fala* son el ejemplo más representativo no llegaron a cuajar probablemente debido a que en siglo XIX Galicia era una de las regiones más pobres y atrasadas de España, un país condenado a la emigración y en el que la lengua se asociaba necesariamente a la pobreza. Es sólo bien entrado el siglo XX cuando surge una generación de intelectuales comprometidos con una renovación social y política de Galicia y defensores al mismo tiempo de la recuperación y del uso público de la lengua gallega (1917 *Irmandades da Fala,* 1920 revista y editorial *NOS*). Pero cuando finalmente en la última etapa del régimen republicano y a imitación de lo que se había hecho con Cataluña y con el País Vasco se concedió a Galicia un Estatuto de Autonomía, ya era demasiado tarde para ponerlo en práctica, porque coincidió con el comienzo de la guerra civil.

Durante los primeros años del régimen franquista la actividad literaria en gallego se refugió en los lugares de la emigración y del exilio: Buenos Aires, Caracas, y en los poderosos centros gallegos allí existentes. Lentamente y a partir de la década de los setenta se volvió a publicar en gallego en la propia Galicia. La fundación de la Editorial Galaxia representó un paso decisivo en esta dirección. La producción literaria en gallego pronto alcanzó los niveles anteriores a la guerra e incluso los superó. La investigación lingüística recibió un gran impulso con la creación en la Universidad de Santiago de un Departamento de Filología Gallega en 1963 y de un Instituto de la Lengua Gallega en 1971. Simultáneamente, los estudiantes universitarios al mismo tiempo que buen número de intelectuales ligaban su interés por la lengua con sus compromisos políticos en la lucha por la democracia. Con la aprobación del Estatuto de Autonomía, que atribuye al gallego carácter de lengua oficial, se abrió una situación completamente nueva. A los usos literarios del gallego se iban a añadir los usos legales y políticos y su empleo en la Administración y en la enseñanza. Y aunque es cierto que el primer gobierno gallego autónomo, de signo conservador, no demostraba un gran interés por la recuperación de la lengua, el hecho es que el Parlamento Gallego aprobó prácticamente por unanimidad la Ley de Normalización del gallego, y que con más o menos decisión se empezó a poner en marcha una política lingüística. Una política que los sectores nacionalistas consideran insuficiente pero que en cualquier caso ha conseguido ya resultados y que parece que está en camino de reforzarse.

Variedades dialectales. La norma lingüística

Existe un cierto acuerdo en considerar dos grupos diferenciados de dialectos, los orientales y los occidentales. Los dialectos orientales ocupan las comarcas del centro y del este de Galicia (provincias de Orense y Lugo) y las zonas de transición con las hablas asturianas y leonesas. En los dialectos occidentales, extendidos por la costa atlántica, se distinguen el suroccidental en las Rías Bajas (provincia de Pontevedra), caracterizado por la aspiración de la «g» (geada) y la identificación de la «s» y en «s» (seseo) y el noroccidental de las Rías Altas (provincia de La Coruña) y la meseta de Lugo.

Todas las lenguas, grandes o pequeñas, presentan diferencias dialectales más o menos profundas. En las lenguas que fueron codificadas hace tiempo estas diferencias no afectan a la unidad de la lengua ni ponen en peligro su continuidad en el tiempo. En cambio, las lenguas que no han sido codificadas porque no han sido lenguas oficiales o porque no han tenido un uso escrito sostenido a lo largo del tiempo, cuando pretenden normalizarse han de comenzar por elegir entre las distintas variedades dialectales o bien proponer soluciones eclécticas. Como veremos, este ha sido el problema principal en el caso del vasco. No lo ha sido en el caso del gallego, en el que las diferencias dialectales no parecen demasiado importantes y en el que la problemática de su codificación ha surgido en otra dirección.

Los escritores que iniciaron el renacimiento del gallego escribían en la lengua que hablaban ellos mismos y sus vecinos y por tanto en la lengua local. A medida que su intento tenía éxito procuraron enriquecer su lenguaje, y así empezaron a utilizar cualquier palabra o cualquier modismo vivo en cualquier lugar de Galicia y que llegaba a su conocimiento. Pero pronto también surgió la preocupación por depurar estos materiales identificando lo que era auténticamente gallego. Así empezaron a aparecer las primeras gramáticas y diccionarios con criterios distintos según los distintos autores, y empezaron a plantearse las primeras controversias ortográficas. Pero como la producción literaria en gallego era escasa y el uso culto de la lengua muy reducido, estas propuestas normativas no pasaban de ser disquisiciones de eruditos; sólo bastante más tarde y ya en tiempos de la República, la relativa abundancia de publicaciones en gallego y la vitalidad del movimiento galleguista hizo empezar a sentir la cuestión de la norma como importante y también muy urgente.

En 1933 el Seminario de Estudios Gallegos publicó *Algunhas normas pra a Unificazon do Idioma Galego*. Pero pronto la guerra impuso un largo paréntesis a este esfuerzo. Cuando en 1950 se fundó la Editorial Galaxia, que tanta importancia iba a tener en la difusión del gallego escrito, la editorial formuló unas normas para su propio uso que encontraron muchos seguidores. Con motivo de la transición política y la generalización de las demandas de enseñanza del gallego, el proceso de su normativización se aceleró. La Academia de la Lengua Gallega publicó en 1970 unas normas ortográficas y en 1971 unas normas morfológicas. A su vez, el Instituto de la Lengua Gallega de la Universidad dio a conocer un método de enseñanza de la lengua que no coincidía con las normas de la Academia. Paralelamente, la postura «reintegracionista» de acercamiento al portugués, que había ido articulándose a través de sucesivas ediciones de la *Gramática elemental del gallego común* de Carbalho Calero, recibió formulaciones extremas por ejemplo en Rodríguez Lapa (1973). Para el lusitanismo extremo el gallego actual es un dialecto del portugués o, mejor todavía, el portugués es la forma culta del gallego. Estas propuestas encontradas producían un clima de gran confusión que con la aprobación del Estatuto y el inicio de la etapa autonómica se hizo intolerable. En un esfuerzo por aclarar la situación la Academia y el Instituto llegaron a un acuerdo, y en julio de 1982 aprobaron conjuntamente unas *Normas Ortográficas e morfolóxicas do Idioma Galego*. En noviembre del mismo año el Gobierno gallego ratificó este acuerdo y decidió que todas las publicaciones oficiales así como la enseñanza de la lengua en los centros públicos debían ajustarse a sus normas. Inmediatamente los «reintegracionistas» agrupados en la Asociación Galega da Lingua publicaron un extenso *Estudio Crítico das Normas Ortográficas e Morfolóxicas do Idioma Galego* en el que disentían del espíritu con el que se habían redactado las normas y se oponían a muchos de los resultados alcanzados, proponiendo sus propias alternativas. Más recientemente, un grupo de lusitanistas han participado en el debate abierto por la Academia de Ciencias de Lisboa al proponer (1988) unas *Bases da Ortografía Unificada* para su uso en todo el ámbito de la lusofonía.

Y al mismo tiempo que se profundizaban las diferencias entre «aislacionistas» y «reintegracionistas», lo que había empezado por ser una disputa puramente lingüística adquiría cada vez mayores connotaciones políticas. El aislacionismo de la Academia y del Instituto Universitario se convertía en doctrina oficial del Gobierno de Galicia, la Xunta, y de los partidos políticos mayoritarios, mientras que el reintegracionismo era asumido cada vez con más fuerza por algunos sectores nacionalistas radicales y extraparlamentarios.

A pesar del apasionamiento con que se combaten todas las corrientes que se enfrentan en el tema de la norma, parecen estar de acuerdo en sus planteamientos básicos. En primer lugar, partir de la realidad viva que es la lengua hablada por los gallegos intentando identificar los rasgos comunes a todas las variedades dialectales e interpretando y valorando las discrepancias a la luz de los testimonios del pasado de la lengua, y especialmente de su época de mayor esplendor. Y al mismo tiempo hacer un esfuerzo riguroso por purificar la lengua de las deformaciones que ha sufrido debido a la presión ejercida a lo largo de siglos por el castellano, y hacer igualmente un esfuerzo por modernizarla dotándola de los elementos necesarios para expresar las realidades contemporáneas. Y todos parecen también estar de acuerdo en que si para alcanzar estos objetivos hay que elegir entre varias soluciones posibles hay que tener en cuenta las soluciones adoptadas por las lenguas emparentadas con el gallego, y en primer lugar por la lengua hermana, el portugués. Las diferencias surgen al valorar este papel ejemplar del portugués.

Para los llamados aislacionistas resulta evidente que una lengua que en el pasado fue única ha seguido evoluciones diferentes en Galicia y en Portugal, y sin pretender decidir si está justificado o no hablar de dos lenguas distintas o de dos variedades de una misma lengua lo que no es posible es introducir en el gallego las soluciones a las que ha llegado por su cuenta el portugués simplemente porque en el pasado tuvieron un origen común. El ejemplo portugués sólo puede utilizarse cuando se trata de elegir entre posibilidades distintas ofrecidas por el propio contexto gallego.

Para los reintegracionistas, en cambio, la evolución del portugués es la que habría experimentado el gallego si no hubiese estado presionado por la presencia del castellano. Por tanto, no sólo en cada caso dudoso ha de preferirse la solución más cercana al portugués sino que en todos los casos en los que el gallego no ha llegado a una solución propia, o la solución a la que ha llegado está claramente influida por el castellano, debe adoptarse también la solución portuguesa. Los puntos controvertidos en estas disputas afectan a todas las aéreas del lenguaje: léxico, sintaxis y muy especialmente morfología; así las terminaciones en «ción», «sion» o «xion» que para los aislacionistas deben defenderse como gallegas y que para los reintegracionistas son calcos del castellano que deben sustituirse por «çom» («associaçom») o incluso por la forma portuguesa «çao» («associaçao»). O también el propio nombre de la entidad colectiva, que para unos es «Galicia» y para otros «Galiza».

Las discrepancias afectan también a las normas ortográficas. Así, mientras que los aislacionistas aceptan las grafías castellanas «ll» y «ñ», los reintegracionistas proponen sustituirlas por las portuguesas «lh» y «nh», y mientras que los primeros prescriben que los pronombres que siguen a una forma verbal se escriben formando una palabra única como en castellano, los reintegracionistas proponen que se separen con un guión como en portugués. Y mientras que los primeros prefieren representar el sonido (ʃ), existente en gallego y también en catalán pero no en castellano ni en portugués, por la letra «x», así «caxa», los reintegracionistas proponen representarlos por «j» o «g» según los casos, para adaptarse a las reglas del portugués. Dado el carácter arbitrario que en definitiva tienen los sistemas ortográficos es evidente que la elección entre estas opciones ha de hacerse en buena parte por motivos extralingüísticos. Y dado que la ortografía es uno de los componentes más superficiales de la lengua, es también en su forma escrita el más inmediatamente visible y el que menos puede disimularse, y no debe pues extrañarnos que sea en la ortografía donde se produzcan las batallas más aparatosas en torno a la norma. Una situación que no es exclusiva de Galicia sino perfectamente general.

Pero la influencia de los factores extralingüísticos y en definitiva políticos sobre las decisiones normativas no se limitan a la ortografía sino que afectan al conjunto del sistema. En el caso gallego, una primera implicación obvia es que si se parte de la base de que la modernización del gallego ha de empezar por despojarle de las deformaciones resultantes de la presión ejercida por el castellano, es evidente que la propuesta reintegracionista propone la máxima distancia con el castellano, y por tanto ha de contar con las simpatías de las posturas cerradamente nacionalistas. Otras motivaciones se refieren al prestigio internacional de la lengua. Los lusitanistas entienden que al aceptar que el gallego es un dialecto del portugués e integrarlo así en el área de la lusofonía ésta deja de ser una lengua minoritaria amenazada de extinción para unir su suerte a una de las grandes lenguas del planeta. Los partidarios del gallego, por su parte, entienden que si a un pueblo que ha mantenido su lengua en circunstancias adversas —aunque sea en forma oral y coloquial— a la hora de revalorizarla se le propone sustituirla por formas extrañas a su experiencia vivida lógicamente responderá con actitudes de indiferencia o de rechazo. Y parece que efectivamente la mayoría de la población siente escasa simpatía por esta propuesta de identificación o de acercamiento al portugués.

He insistido en presentar con algún detalle esta controversia porque efectivamente se trata de una realidad en la Galicia actual que necesariamente influye en los esfuerzos por recuperar la lengua. Como ya he señalado, la postura de la autonomía del gallego es la adoptada por el Gobierno y la Administración y por tanto por los órganos oficiales de la política lingüística, y es también la adoptada por la mayoría de editores y de enseñantes. Pero la postura reintegracionista además de sus apoyos políticos cuenta también con enseñantes y escritores entre sus partidarios. Sería contradictorio con los objetivos de esta obra mediar o intentar tomar partido en esta controversia. Lo que sí me corresponde es hacer notar que la controversia y la desorientación que produce en el público está teniendo un efecto negativo en el proceso de recuperación de la lengua, y muy especialmente en su enseñanza.

Difusión de la lengua gallega

En el capítulo correspondiente a la Comunidad Autónoma de Galicia se aportan datos sobre el conocimiento y el uso de la lengua en Galicia. Pero el gallego se extiende más allá de los límites de la Galicia estricta. En primer lugar hay que tener en cuenta la presencia del gallego en las regiones limítrofes: Asturias y Castilla-León. El gallego penetra en la parte occidental de Asturias, y en ciertos lugares los límites entre el gallego y los dialectos del bable o asturleonés son difíciles de precisar. De todos modos hay un núcleo de unos 15 pequeños municipios en los que el habla es indudablemente gallega. En 1988 el Grupo de Elao para la Defensa de la Nosa Lingua propuso una «subnorma ortográfica y morfoloxica» adaptada a la «fala» (habla) gallega de Asturias con el fin de utilizarla en la enseñanza.

También en las provincias de León y Zamora los límites entre el gallego y los antiguos dialectos leoneses son difíciles de precisar. En todo caso, se habla gallego en varias localidades de la comarca del Bierzo, en la zona de Ancares, pequeños municipios que en conjunto pueden sumar unos 20.000 habitantes y de los que el más poblado es Villafranca del Bierzo con 4.000. A ellos se pueden añadir unos 2.500 en municipios de la provincia de Zamora limítrofes con Galicia.

Pero la presencia del gallego fuera de las fronteras de Galicia es sobre todo importante por el extraordinario volumen de la emigración, tanto a distintos lugares de España como a países extranjeros y muy especialmente a la América de lengua hispana. Es imposible ofrecer cifras fiables sobre esta emigración, pero en todo caso han de ser cifras muy altas, de varios millones de gallegos instalados en el extranjero. Y una porción considerable de ellos no sólo mantiene la lengua en el ámbito familiar sino que se esfuerza por conservarla de otras maneras, especialmente en las numerosas ciudades donde existen centros y otros tipos de entidades que agrupan a los emigrados. Ya se ha señalado el papel destacado que algunos de estos centros tuvieron en la continuidad y la difusión de las publicaciones en gallego inmediatamente después de la guerra.

Los comentarios anteriores sobre la expansión del gallego en el mundo se refieren al gallego como lengua específica. Si se aceptan las tesis reintegracionistas, que consideran al portugués como la forma culta del gallego y el gallego como un dialecto del portugués, entonces el ámbito internacional del gallego coincide con el de la lusofonía, con una amplia implantación en América (Brasil) y también en Africa antiguas colonias portuguesas (Angola, Mozambique, etc.) e incluso en Asia (Goa, Timor).

4. Euskera/Vasco o Vascongado

Hemos de comenzar con una aclaración terminológica. La lengua hablada por el pueblo vasco se ha conocido generalmente como vasco o lengua vasca (*basque* en francés y en inglés), aunque en español se ha tendido a preferir la denominación de «vascongado» o «lengua vascongada». En el Estatuto de Autonomía de 1936 se le denominaba de este modo y así la sigue denominando el actual Estatuto de Navarra. Pero el movimiento nacionalista vasco popularizó la denominación de «Euzkadi» para identificar al pueblo vasco y a los territorios que ocupa, y de aquí se pasó a utilizar «euskera» para significar la lengua; en la actualidad este uso se ha generalizado y es la denominación que figura en el Estatuto de Autonomía del País Vasco y la que utiliza sistemáticamente el Gobierno Vasco. Hay autores, sin embargo, que prefieren la forma «euskara».

A diferencia de las otras lenguas habladas en la Península Ibérica, el vasco no es una lengua románica ni tan sólo una lengua indoeuropea como lo son la mayoría de las habladas en Europa y tiene por tanto características singulares que la distinguen de las restantes. Entre ellas, el lingüista K. Michelena destaca las dos siguientes: es una lengua en la que predominan los sufijos, se puede calificar de «sufijante» ya que el artículo, las desinencias causales y el índice de relativo entre otros casos se añaden sistemáticamente detrás del tema: gizon-a (el hombre), gizon-a-ren (del hombre), gizon-a-ren-a-ri (al del hombre). Y es igualmente característica la construcción llamada «ergativa» de la frase, por la cual el sujeto de lo que en otras lenguas es un verbo intransitivo, gizon-a etorrida (hombre-el venido es), tiene la misma ausencia de marca formal que el complemento directo de un verbo transitivo, gizon-a eraman du (alguien ha traído al hombre, literalmente, el hombre ha traído a alguien), mientras que el sujeto del verbo transitivo está en un caso distinto llamado «ergativo» con su marca correspondiente, gizon-ak gizon-a eraman du (el hombre ha llevado el hombre).

Historia

El origen de la lengua vasca continúa siendo una problema no resuelto. Actualmente tiende a insistirse en sus semejanzas con algunas lenguas caucásicas, pero las semejanzas aducidas no bastan para demostrar un origen común. Por otro lado, la posible conexión con la lengua ibérica apuntaría hacia una procedencia africana más que de Europa oriental. En cualquier caso, es evidente que se trata de una de las lenguas más antiguas entre las que se hablan en Europa. Los toponímicos nos indican que bastante antes de la llegada de los romanos a la Península la lengua vasca ocupaba un territorio extenso a ambos lados de los Pirineos, llegando por el sur hasta el Ebro y por el este hasta el Mediterráneo. No podemos saber si se trataba de una sola lengua o de una familia de lenguas, ni podemos juzgar sobre el grado de semejanza entre este protovasco y sus formas actuales; tampoco sabemos cuándo empezó la reducción de su territorio ni cuáles eran sus límites a la llegada de los romanos. Contra lo que a veces se supone, no es cierto que los romanos encontrasen tal resistencia por parte de los vascos que no llegaran a penetrar en su territorio, y esto explica la supervivencia de su lengua. La mayor resistencia la encontraron los romanos en las montañas de Cantabria, y sólo secundariamente en las de Vasconia. En cambio, se establecieron sin dificultad y colonizaron intensamente las tierras llanas del territorio vasco, la Llanada Alavesa y la Ribera navarra. La instalación romana fue más ligera en las zonas montañosas, donde probablemente hasta el final de la época romana coexistieron el latín en los valles y el vasco en las montañas.

En el proceso de descomposición del latín y de surgimiento de las lenguas románicas el castellano se originó en tierras de Burgos y de Alava que habían sido de lengua vasca antes de la colonización romana. Simultáneamente en Navarra se desarrolló una variedad de lengua emparentada con el antiguo aragonés. Así se iniciaba una nueva fase de retroceso del euskera. Pero el hecho principal es que tanto en el Reino de Navarra como en los señoríos de Vizcaya el latín usado para todas las funciones de la lengua escrita fue sustituido progresivamente por el castellano, y en ciertas épocas en el Reino de Navarra por el francés, pero no por el euskera, considerado una lengua rústica no apta para usos cultos, que de esta manera quedó confinado a un uso exclusivamente oral. De la poesía oral lírica y épica que indudablemente existió, y probablemente muy rica, sólo nos ha quedado algún ejemplo aislado.

A comienzos de la edad moderna aparece el primer libro publicado en euskera, una colección de poesías de Bernard Decheparf, que mezclan la piedad ingenua con el desenfado en la expresión. Del mismo siglo es Leizarraga, un clérigo reformista que tradujo al euskera el Nuevo Testamento y compuso un Catecismo para difundir la doctrina protestante entre los vascos. En el siglo XVII se produce un número relativamente importante de escritos de tema religioso, didácticos y ascéticos en euskera. Responden a la mentalidad de la Contrarreforma, definida por el Concilio de Trento, y el hecho de estar escritas en euskera puede ponerse en relación con las recomendaciones del propio Concilio de predicar en la lengua del pueblo. La mayoría de estas obras corresponden al «Círculo de Sara», en el País Vascofrancés, y están por ello escritas en dialecto labortano, que se convierte así en el modelo literario del euskera. En el siglo XVIII algunos sacerdotes continúan esta tradición del labortano clásico y otros inician una tradición parecida en guipuzcoano. Larramendi, otro religioso, escribe en castellano encendidas apologías del euskera considerándolo la lengua más racional y más antigua del mundo. Echeberri recomienda a las Sociedades de Amigos del País la utilización del euskera en la enseñanza sin que los ilustrados a los que iba dirigido su mensaje lo tomen en consideración. Del mismo siglo XVIII se conservan muestras de teatro popular en euskera. Y ya en los comienzos del siglo XIX Juan Antonio Moguel, párroco de Marquina, compuso en vasco *El doctor Peru Abarca,* un canto a las formas de vida tradicionales de los campesinos vascos. De hecho, la larga serie mantenida a lo largo de varios siglos de obras de inspiración religiosa ha conducido a una identificación entre pueblo vasco, sociedad tradicional y fidelidad religiosa.

En el mismo siglo XIX Luis Bonaparte, sobrino de Napoleón I, inició por primera vez el estudio científico del euskera y a él se debe la descripción y caracterización de los diferentes dialectos que hoy siguen distinguiéndose. El príncipe no sólo se interesó por el euskera sino que contribuyó a su difusión encargando y subvencionando la edición de varias obras. Sin embargo, sus impresiones sobre su futuro eran negativas. A lo largo de la edad moderna el área del euskera en el País Vascofrancés se había mantenido más o menos intacta pero en España se había reducido a la provincia de Guipúzcoa, la zona oriental de la de Vizcaya y el norte de Navarra. Y Bonaparte creía que pasado medio siglo más habría desaparecido casi completamente.

Sus predicciones no se han cumplido. Como hemos visto en la introducción histórica, la aparición del nacionalismo y su difusión se acompañó de un renovado interés por la lengua. La literatura sin embargo siguió teniendo el carácter tradicional y ruralista con el que había comenzado el siglo. Tampoco la delicada cuestión de la codificación lingüística llegó a plantearse seriamente. Y tampoco la enseñanza de la lengua alcanzó una gran difusión. Sólo después de la guerra civil y en el clima de resistencia y de afirmación nacionalista se produjo un cambio decisivo en todas estas direcciones.

Variedades dialectales y codificación lingüística

El hecho de que el euskera haya sido a lo largo de su historia fundamentalmente una lengua oral con escaso uso escrito y sin una autoridad política o académica interesada en fijar sus normas ha hecho que la diversidad dialectal que se puede rastrear ya en sus primeras épocas se haya mantenido y más bien acentuado. En los tiempos modernos esta diferenciación es tan importante que aunque en general nadie pone en duda la unidad de la lengua, de todos modos se reconoce que la comprensión entre las variedades más separadas puede presentar dificultades.

La sistematización que propuso Luis Bonaparte, y que esencialmente hoy se mantiene, distingue los siguientes dialectos: vizcaíno, guipuzcoano, alto-navarrés (septentrional y meridional), labortano, bajo-navarrés (occidental y oriental) y suletino. Los tres últimos se amplían por el sur con el aezcoanao, el salacense y el roncalés, respectivamente.

Tal como hemos visto a lo largo de la edad moderna algunos de estos dialectos tuvieron un uso literario, primero el labortano y sucesivamente el guipuzcoano y el vizcaíno, pero ninguno de ellos podía pretender ser la lengua común de los vascos. Menos podía serlo la lengua oral, más diversificada todavía como acabamos de ver. Cuando con la aparición del nacionalismo la lengua se convirtió en símbolo de la identidad colectiva y se propuso la generalización de su enseñanza, esta diversidad fue sentida como una limitación y se sintió el deseo de disponer de una lengua común tanto en el léxico como en la sintaxis. Algunos intentos que se habían realizado eran claramente insatisfactorios, diccionarios que reunían conglomerados de datos meramente yuxtapuestos y gramáticas que se limitaban a una variedad dialectal o mezclaban elementos diversos sin ningún sentido crítico. La fundación de la Academia de la Lengua Vasca tenía entre otros objetivos responder a este deseo de alcanzar una normativa común. Pero aun cuando se presentaron propuestas basadas en un «guipuzcoano ampliado», encontraron poco eco y resultó imposible encontrar un acuerdo, de manera que el intento quedó prácticamente abandonado. El punto de vista que pareció prevalecer era que a medida que el euskera se difundiese, la propia dinámica social consolidaría unas formas comunes. Después de la guerra civil, cuando la resistencia vasca frente al franquismo propició el renacimiento del nacionalismo, el tema de la lengua común volvió a plantearse pero esta vez con el convencimiento de que era indispensable y urgente encontrar una solución. El ejemplo de Irlanda, donde también a principios de siglo se había renunciado a la unificación con argumentos parecidos a los que acabo de citar y donde la lengua estaba en trance de desaparecer, probablemente influyó en esta actitud. Sea cual fuese el motivo, el hecho es que en 1964 se celebró en Bayona una reunión de escritores en lengua vasca dispuestos a encontrar un camino común y que condujo a formular unas propuestas, y que siete años después (1971) la Academia de la Lengua Vasca reunida en Aránzazu (Guipúzcoa) recogiendo estas propuestas adoptó unos principios generales y creó unas comisiones encargadas de elaborar respuestas concretas en los diferentes aspectos de la normativa. Al lado del vocabulario, los aspectos más conflictivos fueron la morfología, concretamente la declinación y aún más el sistema verbal y también como acostumbra a ocurrir en estos casos la ortografía, que siendo uno de los aspectos más superficiales de la lengua es en cambio uno de los más visibles y que mejor da, por tanto, testimonio de la uniformidad. Las decisiones que finalmente se aceptaron, inspiradas en buena parte por el lingüista Koldo Michelena, configuran un euskera común —*euskera batúa*— basado principalmente en la tradición escrita de los dialectos centrales, guipuzcoano y labortano, e incorporando aportaciones de los más periféricos. Es cierto que la solución alcanzada provocó fuertes protestas, principalmente de los sectores más tradicionalistas del nacionalismo, que acusaban al euskera batúa de lengua artificial frente a la espontaneidad de la lengua oral campesina, y también de algunos lingüistas partidarios del dialecto vizcaíno, el más diferenciado de los dialectos centrales y que aparecía por tanto como el gran perdedor, y que algunas discusiones no han terminado todavía, pero en conjunto el euskera unificado o común ha sido generalmente aceptado y está en camino de imponerse como la única solución posible. Las razones de su aceptación no son difíciles de imaginar. Mientras el euskera se mantuvo exclusivamente en forma oral, transmitido de padres a hijos, su diversidad no constituía un inconveniente mayor. Pero en la actualidad su supervivencia depende de su presencia en la escuela y en los medios de comunicación de masas, tanto escritos como audiovisuales, y para cualquiera de estos usos disponer de un código común resulta una condición ineludible.

De modo que en las circunstancias actuales la crítica al euskera batúa sólo podría hacerse en nombre de una propuesta igualmente unificadora pero que se demostrase preferible. Y después de que con la autonomía el Gobierno vasco ha dado respaldo oficial a las propuestas de la Academia y lo utiliza en la documentación y en la enseñanza parece que ya no queda, por tanto, lugar para una nueva propuesta.

Las propuestas que configuran el euskera batúa responden a la necesidad de disponer de una lengua unificada pero también a la necesidad de disponer de una lengua apta para expresar y comunicar las realidades propias del nivel cultural y técnico de nuestro tiempo. Y dado que la lengua vasca apenas había sido utilizada para referirse a muchos ámbitos culturales, la ciencia y la técnica en primer lugar, es evidente que había que hacer un gran esfuerzo de modernización para conseguirlo. Y como el vocabulario científico y técnico en buena parte se ha construido a partir de raíces grecolatinas y el vocabulario vasco no tiene raíces grecolatinas ni indoeuropeas, es lógico que durante el proceso de modernización se produjesen tensiones entre los partidarios de apoyarse en la medida de lo posible en raíces léxicas genuinamente vascas y los partidarios de adaptar sin más los términos grecolatinos aceptados por otras lenguas. Las propuestas de modernización van más bien en la segunda dirección, y con el tiempo la controversia ha perdido virulencia. Y el uso aunque sea incipiente del euskera en la universidad, en la investigación y en la divulgación científica ha contribuido a consolidar el proceso de modernización de la lengua. Se mantiene, en cambio, como en otras lenguas la controversia sobre el nivel de lengua adecuado para los medios de comunicación y el difícil equilibrio que requieren entre la corrección académica y el lenguaje real de la población, especialmente de la población urbana.

Difusión de la lengua

Desde los comienzos de la edad moderna el territorio lingüístico vasco se encuentra incluido en los límites del Estado español y del Estado francés. La parte española a su vez corresponde a dos Comunidades Autónomas, la del País Vasco y la de Navarra. El País Vasco a su vez se divide en tres provincias: Vizcaya (en euskera

Bizkaia), Guipúzcoa y Alava (Araba). Navarra (Nafarroa), en cambio, constituye una provincia única.

Aunque los vascos denominan *Euskalerria,* el país en el que se habla vasco, en este conjunto de territorios el grado de conocimiento y de uso del mismo es muy distinto en cada uno de ellos. En los capítulos correspondientes al País Vasco y a Navarra se tratará este tema con algún detalle; aquí me limito a cifras globales para el conjunto de los territorios.

Desde que Humboldt en el siglo XVIII y el príncipe Bonaparte en el XIX atrajeron la atención sobre el euskera han sido abundantes los intentos de evaluar el número de sus hablantes, intentos muchas veces ligados a tentativas por predecir sus posibilidades de supervivencia o sus riesgos de desaparición. Los resultados han sido poco coincidentes y voy a limitarme a uno relativamente reciente y fiable, me refiero a Pedro de Irízar, *Los dialectos y variedades de la lengua vasca,* 1973, que en los años 1970 a 1972 realizó un gran esfuerzo por expresar en cifras el número de los vasco-hablantes y para ello intentó recontarlos localidad por localidad apoyándose en colaboradores locales. Para el País Vasco y para Navarra llegó a los siguientes resultados, agrupados primero por dialectos y luego por provincias.

Vasco-hablantes en el País Vasco y en Navarra, según el dialecto

Vizcaíno	200.494
Guipuzcoano	200.049
Alto Navarro septentrional	51.018
Alto Navarro meridional	440
Bajo Navarro occidental	1.085
Bajo Navarro oriental	327
Labortano	750
	454.163

Vasco-hablantes en el País Vasco y Navarra, según el lugar de residencia

Vizcaya	140.229
Guipúzcoa	276.843
Alava	1.863
Navarra	35.228
	454.163

Aunque con menos precisión y detalle Irízar evaluó el número de vasco-hablantes en el País Vascofrancés en 79.000 y el de vasco-hablantes fuera del territorio lingüístico propio en 80.000, con lo que se llega a un total de 613.000 vascófonos.

El mismo Irízar unos años después actualizó sus cifras teniendo en cuenta los cambios ocurridos y reconsiderando sus evaluaciones para las grandes ciudades, con lo cual llegó a una cifras algo superiores.

Vasco-hablantes en otros territorios. Evaluación 1980

País Vascofrancés	79.000
Resto del territorio español	66.000
Resto del territorio francés	17.000
América	30.000
Resto del mundo	15.000
	207.000

Las cifras que propone Irízar en parte son resultado de una prospección rigurosa y en parte son simples evaluaciones subjetivas. Por otra parte, con el calificativo de vascófonos no distingue entre los que tienen el euskera como lengua materna y los que lo han adquirido como segunda lengua, y tampoco distingue niveles de conocimiento y de uso de la lengua. A pesar de lo cual constituyen la visión más amplia y fiable sobre el conjunto del tema.

A partir de 1980 tanto en el País Vasco como en Navarra los censos de población han incluido datos lingüísticos, lo cual permite disponer de datos más fiables y comparables. En los capítulos correspondientes a estas Comunidades se transcriben algunos de estos datos y su posible interpretación; aquí me limito a hacer notar que según el Censo de 1986 el número de los que se declaran vasco-hablantes en el País Vasco es de 380.375 y en Navarra de 26.810. Si añadimos estas cifras a las que propone Irízar para el resto de localizaciones llegamos a 515.000 como cifra total de los vasco-hablantes en este año.

La singularidad de la lengua vasca y el interés que despierta explica que en un cierto número de universidades existan departamentos o enseñanzas de esta lengua. Entre otras cuentan con cátedras de euskera las universidades de Barcelona (España), Pau y

Burdeos (Francia), Berlín y Colonia (Alemania), Budapest (Hungría), Tbilisi (Georgia, URSS), Waseda (Tokio, Japón), Nevada (Reno, USA), y ofrecen también clases de euskera, además de varias universidades españolas, las de Amsterdam (Holanda), Londres y St. Andrews (Gran Bretaña), Varsovia (Polonia), Boisse State, Fresno e Iowa (las tres en Nevada, USA), etc. La presencia del euskera en Berlín continúa una tradición que se remonta a Humboldt; en Pau y Burdeos responde a razones de proximidad geográfica y cultural; en Georgia al supuesto parentesco entre el euskera y ciertas lenguas caucásicas, el georgiano entre ellas, y en el Estado de Nevada reside una emigración vasca muy nutrida dedicada originariamente al pastoreo.

5. Otras lenguas y variedades lingüísticas

Asturiano/Bable

En el capítulo dedicado a los orígenes históricos de la diversidad lingüística de España ya se destacó que en las montañas de Asturias y en la región por tanto en la que se inició la resistencia frente a los árabes cristalizó un núcleo lingüístico neolatino que por la región en la que se inició y por el reino por el que se extendió a medida que avanzaba la reconquista ha recibido el nombre de astur-leonés. Pero también allí se recordaba que el castellano originado en la vecina Castilla muy pronto se difundió por los territorios de la monarquía leonesa, de manera que el asturiano no llegó a consolidarse como lengua ni a tener un cultivo literario ni un uso escrito.

En los siglos posteriores el castellano se afianzó como la lengua exclusiva de la Administración y de la cultura a pesar de lo cual el asturiano, conocido popularmente como bable, ha mantenido su vigencia aunque cada vez más reducido al ámbito rural y a los usos cotidianos. Como ocurre necesariamente en estos casos, la falta de usos formales o escritos o, más en general, la falta de un ámbito común de comunicación y la falta de un modelo común de lengua compartida ha provocado la fragmentación en múltiples variedades dialectales que a su vez se prolongan en hablas intermedias y de transición con el castellano en las zonas en las que las dos lenguas entraron tempranamente en contacto.

Esta gran riqueza de variedades dialectales, junto con la antigüedad del asturiano y la influencia que ejerció en las primeras etapas de la evolución del castellano, han atraído la atención de los lingüistas de tal modo que existe una literatura científica y erudita muy abundante sobre el bable. En cambio, cuando a mediados del siglo pasado muchas lenguas menores iniciaron un proceso de recuperación, el bable no conoció un renacimiento literario ni tuvo el apoyo de ningún movimiento político. Sólo muy recientemente se han iniciado esfuerzos en esta dirección que no han conseguido, sin embargo, para el bable un reconocimiento similar al que han recibido las lenguas hasta ahora reseñadas. En el capítulo dedicado a otras situaciones lingüísticas se ofrece información sobre estos esfuerzos y sobre la situación sociolingüística en Asturias.

Aranés

Llamamos aranés, o lengua del valle de Arán, a una variedad del gascón, lengua de la Gascogne o Gascuña, estrechamente relacionada a su vez con el provenzal, la lengua que un tiempo se hablaba en todo el sur de Francia. Aunque el número de habitantes del valle es muy pequeño, y con ello el número de hablantes del aranés, su aislamiento ha hecho posible la supervivencia de la lengua. Y en la actualidad el hecho de que el valle forme parte de Cataluña ha asegurado para la lengua una protección jurídica y administrativa que entre otras cosas ha hecho posible la formulación para el aranés de una norma lingüística y ortográfica, algo que no poseen las restantes variedades de la lengua gascona a pesar de su mayor difusión territorial. También en el capítulo dedicado a «Otras situaciones lingüísticas» se ofrece información sobre la peculiar situación sociolingüística del valle de Arán.

Aragonés

En la introducción histórica se ha hecho también referencia al aragonés como uno de los núcleos de cristalización de nuevas lenguas a partir de la descomposición del latín surgido en los valles centrales de la cordillera pirenaica, pero añadiendo que de modo parecido a lo ocurrido con el asturiano la temprana expansión del castellano por las tierras aragonesas confinó la lengua naciente a los valles pirenaicos y a un uso exclusivamente oral, y así ha sobrevivido en forma de hablas locales o comarcales *(fablas)* prácticamente convertidas en dialectos del castellano aunque manteniendo muchos rasgos propios. Una encuesta reciente (*El aragonés hoy,* 1989) evalúa en unos 30.000 los que se consideran capaces de hablar o de comprender el aragonés.

En la década de los sesenta se realizaron esfuerzos por reivindicar la existencia del aragonés como lengua y por modernizarla y demostrar la posibilidad de su uso escrito, pero los intentos encontraron escaso eco y no han sido recogidos como aspiración política por ningún grupo importante. También más adelante volveré a referirme a este tema.

Capítulo 4
LAS COMUNIDADES AUTONOMAS

1. Cataluña

Generalidades. Estructura política

Cataluña está situada en el extremo nororiental de la Península Ibérica. Tiene una extensión de 31.930 km^2 y según el Censo de 1986 una población de 5.800.000 habitantes. En la introducción histórica se ha hecho ya referencia a sus orígenes en el siglo X, a su esplendor medieval y a su posterior decadencia, así como a su recuperación a partir del siglo XVIII, que culmina con un proceso de industrialización y de reivindicación política. En la actualidad Cataluña no sólo juega un papel importante en el conjunto de la economía española sino que figura entre las regiones destacadas de Europa.

Políticamente, Cataluña forma parte del Estado español pero como también queda dicho su Estatuto de Autonomía le concede un margen de autogobierno relativamente amplio. De acuerdo con este Estatuto Cataluña dispone de un órgano legislativo —Parlamento— y de un Gobierno propio —Generalitat de Catalunya— del que depende la Administración de los servicios asumidos en virtud del Estatuto. La vida política catalana en la actualidad está dominada por dos grandes partidos. El primero, CIU (Convergencia i Unió), es a su vez una coalición de dos partidos nacionalistas de centro derecha, uno de orientación más bien liberal y otro demócratacristiano. Desde el comienzo del régimen autonómico la coalición tiene mayoría absoluta en el Parlamento y detenta por tanto el gobierno de la Generalitat. El segundo partido en importancia es el PSC (Partit Socialista de Catalunya) afiliado al Partido Socialista Obrero Español (PSOE), que detenta la mayoría en el Ayuntamiento de Barcelona y de otras grandes ciudades de Cataluña. A éstos se añade IC (Iniciativa per Catalunya), que reúne a los militantes del antiguo Partido Comunista Catalán (PSUC) y otros grupos afines, ERC (Esquerra Republicana de Catalunya), un partido nacionalista de izquierda, y PP, sección catalana del Partido Popular, el partido de los conservadores españoles.

Administrativamente, Cataluña se divide en cuatro provincias que se denominan igual que sus respectivas capitales: Barcelona, Girona (Gerona), Tarragona y Lleida (Lérida). La ciudad de Barcelona es al mismo tiempo la capital administrativa del conjunto de Cataluña.

Situación sociolingüística

El catalán, que el Estatuto de Autonomía califica de lengua propia de Cataluña, ha sido también desde la Edad Media su lengua común, y los catalanes se han mantenido notablemente fieles a su lengua incluso en tiempos políticamente adversos. Sin embargo, para entender la situación actual hay que tener en cuenta que actualmente hay muchos habitantes de Cataluña que tienen el castellano como primera lengua porque aprendieron a hablarla y porque la siguen considerando su lengua principal. Muchos de estos castellanoparlantes entienden también el catalán, y una parte de ellos son capaces de hablarlo e incluso de escribirlo. Pero sólo un cierto número de ellos. En cambio, prácticamente todos los que tienen el catalán como primera lengua son capaces de hablar con mayor o menor corrección en castellano.

Esta alta proporción de castellanoparlantes sólo en una muy pequeña proporción puede atribuirse a una diglosia prolongada que ha llevado a ciertos catalanes a abandonar su lengua en favor de otra más prestigiosa, pero en su mayor parte es el resultado de una inmigración voluminosa y prolongada en el tiempo que tiene causas muy diversas. Desde hace mucho tiempo la mayoría de los funcionarios públicos, desde los altos cargos a los niveles subalternos procedían de fuera de Cataluña e ignoraban, por tanto, el catalán. Las relaciones comerciales y profesionales han producido también inmigrantes de todos los niveles sociales. Pero la inmigración más voluminosa ha estado provocada por la industrialización que ha atraído hacia Cataluña y especialmente a ciertas zonas mano de obra procedente de las regiones cercanas y desde comienzos de este siglo de las del sur de España. Estos inmigrantes además se han distribuido muy desigualmente en el conjunto de Cataluña concentrándose en sus áreas más industrializadas. En resumen, puede decirse que la mitad de los habitantes de Cataluña son inmigrados o hijos de inmigrados, y que este hecho es la explicación principal de su diversidad lingüística.

Los intentos de evaluar con alguna precisión el nivel de conocimiento del catalán por parte de los habitantes de Cataluña son antiguos, pero las cifras que se manejaban, extraídas de muestras en buena parte arbitrarias o no representativas, tenían escaso valor. La situación cambió cuando en el Censo de 1975 se introdujeron unas preguntas de orden lingüístico, aunque limitadas a Barcelona. En el de 1981 se ampliaron a toda Cataluña y en el de 1986 han vuelto a repetirse.

En el cuadro de la página 69 se han resumido los datos de este Censo para Cataluña junto con los que se recogieron en otras Comunidades Autónomas. Aquí se repiten estos datos especificándolos además para las cuatro provincias en las que administrativamente se divide Cataluña.

Cataluña. Conocimiento del catalán. Censo de 1986

Territorio	*Población*	*Entienden*	*Hablan*	*Escriben*
Barcelona	4.521.125	4.023.011	2.704.368	1.362.971
(Porcentaje)	100 %	89,10 %	59,81 %	30,14 %
Girona/Gerona	478.013	454.695	383.573	189.051
(Porcentaje)	100 %	95,12 %	80,24 %	39,54 %
Tarragona	514.506	476.691	374.383	164.998
(Porcentaje)	100 %	93,09 %	73,11 %	32,22 %
Lleida/Lérida	345.261	331.897	285.489	127.473
(Porcentaje)	100 %	96,12 %	82,97 %	36,92 %
Conjunto de Cataluña	5.856.435	5.287.200	3.747.813	1.844.499
(Porcentaje)	100%	90,28 %	63,99 %	31,49 %

Fuente: *Ceus Linguistic, 1986.*

Los datos transcritos permiten advertir claras diferencias entre las distintas provincias. Cuando los datos se distribuyen por comarcas las diferencias son todavía mucho mayores. Hay una «columna vertebral» de comarcas interiores donde el conocimiento del catalán es mayoritario mientras que los niveles más bajos de conocimiento se dan en las comarcas que circundan Barcelona, el Vallés y el Baix LLobregat y en la propia Barcelona y más al sur en el área de Tarragona, o sea en las comarcas en las que se ha concentrado la inmigración.

Cataluña. Conocimiento del catalán en diversas comarcas. Porcentajes. Censo de 1986

Comarcas	*Capaces de hablarlo*
Baix Llobregat	45,5
Vallés occidental	54,1
Barcelonés	59,2
Tarragonés	54,4
Garraf	64
Baix Penedés	68,7
Maresmá	69
Urgell	90,3
Solsonés	91,0
Pallars Sobirá	93,2

Los datos del censo se refieren exclusivamente a la competencia en catalán y se da por supuesto que todos los que tienen el catalán como primera lengua conocen también el castellano, suposición que sin ser totalmente cierta se cumple en la mayoría de los casos. En cambio, no todos los que tienen el castellano como primera lengua son capaces de usar el catalán, y la proporción de los que no lo entienden o no lo hablan es, confirmando lo que ya he apuntado, especialmente alta entre los nacidos fuera de Cataluña.

Cataluña. Conocimiento del catalán según el lugar de nacimiento. Porcentajes. Censo de 1986

Nacidos en	*Lo entienden*	*Lo hablan*	*Lo escriben*
Cataluña	95,4	81,5	44,1
Baleares y Valencia	95,6	70,5	18,7
Resto de España	79,9	28,2	6,5

El hecho de que el Censo de 1981 ya incluyera preguntas lingüísticas permite comparar sus resultados con los del último, y a pesar del escaso tiempo transcurrido se pueden apreciar diferencias significativas.

Evolución del conocimiento del catalán. Censos de 1981 y 1986

Año	*Lo entienden*	*Lo hablan*	*Lo escriben*
1981	74,3	53,1	14,5
1986	90,3	59,8	30,1
Diferencia	+16,0	+6,7	+15,6

En sólo cinco años el avance es ciertamente importante. El progreso en la competencia escrita es fácil de explicar. Durante muchos años el catalán ha estado ausente de la enseñanza, y por ello muchos catalanes que se expresaban oralmente en catalán se consideraban incapaces de escribirlo, y en bastantes casos incluso de leerlo. Con la introducción del catalán en la enseñanza la situación en este aspecto ha cambiado totalmente y el número de los que se consideran capaces de leerlo y escribirlo no sólo ha aumentado sino que es previsible que seguirá aumentando. En cuanto al aumento de los que se declaran capaces de entenderlo o de hablarlo se refiere evidentemente a los que tienen el castellano como primera lengua, y el aumento puede atribuirse en alguna medida a su presencia en la enseñanza, y más en general al mayor uso público y prestigio social del catalán y pudiendo igualmente suponerse que este aumento seguirá en el futuro próximo.

Sobre la progresiva adquisición del catalán por parte de los nacidos fuera e instalados en Cataluña el Censo permite también algunas conclusiones. La primera y más simple es que el nivel de adquisición aumenta con el tiempo transcurrido desde la instalación en Cataluña como lo demuestra claramente el cuadro siguiente:

Cataluña. Conocimiento del catalán por los nacidos fuera de Cataluña en función del tiempo transcurrido. Censo de 1986

Año de llegada	*Lo entienden*	*Lo hablan*
1920 y antes	96,5	77,5
1921-1930	96,3	69,6
1931-1940	94,3	58,5
1941-1950	91,4	44,3
1951-1960	86,2	33,0
1961-1965	78,6	23,7
1966-1970	76,1	24,2
1971-1975	74,7	25,1
1976-1980	77,5	30,9
1981-1986	64,9	25,6

Pero la adquisición no depende sólo del tiempo de instalación sino también del lugar. Los inmigrantes que se instalan en una población donde predominan los catalanoparlantes lo adquieren antes que los que se instalan en comarcas de inmigración abundante. Si se compara el cuadro siguiente con el que figura en la página 160 se observa la estrecha correlación existente entre el nivel de adquisición del catalán por parte de los inmigrantes y el nivel general del conocimiento del catalán en la comarca en la que se instalan.

Cataluña. Conocimiento del catalán en diversas comarcas. Porcentajes. Censo de 1986

Comarca	*Lo entienden*	*Lo hablan*
Baix Llobregat	73,5	19,9
Vallés occidental	77,4	25,1
Barcelonés	79,5	25,4
Tarragonés	80,0	28,1
Garraf	80,4	30,0
Baix Penedés	68,7	34,7
Maresme	69,0	32,5
Solsonés	86,1	49,7
Urgell	92,6	51,7
Pallars Sobirá	90,8	53,7
Conjunto de Cataluña	79,9	28,2

Los resultados del Censo demuestran también una cierta correlación entre el conocimiento del catalán y la edad, en el sentido de que entre los más jóvenes la proporción de los que entienden el catalán o son capaces de hablarlo es más alta que entre los mayores. Dado que los que han tenido el catalán como lengua materna y familiar no necesitan adquirirlo, esto indica que en la actualidad los nacidos en familias castellanoparlantes adquieren el catalán más rápidamente de lo que lo hicieron sus mayores.

Conocimiento del catalán según la edad. Censo de 1986

Edad	*Entienden*	*Hablan*	*Escriben*
2 a 4 años	59,4	30,1	—
5 a 9	88,7	59,2	30,4
10 a 14	97,1	78,1	62,9
15 a 19	96,8	78,2	62,5
20 a 24	95,4	72,4	47,2
25 a 29	94,3	66,9	32,7
30 a 34	93,3	63,1	26,7
35 a 39	92,6	60,8	24,0
40 a 44	91,3	57,7	20,9
45 a 49	89,9	56,0	18,1
50 a 54	89,7	58,6	18,3
55 a 59	88,9	60,9	20,1
60 a 64	87,8	62,9	25,0
65 a 69	85,8	62,9	23,3
70 a 74	84,8	62,2	21,8
75 a 79	83,3	65,2	20,0
80 a 84	82,9	65,5	18,3
85 y más	82,9	64,9	16,2

A partir de los datos del Censo se puede poner también en relación el conocimiento del catalán con las categorías profesionales, tal como han sido interpretadas por los propios censados.

Cataluña. Conocimiento del catalán y categorías profesionales. Censo de 1986

Categorías	*Entienden*	*Hablan*	*Escriben*
Profesionales	98,3	82,9	56,0
Administrativos	98,2	81,3	45,3
Directivos	97,5	81,3	40,7
Comerciantes y vendedores .	97,1	78,0	34,3
Agricultores y pescadores ..	96,3	84,0	28,4
Trabajadores industriales ...	91,2	55,0	19,0
Hostelería y servicios	90,0	50,8	17,2

Los niveles más bajos de conocimiento del catalán se dan entre los trabajadores industriales y de servicios, es decir, en las categorías en las que la inmigración es más importante. Entre las categorías en las que el conocimiento de catalán es más alta los agricultores y pescadores ocupan un lugar singular, presentan el índice más alto en cuanto a la capacidad de hablarlo y el más bajo en la capacidad de escribirlo.

Finalmente, los datos del Censo permiten poner en relación el conocimiento del catalán con el nivel de estudios de la población censada.

Cataluña. Conocimiento del catalán y nivel de estudios. Censo de 1986

	Entienden	*Hablan*	*Escriben*
Analfabetos y semianalfabetos	60,6	28,4	—
de 6 a 14 años	62,2	32,6	—
de 15 años y más	59,0	24,6	—
Enseñanza primaria incompleta	87,4	53,5	19,4
de 2 a 4 años	92,2	64,2	38,8
de 15 años y más	85,2	48,7	10,5
EGB. Primera etapa	94,6	67,7	29,8
EGB. Segunda etapa	96,8	75,1	43,8
FP. Primera etapa	97,9	78,3	47,5
FP. Segunda etapa	97,9	82,3	54,0
BUP/COU	98,4	87,6	66,2
Título medio	98,1	84,9	57,7
Título superior	97,8	84,9	61,9

De todo el conjunto de datos transcritos se desprende que el desconocimiento del catalán está estrechamente relacionado con la inmigración, y también que este desconocimiento disminuye con el paso del tiempo y con la progresiva integración de los inmigrados en la sociedad catalana, de tal modo que si continúa esta tendencia y no sobrevienen nuevas oleadas inmigratorias en un futuro no lejano toda la población de Cataluña comprenderá el catalán e incluso será capaz de utilizarlo oralmente y por escrito. Pero la generalización del conocimiento no implica la generalización de su uso. Que la mayoría de los habitantes de Cataluña sean capaces de hablar en catalán no significa que necesariamente lo hagan.

Discutir sobre el uso del catalán en Cataluña y su posible evolución resulta menos fácil que hacerlo sobre su conocimiento debido la falta de datos objetivos y fiables. Tanto los censos lingüísticos como la mayoría de las encuestas se limitan a explorar la competencia lingüística, pero las encuestas que directa o indirectamente abordan el tema coinciden en señalar que la mitad de los habitantes de Cataluña tienen el castellano como primera lengua porque es la que aprendieron a hablar y porque, incluso si son capaces de hablar en catalán, siguen considerando el castellano como primera lengua y utilizándola con preferencia tanto en sus relaciones más personales como en sus contactos sociales. La experiencia de las escuelas donde se enseña en catalán a niños de lengua materna castellana va en esta misma dirección. El proceso por el cual un individuo llega a hacer del catalán su lengua principal es lento, y está normalmente relacionado con las características de su entorno personal.

Un último dato a tener en cuenta es que si es cierto que se pueden clasificar a los habitantes de Cataluña en dos grandes grupos según sea su lengua principal, no se trata, sin embargo, de una distinción tajante, en primer lugar porque hay un cierto número de individuos que consideran que adquirieron las dos lenguas al mismo tiempo y en su mismo ambiente familiar y que además consideran a las dos como propias y en segundo lugar porque en los dos grupos el grado de identificación con la lengua propia es muy variable. Menos todavía la distinción entre los dos grupos puede describirse como un enfrentamiento. La mayoría de los hablantes catalanes no tienen inconveniente en proseguir una conversación en castellano cuando advierten que el interlocutor no entiende el catalán o simplemente no es capaz de hablarlo con facilidad, incluso a pesar de que los responsables de la normalización lingüística sostienen que esto es una mala práctica y que si el interlocutor entiende el catalán deben seguir usando cada uno su lengua (bilingüismo pasivo) para dar al castellanoparlante ocasión de familiarizarse con el catalán. Y es igualmente cierto que la mayoría de los castellanoparlantes en Cataluña reconocen el derecho de los catalanoparlantes a utilizar y a defender su lengua y que los que no lo hablan consideran deseable que sus hijos estén en condiciones de hacerlo. Desde una perspectiva más científica, algunos estudios sociológicos que han relacionado actitudes ante la lengua y opiniones sobre el nacionalismo han puesto de manifiesto una clara correlación entre opiniones nacionalistas e identificación con la lengua catalana, pero en cambio el menor interés por la lengua no implicaba necesariamente actitudes hostiles hacia el nacionalismo u opciones por un nacionalismo opuesto. Aunque la ausencia de un enfrentamiento lingüístico no implica que no existan tensiones o incluso conflictos, como tendremos ocasión de ver más adelante.

Política lingüística

En el capítulo dedicado a «El marco legal» he transcrito los artículos más relevantes para nuestro tema tanto del Estatuto de Autonomía de Cataluña como de la Ley de Normalización destinada a «superar la actual desigualdad lingüística impulsando la normalización del uso de la lengua catalana en todo el territorio de Cataluña» y en el mismo capítulo he formulado algunas observaciones generales a estos textos que no es preciso repetir aquí. Me limitaré, por tanto, a señalar algunos puntos que a mi juicio caracterizan la política de normalización lingüística que se aplica en Cataluña.

El catalán, lengua propia. Al comentar el conjunto de estas leyes ya he hecho notar la ambigüedad jurídica del término «lengua propia» que aparece en todas ellas. Pero en la Ley catalana del carácter de lengua propia se deriva explícitamente la consecuencia de que debe ser por ello la lengua normal de funcionamiento de la Administración y en alguna medida la lengua normal de la enseñanza. De aquí puede deducirse que aunque las leyes de los distintos territorios autónomos con lengua propia tienen planteamientos muy similares, la Ley catalana tiene objetivos más ambiciosos.

Voluntad política. El texto de las distintas leyes es menos importante que la intención con la que fueron aprobadas y la voluntad política con la que se aplican. Es evidente que en el caso de Cataluña esta voluntad existe. La Ley de Normalización fue aprobada con el voto unánime de todos los partidos representados en el Parlamento. Y la coalición CIU, que desde el comienzo de la autonomía ha dispuesto de la mayoría absoluta en el Parlamento y ha detentado el Gobierno de la Generalitat, se declara nacionalista y está explícitamente comprometida con la política de revalorización de la lengua. Como consecuencia de esta voluntad política, la Dirección de Política Lingüística, encargada de velar por la ejecución de la ley, ha dispuesto siempre de los medios adecuados para su tarea aunque la responsabilidad principal ha recaído en los distintos departamentos del Gobierno: Enseñanza, Cultura, etcétera.

Consenso político y social. Dado que la discusión y aprobación de la ley tuvo lugar en los años inmediatamente posteriores a la muerte de Franco y al restablecimiento de la democracia y tras un largo período de proscripción de la lengua catalana, es posible pensar que la unanimidad con que fue aprobada era la consecuencia directa del entusiasmo de aquellos momentos. Pero es un hecho que hoy, ocho años después de su aprobación, el consenso prácticamente se mantiene, y ello no puede ser resultado de circunstancias accidentales. Al describir la situación sociolingüística he hecho notar que en Cataluña coexisten dos poblaciones distintas por su lengua principal pero que la situación no puede describirse como de enfrentamiento lingüístico. Se puede añadir que estas dos poblaciones son sociológicamente diferentes. Los que tienen el castellano como primera lengua predominan entre el proletariado obrero, en los cinturones industriales de Barcelona y de Tarragona y en una gran proporción son inmigrados mientras que los que tienen el catalán como primera lengua predominan en la clase media y en las pequeñas ciudades y el campo. No parece difícil pasar de estas diferencias sociales a afiliaciones y enfrentamientos políticos en los que el catalán haya resultado políticamente comprometido, y así ha ocurrido en algunos momentos del pasado. Si ahora no ocurre hay que atribuirlo en buena parte a que durante el período de lucha contra el franquismo los partidos políticos de izquierda y los sindicatos obreros se esforzaron en desvincular al catalán de las oposiciones de clase y en defender su condición de lengua popular de Cataluña. Posteriormente, el Gobierno catalán ha insistido en la unidad de los catalanes, identificando a catalanes con habitantes de Cataluña, considerando el catalán patrimonio común y evitando cualquier medida que pudiese considerarse discriminatoria.

Es cierto que hay grupos de catalanes relativamente numerosos y partidos nacionalistas radicales que consideran que la ley y la forma en que se aplica resultan inoperantes y que debería optarse por una política más decidida. Y en sentido contrario es cierto que abundan entre los castellanoparlantes actitudes de indiferencia y en algunos casos de rechazo activo. El hecho más característico en este sentido lo constituyó el *Manifiesto en favor de la lengua castellana amenazada en Cataluña*, publicado en marzo de 1981, un año después de la promulgación del Estatuto de Autonomía y que se llamó «de los 2.300» por el número de firmas que lo acompañaban y cuya consecuencia más directa fue la aparición de un grupo opuesto, la *Crida per la llengua*, que periódicamente ha protagonizado acciones reivindicativas en favor de la lengua catalana. Pero incluso teniendo en cuenta estos incidentes no puede decirse que la sociedad catalana esté escindida por un conflicto lingüístico. Puede incluso resultar sorprendente que unos cambios tan considerables y tan rápidos en las normas y en los comportamientos lingüísticos públicos como los que vamos a describir a continuación se estén desarrollando prácticamente sin problemas. Y la mejor prueba de ello es que ningún grupo político ha hecho bandera de estas diferencias y que el consenso que presidió la aprobación de la ley implícita o explícitamente sigue vigente. Y con toda probabilidad si, como se ha anunciado, en fecha próxima se propone una nueva Ley de Normalización que actualice la ahora vigente, también se mantendrá el consenso.

Apoyo popular. La última observación que hay que hacer a la política lingüística es que aunque la Ley de Normalización constituya su símbolo, la ley se refiere exclusivamente a acciones de gobierno mientras que el proceso de normalización de una lengua depende fundamentalmente del apoyo popular que encuentra. Este apoyo popular se refiere a los individuos privados y también a las organizaciones privadas y públicas de todo tipo, que en el caso de Cataluña han jugado y juegan un papel decisivo en el proceso. Basta recordar, por citar dos ejemplos representativos, la actividad desplegada por Omnium Cultural, una entidad cooperativa para la defensa de la lengua y la cultura catalanas creada en 1961 en plena dictadura y que continúa activa, o el respaldo multitudinario que han encontrado tanto el Congreso de la Cultura Catalana de 1977 como el II Congreso de la Lengua Catalana de 1986.

La lengua en el Gobierno y en la Administración

La primera consecuencia al considerar el catalán como lengua propia de Cataluña es que el catalán sea la lengua usada en primer lugar por el Gobierno catalán y por las instituciones públicas de Cataluña. Un ejemplo representativo lo constituye el Parlamento, aunque los diputados en sus intervenciones pueden utilizar cualquiera de las dos lenguas oficiales, utilizan siempre el catalán. Y las leyes y cualquier tipo de resolución que adopta están redactados asimismo en catalán aunque después se publique también un texto castellano con el mismo valor legal. Y lo mismo puede decirse para las disposiciones emanadas de cualquiera de los departamentos que componen el Gobierno de la Generalitat y que aparecen en su *Boletín Oficial* del que se publica asimismo una doble versión a efectos legales. Asimismo, los representantes institucionales del Gobierno, en cualquiera de sus niveles, cuando hablan en público lo hacen siempre en catalán si no hay razones justificadas para hacerlo de otra manera.

En cuanto al funcionamiento interno de la Administración, en el aspecto lingüístico podría resumirse diciendo que se rige por las siguientes normas: en primer lugar que, al menos en principio, la lengua de funcionamiento es el catalán, pero que se utiliza el castellano para las relaciones con la Administración central y con las restantes administraciones autónomas traduciéndose incluso al castellano todas las disposiciones y todos los documentos que han de tener efectos legales más allá del ámbito de Cataluña. Por otra parte, y ésta sería la segunda norma, que teniendo en cuenta el derecho de los ciudadanos a relacionarse con la Administración en la lengua que prefieran, ésta ha de ofrecer, a los que prefieran hacerlo en castellano y así lo expresen, la información y la documentación necesaria para poder hacerlo, además, por supuesto, de admitir y tramitar la documentación que el interesado aporte en esta lengua. Y se supone que los funcionarios de ventanilla son capaces de atender oralmente al público en las dos lenguas.

Cuando el Gobierno de Cataluña, como consecuencia de la promulgación del Estatuto de Autonomía, se hizo cargo de la gestión de muchos servicios públicos que hasta entonces dependían de la Administración central del Estado, en la Administración se utilizaba exclusivamente el castellano, y la decisión de introducir el catalán y de convertirlo en lengua principal se enfrentó con grandes dificultades. Muchos funcionarios no conocían el catalán y la mayoría de los que lo conocían y lo utilizaban oralmente no eran capaces de escribirlo. Y lo que no constituía una dificultad menor, no existía una tradición de lenguaje administrativo moderno en catalán. En estas condiciones los preceptos de la Ley de Normalización sólo podían entenderse como objetivos de un proceso más o menos dilatado en el tiempo.

En los diez años transcurridos desde la aprobación del Estatuto se ha realizado un esfuerzo considerable en esta dirección. Se han multiplicado los cursillos y los sistemas de capacitación lingüística de los funcionarios, se ha creado una Escuela de Administración Pública, se han creado, asimismo, Departamentos universitarios y revistas especializadas que se ocupan de Derecho Administrativo en catalán, se ha elaborado y difundido un lenguaje administrativo en catalán, etc. Y aunque los objetivos previstos distan de haberse conseguido, ya parece factible hacerlo en un futuro próximo.

Un hecho especialmente destacable es que la Ley de la Función Pública, promulgada por la Generalitat en 1985, dice que para ingresar en la Administracion Pública de Cataluña es necesario acreditar el conocimiento de la lengua catalana en forma oral y escrita. Esta ley, y concretamente este artículo, fue recurrido ante el Tribunal Constitucional y dio lugar a una serie de sentencias más o menos ambiguas hasta que a comienzos de 1991 el Tribunal Constitucional ha reconocido expresamente la legalidad de esta exigencia.

La Administración pública no consiste sólo en los departamentos y servicios que dependen del Gobierno autónomo, sino que incluye los de otras instituciones. Entre ellas están, en primer lugar, las administraciones locales o ayuntamientos y los servicios que dependen de éstos. Dado que los ayuntamientos de Cataluña están regidos por la mismas fuerzas políticas que están representadas en el Parlamento, se puede dar por supuesto que el consenso en torno a la política lingüística que se da en el Parlamento se da también en los gobiernos municipales. Efectivamente, esto es así aunque la amplia autonomía de que disponen las corporaciones locales hace que en la práctica podamos encontrar situaciones muy variadas. En conjunto, sin embargo, la situación se asemeja a la descrita para la Administración autonómica.

La Administración de Justicia, que en gran medida es independiente tanto de la Administración central como de la autonómica, constituye un caso aparte. Nadie discute que los documentos en catalán tienen el mismo valor jurídico que los redactados en castellano al igual que el derecho de los ciudadanos a utilizar el catalán en sus relaciones con esta Administración, pero en la práctica y por diferentes razones la presencia del catalán es todavía muy escasa. El hecho de que una gran proporción de jueces y de personal administrativo no conozcan el catalán, o lo conozcan poco, y también el hecho de que la documentación debe hacerse valer fuera de los límites de Cataluña, por ejemplo en el caso de una apelación que llegue al Tribunal Supremo, son argumentos en contra del catalán. Pero con toda probabilidad la razón principal reside en el carácter fuertemente tradicional de esta Administración y en el escaso interés de sus responsables por el catalán.

Y queda finalmente por hacer referencia a los servicios que siguen dependiendo de la Administración central del Estado como es el caso de las delegaciones de Hacienda, encargadas de la recaudación de toda clase de impuestos. Aunque la situación varía según los distintos departamentos, en el caso concreto de Hacienda se puede resumir diciendo que su funcionamiento interno sigue utilizando, como es lógico, el castellano, pero que tanto la información al público como los formularios que éste debe rellenar se ofrecen en las dos lenguas y que los contactos orales con los funcionarios de ventanilla con frecuencia pueden establecerse en las dos lenguas. También las grandes empresas de servicios públicos de ámbito estatal: RENFE (Ferrocarriles), IBERIA (Aviación), etc., ofrecen información pública tanto escrita como oral en catalán. Menos favorable para el catalán es la situación en el Ejército y en la Policía. En el Ejército recientemente se han dictado disposiciones que regulan los casos, muy limitados, en los que es posible utilizar el catalán. En cuanto a la Policía, teóricamente la situación debería ser parecida a la que he descrito para los servicios de Hacienda, pero en la práctica las posibilidades de utilizar el catalán son mucho menores.

La lengua en el sistema educativo

Ya en 1978, antes por tanto de que se aprobasen los distintos estatutos de Autonomía, el Gobierno español promulgó los llamados «decretos de bilingüismo» en virtud de los cuales en los territorios en los que se habla una lengua distinta del castellano se hacía obligatoria la enseñanza de esta lengua en todos los niveles de la enseñanza básica —de 6 a 14 años— con un mínimo de tres horas semanales en todos los cursos y niveles. Los mismos decretos admitían que en determinadas circunstancias y previa autorización la lengua del territorio podía ser utilizada como lengua de enseñanza. Un año después, en 1979, tras la aprobación del Estatuto de Autonomía, el Gobierno transfirió a la Generalitat de Catalunya la plena autoridad sobre la administración del sistema educativo, y la Ley de Normalización de 1983 propuso el catalán como la lengua normal de los centros de enseñanza tanto en su funcionamiento como en la enseñanza.

La misma ley propone otros principios generales para regular la presencia de las dos lenguas en el sistema educativo. Básicamente son los siguientes: no se podrá separar a los alumnos en escuelas distintas por razón de la lengua. Los padres tienen el derecho a reclamar que sus hijos reciban al menos en una primera etapa la enseñanza en su lengua familiar. Para los alumnos que elijan comenzar la enseñanza en castellano la introducción del catalán deberá hacerse de forma gradual. Todos los enseñantes que trabajan en el período de la educación obligatoria deben conocer las dos lenguas. Y, finalmente, todos los alumnos, al terminar el período de la enseñanza obligatoria, deberán ser capaces de utilizar oralmente y por escrito las dos lenguas. A estas prescripciones que figuran explícitamente en el texto de la Ley, el Departamento de Enseñanza del Gobierno catalán ha añadido otra: en los centros en los que la lengua de enseñanza siga siendo el castellano los alumnos además de la enseñanza preceptiva del mismo deberán recibir cada año la enseñanza en catalán de al menos otra asignatura cualquiera del programa escolar. Posteriormente esta disposición se ha completado con otra de signo inverso por la cual los alumnos de los centros en los que la lengua de enseñanza sea el catalán deberán recibir cada año la enseñanza de alguna asignatura en castellano. Ambas disposiciones responden al convencimiento de que la enseñanza de una segunda lengua por sí misma no basta para habituar a los alumnos a expresarse y comunicarse en esta lengua, lo que sí ocurre cuando esta segunda lengua se utiliza como medio de enseñanza y por tanto como vehículo de comunicación en el aula.

Teniendo en cuenta el texto de la ley y la interpretación que de ella hace el Departamento de Enseñanza del Gobierno catalán los centros de enseñanza pueden optar entre varias fórmulas, que básicamente son las siguientes: (1) Escuelas en las que el catalán es la lengua de enseñanza, con enseñanza del castellano y enseñanza de una asignatura en castellano en todos los cursos a partir de cierto nivel. (2) Escuelas en las que la lengua de enseñanza es el castellano, con enseñanza del catalán y enseñanza de una asignatura en catalán en todos los cursos a partir de cierto nivel. Y (3) Escuelas en las que el catalán y el castellano se utilizan como lenguas de enseñanza en proporciones relativamente equilibradas.

El Gobierno vasco, partiendo de consideraciones parecidas, ha definido tres modelos de escuelas según el papel que desempeña la lengua en cada una de ellas y ha organizado su política lingüística educativa en función de estos modelos. Las autoridades educativas del Gobierno catalán, en cambio, han renunciado a una clasificación de este tipo y se han limitado a definir el modelo de «escuela catalana» —la escuela en la que el catalán es el medio principal de enseñanza—, reconociendo el derecho de las escuelas a seguir otros modelos con tal de que se ajusten a los mínimos legales y dando por supuesto que el modelo de la escuela catalana es el objetivo hacia el que progresivamente se dirigirá el sistema educativo en Cataluña.

Antes de comentar la situación de hecho en las escuelas catalanas debemos recordar que tanto en Cataluña, como en el conjunto del Estado español al lado del sistema de la enseñanza pública existe una red de centros privados, de ideología muy variada, que absorben cerca de la mitad de la población en edad escolar. En esta enseñanza privada encontramos escuelas que se corresponden con cada una de las tres fórmulas o modelos lingüísticos que antes he citado, en proporciones difíciles de precisar, pero de los que la tercera parte corresponden al modelo «catalán lengua de enseñanza». Pero más que esta proporción es importante advertir que en los centros privados la opción lingüística es el resultado de la convergencia entre la ideología o las preferencias de la dirección del centro y las opiniones o los deseos de los padres, opción que una vez decidida puede considerarse relativamente permanente. La amplitud de estas opciones en las escuelas privadas es relativamente más amplia que en las escuelas públicas, más subordinadas a una política común. De hecho, existen centros privados que ya enseñaban en catalán en plena época franquista cuando esto estaba rigurosamente prohibido y a la inversa, existen otros reacios e indiferentes a la presencia del catalán que se limitan a cumplir los mínimos legales establecidos y que presumiblemente seguirán manteniendo esta actitud en el futuro.

La red de centros de enseñanza pública en dependencia directa de la Administración es mucho más uniforme y al mismo tiempo está sometida a un proceso de cambio progresivo. Hace diez años todos estos centros utilizaban exclusivamente el castellano en la enseñanza y ahora están inmersos en un proceso de catalanización que tiene sin embargo ritmos distintos según los centros y según los lugares. Siguen existiendo, y en proporción importante, centros públicos en los que la lengua de enseñanza continúa siendo el castellano. Hay otros en los que la sustitución por el catalán se hizo hace ya varios años y en los que el catalán es la lengua de enseñanza. Y hay, finalmente, centros en los que la opción por el catalán, una decisión que ha de adoptarse simultáneamente por el claustro de profesores y por la Asociación de Padres de Alumnos, se tomó hace pocos años y sólo afecta por tanto a los primeros cursos.

A continuación transcribo unos datos que ilustran el conjunto de este proceso:

En el curso escolar 1986-1987 en el sistema escolar de Cataluña y en los niveles de preescolar (4 a 6 años) y de Educación General Básica (6 a 14 años) se contaban los siguientes alumnos:

Cataluña. Alumnado en el sistema educativo

En conjunto	*Enseñanza pública*	*Enseñanza privada*
996.235	535.568	460.667

De ellos tenían el catalán como lengua de enseñanza:

Cataluña. Porcentaje de alumnado según la lengua de enseñanza

En conjunto	*Enseñanza pública*	*Enseñanza privada*
29 %	27 %	31 %

Las cifras transcritas invitan a algunos comentarios. Si se tiene en cuenta que hace diez años se partía de poco más de cero y que diez años después la enseñanza en catalán alcanza la tercera parte de la población escolar, lo que significa más de 300.000 alumnos, se advierte claramente la importancia del cambio y la rapidez con que se ha producido. Vale la pena anotar también que a pesar de los esfuerzos desplegados por la Administración la enseñanza en catalán está todavía más difundida en el sector privado que en el público. O, para ser exactos, lo estaba en el curso 1986-1987, pues ya he señalado que en la enseñanza pública mucho más que en la privada se trata de un proceso en marcha y en el momento en que se escriben estas líneas las proporciones ya se han igualado e incluso invertido. Y advirtamos todavía que las cifras transcritas, oficiales y totalmente fiables, son en cambio poco ilustrativas porque no distinguen entre los alumnos que empiezan su escolaridad en catalán y los que la terminan que, por tratarse de un proceso en marcha, han de ser necesariamente distintas. En el momento de redactar estos comentarios y sin disponer de cifras oficiales para el curso 1989-1990 se puede considerar que de los alumnos que terminan la Enseñanza General Básica (16 años) este año, un 30 % aproximadamente han recibido la enseñanza en catalán, mientras que entre el 50 % y el 60 % de los que empiezan lo harán en estas condiciones. El ritmo de catalanización es, por tanto, relativamente rápido. Aunque también es posible suponer que los elementos más interesados en la promoción del catalán tanto entre los enseñantes como entre los padres hace tiempo que se han incorporado al proceso y que a partir de ahora se hará más lento.

La rapidez de los cambios ocurridos no puede disimular la importancia de los esfuerzos que han sido necesarios. Hace diez años no sólo la totalidad de la enseñanza pública y la mayor parte de la privada utilizaban solamente el castellano sino que tres cuartas partes de los maestros de la enseñanza pública desconocían el catalán y la mayoría de los que lo conocían se declaraban incapaces de enseñar en esta lengua. El primer esfuerzo ha debido dirigirse, por tanto, a aumentar la competencia lingüística en catalán del personal docente, tarea que dista de haber terminado. Es cierto que con el paso del tiempo el problema se suaviza pues en las actuales Escuelas de Formación del Profesorado en Cataluña el catalán ocupa un lugar importante, y desde 1988 para acceder a un puesto de docente en el sistema de la enseñanza pública es necesario demostrar un conocimiento adecuado del catalán.

También la producción de material pedagógico en catalán ha exigido realizar un esfuerzo considerable para adaptarse a un aumento explosivo en la demanda, hoy ampliamente satisfecha tanto en cantidad como en calidad. Y más importante todavía que disponer de un material pedagógico adecuado ha sido poder apoyarse en una reflexión pedagógica capaz de ofrecer respuestas a los problemas planteados. La tarea en este caso ha estado facilitada por la existencia de una brillante tradición pedagógica catalana. Pero lo que sobre todo ha facilitado la introducción del catalán en la enseñanza es que en muchos sectores respondía a una auténtica demanda social. De hecho, la actuación del Departamento de Enseñanza del Gobierno catalán, coordinada por el CEDEC, ha sido la continuación de los esfuerzos realizados por entidades ciudadanas de signos muy diversos, Omnium Cultural por ejemplo, y de organizaciones de maestros comprometidos con la renovación de la enseñanza, como Rosa Sensat, contando siempre con su colaboración así como con la de los Institutos universitarios de Ciencias de la Educación. A medida que transcurre el tiempo el entusiasmo inicial ha de sustituirse por la reflexión crítica, y ello ha llevado a institucionalizar el asesoramiento pedagógico y a emprender investigaciones sobre los cambios en la lengua de enseñanza y sus resultados.

De todos los aspectos de la nueva situación educativa el que más atención despierta y el que más discusiones provoca es la llamada «inmersión en catalán». La inmersión fue bautizada así en el Canadá francés y puede definirse como el conjunto de normas pedagógicas que hacen que en una situación en la que en la escuela se utilice como lengua de comunicación una lengua distinta de la lengua materna del alumno los resultados no sean negativos sino positivos. En Cataluña, y como resultado de la expansión de la enseñanza en catalán, ha empezado a ser frecuente que con la aquiescencia de sus padres, alumnos de lengua materna y familiar castellana reciban la enseñanza en catalán. Y hay escuelas de «inmersión» en la que estos niños constituyen la mayoría de los alumnos y en las que desde el comienzo de la etapa preescolar (4 años) se les habitúa a la comunicación en catalán. La inmersión en catalán es probablemente el experimento de inmersión más amplio, experimentado en ningún país y sus resultados parecen muy satisfactorios, lo que ha provocado el inicio de investigaciones para aclarar sus razones, aunque muy probablemente entre ellas hay que situar en primer lugar el entusiasmo y la dedicación de los enseñantes implicados.

Lo dicho hasta aquí se refiere a la enseñanza básica y obligatoria. En la enseñanza media —Bachillerato— y en la formación profesional la planificación lingüística por parte de las autoridades educativas es mucho menor, limitándose a establecer unas horas semanales mínimas de enseñanza en catalán y en castellano, y respecto al resto, los profesores, especialmente en los centros del sistema público, se consideran autorizados a emplear una u otra lengua a su elección teniendo en cuenta que los alumnos, por haber terminado la enseñanza básica, se supone que conocen las dos. Así se producen situaciones muy variadas, y es posible que en un instituto de enseñanza media la mayoría de las clases se profesen en catalán y en otro la mayoría lo sean en castellano o que en un mismo instituto una misma asignatura en unos grupos de alumnos se profese en una lengua y en otros grupos en otra. En 1990 la autoridad educativa considera que en la enseñanza pública de grado medio del total de asignaturas/grupos ofrecidas la tercera parte aproximadamente lo son en catalán, proporción que se espera que aumente paulatinamente en los próximos años.

En cuanto a la enseñanza universitaria, las tres Universidades hasta ahora existentes en Cataluña han establecido en sus respectivos estatutos la afirmación de que el catalán es su lengua propia y que es tarea de la Universidad cultivar y difundir su uso, pero al mismo tiempo ratificando el carácter de lenguas oficiales que la Constitución atribuye tanto al catalán como al castellano y estableciendo que todos los miembros de la comunidad universitaria tienen el derecho a utilizar cualquiera de las dos en cualquier circunstancia. Otras dos Universidades, una pública y una privada, recién creadas en 1990, empiezan su fucionamiento con principios parecidos.

Las encuestas realizadas indican que el nivel de conocimiento del catalán por parte de los universitarios es similar y algo más elevado que el del conjunto de la población. El 95 % dicen entenderlo, y los que no lo entienden son por lo general recién llegados a Cataluña. Claro que igual que ocurre en la población general, una proporción importante de los que dicen entenderlo e incluso hablarlo, no menos del 40 %, tienen como lengua materna o principal el castellano. Respecto al uso de la lengua en el funcionamiento institucional y administrativo de las universidades puede repetirse lo dicho para la Administración pública catalana, funcionamiento interno casi totalmente en catalán con información al público disponible en las dos lenguas y contactos orales en la lengua del interlocutor. Cuando se trata de contactos orales colectivos —reuniones de cualquier tipo, formales o informales—, el principio admitido es que cada participante se expresa en la lengua que prefiere, lo que en la práctica se traduce en una mayoría de intervenciones en catalán y algunas en castellano.

En cuanto a la lengua usada en la enseñanza, la regla establecida es que cada profesor enseña en la lengua que prefiere, dándose por supuesto que los alumnos entienden las dos y que cada alumno a su vez puede dirigirse al profesor oralmente o en los ejercicios escritos igualmente en la lengua que prefiera. No existen estadísticas detalladas sobre el número y la proporción de asignaturas profesadas en cada lengua, pero es posible ofrecer una impresión general. En la Universidad Autónoma el conjunto de asignaturas profesadas en catalán se sitúa entre el 60 % y el 70 %, y en la Universidad de Barcelona y en la Politécnica entre el 40 y el 50 %. Por otra parte, en cada Universidad las diferencias son muy grandes entre las distintas facultades y escuelas que las componen. En la Universidad de Barcelona al igual que en la Autónoma el máximo de enseñanzas en catalán se da en las distintas facultades de Ciencias: Físicas, Químicas, Geológicas, y los mínimos en Derecho, Ciencias Empresariales y Geografía e Historia, mientras que en la Politécnica la mayor presencia del catalán corresponde a la Escuela de Arquitectura. En los trabajos de investigación la presencia del catalán es también importante, del conjunto de tesis doctorales y tesinas de licenciatura presentadas anualmente en las Universidades de Cataluña aproximadamente el 30 % están redactadas en catalán y el resto en castellano. La presencia del catalán en la investigación científica se apoya en la tradición iniciada a comienzos de este siglo por la sección de Ciencias del *Institut d'Estudis Catalans* y actualmente cuenta con el decidido apoyo de la CIRIT, el órgano gubernamental para el fomento de la investigación científica en Cataluña. De todos modos es cierto que la bibliografía científica en catalán continúa siendo escasa y también que en muchos campos empieza a hacerse sentir la presencia avasalladora del inglés.

Esta alusión al inglés invita a dedicar un comentario a las repercusiones que tiene la doble presencia del catalán y del castellano en el sistema educativo sobre la adquisición de lenguas extranjeras. En la actualidad y en el conjunto del Estado Español los planes de estudio oficiales prevén la introducción de una lengua extranjera a los diez años, y en la nueva ley de reforma de la enseñanza se adelanta esta edad a los siete años y así se prevé que ocurra también en Cataluña. No parece difícil conseguir que a esta edad los alumnos ya manejen sin dificultad tanto el catalán como el castellano, aunque hay que proponérselo y conseguirlo. Pero las tendencias actuales en la enseñanza de lenguas extranjeras sugieren que para que la adquisición sea plenamente eficaz debería empezar más pronto, en preescolar a ser posible, lo que en Cataluña significaría la introducción precoz de dos lenguas además de la que el alumno ha recibido de su familia. Un planteamiento ambicioso que no es imposible pues algunos centros privados lo practican, pero exige medios adecuados y un considerable esfuerzo. En todo caso, es evidente que el imperativo de dominar pronto dos lenguas oficiales retrasa o complica la introducción de una o de varias lenguas extranjeras.

El catalán en las producciones culturales y en los medios de comunicación

Lo que se ha llamado la *Renaixença* catalana fue en primer lugar un renacimiento literario y desde entonces el volumen y la calidad de la producción literaria en sus diversas modalidades: poesía, novela, teatro, etc., han constituido un símbolo de la vitalidad de Cataluña y la acogida que esta producción ha encontrado en el público un síntoma de la identificación colectiva con la lengua. Pero el renacimiento no fue exclusivamente literario sino que afectó a todas las manifestaciones de lo que llamamos cultura y que en este caso permiten hablar de una cultura nacional. Manifestaciones de las que unas son totalmente independientes de la lengua, como la pintura y la arquitectura tan relevantes en la Cataluña contemporánea, otras se apoyan en alguna medida en aquélla como la investigación científica a la que acabo de hacer alusión, y otras, finalmente, son consustanciales con la lengua, como las producciones literarias o como la *nova canço*, que jugó un papel tan destacado en la resistencia al franquismo.

La reinstauración de un sistema democrático no sólo ofreció un cauce legal y normal a estas producciones sino que introdujo un elemento nuevo. Desde su establecimiento el Gobierno de Cataluña consideró que debía asumir la responsabilidad por el fomento y la promoción no sólo de la lengua sino de la cultura catalana. Al hacerlo continuaba la tradición establecida por los anteriores gobiernos catalanes autónomos, la *Mancomunitat* (1914-1923) y la primera *Generalitat* (1931-1939) y se ajustaba al texto de la Ley de Normalización, que expresamente le asigna esta responsabilidad. De acuerdo con ello el Gobierno catalán cuenta con un departamento específico para cumplir esta función, la *Consellería de Cultura*.

La *Consellería* tiene actividades de orden muy variado. Además de las que se dirigen específicamente a la promoción de la lengua están entre otras la promoción de la producción de películas o la puesta en escena de obras teatrales, el establecimiento de premios y otros estímulos, patrocinar la creación de instituciones como el *Teatre Nacional* o la *Institució de les Lletres Catalanes*, encargándose también de la difusión de la cultura catalana en el extranjero.

Como ocurre siempre que desde instancias gubernamentales se promueve una política cultural las controversias son inevitables y frecuentes, controversias que a menudo responden a motivos personales pero que de alguna manera son reveladoras de los conflictos de fondo de la cultura en cuestión. En el caso de Cataluña la primera cuestión discutida se refiere al papel de la cultura catalana en la actual estructura del Estado español, lo que lleva a preguntarse por ejemplo por las competencias y las responsabilidades del Ministerio de Cultura español y por las relaciones entre los dos departamentos homónimos. Otras controversias son internas a Cataluña. Dado que en Cataluña existen escritores, y escritores de prestigio, que son catalanes pero que escriben en castellano, ¿hasta qué punto se les puede negar el carácter de escritores catalanes y de sujetos activos de la cultura catalana? Sobre este punto las opiniones difieren diametralmente. Y aún puede añadirse que dado que toda gestión gubernamental se encuadra en una orientación política los protagonistas de las actividades culturales tienden a dividirse en colaboradores y críticos de esta gestión en función de sus propias simpatías políticas. Pero también puede pensarse que todas estas diferencias son precisamente síntomas de la vitalidad de una cultura.

Libros

Una primera muestra de esta vitalidad puede estar representada por la producción de libros en catalán. La prohibición de publicarlos dictada en los primeros años del franquismo paulatinamente se fue suavizando, y en 1965 ya se contabilizaron 362 títulos publicados. A partir de entonces su número no ha dejado de crecer y a continuación se transcriben una cifras que lo demuestran. (Con el nombre de «títulos» se incluyen tanto libros como folletos que sobrepasan las 36 páginas, y tanto publicaciones de empresas editoriales como de órganos oficiales que muchas veces no llegan a los canales normales de distribución.)

Libros publicados en catalán, por años

Años	*Número de títulos*
1965	362
1970	393
1975	673
1980	1.496
1985	3.471
1988	4.200

En los primeros años de la recuperación la producción se limitaba a una temática reducida, principalmente literaria, pero en la actualidad cubre una temática relativamente amplia y con síntomas de normalidad. Así la *Gran Enciclopedia Catalana* en 25 volúmenes agotó una primera edición de 100.000 volúmenes y ha lanzado una segunda edición renovada. Además de la producción literaria propia y de gran número de traducciones están en curso de publicación colecciones temáticas que presentan en catalán obras de autores clásicos de distintas disciplinas: filosofía, pedagogía, economía, sociología, teología..., aunque es cierto que en las áreas científicas la producción en catalán sigue siendo limitada.

A ello hay que añadir que las tiradas son modestas. Las iniciales se sitúan entre los 2.000 y los 3.000 ejemplares. Teniendo en cuenta que hay libros de los que se hace una segunda edición, y de algunos varias ediciones, la tirada media por título se sitúa entre los 4.000 y los 5.000 ejemplares. Hay, sin embargo, grandes diferencias según los géneros y según los títulos. En general son los libros de enseñanza utilizados en las escuelas los que alcanzan tiradas medias de 8.000 o más ejemplares. Después de ellos se sitúan las obras infantiles y juveniles y también los productos literarios de éxito; algún *bestseller* ha superado los 100.000 ejemplares, pero son casos excepcionales. La mitad de los títulos editados en catalán no agotan los 2.000 o 3.000 ejemplares iniciales.

El panorama relativamente brillante que presenta en la actualidad la producción de libros en catalán puede atribuirse en parte a la política de promoción cultural impulsada por el Gobierno de la *Generalitat* que se traduce en distintos tipos de ayudas pero cuyo factor fundamental lo constituye la expansión de la enseñanza del catalán y en catalán, como se demuestra por las tiradas elevadas que alcanzan los libros docentes y el porcentaje elevado que representan estos libros en el conjunto de la producción editorial. Pero es también significativo el aumento de la producción de libros infantiles y juveniles, lo cual permite sospechar que la presencia del catalán en el sistema educativo propicia un aumento en los hábitos de lectura en catalán de las nuevas generaciones.

Los 4.200 títulos editados en catalán en 1988 representan aproximadamente un diez por ciento del total de títulos editados en el conjunto de España en el mismo año. Aunque, si se tienen en cuenta no los títulos sino las tiradas, la proporción se reduce al seis por ciento. Y aun cuando la producción de libros en catalán haya aumentado notablemente continúa siendo inferior a la producción de libros en castellano, pues Cataluña y más concretamente la ciudad de Barcelona sigue siendo un gran centro editorial en lengua castellana, y cerca del 40 % de la producción editorial española se origina en Barcelona. Y si en vez de atender a la producción lo hacemos a la venta tenemos que aunque no existan datos fehacientes es muy probable que la venta de libros en catalán no supere el 20 % o el 25 % de las ventas totales de libros en Cataluña.

Medios de comunicación

El Estatuto de Autonomía concede al Gobierno de la *Generalitat* la capacidad de crear y mantener todos los medios de comunicación: radio, televisión o prensa que considere necesarios para cumplir sus finalidades dentro del marco de las normas básicas del Estado. De acuerdo con estas atribuciones, y teniendo en cuenta lo preceptuado por la Ley española de 1980: «Estatuto de la Radio y la Televisión», el Parlamento de Cataluña aprobó en 1983 una ley que regulaba el estatuto de la radio y la televisión en Cataluña creando a semejanza de lo que se había hecho a nivel estatal una *Corporació Catalana de Radio i TV*, de la que iban a depender las sociedades que se estableciesen para gestionar la televisión y la radio.

El Gobierno catalán renunció, igual que lo había hecho el español, a crear sociedades para gestionar la publicación de periódicos.

Radio

Barcelona había sido pionera en la introducción de la radio en España, y a finales de la década de los veinte funcionaban ya en esta ciudad dos emisoras de las que una emitía totalmente y la otra parcialmente en catalán. Acabada la guerra esta presencia del catalán en las ondas desapareció y sólo tímidamente empezó a reaparecer a comienzos de los setenta. En 1976, un año después de la muerte de Franco, una emisora barcelonesa de la cadena de Radio Nacional de España empezó a emitir íntegramente en catalán y otras emisoras siguieron su ejemplo aunque sólo fuese parcialmente. En 1983, después de la aprobación de la Ley que acabo de citar, el Gobierno de la *Generalitat* creó una emisora propia: Cataluña Radio. En la actualidad las emisoras más escuchadas en Cataluña pueden clasificarse de la siguiente manera:

— Emisoras de las que es titular el Gobierno español: Radio Nacional de España en sus distintas emisoras. Todas emiten en castellano con la citada excepción de RNE 4.
— Emisoras de las que es titular el Gobierno de Cataluña: Catalunya Radio, Catalunya Música, Radio Associació. Emiten íntegramente en catalán.
— Emisoras privadas comerciales de ámbito estatal. Radio Miramar. La mayoría emiten íntegramente en castellano o admiten la presencia del catalán en ciertos programas (programas bilingües).
— Emisoras locales, municipales, cooperativas o privadas. Generalmente de FM y de alcance puramente local. La mayoría emiten en catalán y otras alternando las dos lenguas.

Un muestreo realizado por el «Estudio General de Medios» señala que del total de horas emitidas en Cataluña por las emisoras más populares el 25 % aproximadamente lo eran en catalán, el 10 % alternando las dos lenguas y 65 % en castellano. Claro que más importante que las horas de emisión es la medida en que se escuchan y, como es bien sabido, la medición de las audiencias radiofónicas implica siempre un amplio margen de ambigüedad, pues varía con las horas del día y con los programas. Teniendo en cuenta estos márgenes y según los datos del mismo estudio la audiencia media de los programas en catalán representaba aproximadamente el 20 % de la audiencia total y la bilingüe el 5 %. Y aunque estos cálculos se refieren a 1986, probablemente en la actualidad los resultados serían similares. Lo que permite concluir que el catalán tiene una presencia importante en la radio aunque no mayoritaria.

Televisión

Al producirse la transición al régimen democrático la Televisión española llegaba a Cataluña a través de dos canales: TVE1 y TVE2. Televisión española tenía además una delegación regional en Cataluña que emitía a través de TVE2 y que poco después empezó a transmitir esporádicamente en catalán. Cuando el Parlamento catalán aprobó la ley de 1983 el Gobierno de la Generalitat creó inmediatamente su propia emisora: TV3, que empezó a funcionar en 1984 con un programa limitado a 15 horas semanales que progresivamente se fueron ampliando hasta llegar a finales de 1987 a las 90 horas semanales de emisión. Paralelamente, la Televisión catalana fue aumentando su calidad hasta alcanzar un alto prestigio e incluso un cierto reconocimiento a nivel internacional. Al mismo tiempo el Centro Regional catalán de Televisión española aumentaba también sus horas de emisión en catalán hasta alcanzar en la misma época las 40 horas semanales.

Horas de emisión recibidas en Cataluña según la lengua. Fines de 1987

	Castellano	*Catalán*
TVE1	123	—
TVE2	44	40
TV3	—	89
Totales	167	129

Según estos datos la oferta televisiva en catalán en aquellas fechas representaba el 43 % de la oferta total. Tres años antes, en 1984, había representado la tercera parte. En los años posteriores a 1987 el Gobierno español ha autorizado el funcionamiento de tres emisoras privadas de cobertura estatal que emiten exclusivamente en castellano. El Gobierno catalán a su vez ha creado una nueva emisora en catalán, Canal 33, con lo que la oferta televisiva en catalán ha crecido notablemente y se sitúa alrededor de las 149 horas semanales. Pero como la oferta en castellano ha aumentado todavía más rápidamente, la proporción de horas en catalán respecto del total ha vuelto a situarse en torno al 33 %. Y en un futuro próximo la situación seguirá variando, pues es posible que aumente la programación en castellano de las emisoras privadas pero también que una de las emisoras privadas produzca programas en catalán para Cataluña.

Como al hablar de la radio, más importante que contabilizar las horas de emisión, es intentar valorar el número y la proporción de receptores de las emisiones. Un estudio de 1987 ofrecía los siguientes resultados:

TV. Audiencia en Cataluña de los distintos canales (marzo de 1987)

TVE1 (castellano)	74 %
TVE2 (castellano y catalán)	19 %
TV3 (catalán)	44 %

Los datos transcritos significan que de una muestra representativa de la población de Cataluña en un día determinado del mes de marzo de 1987 un 74 % de los sujetos de la muestra habían contemplado en algún momento las emisiones de la TVE1, un 19 % los de la TVE2 y un 44 % los de TV3.

Si las comparaciones se hacen no entre las emisoras en conjunto sino entre programas determinados las diferencias son mucho mayores pues los telespectadores eligen los programas en función de sus preferencias con independencia de la emisora que los emite y en Cataluña en gran parte también con independencia de la lengua. Es posible, por ello, que en determinado momento un programa en castellano atraiga a una mayoría de espectadores mientras que en otro momento sea un programa en catalán el que los atraiga. Parece que la comparación más favorable al catalán y también la más fácil de contabilizar es la que se refiere a los boletines informativos, que en los momentos de máxima audiencia parecen atraer a un número semejante de espectadores en una y otra lengua. Resulta, por tanto, muy difícil, por no decir imposible, cifrar el volumen medio de las audiencias en función de las lenguas, pero una aproximación razonable sería decir que la audiencia en catalán representa algo más de un tercio de la audiencia total.

De todos modos se trata de una situación muy fluida en la que a los cambios ya anunciados y citados hay que añadir la progresiva difusión de la recepción de la emisoras extranjeras captadas vía satélite, la mayoría en inglés pero al menos una en español. Para mantener la presencia del catalán en estas circunstancias serán precisos nuevos y considerables esfuerzos.

Prensa diaria y periódica

Antes de la guerra civil en Cataluña se publicaban varios periódicos diarios exclusivamente en catalán al mismo tiempo que otros en castellano, pero los primeros desaparecieron con el triunfo del franquismo, y sólo 37 años después volvió a aparecer un periódico diario íntegramente en catalán: *Avui*. Posteriormente *Diari de Barcelona,* uno de los periódicos más antiguos de Europa, pasó también a editarse en catalán. Y fuera de Barcelona existen otros dos periódicos diarios en catalán, en Gerona *Punt diari* y en Lérida *Diari de Lleida.* Según datos del «Estudio General de Medios» en mayo de 1989 la tirada diaria del *Avui* era de 118.000 ejemplares, y aunque no se ofrecían cifras contrastadas para los otros tres diarios en catalán se puede aceptar que entre los tres reunían una tirada similar o algo menor. En las mismas fechas dos periódicos publicados en Barcelona en castellano, *La Vanguardia* y *El Periódico,* tenían tiradas superiores a los 500.000 ejemplares diarios. A ellos se añaden los periódicos editados en Madrid pero que se venden también en Cataluña, entre ellos *El País,* que publica una edición especial para Cataluña de la que se distribuyen unos 200.000 ejemplares diarios. En conjunto, puede decirse que los periódicos diarios totalmente en catalán representan el 15 % o algo más de la venta total de periódicos diarios en Cataluña. A ello se debe añadir que tanto *La Vanguardia* como la edición para Cataluña de *El País* publican semanalmente varias páginas en catalán.

Además de los periódicos diarios de gran difusión, en muchas poblaciones de Cataluña se publican periódicos de información local y difusión igualmente local la mayoría de los cuales aparecen en catalán. Y por supuesto, se publican en catalán un gran número de publicaciones periódicas, algunas promovidas por instituciones o asociaciones públicas o privadas o bien estrictamente comerciales, y otras de información general, especializadas o incluso muy especializadas; unas ya antiguas y prestigiosas como *Serra d'Or* que empezó a publicarse como revista ya en 1959, y otras recientes o de vida efímera. Pero en conjunto, la oferta de periódicos y revistas en catalán es muy pequeña comparada con la oferta en castellano.

Espectáculos

En el ámbito del espectáculo la presencia del catalán es sobre todo apreciable en el teatro. A finales de la década de los ochenta unas dos terceras partes de todos los espectáculos anunciados en los teatros de Barcelona se representan en catalán, y en poblaciones menores la proporción es todavía más alta. Es cierto que el apoyo institucional al teatro es importante; se ha creado un *Teatre Nacional* y hay varias compañías subvencionadas, pero también es cierto que existen compañías estrictamente privadas y que hay una gran actividad de teatro de aficionados en catalán. Lo contrario debe decirse del cine. Aunque se conceden ayudas institucionales y cada año se producen varias películas comerciales, entre 5 y 10, en catalán y se doblan al catalán otras tantas, su presencia en las carteleras de los cines apenas se advierte, siendo menor todavía la presencia del catalán en el mercado de vídeos.

Existen, sin embargo, proyectos para aumentar sustancialmente esta presencia tanto en la cinematografía como en la producción de vídeos.

En el campo de la música vocal, desaparecida la *nova canço* como movimiento, el catalán ha estado prácticamente ausente durante unos años de los espectáculos musicales, pero en la actualidad se observa una floración de rock y de otras variedades de animación colectiva en catalán.

Presencia en la vía pública

La vida moderna y muy especialmente la vida urbana exige ofrecer con mucha frecuencia al ciudadano datos e informaciones que faciliten sus desplazamientos y su comportamiento en situaciones concretas y muy variadas. Para ello, en la medida de lo posible se utilizan signos de significado universal pero en la mayor parte de los casos hay que apelar a códigos lingüísticos y, por tanto, a una lengua determinada. Así ocurre en la denominación de las calles, en muchas informaciones en las carreteras, en los paneles informativos en una estación de ferrocarril o en un aeropuerto, en la señalización interior de un edificio público, en las informaciones que facilitan la visita a un museo, etc. En cualquiera de estos casos, cuando la autoridad responsable de la señalización es el Gobierno catalán o una autoridad local la lengua normalmente utilizada es el catalán o en todo caso castellano y catalán. Si depende de la Administración central o de una empresa pública estatal, caso de los ferrocarriles o de los aeropuertos, la lengua utilizada es el castellano, o bien las dos.

También las empresas privadas y los particulares ofrecen a los transeúntes y a los visitantes informaciones sobre sus actividades escritas en una lengua determinada. Ejemplos de estas informaciones escritas son las denominaciones y otras indicaciones tanto en el exterior como en el interior de establecimientos comerciales, oficinas y fábricas, paneles y pancartas publicitarias en calles y en carreteras, señalización de productos y precios en envases y, de otras formas, menús en los restaurantes, folletos y catálogos de propaganda, etc. Hace quince años la presencia del catalán en la vía publica era real pero muy reducida, actualmente es mucho mayor aunque la variedad continúa siendo la regla. En las calles de Barcelona y de cualquier ciudad catalana los rótulos de locales comerciales en catalán alternan con otros en castellano, y en el interior de ciertos establecimientos —tiendas, restaurantes u oficinas bancarias— la información se ofrece en catalán, en otros en castellano, y en otros en las dos lenguas.

Entre los diferentes aspectos del uso colectivo de una lengua la presencia en la vía pública es menos importante que otros que he comentado, como su uso en la Administración o en la enseñanza. Pero, en cambio, es el más visible y por ello adquiere un valor simbólico. Es también el primero que advierte el visitante llegado de fuera y el primero en provocar sorpresa si a la llegada ignoraba la peculiar situación lingüística de Cataluña. Quizás la mejor prueba del carácter simbólico de esta presencia y de la preocupación que existe entorno a ella lo constituye el acuerdo suscrito entre la Dirección

General de Política Lingüística y los organizadores de los Juegos Olímpicos de 1992 para asegurar la cooficialidad del catalán y con ello su presencia pública en los Juegos.

2. Islas Baleares

Generalidades. Organización política

Las islas Baleares, Mallorca, Menorca, Ibiza (Eivissa) y Formentera, un conjunto 5.014 km^2 y 680.933 habitantes, están situadas en el mar Mediterráneo al sur de Cataluña y al este de Valencia. Las Baleares han sido visitadas por navegantes y habitadas desde la prehistoria, conociendo épocas de prosperidad en tiempos de los romanos y también durante el dominio árabe. Conquistadas a los árabes en el siglo XIII por el rey Jaime de Aragón al frente de una expedición catalana las islas quedaron incorporadas a la Corona de Aragón y a la lengua y la cultura catalanas para incorporarse posteriormente a la España unificada. A lo largo de los siglos la economía de las islas se ha basado en una agricultura relativamente autosuficiente y en la dedicación a la navegación y en último término a la emigración ultramarina. A pesar de estos rasgos comunes y de su proximidad geográfica las islas presentan, o al menos han presentado hasta hace poco, rasgos distintivos muy acusados. Mallorca, la mayor de las islas y la más poblada, representaba un tipo de sociedad a la vez agrícola y señorial. Menorca, ocupada durante mucho tiempo primero por los franceses y luego por los ingleses, tenía un nivel cultural y una clase media artesana, mientras que en el extremo opuesto Ibiza constituía una sociedad más que tradicional primitiva, con un índice de analfabetismo muy alto y formas de vida que se mantenían intactas desde una remota antigüedad. Por encima de estas diferencias las islas conocen desde hace unos años un desarrollo vertiginoso basado en el turismo, que destruye a la vez el paisaje y las formas de vida tradicionales pero que produce un beneficio económico indiscutible.

En 1983 se aprobó el Estatuto de Autonomía de las islas Baleares y en virtud de este Estatuto las islas disponen de un Parlamento y de un Gobierno. El Parlamento está constituido por 59 diputados que en la actualidad tienen las siguientes adscripciones políticas: 25

diputados PP (conservadores), 21 PSOE (socialistas), 5 CDS (liberales), 4 UM (Unión Mallorquina). Como resultado de esta composición el Gobierno balear está constituido mayoritariamente por conservadores, con alguna participación de liberales y regionalistas.

Administrativamente, las islas Baleares forman una sola provincia con capital en Palma de Mallorca. Pero el hecho de que se trate de un conjunto insular obliga a establecer en cada isla un órgano de gobierno que permita una cierta descentralización administrativa. Existen tres consejos insulares, uno para Mallorca, otro para Menorca y un tercero para las llamadas islas Pitiusas: Ibiza y Formentera. Estos consejos sólo tienen autoridad delegada del Gobierno balear, pero conviene tener en cuenta que es frecuente que en los archipiélagos existan tensiones entre las distintas islas y el natural deseo de afirmar la propia identidad, y que el equilibrio de las fuerzas políticas es distinto en cada una de ellas, con un claro predominio socialista en Menorca y un no menos claro predominio conservador en Ibiza.

Datos sociolingüísticos

Igual que en Cataluña y en la Comunidad Valenciana, también en las islas Baleares se aprovechó el Censo de Población de 1986 para efectuar un Censo Lingüístico con un modelo común a las tres comunidades. He aquí un resumen de los resultados conseguidos en las islas.

Islas Baleares. Conocimiento del catalán. Censo de 1986

	Población	*Entienden*	*Hablan*	*Escriben*
Mallorca	509.251	456.697	358.713	81.507
	100 %	89,67 %	70,43 %	16,0 %
Menorca	54.978	51.992	46.538	14.507
	100 %	94,43 %	84,51 %	26,38 %
Ibiza/Eivissa	62.727	52.296	47.547	7.757
	100 %	83,38 %	61,83 %	12,37 %
Conjunto de las islas Baleares	626.956	560.985	452.398	103.771
	100 %	89,47 %	72,15 %	16,55 %

Fuente: *Padró Municipal d'habitants, 1986.*

Los niveles de conocimiento de la lengua son, por tanto, similares a los de Cataluña, lo cual no deja de resultar sorprendente pues Cataluña conoció una etapa de industrialización iniciada en el siglo pasado que ha provocado la afluencia de una inmigración muy numerosa mientras que las islas Baleares continuaban siendo una sociedad estrictamente tradicional. Pero desde el comienzo de la década de los sesenta esta sociedad ha experimentado cambios profundos provocados por el turismo, y la primera consecuencia ha sido precisamente una inmigración masiva en un doble sentido, una población trabajadora procedente de la Península y empleada en actividades de servicios y una población extranjera de residentes en permanencia. Así, la isla de Ibiza, que al final de la guerra en 1940 contaba con 33.961 habitantes y veinte años después prácticamente con los mismos, 34.502, en 1986 ha duplicado su población pasando a contar con 62.727. Y mientras recién acabada la guerra la proporción de habitantes nacidos fuera de la isla era insignificante ahora se acerca a la mitad de la población. He aquí los datos del último censo sobre el lugar de nacimiento de los habitantes de las islas Baleares:

Población nacida en las islas y fuera de ellas. Censo de 1986

	Población total	*Nacida en las islas*	*Nacida fuera*
Mallorca	509.251	70,13 %	29,66 %
Menorca	54.978	79,05 %	20,95 %
Ibiza	62.727	56,71 %	43,27 %
Conjunto	629.956	69,66 %	30,30 %

Estas cifras se refieren sólo a la población censada. Para reflejar la situación real habría que añadirles todavía un número importante de inmigrados aún no censados y una población turística flotante siempre muy numerosa.

Como es fácil suponer, los llegados a las islas desde el exterior, excepto si proceden de Cataluña, tienen un conocimiento de la lengua inferior al de los nacidos en ellas.

Conocimiento del catalán según el lugar de nacimiento. Censo de 1986

	Entienden	*Hablan*
Nacidos en Baleares		
436.773	424.241	386.032
100 %	97,13 %	88,38 %
Nacidos fuera de Baleares		
190.217	136.754	53.066
100 %	71,89 %	27,89 %
Conjunto de la población		
629.956	560.995	444.032
100 %	89,47 %	70,81 %

El conocimiento del catalán se puede poner en relación no sólo con el lugar de nacimiento de los sujetos sino también con su edad. He aquí los resultados:

Conocimiento del catalán por edades. Población mayor de seis años

Grupo de edad	*Población total*	*Personas que lo entienden*	*Personas que lo entienden y lo hablan*
6-9	42.061 (100 %)	34.852 (82 %)	25.073 (60 %)
10-14	56.384 (100 %)	51.873 (92 %)	40.061 (71 %)
15-19	53.411 (100 %)	49.908 (93 %)	39.880 (75 %)
20-24	52.727 (100 %)	47.628 (90 %)	37.080 (70 %)
25-29	51.548 (100 %)	45.257 (88 %)	32.911 (64 %)
30-34	48.477 (100 %)	42.528 (88 %)	30.016 (62 %)
35-39	47.015 (100 %)	41.811 (89 %)	30.164 (64 %)
40-44	41.163 (100 %)	36.934 (90 %)	27.866 (68 %)
45-49	34.994 (100 %)	31.416 (90 %)	24.731 (71 %)
50-54	38.411 (100 %)	34.679 (90 %)	28.389 (74 %)
55-59	36.597 (100 %)	32.772 (90 %)	27.721 (76 %)
60-64	33.783 (100 %)	29.885 (88 %)	25.726 (76 %)
65-69	28.674 (100 %)	25.503 (89 %)	22.533 (79 %)
70-74	24.772 (100 %)	22.252 (90 %)	20.244 (82 %)
75-79	18.990 (100 %)	17.222 (91 %)	16.028 (84 %)
80-84	11.348 (100 %)	10.383 (91 %)	9.850 (87 %)
+85	6.601 (100 %)	6.082 (92 %)	5.755 (87 %)

Fuente: *Datos del Censo de 1986; elaboración propia.*

De las cifras del cuadro se desprende claramente que los mayores conocen la lengua mucho más que los jóvenes. Los mínimos se dan entre los 25 y los 40 años, justamente la edad en la que son más abundantes los inmigrados, pues hay que tener en cuenta que se trata de una inmigración reciente. En los más jóvenes, que en parte son también hijos de inmigrantes que inicialmente desconocen el catalán, se inicia una recuperación que probablemente hay que atribuir a la escuela. Que esta tendencia se mantenga y llegue a compensar los efectos negativos de la inmigración dependerá de distintos factores y sobre todo de la llegada de nuevos inmigrantes. Por otra parte, y tal como se observó en el caso de Cataluña, la adquisición del conocimiento no asegura la frecuencia de su uso, y en Baleares la presencia predominante del turismo y el cosmopolitismo más bien actúan en contra del uso y del prestigio de la lengua propia.

Los datos anteriores se refieren al conjunto de las islas. Contabilizando los resultados separadamente para cada isla el retroceso por parte de los jóvenes se advierte en Ibiza y en Mallorca pero no en Menorca, donde lo que se comprueba es más bien lo contrario.

Para terminar estos comentarios a los datos del censo notemos que mientras en Cataluña, con una proporción de inmigrados parecida o mayor, el 30 % de la población se dice capaz de escribir en catalán en Baleares es sólo el 16 %. Pero también en este aspecto las diferencias entre las islas son muy marcadas, con un máximo en Menorca, donde la proporción de los que dicen ser capaces de escribir en catalán se eleva al 26 %, y un mínimo en Ibiza con el 12 %.

Los datos transcritos indican que en los mismos años en los que se está aplicando una política de normalización lingüística a la que inmediatamente me referiré, las islas han conocido unos cambios demográficos y sociales muy fuertes, y en conjunto perjudiciales para esta política. La sociedad tradicional que utilizaba el catalán en su vida cotidiana y el castellano en las funciones de prestigio, con excepción de unas minorías intelectuales y políticas activas pero reducidas, ha dejado paso a una sociedad mucho más mezclada y compleja y en buena parte cosmopolita que valora las lenguas internacionales y que en muchos sectores siente escaso interés por la defensa de la lengua propia.

Política lingüística y uso de la lengua en la Administración

Tal como se ha señalado en el capítulo dedicado al marco legal el Estatuto de Autonomía de las islas Baleares afirma que el catalán es la lengua propia de las islas y que en su territorio el catalán igual que el castellano tienen la consideración de lengua oficial. Desarrollando estas declaraciones el Parlamento balear aprobó en abril de 1986 una Ley de Normalización Lingüística con los siguientes objetivos explícitos:

a) Hacer efectivo el uso progresivo y normal de la lengua catalana en el ámbito oficial y administrativo.
b) Asegurar el conocimiento y el uso progresivo del catalán como lengua vehicular en el ámbito de la enseñanza.
c) Fomentar el uso de la lengua catalana en todos los ámbitos de la comunicación social.

La estructura y el contenido de las disposiciones de la ley balear son similares a los de la ley catalana y más en general al conjunto de todas ellas, pues ya he hecho notar su parecido. Respecto a la lengua, notemos la afirmación explícita (artículo 2.1) de que la lengua propia de las islas es el catalán, pero también que «las modalidades insulares de la lengua serán objeto de estudio y de protección sin perjuicio de la unidad de la lengua». Por modalidades insulares se entienden las variedades dialectales propias de cada isla, conocidas por sus hablantes como mallorquín, menorquín e ibicenco. Y notemos además que en sus disposiciones finales la ley establece que «la Universidad de las islas Baleares será la institución consultora para todas las cuestiones que hagan referencia a la lengua», y añade que la Universidad «podría colaborar en una institución destinada a salvaguardar la unidad lingüística del catalán y que podría formarse a partir de la colaboración entre las Comunidades Autónomas que reconozcan la cooficialidad del catalán».

He dicho que la ley balear es semejante a las otras leyes de normalización; podría añadir que es la más extensa y detallada y en algunos puntos la más ambiciosa. No es difícil suponer que en su redacción intervinieron grupos de intelectuales y políticos muy activos en la defensa de la lengua, a los que antes he hecho referencia. El hecho de que entre las leyes de normalización fuese una de las últimas en discutirse y aprobarse facilitó su tarea permitiéndole tener en cuenta el contenido de las anteriores y en lo posible mejorarlo. Pero este retraso en discutirse y aprobarse, casi cuatro años más tarde que la Ley de Cataluña, permite suponer también que su gestación fue laboriosa y que antes de presentarla en el Parlamento hubo que vencer fuertes resistencias, aunque finalmente todos los partidos políticos la apoyaron y se aprobó por unanimidad.

En el momento de redactar estos comentarios han pasado sólo cuatro años desde la aprobación de la ley, un lapso de tiempo muy corto para intentar una evaluación de sus repercusiones. No puede desconocerse que en la ideología y los programas electorales del partido predominante en el Gobierno la defensa de la lengua ha ocupado hasta ahora un lugar muy secundario y puede pensarse, por tanto, que el impulso político que ha recibido la aplicación de la Ley ha sido más bien modesto. Puede interpretarse en este sentido el hecho de que a diferencia de lo que se ha hecho en otras Comunidades Autónomas en Baleares no se ha creado una instancia administrativa responsable de la gestión de la política lingüística. Aunque muy recientemente el Gobierno balear parece dispuesto a asumir una postura más decidida en la promoción de la lengua.

Un dato significativo para la situación balear lo puede constituir la denominación de la lengua. A muchos habitantes de las islas, más de la mitad según las encuestas, si se les pregunta por la lengua que hablan dirán que mallorquín, ibicenco o menorquín según sea la isla en la que se formule la pregunta. Si el interrogado es una persona culta no tendrá inconveniente en reconocer que se trata de la misma lengua que el catalán aunque con diferencias más o menos importantes. Pero en todo caso, y a diferencia de lo que veremos que ocurre en Valencia, la cuestión de la denominación de la lengua y de su mayor o menor identificación con el catalán no se convierte en problema político. Ello puede interpretarse en sentido positivo como facilitador de la promoción de la lengua propia, pero también puede interpretarse en sentido negativo como síntoma de indiferencia ante la lengua y su situación.

Entre lo realizado señalemos en primer lugar que el Gobierno balear utiliza sistemáticamente el catalán en lo que podemos llamar su imagen externa: denominación, papel impreso, señalización en las vías públicas, carreteras..., así como en sus publicaciones oficiales y culturales, aun cuando de las oficiales se hace una doble edición en catalán y en castellano. También la información y los formularios para cumplir cualquier trámite administrativo están normalmente disponibles en las dos lenguas, y a menudo en primer lugar en catalán. En el Parlamento balear los diputados se expresan en cualquiera de las dos lenguas, pero la mayoría lo hacen en catalán, que por otra parte es la lengua en que normalmente se comunican entre sí cuando están fuera de la sala de sesiones. En sus intervenciones públicas las autoridades autonómicas utilizan el catalán y con frecuencia también el castellano.

En cualquier dependencia administrativa dependiente del Gobierno balear es posible dirigirse en catalán a los empleados dado que prácticamente todos lo entienden y en esta lengua se comunican normalmente entre sí. En cambio, en el funcionamiento escrito continúan utilizando principalmente el castellano.

Para las instituciones y los servicios locales (ayuntamientos) puede repetirse lo dicho para el Gobierno y la Administración autonómica. En cuanto a las delegaciones de la Administración central y las grandes empresas estatales la presencia del catalán es mínima aunque en algunos aspectos muy importante; así, la *Guía telefónica,* al igual que los impresos para la Declaración de la Renta y otros impuestos importantes, se presentan en forma bilingüe. Y el aeropuerto de Ibiza ostenta doble denominación: IBIZA/EIVISSA.

En conjunto podría, pues, decirse que si dejamos aparte los usos «emblemáticos» de la lengua, lo que realmente ha ocurrido es que unas prácticas que ya eran tradicionales, uso habitual del catalán oral en el interior de las instituciones y en los contactos con el público y uso del castellano en las ocasiones más formales y en el funcionamiento escrito, se han convertido en práctica legal. Para los defensores de la normalización lingüística es evidentemente poco. A la inversa, para los recién instalados en las islas, peninsulares y extranjeros, la insistencia en presentar el catalán, al menos externamente, como primera lengua de la Administración y del Gobierno resulta sorprendente.

He dicho que muy recientemente el Gobierno balear parece adoptar una actitud más decidida en el tema de la lengua. Probablemente para responder a las críticas por la falta de una Dirección de Política Lingüística, en abril 1990 el Gobierno balear ha establecido un acuerdo institucional con la Obra de Cultura Balear, una institución privada directamente comprometida con la defensa de la lengua, para emprender una campaña de normalización lingüística. El hecho de que para coordinar la campaña se haya elegido a la misma persona que durante varios años ha orientado la política lingüística de Cataluña parece una garantía de eficacia. En todo caso, es un hecho que varios meses después de firmado este acuerdo, en noviembre de 1990, el Gobierno balear publicó un decreto regulando el uso de las lenguas oficiales en la Comunidad con un conjunto de normas que refuerzan el uso del catalán en el interior de la Administración y en las relaciones con el público. Y en conexión con el decreto varias dependencias administrativas y muchos ayuntamientos de las tres islas han establecido asesores lingüísticos para impulsar y facilitar este uso. De manera que la nueva orientación empieza a tener consecuencias perceptibles. Aunque, si se recuerda lo dicho en torno a la situación sociolingüística en las islas resulta evidente que los problemas de la lengua son más profundos que los que puedan abordarse con estas medidas, y que es posible, como a veces se denuncia, que un mayor uso oficial y público coincida con un retroceso efectivo en los usos personales y sociales.

La lengua en la enseñanza

La presión por introducir la lengua catalana en la enseñanza arranca de la creación del Secretariado de Enseñanza de la ya citada Obra de Cultura Balear. Entre otras iniciativas el Secretariado organizaba cursos de verano para maestros en los que la enseñanza de la lengua y sus implicaciones pedagógicas ocupaban un lugar preferente. En 1979 los ya citados «Decretos de bilingüismo» hicieron obligatoria la enseñanza del catalán en todos los centros de enseñanza y a todos los alumnos. Cuatro años después —1983— y en el momento en que se debatía el Estatuto de Autonomía para las islas la situación podía resumirse así (Vives, 1983):

Según los datos recogidos por las autoridades gubernativas el grado de cumplimiento del Decreto era muy alto, un 90 % de los Centros de Enseñanza de Preescolar y de Enseñanza General Básica decían cumplir con la obligación de enseñar el catalán, mientras que en los Centros de Bachillerato y de Formación Profesional el cumplimiento era del 100 %. Pero estos datos eran excesivamente optimistas; una encuesta realizada directamente en los centros demostraba que sólo la mitad de los que decían cumplir con el precepto legal ofrecían efectivamente tres horas semanales de catalán en todos los cursos, los restantes ofrecían sólo algunas horas cuando no era una presencia meramente simbólica. La encuesta demostraba también que los niveles de cumplimiento eran sensiblemente distintos en las tres islas, dándose los más altos en Menorca y los más bajos en Ibiza. En cuanto a la posibilidad prevista también por el Decreto de utilizar el catalán como lengua de enseñanza sólo cuatro centros habían recibido la autorización para hacerlo y otros cuatro lo habían solicitado.

En la misma fecha se disponía de los resultados de una encuesta sobre el conocimiento y el uso del catalán entre los maestros de la isla de Mallorca realizada por el Departamento de Pedagogía de la Universidad de las islas:

Conocimiento del catalán por los maestros de Mallorca. Año 1982

	Bien	*Regular*	*No*
Entiende	81 %	12 %	7 %
Habla	58 %	21 %	21 %
Lee	56 %	25 %	19 %
Escribe	19 %	54 %	27 %

Uso del catalán por los maestros de Mallorca

	Generalmente	*Alguna vez*	*Nunca*
Habla	51 %	15 %	30 %
Escribe	16 %	25 %	59 %
Emplea en clase	7 %	47 %	46 %

Opiniones de los maestros de Mallorca sobre el catalán

	Sí	No
Le parece bien que se enseñe el catalán	87 %	13 %
Le parece bien que se enseñe en catalán	37 %	63 %

Denominación de la lengua por los maestros de Mallorca

Prefieren llamarla «catalán»	36 %
Prefieren llamarla «mallorquín»	37 %
Indiferentes	23 %

En los siete años transcurridos desde 1983 la situación ha variado sensiblemente. En la actualidad sí que es cierto que en todos los centros escolares de las islas la enseñanza del catalán está presente en todos los grados y con el mínimo horario prescrito. El conocimiento del catalán por parte de los maestros también ha aumentado debido a los cursos y otras actividades de formación y a que las nuevas promociones que terminan sus estudios en la Escuela del Profesorado de las islas han recibido una preparación adecuada en este sentido. Y ha aumentado el número de centros, incluso dentro del sistema de la enseñanza pública, que tienen el catalán como medio de enseñanza, a pesar de que sigue siendo muy reducido. Y en los Centros de Bachillerato además de la enseñanza del catalán se ofrece alguna otra asignatura en esta lengua. O sea, que se ha producido un cambio pero un cambio que se mantiene en los límites de los decretos de bilingüismo y que a diferencia de lo que hemos visto en Cataluña parece además estabilizado.

Este estancamiento tiene una primera explicación. A diferencia también de lo que hemos visto en Cataluña, el sistema educativo en las islas Baleares no ha sido transferido al Gobierno autónomo sino que sigue dependiendo del Gobierno central a través de la Delegación del Ministerio de Educación en Baleares. No trato con ello de decir que el Ministerio tenga una actitud hostil a la presencia del catalán en la enseñanza, más bien al contrario; pues como acabamos de ver, las prescripciones legales sobre enseñanza del catalán se cumplen en todos sus términos y las peticiones para ampliar la presencia del catalán en un centro se conceden sin demasiada dificultad. Pero es evidente que las autoridades ministeriales no tomarán ninguna iniciativa más allá de las prescripciones vigentes, y que mientras el sistema educativo no dependa del Gobierno balear la política propuesta por la Ley de Normalización no podrá aplicarse a la enseñanza.

Consciente de esta limitación, y dentro de su postura de solicitar la ampliación de las competencias autonómicas, el Gobierno balear solicita desde hace tiempo la transferencia de las competencias sobre el sistema educativo con tanto mayor motivo cuanto que las islas Baleares constituyen la única Comunidad Autónoma con lengua propia que no tiene estas competencias traspasadas. La petición hasta ahora no ha sido atendida y, dado que para hacerlo habría que modificar en alguna medida las previsiones del Estatuto, es probable que la negociación se prolongue. Pero el estancamiento en la expansión del catalán en la enseñanza no puede atribuirse exclusivamente a esta razón y hay que añadirle la falta de presión social reclamándola. La mayoría de los padres que aceptan con más o menos entusiasmo la enseñanza del catalán son, en cambio, reacios a convertir el catalán en lengua de enseñanza.

La lengua en los productos culturales y en los medios de comunicación

He recordado ya la importancia de la aportación de las Baleares a la literatura catalana. Esta tradición literaria explica que en las islas existan pequeñas editoriales que producen algunas docenas de títulos al año, a los que hay que agregar algunos más patrocinados por el Gobierno y por otras instituciones locales —90 títulos en total en el año 1989—, que en las estadísticas de la producción editorial española se engloban con los producidos en catalán en Cataluña.

En las islas se publican varios periódicos diarios diferentes en cada isla y se distribuyen también los publicados en Madrid y en Barcelona así como un volumen considerable de prensa extranjera destinada al turismo. Los publicados en las islas están escritos en castellano aunque generalmente incluyen alguna sección fija o artículos sueltos en catalán. Y existen varias publicaciones periódicas en catalán de las que *Mirall,* órgano de la «Obra Cultural», y *Lluch,* revista trimestral de cultura, son las más conocidas. Y en varias poblaciones se publican periódicos locales de periodicidad variable de los que la mayoría están escritos total o parcialmente en catalán.

La presencia del catalán en la radio es asimismo limitada. La emisora de Palma de Mallorca de RNE (Radio 4) emite durante unas horas al día en catalán, y lo mismo hacen otras emisoras de Menorca y, en bastante menor proporción, de Ibiza.

En lo que hace referencia a la televisión la Delegación en Baleares de la Televisión estatal emite diariamente un boletín informativo local de 30 minutos de duración. Repetidas veces se ha hablado de la posibilidad de que el Gobierno balear, aprovechando las competencias que le atribuye el Estatuto, promueva su propia emisora de televisión o autorice a una cadena privada a hacerlo, pero hasta ahora ello no se ha traducido en nada concreto. Lo que sí es cierto es que en la islas se pueden captar, gracias a una cadena de repetidores instalados por iniciativa privada, las emisiones de la Televisión catalana.

La presencia del catalán en la vía pública se concreta en la señalización de calles y carreteras y en general en la información ofrecida por el Gobierno balear o por las instituciones públicas y empresas de servicios. La información exterior e interior ofrecida por las empresas privadas, comercios, restaurantes, etc., normalmente utiliza el castellano o lenguas extranjeras en atención al turismo y sólo esporádicamente utiliza el catalán.

3. Valencia

Generalidades. Estructura política

La Comunidad Valenciana (23.305 km^2 y 3.752.682 habitantes) es una de las regiones autónomas en las que se ha estructurado el Estado español. Conocida popularmente como País Valenciano y antiguamente como Reino de Valencia, del nombre de su capital, la ciudad de Valencia. Se extiende a lo largo de la costa del Mediterráneo, al sur de Cataluña y al norte de Murcia, y comprende las cuencas de los ríos que desde las montañas del sistema Ibérico se dirigen al mar. Es una región de clima benigno y soleado, con abundancia de agua, cuyos cultivos agrícolas fueron ya famosos en tiempos de los romanos y más tarde con los árabes. En 1238 Valencia fue conquistada a los árabes por el rey Jaime y repoblada con catalanes y aragoneses, estos últimos de lengua castellana, por lo que desde entonces en la región valenciana se pueden distinguir dos zonas lingüísticas, la costera y más extensa, de lengua catalana, y una interior más reducida de lengua castellana, que coinciden aproximadamente con los límites de la colonización que siguió a la conquista.

Al producirse la unión de la Corona catalanoaragonesa con la de Castilla-Valencia conoció la decadencia política que afectó a todo el

Levante español a pesar de que siempre mantuvo un alto grado de actividad económica. En la actualidad, a una agricultura floreciente y dirigida en buena parte a la exportación, cítricos en primer lugar, se le añade un fuerte desarrollo industrial, por lo que puede hablarse de la Comunidad Valenciana como de una región en plena expansión.

El Estatuto de Autonomía de la Comunidad Valenciana se promulgó en 1981 y asegura a la Comunidad una amplia autonomía aunque el ámbito de las competencias transferidas sea inferior al de las llamadas «nacionalidades históricas»: Cataluña y Euzkadi. Notemos, de todos modos, que a diferencia de lo que hemos dicho para las islas Baleares la Comunidad Valenciana tiene competencias plenas en el ámbito de la educación.

Administrativamente, la Comunidad Valenciana se divide en tres provincias con la misma denominación que sus respectivas capitales: Valencia, Castellón (Castelló) y Alicante (Alacant). La ciudad de Valencia es al mismo tiempo la capital administrativa de la Comunidad, y sede del Parlamento y del Gobierno.

El panorama político valenciano está dominado por los dos grandes partidos estatales: el PSOE, socialista, y el PP, conservador. A ellos se añaden la UV (Unión Valenciana), partido de signo regionalista y orientación conservadora, y los representantes del antiguo Partido Comunista de Valencia, ahora muy debilitado. Hasta ahora no han logrado representación parlamentaria los defensores de la integración de Valencia en el nacionalismo catalán.

De acuerdo con el resultado de las últimas elecciones, el Partido Socialista tiene una amplia mayoría en el Parlamento valenciano y sigue haciéndose cargo por tanto del gobierno de la Generalitat Valenciana, denominación que ha adoptado el órgano de Gobierno de la Comunidad. En cambio en los ayuntamientos de algunas ciudades importantes la mayoría corresponde al PP.

Datos sociolingüísticos

Hasta hace unos años era prácticamente imposible ofrecer datos mínimamente fiables sobre la situación sociolingüística en la Comunidad Valenciana. A partir del Censo de Población de 1986, del que ya he citado los resultados generales, esto ya es posible. A continuación se transcriben los datos del censo sobre los niveles de conocimiento de la lengua propia que, de acuerdo con el Estatuto de Autonomía, llamamos «valenciano» para el conjunto de la Comunidad.

Comunidad Valenciana. Conocimiento del valenciano. Censo de 1986

Población		*Lo entienden*		*Lo hablan*		*Lo escriben*	
3.598.528	100 %	2.649.184	73,61 %	1.780.741	49,48 %	252.932	7,02 %

Fuente: *Padrò Municipal d'Habitants, 1986.*

Conocimiento del valenciano por provincias. Porcentajes

	Lo entienden	*Lo hablan*	*Lo escriben*
Valencia	84,0 %	53,4 %	8,2 %
Alicante/Alacant	60,6 %	36,5 %	4,4 %
Castellón/Castelló	90,3 %	67,0 %	8,7 %

En el cuadro se advierte que el conocimiento y la capacidad de uso de la lengua es muy distinta en las tres provincias y en conjunto puede decirse que disminuye a medida que se desciende de norte a sur. Si en vez de agrupar los datos por provincia se agrupan por comarcas, estas diferencias se hacen todavía más fuertes.

El conocimiento del valenciano se relaciona además con el tamaño de las poblaciones y en general es menor cuanto mayor es el tamaño de la población. Por esto, en cada provincia el conocimiento es mayor en el conjunto de la provincia que en la capital.

Comunidad Valenciana. Conocimiento de la lengua. Censo de 1986

Capaces de hablar en valenciano	
Castellón/Castelló (provincia)	67,0 %
Castellón/Castelló (ciudad)	56,3 %
Valencia (provincia)	53,4 %
Valencia (ciudad)	39,7 %
Alicant/Alacant (provincia)	36,5 %
Alicant/Alacant (ciudad)	21,5 %

Por otra parte y como ya he señalado la Comunidad Valenciana desde el punto de vista lingüístico se divide en dos zonas claramente diferenciadas según sea la lengua predominante en cada una de ellas, división que arranca de los tiempos de la conquista. La zona en la que predomina la lengua valenciana es la más extensa y la más poblada y en ella reside cerca del 90 por ciento de la población de la Comunidad Valenciana. Como es lógico, el nivel de conocimiento del valenciano en cada zona es muy distinto:

Conocimiento del valenciano según las zonas lingüísticas. Censo de 1986

	Entienden	*Hablan*	*Escriben*
Zona de lengua valenciana 3.290.000 habitantes	84,1 %	55,2 %	7,8 %
Zona de lengua castellana 410.000 habitantes	22,6 %	4,4 %	0,8 %

La menor presencia del valenciano en las ciudades y en los núcleos urbanos parece indicar una situación típicamente diglósica en la que los sectores socioculturalmente elevados van abandonando progresivamente la lengua. En el caso valenciano esto en buena parte es cierto pero el fenómeno es más complejo, como lo demuestra el que exista una cierta correlación positiva entre el nivel de instrucción y el conocimiento y la capacidad de uso del valenciano.

Conocimiento del valenciano y nivel de instrucción. Censo de 1986

	Entienden	*Hablan*
Analfabetos	60,6 %	30,8 %
Sin completar la EGB	75,9 %	49,6 %
EGB	82,6 %	54,3 %
Enseñanza Media	84,0 %	49,0 %
Enseñanza Superior	85,0 %	54,4 %

Para interpretar esta correlación debe tenerse en cuenta que en la Comunidad Valenciana residen un buen número de inmigrantes de bajo nivel cultural que al menos de entrada no conocen el valenciano. Y, por otra parte, que la supervivencia del valenciano no se apoya sólo en la inercia de ciertas poblaciones campesinas sino también en la existencia de personas que se sienten comprometidas, con esta supervivencia y que en general pertenecen a los niveles más instruidos.

Igual que hemos visto para Cataluña, una parte de los inmigrados acaban adquiriendo la lengua del país pero igual que en aquélla la rapidez y la frecuencia de esta adquisición depende del nivel de presencia de la lengua en la población en la que se instala el inmigrado. En el cuadro siguiente se transcriben para varias comarcas valencianas los porcentajes de conocimiento de la lengua entre los autóctonos y los inmigrados, lo cual permite comprobar el estrecho paralelismo entre ambos datos.

Competencia para hablar en valenciano en varias comarcas. Comparación entre autóctonos y inmigrados. Datos del censo de 1986

Comarcas	*Autóctonos*	*Inmigrados*
Alt Maestrat	96,7 %	42,7 %
Ribera Baixa	96,3 %	41,7 %

El dato que puede considerarse más desfavorable para el futuro de la lengua es la comparación entre el conocimiento de la lengua y los grupos de edad. Igual que en las islas Baleares, las generaciones más jóvenes presentan un porcentaje de competencia pasiva —entender— similar al de los mayores, probablemente debido a la presencia de la lengua en la escuela, pero en cambio sus porcentajes de competencia activa —capacidad de hablar— claramente son menores y el descenso es más acusado que en Baleares.

Conocimiento del valenciano y edad. Censo de 1986

Grupo de edad	*Población total*	*Personas que lo entienden*	*Personas que lo entienden y lo hablan*
5-9	310.726 (100 %)	197.362 (64 %)	114.358 (37 %)
10-14	323.047 (100 %)	246.764 (76 %)	143.662 (44 %)
15-19	314.190 (100 %)	250.447 (80 %)	148.208 (47 %)
20-24	303.358 (100 %)	242.599 (80 %)	144.068 (47 %)
25-29	280.233 (100 %)	227.544 (81 %)	136.349 (49 %)
30-34	246.064 (100 %)	200.832 (82 %)	121.114 (49 %)
35-39	237.332 (100 %)	194.002 (82 %)	119.345 (50 %)
40-44	215.091 (100 %)	175.030 (81 %)	112.168 (52 %)
45-49	201.881 (100 %)	163.047 (81 %)	108.689 (54 %)
50-54	215.026 (100 %)	172.739 (80 %)	118.701 (55 %)

Grupo de edad	*Población total*	*Personas que lo entienden*	*Personas que lo entienden y lo hablan*
55-59	210.505 (100 %)	166.741 (79 %)	117.516 (56 %)
60-64	192.867 (100 %)	150.916 (78 %)	108.568 (56 %)
65-69	145.866 (100 %)	112.171 (77 %)	81.551 (56 %)
70-74	122.298 (100 %)	93.428 (76 %)	70.508 (58 %)
75-79	93.080 (100 %)	71.041 (76 %)	56.189 (60 %)
80-84	55.089 (100 %)	41.659 (76 %)	33.836 (61 %)
+85	29.656 (100 %)	21.710 (73 %)	17.826 (60 %)

Fuente: *Datos del Censo de 1986; elaboración propia.*

Igual que en el caso de Baleares, si en vez de atender a la competencia activa oral —capacidad de hablar— nos fijamos en la competencia activa escrita —capacidad de escribir— los resultados serían inversos. Sólo una pequeña proporción de población valenciana se manifiesta capaz de escribir en valenciano, pero esta pequeña proporción se concentra en las edades más jóvenes. También aquí se trata claramente de una consecuencia de la presencia de la lengua en el sistema educativo.

Los datos presentados hasta aquí se refieren al conocimiento de la lengua y a su competencia para utilizarla, pero no su uso efectivo, un tema sobre el que los datos objetivos disponibles son mucho más escasos. Un estudio realizado en 1990 basado en entrevistas a una muestra que se consideró representativa de la población valenciana y que comprendía 1.600 personas ofrece los siguientes resultados:

Lengua predominante. Autoevaluación

Más bien valenciano	*Bilingüe*	*Más bien castellano*
31 %	18 %	51 %

Lengua más utilizada

	Valenciano	*Castellano*
En la familia	44 %	55 %
En el trabajo/estudio	33 %	62 %

Los datos anteriores pueden compararse con otros conseguidos entre el personal de la Universidad de Valencia: estudiantes, profesores y personal administrativo y de servicios (PAS).

Competencia para hablar en valenciano. Universidad de Valencia. Autoevaluación

	Correctamente	*Con dificultad*	*Nada*
Estudiantes	43,7 %	51,1 %	5,2 %
Profesores	44,0 %	54,0 %	1,2 %
PAS	35,7 %	59,9 %	4,4 %

En la misma encuesta se preguntaba a los sujetos en qué lengua aprendieron a hablar y por tanto cuál era la lengua de su ambiente familiar en su infancia. Las respuestas fueron:

Lengua en que aprendieron a hablar

	En valenciano	*En las dos*	*En castellano*
Estudiantes	21,5 %	10,9 %	67,2 %
Profesores	21,5 %	10,2 %	67,7 %
PAS	21,4 %	6,6 %	72,0 %

Si se comparan estas cifras con las anteriores se advierte que un cierto número de los que aprendieron a hablar en castellano han sido después capaces de hablar también en valenciano. Pero ¿en qué medida lo hacen? Los mismos sujetos, a la pregunta sobre la lengua que utilizan en su vida familiar, responden:

Lengua familiar

	Siempre o principalmente en valenciano	*Las dos por igual*	*Siempre o principalmente en castellano*
Estudiantes	27,9 %	4,4 %	67,7 %
Profesores	24,8 %	9,0 %	66,3 %
PAS	21,9 %	6,6 %	71,4 %

Si se comparan estas cifras con las que indicaban la lengua que se hablaba en sus casas en su infancia se advierte que las proporciones se mantienen iguales y en todo caso con una ligera ventaja para el valenciano, lo que significa que los hijos de los sujetos de la muestra aprenderán el valenciano en su infancia prácticamente en la misma proporción en que lo hicieron sus padres. Una conclusión importante que nos permite advertir la gran estabilidad de los comportamientos lingüísticos de base.

Las respuestas a la pregunta sobre la lengua predominante en las relaciones de compañerismo y de trabajo son parecidas, con un aumento sustancial de los que afirman que utilizan las dos lenguas, resultado lógico si se tiene en cuenta que incluso los individuos que en su casa hablan en una sola lengua, en su trabajo y en su vida social entran en contacto con personas que hablan bien el castellano, bien el valenciano. En cambio, a las preguntas que se refieren a la lengua más usada en los contactos menos personales y que no implican un conocimiento previo del interlocutor las respuestas son mucho menos favorables al valenciano.

Política lingüística

Igual que para las restantes Comunidades Autónomas, en el capítulo sobre «El marco legal» se han transcrito los artículos del Estatuto de Autonomía de la Comunidad Valenciana que hacen referencia a la lengua y se ha resumido el contenido de la «Ley sobre uso y enseñanza del valenciano» aprobada por su Parlamento. Los preceptos de esta ley son paralelos a los que hemos comentado en las de Cataluña y Baleares pero en conjunto menos ambiciosos, lo cual parece desprenderse de la propia denominación de la ley. Pero como hemos visto en el caso de Baleares, menos importante que el contenido de la Ley es el espíritu con el que se aprobó y la forma en que se aplica.

En la Comunidad Valenciana, como en Baleares y a diferencia de lo que ocurre en Cataluña y en el País Vasco, el partido predominante en el Gobierno de la Comunidad no es explícitamente nacionalista ni propone la defensa de la lengua propia entre sus objetivos prioritarios. Esto podría llevar, como hemos creído advertir en Baleares, a una cierta indiferencia o despreocupación de los gobernantes por el tema de la lengua. En Valencia, la situación es bastante más compleja.

En el capítulo dedicado a la lengua catalana en general ya se ha hecho referencia a la polémica planteada por los que han considerado que la lengua hablada en Valencia no es una variedad del catalán sino una lengua propia, incluso con orígenes distintos, una opinión científicamente indefendible pero que tiene justificaciones políticas. Cuando en el marco de la resistencia contra el franquismo se propuso la recuperación de la lengua, algunos de sus más decididos partidarios consideraron que esta recuperación sólo era posible si los valencianos, por fidelidad al pasado histórico simbolizado en su lengua, se incorporaban a un proyecto nacional catalán tanto en el orden cultural como en el político. Esta propuesta provocó reacciones y rechazos apasionados en muchos sectores de la sociedad valenciana que se sintieron amenazados por un supuesto imperialismo catalán, y para anular desde su raíz la fundamentación de la propuesta afirmaron la independencia del valenciano respecto del catalán. Tanto el Estatuto de Autonomía como la «Ley de uso y enseñanza del valenciano» se redactaron y aprobaron coincidiendo en el tiempo con esta guerra lingüística, y en ambos casos se optó por una solución ambigua: llamar a la lengua propia de la Comunidad Valenciana «valenciano» pero sin precisar en ninguna parte en qué consistía esta lengua ni qué institución se encargaba de definirla y de velar por su corrección.

El primer Gobierno de la Comunidad Valenciana, de signo conservador y fuertemente beligerante en estas cuestiones, intentó con escaso éxito favorecer la eclosión de una norma lingüística propia del valenciano, pero lo que efectivamente hizo fue oponerse a los que pretendían consagrar la interpretación del valenciano como dialecto del catalán, con el resultado de que durante un tiempo no hubo política lingüística en ninguna dirección y los esfuerzos por introducir la lengua en la enseñanza quedaron bloqueados. A partir de los resultados de las elecciones de 1987 el Gobierno de la Comunidad pasó a ser de predominio socialista, y este Gobierno se ha esforzado por salir de este *impasse* con una política realista que podría resumirse en la aceptación de la denominación «valenciano» para la lengua y al mismo tiempo aceptación de que el valenciano es una variante dialectal del catalán y por tanto aceptación de las normas lingüísticas referidas a esta variante. Y junto con esta aceptación una gran prudencia y moderación en la aplicación de la ley evitando todo lo que puede provocar controversias y por supuesto rechazando que de la comunidad de lengua con Cataluña pueda derivarse alguna consecuencia cultural o política.

De acuerdo con esta política, la Generalitat Valenciana ha utilizado sistemáticamente el valenciano como signo de la identidad colectiva, ha asegurado su presencia en el sistema educativo y ha fomentado iniciativas para cultivar y prestigiar la lengua, pero no ha renunciado a tomar ninguna medida que pudiese interpretarse como una forma de presión para promover su uso. El órgano administrativo encargado de gestionar la política lingüística, el «Gabinet D'us del Valencià», prácticamente se limita a realizar encuestas y estudios además de cumplir tareas asesoras para la propia Administración.

Para los grupos en buena parte literarios y en alguna medida políticos comprometidos con el cultivo y la difusión de la lengua esto es evidentemente muy poco y totalmente insuficiente para contener su retroceso. Pero al mismo tiempo continúan activos los que se oponen a la normativa lingüística considerándola como una forma de supeditación a Cataluña, opinión que en la actualidad sólo tiene el respaldo político de un sector de la Unión Valenciana, pero que en ciertos medios populares encuentra adhesiones, lo cual, en la práctica, dificulta tanto la enseñanza de la lengua como la difusión de su uso. Y todavía puede añadirse que se han formulado algunos intentos de vías intermedias que conjuguen un proyecto político valenciano autónomo con una defensa enérgica de la lengua sin que hasta ahora hayan calado en la opinión pública.

La lengua en la Administración

Como ya queda dicho, la Generalitat Valenciana utiliza el valenciano como símbolo externo de su identidad: denominación de la Institución y de sus cargos, membrete de la correspondencia, señalización de edificios, indicaciones en carreteras. Y edita las publicaciones oficiales y los formularios administrativos en valenciano, más generalmente, en las dos lenguas.

Dado que las dos lenguas son oficiales, cualquier ciudadano tiene el derecho de relacionarse con la Administración Pública valenciana tanto oralmente como por escrito en valenciano. En la práctica, la inercia social reduce el ejercicio de este derecho a límites modestos. Pocos valencianos se dirigen a un funcionario público en valenciano a menos que no exista previamente una relación en esta lengua y si lo hacen, basta con un gesto de incomprensión para renunciar al intento. Menos son todavía los que se dirigen en valenciano a la Administración por escrito y los que lo hacen es premeditadamente y con la conciencia de ejercer un derecho. En cuanto al funcionamiento interno de la propia Administración, el predominio del castellano es completo, sin apenas otras excepciones que los departamentos de Cultura y Enseñanza, y sólo en parte. Es cierto que los propios dirigentes del Gobierno y de la oposición no ofrecen un ejemplo estimulante en este sentido. En el Parlamento valenciano, el mismo que aprobó la «Ley de uso y enseñanza del valenciano», las intervenciones se hacen en las dos lenguas pero con mayoría para el castellano.

Sobre el papel de la lengua en la Administración resulta interesante conocer los resultados de una encuesta realizada en 1988 por el Gabinet D'us del Valencià sobre el conocimiento y uso del valenciano por parte de los funcionarios de la Administración autonómica.

Respecto al conocimiento, un 80 % dicen entenderlo sin problemas, pero sólo el 58 % dicen leerlo sin problemas y sólo el 50% se consideran capaces de mantener una conversación en valenciano sin dificultad. Son aproximadamente los mismos niveles de competencia en valenciano que el censo señala para los habitantes de la Comunidad con algún nivel de estudios. Los porcentajes que acabo de citar se refieren al conjunto de la Comunidad Valenciana pero son sensiblemente más altos en Castellón y más bajos en Alicante, donde sólo el 32% de los funcionarios se considera apto para mantener una conversación en valenciano.

Respecto a la lengua utilizada en sus relaciones con sus compañeros y con el público, he aquí sus respuestas en porcentajes:

Lengua utilizada en las relaciones con los compañeros de trabajo

	Castellón	*Valencia*	*Alicante*
Siempre en valenciano	21,0 %	5,4 %	2,2 %
Más a menudo en valenciano	17,5 %	9,6 %	1,4 %
En valenciano y en castellano	20,5 %	18,1 %	12,4 %
Más a menudo en castellano	17,5 %	19,1 %	8,5 %
Siempre en castellano	23,5 %	47,6 %	74,9 %

Lengua utilizada en las relaciones con el público

	Castellón	*Valencia*	*Alicante*
Siempre en valenciano	8,0 %	3,2 %	2,2 %
Más a menudo en valenciano	18,5 %	7,5 %	2,5 %
En valenciano y en castellano	22,5 %	30,1 %	15,2 %
Más a menudo en castellano	22,5 %	18,1 %	10,2 %
Siempre en castellano	21,0 %	39,5 %	69,1 %

Los datos anteriores se refieren a la Administración que depende de la Comunidad Autónoma. En la Administración local (ayuntamientos) la situación es todavía más variada en función de factores locales. En cuanto a la Administración que depende del Gobierno central, así como en las empresas de servicios públicos de ámbito nacional, la presencia del valenciano es poco más que simbólica y se limita a la presentación bilingüe de algunas informaciones y formularios de gran difusión.

La lengua en la enseñanza

Al revés que en Cataluña en la Comunidad Valenciana la tradición de enseñanza en lengua propia era escasa y fue en la década de los sesenta cuando empezó a manifestarse la preocupación por introducir la lengua en el sistema educativo, siendo algunos años más tarde cuando algunos centros iniciaron su enseñanza y uso docente. En 1973 el ICE (Instituto de Ciencias de la Educación) de la Universidad de Valencia introdujo los cursos de lengua en sus programas de perfeccionamiento del profesorado. En 1978, a raíz de los decretos de bilingüismo, varias veces citados en esta obra, el Gobierno preautonómico de Valencia estableció un plan experimental para la introducción de la enseñanza de la lengua en las escuelas, que en su primera fase abarcó a unos 250 centros. En 1982, una vez aprobado el Estatuto de Autonomía, el nuevo Gobierno de Valencia dictó un decreto que regulaba la enseñanza de la lengua y la hacía obligatoria en todos los niveles. Pero fue a la hora de aplicar este decreto cuando se hizo más grave el conflicto al que antes he hecho referencia.

Tanto los cursos para maestros del ICE como el plan experimental para los centros docentes se habían establecido sobre el supuesto de que el valenciano es una variante del catalán y aceptando, por tanto, sus normas, si bien adaptadas a la variedad valenciana, punto de vista al que el nuevo Gobierno de la Generalitat se oponía tajantemente. Pero los intentos de organizar cursos de capacitación en valenciano/valenciano para enseñantes terminaron en fracaso y como consecuencia se produjo una situación caótica con unos centros adoptando las normas del catalán, otros creando sus propias normas y la mayoría desentendiéndose de la controversia y con ello de la enseñanza de la lengua. Con la llegada del Partido Socialista al Gobierno de la Generalitat Valenciana, tal como ya he reseñado, la situación se desdramatizó, conservándose la denominación de enseñanza de la lengua valenciana y adoptándose las normas del valenciano como variedad dialectal del catalán. A partir de entonces el número de centros que cumplen la normativa de enseñar la lengua en todos los niveles ha ido aumentando año tras año, y en 1978 la Consejería de Enseñanza de la Generalitat Valenciana anunció que todos los centros docentes de la Comunidad, tanto de EGB como de Formación Profesional y de Bachillerato, cumplían la norma legal. Es posible que en aquel momento la afirmación fuese exagerada, pero en todo caso es evidente que se ha producido un giro completo en la situación.

Aunque no existen datos objetivos sobre los resultados conseguidos con esta enseñanza, es muy probable que ocurra, y con más fuerza todavía, lo que se observó en Cataluña, que a los alumnos que ya tienen el catalán como lengua familiar la enseñanza del catalán les permite leerlo y escribirlo, mientras que para los que no lo tienen como primera lengua los resultados son muy pobres y en general no les proporciona ninguna competencia activa. A partir de esta comprobación las autoridades educativas de Cataluña impusieron la obligación de utilizar el catalán como lengua de enseñanza al menos en una asignatura en cada curso escolar, y la Consejería de Enseñanza valenciana propuso esta misma fórmula como innovación experimental a los centros que voluntariamente quisiesen adoptarla. Pero la iniciativa ha tenido escaso éxito y parece prácticamente abandonada. De manera que es muy probable que la enseñanza del valenciano a los alumnos que no lo tienen como lengua familiar siga dando escasos resultados.

Los decretos de bilingüismo ya preveían la posibilidad de utilizar la lengua propia como lengua de enseñanza y la Ley de uso del valenciano recomienda que en la medida de lo posible se tienda a que los escolares reciban su primera enseñanza en su lengua familiar, lo que equivale a proponer la enseñanza en valenciano dado que la enseñanza en castellano ya existe. De acuerdo con ello las autoridades educativas valencianas ofrecen a los centros que lo solicitan la posibilidad de establecer una «línea de enseñanza en valenciano» al lado de la línea tradicional de enseñanza en castellano. Tal ofrecimiento implica la existencia de medidas administrativas para asignar a los centros los profesores adecuados y también la existencia del material pedagógico necesario. En los centros escolares en los que se ha establecido la «línea valenciana» los padres pueden escoger, por tanto, la línea en la que desean inscribir a sus hijos. En 1990, en la Comunidad Valenciana la línea valenciana existe completa o iniciada en unos 300 centros de enseñanza públicos y en unos 70 privados, lo cual representa cerca del 5 % del total de los existentes.

Universidad

La Universidad de Valencia y también la de Alicante, pero no la Politécnica de Valencia, han inscrito en sus Estatutos la cooficialidad de las dos lenguas y el compromiso de promover y difundir la lengua propia, que en el caso de la Universidad de Valencia se denomina explícitamente «lengua catalana», aunque la denominación ha sido posteriormente recurrida ante los tribunales. En ambas universidades se han creado servicios técnicos encargados de contribuir a esta difusión organizando cursos de lengua para profesores y alumnos y asesorando a las respectivas administraciones universitarias. Y al menos en la Universidad de Valencia el rectorado ha impulsado estas actividades.

Los resultados, sin embargo, son hasta ahora bastante limitados. La Universidad de Valencia utiliza efectivamente el valenciano como signo de identidad en todas sus manifestaciones públicas, publica o promociona libros y trabajos de investigación en valenciano y difunde información e imprime sus formularios administrativos en las dos lenguas. Pero en conjunto y en el aspecto lingüístico la administración universitaria funciona en forma muy parecida a como lo he descrito para la Administración autonómica, es decir, básicamente en castellano, con un uso algo esporádico del valenciano.

En cuanto a la lengua de la enseñanza el número de clases profesadas en valenciano probablemente no alcanza al 10% del total estando concentradas en algunas Facultades. Pero además y a pesar de que los Estatutos establecen que cada profesor puede utilizar en el aula la lengua que desee de las dos oficiales, a consecuencia de ciertas protestas refrendadas por una decisión judicial, actualmente se da por supuesto que sólo se puede profesar una clase en valenciano si la misma asignatura se ofrece también en castellano.

La lengua en los productos culturales y en los medios de comunicación

Las estadísticas del Instituto Nacional del Libro no distinguen entre los libros publicados en catalán o en valenciano ni entre los editados en Valencia o en Cataluña de manera que no hay datos oficiales sobre el volumen de las publicaciones producidas en Valencia. Pero no es pequeño. Los núcleos intelectuales comprometidos con la promoción y la defensa de la lengua son muy activos. En el campo editorial existen varias editoriales prestigiosas: Climent, Tres i Quatre..., dedicadas exclusivamente a esta tarea además de escritores valencianos de alta calidad y ampliamente difundidos no sólo en Valencia sino en todo el ámbito de lengua catalana. A estos libros, la mayoría de tema literario, sociológico o político se añaden los que se utilizan para la enseñanza del valenciano en las escuelas y alguna oferta de libro juvenil. Y por supuesto hay que añadirles los editados por el Gobierno o por otras instituciones con finalidades divulgativas o estrictamente científicas.

En la Comunidad Valenciana se leen los grandes periódicos diarios de difusión estatal además de periódicos diarios editados en Valencia, que utilizan exclusivamente el castellano, y en general no sólo se muestran hostiles a las posturas «catalanistas» sino incluso recelosos ante la política lingüística del Gobierno autónomo. También la mayoría de las publicaciones periódicas editadas en la Comunidad son en lengua castellana aunque existen algunas excepciones de las que la más notable es *El Temps*, semanario de información general con una tirada de 15.000 ejemplares, muy difundido en todo el ámbito lingüístico del catalán y especialmente en Cataluña. Casi no hace falta añadir que tanto *El Temps* como las editoriales aludidas no sólo defienden la unidad de la lengua sino la de la cultura que se expresa a través de ella.

En el campo de los medios audiovisuales la Generalitat valenciana no ha hecho uso de las competencias que le permiten crear sus propias emisoras de radio, y la presencia del valenciano en las ondas se limita a algunas emisoras locales y a programas esporádicos en las cadenas de emisoras estatales. Lo contrario ha ocurrido con la televisión, y la emisora creada por el Gobierno autónomo ha empezado a emitir regularmente en 1989. Durante un tiempo existían dudas sobre la lengua en que difundiría sus programas la nueva emisora si en castellano o en valenciano, pero finalmente se optó por el valenciano. Es cierto que a falta de producción propia en su programación abundan las películas y los seriales extranjeros que, por falta de doblaje al valenciano, se emiten en castellano. Y es cierto que en las emisiones en valenciano el nivel de lengua utilizado ha provocado protestas; a la controversia habitual en estos casos entre lengua académica y lengua popular se une la discusión sobre la mayor o menor fidelidad a las normas del catalán en su versión dialectal valenciana.

Dado el escaso tiempo de funcionamiento es demasiado pronto para decidir cuál será la pauta lingüística que en definitiva adoptará la TV valenciana y pronto también para apreciar en qué medida encontrará la aceptación del público. Si efectivamente lo encuentra, su papel en el prestigio y en la popularización de la lengua puede ser extremadamente importante.

La presencia de la lengua en la vía pública es reducida y en gran parte se limita a la señalización e información institucional. En conjunto, la presencia es inferior a la que se observa en Cataluña, e inferior incluso a la de las respectivas lenguas en Galicia y en el País Vasco.

4. Galicia

Datos generales. Estructura política

Galicia, en el extremo noroccidental de la Península, tiene una extensión de 29.400 Km^2 y una población de 2.753.000 habitantes. En la introducción histórica se hace referencia al pasado celta de esta parte de la Península así como a las peregrinaciones que en la Edad Media y procedentes de toda Europa se dirigían a la tumba del apóstol Santiago en Compostela. Y se ha hecho referencia asímismo a la falta de instituciones políticas y a su situación tradicional de dependencia y pobreza que ha conducido a una población muy dispersa, dedicada casi exclusivamente a la agricultura, con una alta tasa de analfabetismo y una elevada proporción de emigrantes. Una situación socialmente muy desfavorable que parece en camino de cambiar, pues desde hace tiempo se ha iniciado una modernización que lógicamente la Autonomía debería potenciar.

Desde 1982 Galicia cuenta con un Estatuto de Autonomía y, de acuerdo con este Estatuto, con un Parlamento propio y con un Gobierno —*Xunta de Galicia*— responsable ante éste. Administrativamente Galicia está dividida en cuatro provincias: La Coruña *(A Coruña)*, Lugo, Orense *(Ourense)* y Pontevedra. La capital administrativa se ha situado en Santiago de Compostela, sede del Parlamento y de la Xunta.

En el primer Parlamento autonómico el Partido conservador español, entonces denominado Alianza Popular, era el partido mayoritario, por lo que tenía también la mayoría en el primer Gobierno Gallego hasta que en 1986 fue sustituido por una coalición del Partido Socialista con dos pequeños partidos, uno regionalista (Coalición Galega) y otro nacionalista (Partido Nacionalista Galego). Pero en las últimas elecciones celebradas en 1990 el Partido Conservador, ahora con el nombre de Partido Popular, ha conseguido la mayoría absoluta en el Parlamento. La composición actual del Parlamento gallego es la siguiente: Partido Popular, 38 diputados; Partido Socialista de Galicia (PSOE), 28; BNC (nacionalistas gallegos), 5; EG (izquierda gallega), 2, y CG (regionalistas gallegos), 2. De acuerdo con esta composición el Gobierno de la Xunta está constituido exclusivamente por representantes del PP.

En los primeros momentos del régimen autonómico el Gobierno de signo conservador demostró un interés muy limitado rayano en la indiferencia por el tema de la lengua, pero progresivamente se fue abriendo paso la convicción de que la reivindicación de la lengua era una aspiración compartida por muchos sectores sociales, aspiración reforzada a su vez por el ejemplo de lo que hacían los Gobiernos autonómicos de Cataluña y del País Vasco, de manera que el Gobierno Gallego empezó a comprometerse en esta dirección, lo cual se tradujo en la aprobación por unanimidad de la Ley de Normalización Lingüística y en la creación de la Dirección General de Política Lingüística. El Gobierno de coalición, presidido por el PSOE, dio mayor impulso a esta política y todo hace suponer que el Gobierno actual va a continuarla e incluso a reforzarla. Aun reconociendo que se trata de una política moderada que para los grupos nacionalistas resulta totalmente insuficiente.

Datos sociolingüísticos

Galicia es la única Comunidad Autónoma con lengua propia en la que no se aprovechó el Censo de población de 1986 para efectuar también un censo lingüístico. Parece que ya está decidido que en el próximo Censo (1991) se compensará esta limitación, pero mientras no se disponga de sus resultados cualquier comentario sobre la situación sociolingüística en Galicia sólo puede apoyarse en los resultados de encuestas parciales y de una fiabilidad limitada. He aquí los datos ofrecidos por una de ellas, la encuesta sobre equipamento cultural de los españoles, encargada y publicada por el Ministerio de Cultura (Madrid, 1986).

Conocimiento del gallego. Población de seis años y más

Entiende el gallego		
Nada	153.000	6 %
Con dificultad	869.000	33 %
Sin dificultad	1.581.000	61 %
Habla el gallego		
Nada	215.000	8 %
Con dificultad	948.000	36 %
Sin dificultad	1.440.000	55 %
Lee el gallego		
Nada	694.000	27 %
Con dificultad	1.128.000	43 %
Sin dificultad	780.000	30 %
Escribe el gallego		
Nada	986.000	38 %
Con dificultad	1.143.000	44 %
Sin dificultad	473.000	8 %

En una publicación reciente del Consejo de Cultura Gallega sobre el gallego en la enseñanza elemental se ofrecen unas cifras sobre la competencia lingüística de los escolares que son comparables con las anteriores aunque algo más desfavorables para el gallego. Son las siguientes:

Competencia lingüística en los escolares. Porcentajes

Competencia pasiva en gallego	
Lo entienden sin dificultad	65 %
Lo entienden con dificultad	25 %
No lo entienden	9,5 %
Competencia activa en gallego	
Lo hablan sin dificultad	30 %
Lo hablan con dificultad	43 %
No lo hablan	27 %

Aun admitiendo la escasa precisión de estas encuestas y de otras que podrían citarse, sus resultados concordantes bastan para demostrar un conocimiento generalizado del gallego por parte de los habitantes de Galicia superior al conocimiento de la lengua propia en otras Comunidades Autónomas. Así, el porcentaje de los que dicen ser capaces de hablar en gallego aunque sea con dificultades no sólo es muy superior a los que en el País Vasco se declaran capaces de hablar en vasco sino incluso superior al de los que en Cataluña se dicen capaces de hablar en catalán. La escasa proporción de inmigrantes llegados del exterior entre la población de Galicia puede ser la explicación de este hecho.

En el mismo sentido puede citarse una encuesta (Rojo, 1977) sobre el conocimiento del gallego y las actitudes ante la lengua de los maestros de Galicia según la cual el 96 % de los maestros decía entender en alguna medida el gallego y el 71 % ser capaces de hablarlo. Una encuesta similar entre los maestros de Cataluña en aquel año habría dado resultados inferiores para el catalán. Y no digamos en el País Vasco para el euskera.

Los resultados de otras encuestas difundidas por la Dirección General de Política Lingüística permiten profundizar en este conocimiento de la lengua por parte de la población. En una de ellas se pone en relación el uso habitual del gallego con el nivel profesional.

Lengua de uso habitual según el nivel profesional

	Gallego	*Castellano*
Universitarios	22, %	78,0 %
Altos funcionarios. Directivos	30,5 %	69,5 %
Funcionarios medios. Administrativos	41,0 %	59,0 %
Obreros cualificados	64,0 %	36,0 %
Pequeños comerciantes y artesanos	68,0 %	32,0 %
Empleados subalternos	73,0 %	27,0 %
Población no activa	76,0 %	24,0 %
Agricultores. Marineros	93,0 %	7,0 %

Fuente: Xunta de Galicia. *La normalización de la lengua gallega*

Otras encuestas nos informan sobre la relación entre lengua habitual y lugar de residencia:

Lengua habitual y lugar de residencia. Niños de 10 a 14 años

	Gallego	*Castellano*
Habitantes en ciudades	8 %	92 %
Habitantes en pueblos	33 %	67 %
Habitantes en aldeas	65 %	35 %

Fuente: Xunta de Galicia. *La normalización de la lengua gallega.*

Encuestas más recientes sobre la lengua de los escolares indican que en conjunto aproximadamente una tercera parte de los escolares hablan con sus padres exclusivamente en gallego, otra tercera parte exclusivamente en castellano y la tercera parte restante utilizando las dos lenguas. Pero estas proporciones son muy diferentes según el lugar de residencia: en las ciudades principales los escolares que hablan exclusivamente en gallego con sus padres no llegan al 10 % mientras que en las aldeas pueden sobrepasar el 80 %. Las mismas encuestas revelan otros datos igualmente significativos. En las familias campesinas actualmente es frecuente que los abuelos sean monolingües en gallego mientras que los nietos utilizan indiferentemente las dos lenguas. A su vez, en las ciudades abundan los niños que hablan con sus padres exclusivamente en castellano mientras que estos padres en su infancia hablaban en gallego con los suyos.

Todos los datos transcritos apuntan a una situación de diglosia clásica con un progresivo desplazamiento de una lengua «baja» por una lengua «alta», desplazamiento acelerado en los últimos treinta años por una serie de factores: extensión de la enseñanza elemental, difusión de la televisión..., que han llevado la castellanización hasta las aldeas y las familias campesinas.

Pero si todo esto es cierto, también lo es que empiezan a influir factores de signo contrario. Si tradicionalmente el gallego ha estado considerado como la lengua de los campesinos asociada por tanto a la pobreza y a la ignorancia, ahora empieza a ser también la lengua exaltada por intelectuales y políticos como símbolo de la identidad gallega, utilizada en papeles oficiales y en actos de Gobierno y de alguna manera asociada, por tanto, con el poder y la autoridad. Con ello el gallego adquiere un prestigio que antes no tenía, y este mayor prestigio empieza a revelarse en las encuestas de actitudes que por ejemplo ofrecen más opiniones favorables a la enseñanza del gallego o en gallego de lo que ocurría hace unos años. Ahora los encuestados tienden a afirmar e incluso a exagerar su conocimiento del gallego mientras que hace unos años tendían a olvidarlo o a no concederle importancia a la hora de contestar a una encuesta.

Política lingüística

La «Ley de Normalización del Gallego» dice en su Preámbulo: «La Constitución de 1978 al reconocer nuestros derechos autonómicos como nacionalidad histórica hizo posible la puesta en marcha de un esfuerzo constructivo encaminado a la plena recuperación de nuestra personalidad colectiva y de su potencialidad creadora. Uno de los factores fundamentales de esta recuperación es la lengua por ser el núcleo vital de nuestra identidad. La lengua es la mayor y la más original creación colectiva de los gallegos y la verdadera fuerza espititual que da unidad interna a nuestra comunidad.»

Estas afirmaciones rotundas contrastan claramente con las opiniones más bien moderadas que en materia de lengua mantenían los partidos políticos mayoritarios en el Parlamento gallego en el momento en que se discutía la ley. Resulta evidente que los que la inspiraron y redactaron pertenecían a los grupos intelectuales comprometidos con la defensa de la lengua. Y es igualmente patente que en su contenido la ley se inspiró en el texto de las leyes homónimas que habían sido aprobadas por los parlamentos de Cataluña y del País Vasco y que el ejemplo ofrecido por estas Comunidades en defensa de sus lenguas influyó decisivamente en la presentación y la discusión de la ley. Pero una vez dicho todo esto continúa siendo cierto que la ley después de discutida fue aprobada por unanimidad por todos los partidos representados en el Parlamento.

Claro que es posible suponer que la presentación y defensa de la ley por parte del partido mayoritario era puramente un gesto simbólico sin la intención de convertirlo en una actuación eficaz. Pero renunciando a juzgar las intenciones el hecho es que se creó una Dirección de Política Lingüística y se puso en marcha una política que con altibajos fue continuada por el Gobierno socialista y ha sido asumida por el actual. Sería absurdo esperar de los partidos mayoritarios gallegos una política lingüística tan decidida como la que promueven los partidos nacionalistas en el poder en Cataluña y en el País Vasco, pero en todo caso se trata de una política que se compara favorablemente con la que hemos visto aplicada en las islas Baleares y en Valencia. Una política cuyas realizaciones principales son la incorporación del gallego a la imagen institucional de Galicia, una presencia relativamente intensa del gallego en la Administración, la introducción de la enseñanza del gallego en todos los niveles del sistema educativo y la implantación de una televisión en lengua gallega. Teniendo en cuenta que el mayor problema para la recuperación del gallego ha sido siempre su escaso, por no decir nulo, prestigio social, es indudable que esta política ha roto con algunos de los esquemas tradicionales.

Lo que sí es razonable pensar es que esta política de promoción de la lengua, incluso en un nivel moderado, no estaba originariamente en los programas de los partidos mayoritarios gallegos y que fue la favorable acogida que encontraron las primeras medidas en favor del gallego, por ejemplo la favorable acogida que encontró la televisión en gallego, superior a la esperada, lo que ha llevado a mantenerla.

Más difícil es hacer pronósticos sobre su evolución futura. Algunos síntomas dan la impresión de que se ha producido un cierto estancamiento y que nuevos avances no encontrarían un apoyo popular. Y la controversia sobre la norma a la que me he referido al hablar del gallego como lengua incide también en este sentido. Otros signos parecen señalar en una dirección opuesta y el Gobierno actual parece dispuesto a tenerlos en cuenta. Y no es imposible que algún día llegue a cuajar en Galicia lo que varias veces se ha intentado, un partido nacionalista de centroderecha al estilo de los existentes en Cataluña y en el País Vasco que como ellos asuma una defensa enérgica de la lengua. Sin olvidar que la política de promoción del gallego encuentra un soporte popular muy distinto en las distintas comarcas gallegas y sobre todo en las distintas ciudades, con un máximo en Santiago y un mínimo en La Coruña.

La lengua en el Gobierno y en la Administración

Como en las restantes Comunidades Autónomas con lengua propia el Gobierno de Galicia utiliza la lengua como señal de identidad en su denominación y en las de todos sus órganos e instituciones y en la señalización interna y externa. Produce en gallego publicaciones culturales e informativas y lo utiliza con frecuencia en los actos institucionales. En este aspecto hay que citar un dato significativo, en el Parlamento gallego en sus primeros tiempos la mayoría de intervenciones se hacían en castellano mientras que actualmente la mayoría se hacen en gallego. Es el único Parlamento en el que se ha producido una clara evolución en la lengua utilizada.

Asimismo, la Administración Pública autonómica publica en gallego al mismo tiempo que en castellano todas sus disposiciones: leyes, decretos, órdenes, reglamentaciones..., así como toda la información dirigida al público y también los formularios administrativos. Para las relaciones del público con la Administración la ley especifica que todos los ciudadanos pueden dirigirse a la Administración en gallego igual que en castellano. En el plano oral ello no plantea mayores dificultades pues la mayoría de sus funcionarios, igual que la mayoría de los habitantes de Galicia, entienden el gallego y muchos son capaces de hablarlo con más o menos facilidad. Si todavía la mayoría de los ciudadanos no utilizan el gallego en sus gestiones oficiales es porque tienen la impresión de que el castellano es la lengua más adecuada en estas circunstancias. Lo mismo puede decirse pero con más intensidad en el caso de las relaciones escritas, con el agravante de la falta de entrenamiento en este uso de la lengua.

Respecto al uso interno es posible hacer observaciones parecidas. En las relaciones internas orales una mayoría de funcionarios utilizan el gallego para comunicarse entre sí en cualquier nivel de la jerarquía administrativa. Pero para las comunicaciones escritas tanto informales como formales, continúa predominando el castellano. Aunque también en este aspecto se ha producido una evolución y en la actualidad existe ya una cierta presencia del gallego en el funcionamiento formal. Paralelamente se está produciendo un esfuerzo por desarrollar un lenguaje administrativo gallego, así como por reforzar el conocimiento de la lengua entre los funcionarios.

Todo lo dicho hasta aquí se refiere a la Administración autonómica. En los ayuntamientos de las grandes ciudades y en las diputaciones provinciales la presencia del gallego es sensiblemente menor, y en las delegaciones de la Administración central y en las grandes empresas estatales o públicas la presencia es poco más que simbólica y parecida a la que he descrito en otras Comunidades. Tampoco en las grandes y pequeñas empresas privadas los progresos del gallego han sido importantes.

La lengua en la enseñanza

A lo largo de la década de los setenta fueron frecuentes las muestras de interés y de preocupación por el papel de la lengua gallega en la enseñanza de los niños. Los movimientos de renovación pedagógica que agrupaban a los enseñantes más inquietos empezaron a ocuparse del tema. Se publicaron estudios que ponían en relación el nivel de uso familiar del gallego con la tasa de fracaso escolar (Pérez Vilariño) o sobre las actitudes de los maestros frente a la lengua gallega y su uso en la enseñanza (Rojo). El Instituto de Ciencias de la Educación de la Universidad de Santiago empezó a impartir cursos de lengua gallega para maestros, y en la misma época algunas Escuelas de Formación del Profesorado introdujeron el gallego en sus planes de estudio. Pero la presencia real del gallego en la enseñanza era, de todos modos, mínima.

En 1978 los decretos de bilingüismo obligaron a que en todos los territorios con lengua propia la lengua debía ser enseñada en todos los niveles escolares. Poco después, aprobado ya el Estatuto de Autonomía de Galicia y traspasadas a la Xunta de Galicia las competencias sobre el sistema educativo, la responsabilidad por el cumplimiento de esta disposición recayó sobre la Consejería de Educación de la Xunta. Tres años más tarde, en el curso 1981-1982, el nivel de cumplimiento del decreto era, de todos modos, bastante bajo y los centros en los que efectivamente se ofrecía enseñanza del gallego no llegaban al 40% del total (Fernández). En cuanto a la posibilidad que abría el decreto de que en ciertos casos y cumpliendo determinadas condiciones pudiese utilizarse el gallego como lengua de enseñanza, prácticamente no había sido utilizada. Es cierto que en algunos lugares maestros partidarios acérrimos de la galleguización habían decidido por su cuenta utilizar sólo el gallego en sus clases pero no encontraron apoyo oficial ni popular sino más bien hostilidad por parte de los padres de sus alumnos teniendo esta iniciativa escasa repercusión. Por tanto, puede decirse que durante varios años la introducción del gallego en la enseñanza avanzó muy lentamente porque no existía una voluntad política clara de promoverla y también porque la actitud popular era más bien recelosa si no hostil.

Paulatinamente la situación ha variado. El prestigio social de la lengua ha aumentado. La mayoría de la población considera normal la enseñanza del gallego y la posibilidad de que se utilice como medio de enseñanza causa menos sorpresa. Los nuevos enseñantes que se incorporan a la docencia han recibido parte de su formación en gallego. La propia Consellería de Educación después de la aprobación de la Ley de Normalización tomó una actitud más favorable al gallego y entre otras cosas dictó una disposición por la que a semejanza de lo que se había hecho en Cataluña en todos los niveles educativos además de la clase de lengua gallega debía impartirse una asignatura utilizando el gallego como lengua de enseñanza.

En la actualidad y según datos proporcionados por la Consellería de Educación de la Xunta de Galicia todos los centros de Educación General Básica cumplen la obligación de enseñar gallego en todos los cursos, y un 67 % cumplen la obligación complementaria de enseñar una asignatura en gallego en todos los cursos. En los centros de Bachillerato y Formación Profesional las proporciones de cumplimiento son menores. Hay todavía algunos centros que no han establecido la enseñanza de la lengua y la literatura gallegas, y no más del 30 % cumplen con la obligación de ofrecer otra asignatura en gallego. Varias órdenes de la misma Consellería (agosto de 1987 y marzo de 1988) han insistido en estas obligaciones, esperándose que en el curso 1990-1991 el cumplimiento se acerque a la totalidad.

Al mismo tiempo que se han producido estos cambios en la programación ha ido cambiando el clima social en la escuela en relación con la lengua. La lengua principal de la enseñanza sigue siendo el castellano, pero en las aulas y fuera de ellas el gallego se utiliza más que antes, e incluso una parte del funcionamiento interno y del papeleo administrativo se hace en gallego. Y la mayoría de los enseñantes y de los padres de los alumnos admiten que en el futuro esta presencia puede aumentar aun cuando en general siguen siendo reacios a convertirla en lengua principal de enseñanza.

Como factor negativo hay que recordar la controversia sobre la norma lingüística. La mayor parte de la enseñanza del gallego en el interior del sistema educativo se atiene a las normas de la Academia, pero hay también grupos de enseñantes partidarios convencidos de las normas reintegracionistas, y las controversias que así se generan producen desorientación en un público en conjunto poco interesado por el tema y ofrecen argumentos complementarios a los que sienten poca simpatía por la enseñanza del gallego.

La presencia de la lengua en la Universidad merece también un comentario. En los Estatutos de la Universidad de Santiago, el artículo 8 dice textualmente: «en la Universidad de Santiago la lengua gallega debe ser de uso oficial. También es oficial la lengua castellana como lengua oficial del Estado», y añade a continuación: «la Universidad de Santiago debe promover el estudio y la utilización de la lengua gallega como expresión relevante del contorno social en que se asienta sin que en ningún caso pueda discriminarse a nadie por razón de su lengua teniendo en cuenta el derecho de todos los miembros de la Comunidad Universitaria a expresarse en cualquiera de las dos lenguas a que se refiere el párrafo anterior». A estas afirmaciones se puede añadir que según una disposición reciente, las pruebas de ingreso en la Universidad de Santiago incluyen una prueba de dominio de la lengua gallega.

En el momento en que se promulgó el Estatuto universitario la afirmación de que en la Universidad de Santiago el gallego debía ser lengua oficial y con los mismos derechos que el castellano era poco más que la formulación de un deseo. Es cierto que a finales de la década de los sesenta y coincidiendo con la radicalización de los movimientos estudiantiles en todo el mundo y con la oposición al régimen franquista tan viva en las universidades españolas los estudiantes de Santiago descubrieron el valor del gallego como señal de identidad de su pueblo, o mejor de su identificación con las clases populares, y lo convirtieron en bandera política, siendo esta herencia, junto con el entusiasmo por la recién estrenada Autonomía, lo que explica las afirmaciones del Estatuto. Pero en realidad, en el momento en que fue aprobado, la presencia del gallego en la Universidad era modesta y se limitaba a algunos departamentos de la Facultad de Letras. Pero también en este campo la situación ha variado sensiblemente como lo demuestran los datos que cito a continuación (Rodríguez Neira, 1988). En el orden administrativo, la documentación que emana del rectorado y de los órganos centrales de la Universidad (anuncios, convocatorias, formularios de matrícula...) utiliza sistemáticamente el gallego, la que procede de las facultades y departamentos es mucho menos uniforme. En cuanto a la lengua oral, la gran mayoría de los empleados administrativos entienden las dos lenguas y muchos las hablan, de manera que no hay ninguna dificultad en efectuar cualquier gestión en gallego. En las reuniones universitarias de cualquier nivel, tanto formales como informales, se da por supuesto que los asistentes entienden las dos lenguas y cada participante se expresa en la lengua que desea. En la práctica, la frecuencia del gallego es algo superior a la del castellano.

Respecto a la enseñanza se dispone de los resultados de una encuesta dirigida a un buen número de profesores y de alumnos que sin ser representativa es útil para dar idea de las tendencias. El 80 % de los profesores dicen dar la clase exclusiva (61 %) o mayoritariamente (18 %) en castellano, mientras que el 20 % restante lo hacen exclusiva (14 %) o principalmente (6 %) en gallego. Las respuestas de los estudiantes confirman indirectamente estas proporciones. El 40 % dicen no haber recibido ninguna clase en gallego a lo largo de sus estudios, el 50 % haber recibido algunas asignaturas sin que lleguen a la quinta parte de las que han cursado y el 10 % que han recibido una proporción superior. En cuanto a sus preferencias el 50 % de los profesores encuestados piensan que las clases deberían darse por igual en las dos lenguas: cerca del 30 % piensa que deberían darse exclusiva o preferentemente en gallego y cerca de 20 % que deberían darse exclusiva o mayoritariamente en castellano. Entre los alumnos también un 30 % opta por el gallego, pero sólo un 40 % concedería el mismo papel a las dos lenguas, y un 30 prefiere el castellano como lengua de enseñanza. Así, la opinión de los alumnos es ligeramente menos favorable al gallego que la de los profesores.

Preferencias respecto a la lengua de enseñanza en la Universidad

Preferencias	*Profesores*	*Alumnos*
Total o preferentemente en gallego	30,6 %	28,7 %
Las dos lenguas por igual	47,8 %	38,9 %
Total o preferentemente en castellano	21,6 %	31,6 %

Fuente: *Rodríguez Neira.*

Interrogados los profesores sobre sus propias producciones escritas, un 50 % contestan que sólo escriben y publican en castellano, y un 10 % que lo hacen preferentemente. En contraste con ellos hay un 10 % de profesores que dicen escribir y publicar sólo o preferentemente en gallego y un 11 % que lo hace indistintamente en las dos lenguas, mientras que cerca de un 20 % se abstienen de contestar a esta pregunta. De todos modos, los libros que manejan los estudiantes son mayoritariamente en castellano, y de las tesis doctorales presentadas en la Universidad de Santiago en los últimos doce años el número de las redactadas en gallego no llega al 5 %.

El gallego en los productos culturales y en los medios de comunicación

La revalorización de la lengua gallega se ha acompañado de un lógico incremento en el número de libros publicados en esta lengua. Se trata, de todas maneras, de un mercado reducido debido al escaso prestigio social que el gallego ha tenido y a la falta de hábitos lectores en esta lengua e incluso al bajo nivel cultural de la mayoría de la población, con unos índices de compra y de lectura de libros muy bajos.

Según datos del Instituto Nacional del Libro, en 1970 el número de títulos publicados en gallego fue de 31, en 1980 ascendió a 187 y en 1988 a 481. El volumen de tirada de cada título es de todos modos reducido y con excepción de los libros escolares las tiradas medias se sitúan en los 2.000 ejemplares.

Cerca del 50 % de los títulos publicados lo han sido por tres editoriales: Galaxia, Edicions Xerais y Edicions do Castro. Los restantes lo han sido por editoriales menores y por organismos oficiales. En cuanto a su temática, los libros publicados pueden clasificarse así: la tercera parte más o menos lo constituyen obras de tema literario (poesía, narrativa o teatro); otra tercera parte o algo más corresponde a libros escolares y a libros de temática infantil o juvenil, y la tercera parte restante a libros de ensayo y de temática variada. Dado que los libros escolares y los infantiles y juveniles tienen tiradas más altas que los restantes es probable que estas dos categorías de libros representen la mitad de la producción total en gallego y, dado que unos y otros se pueden poner en relación con la presencia del gallego en la enseñanza, se puede suponer que en la medida en que esta presencia se mantenga o aumente aumentarán también los índices de lectura en gallego.

Entre las iniciativas editoriales en curso se puede citar la «Biblioteca Básica de Cultura Gallega», que prepara la edición de cincuenta volúmenes de obras literarias importantes y textos sobre temas relacionados con la cultura gallega.

Medios de comunicación, radio y televisión

En Galicia se reciben y leen los grandes periódicos diarios editados en Madrid, pero, ademas, en las principales ciudades gallegas se publican tambien periódicos diarios locales que tienen una difusión importante. Todos ellos se editan en castellano, pero todos insertan en cada número textos en gallego, en buena parte artículos de opinión o informaciones locales. Estos textos en gallego pueden ocupar, según los periódicos, entre el 10 y el 20 % de su contenido total.

No existen revistas de información general en gallego pero sí revistas especializadas en distintos campos: literarias, infantiles, etc.

En cuanto a los medios audiovisuales, el organismo autónomo de la Radio Televisión gallega sostiene una emisora de radio que emite íntegramente en gallego y con audiencia en toda Galicia. Pero la novedad principal en este campo ha sido la Televisión Gallega que emite casi totalmente en gallego y que ha jugado un papel destacado y aun puede decirse que decisivo en la revalorización del gallego.

Sus emisiones no sólo se reciben en toda Galicia sino que tienen también receptores en la zona norte de Portugal y en comarcas de Asturias y de León en las que se habla gallego. La segunda cadena de la televisión estatal, TV2, por medio de su Delegación en Santiago emite tambien cada día 30 minutos en gallego y es probable que una vez terminados sus nuevos estudios esta emisión en gallego se amplíe considerablemente.

5. País Vasco

Generalidades. Estructura política

El País Vasco (7.261 km^2, 2.081.461 habitantes), al borde del mar Cantábrico y de la frontera con Francia, es una región a la vez marinera y montañosa, de clima continental, húmedo y suave, que ha mantenido a lo largo de los siglos una personalidad étnica y cultural muy diferenciada. Por su lengua y su tradición cultural está estrechamente relacionada con el resto de los territorios donde se habla la lengua vasca: Navarra y las tres provincias del País vascofrancés. Los propios vascos llaman «Euskalerria» al conjunto de tierras en las que se habla vasco o euskera y «Euzkadi» a este mismo territorio entendido como una unidad política. A veces al País Vasco en territorio español se le denomina también simplificadamente «Euzkadi», pero el significado preciso es el que acabo de citar. Y la denominación oficial del País Vasco en territorio español es Comunidad Autónoma del País Vasco.

Administrativamente, el País Vasco se divide en tres provincias: Vizcaya (Biscaia), 1.155.778 habitantes, capital Bilbao (Bilbo); Guipúzcoa, 675.891 habitantes, capital San Sebastián (Donostia), y Alava (Araba), 249.792 habitantes, capital Vitoria (Gasteiz). La sede del Gobierno vasco se ha instalado en Vitoria, que se ha convertido así en la capital administrativa del País Vasco.

El Parlamento vasco se compone de 75 diputados que, a partir de las elecciones celebradas en 1990, se distribuyen así: PNV (Partido Nacionalista Vasco), 22 diputados; PSOE (Partido Socialista Obrero Español), 16; HB (Herri Batasuna, nacionalistas radicales), 13; EA (Eusko Alkartasuna, escisión del PNV), 9; PP (Partido Popular), 6;

EE (Euskadiko Ezkerra, nacionalistas de izquierda), 6; UA (Unidad Alavesa, escisión del PP), 3.

Desde que se celebraron las primeras elecciones posteriores a la Autonomía los partidos de signo nacionalista han constituido la mayoría del Parlamento, incluso si no se contabiliza a los diputados del grupo radical HB, que hasta la última legislatura no tomaban posesión de sus escaños y por tanto no participaban en las votaciones.

Durante varios años el PNV dispuso de la mayoría absoluta y por tanto del predominio en el Gobierno hasta que perdió esta mayoría por una escisión interna que llevó a la fundación de EA, manteniéndose en el poder mediante una coalición con el Partido Socialista. En enero de 1991, y en base a los resultados de las últimas elecciones, el PNV ha formado nuevamente Gobierno, aliándose con los otros dos partidos nacionalistas, EE y EA.

Por su Estatuto de Autonomía, el País Vasco, igual que el resto de las Autonomías llamadas históricas, dispone de un ámbito de competencias relativamente muy amplio, pero además el País Vasco, al igual que Navarra, en virtud de los «fueros» tradicionales, una tradición que remonta a la Edad Media, disponen de una autonomía económica especial que les permite recaudar directamente toda clase de tributos, mientras que en el resto de Comunidades Autónomas es el Estado central el que los recauda y luego traspasa a las Comunidades las cantidades necesarias para atender a los servicios de los que se han hecho cargo.

Situación sociolingüística

En el País Vasco, igual que hemos visto en Cataluña, las islas Baleares y la Comunidad Valenciana, se aprovechó el Censo de 1986 para efectuar un Censo lingüístico pero no exactamente con la misma metodología. En las tres comunidades citadas se propuso a los sujetos que se autoclasificasen en una de las siguientes categorías: no entiende, sólo entiende, habla, escribe. En el Censo vasco y también en el de Navarra se proponían las categorías siguientes:

— Euskaldunes. Capaces de entender y de hablar el euskera. Divididos además en tres subcategorías según su nivel de competencia.

— Cuasi-Euskaldunes. Con alguna competencia activa o simplemente pasiva en euskera. Divididos también en otras tres subcategorías.
— Erdaldunes. Sin ninguna competencia en euskera.

En la presentación de los resultados del Censo que haré a continuación utilizaré sólo las categorías principales: euskaldunes, cuasi-euskaldunes y erdaldunes.

Otra característica del Censo lingüístico vasco es que además del nivel de conocimiento de la lengua interroga a los sujetos por la lengua en la que han aprendido a hablar, su lengua materna o familiar por tanto, un dato que no figura en los censos lingüísticos de otras Comunidades, pero que resulta capital a la hora de interpretar ciertos hechos sociolingüísticos.

Puede añadirse que los censos vascos tienen una alta calidad, tanto por la metodología utilizada como por la presentación de los resultados. Pero hay un punto que merece ser destacado. Cualquier censo lingüístico, entendido como una encuesta dirigida a la totalidad de la población, al lado de grandes ventajas tiene también inconvenientes evidentes derivados del hecho de que se basan exclusivamente en las evaluaciones subjetivas que los sujetos hacen de sus propias competencias. Así se corre el riesgo de que los resultados resulten sistemáticamente deformados en alguna dirección, exagerando el conocimiento que los sujetos tienen de una lengua o, al contrario, rebajándolo en la medida en que los encuestados consideran socialmente prestigioso o no este conocimiento. Para controlar este efecto el censo vasco se acompañó de una encuesta a una muestra representativa de la población, en la que se comprobaba lo que los sujetos habían declarado en el censo por medio de una entrevista extensa. Del control así efectuado se llegó a la conclusión de que mientras que en general los que se autocalifican de «euskaldunes» merecen este calificativo, una parte de los que se autocalifican «cuasi-euskaldunes», entre el 5 y el 10 %, exageran su conocimiento del euskera y más bien deberían denominarse, por tanto, «erdaldunes».

A continuación se presentan en porcentajes los resultados del Censo de 1986 y se comparan con los de 1981.

País Vasco. Evolución del conocimiento del euskera. Censo 1981-1986

Territorio	*Año*		*Erdaldunes*	*Cuasi-euskald.*	*Euskaldunes*
Alava	1981	100 %	86,59 %	9,52 %	3,88 %
	1986	100 %	75,68 %	12,96 %	6,72 %
Vizcaya ...	1981	100 %	71,75 %	13,39 %	14,85 %
	1986	100 %	63,67 %	18,62 %	17,63 %
Guipúzcoa	1981	100 %	42,42 %	18,10 %	36,47 %
	1986	100 %	38,84 %	17,71 %	43,44 %
Conjunto ..	1981	100 %	64,01 %	14,45 %	21,53 %
del PV	1986	100 %	57,15 %	18,18 %	24,65 %

Fuente: *Padrón de habitantes, 1986.*

Aun admitiendo que el efecto «prestigio de la lengua» al que antes he aludido haya aumentado en los últimos años y que haya influido en el número de los que se declaran cuasi-euskaldunes, lo que es indiscutible es que el porcentaje de euskaldunes capaces de hablar en euskera en el conjunto de la población ha pasado en cinco años del 14 al 21 %, lo que en números absolutos significa un aumento de 70.000 individuos, o sea que la tendencia secular a la disminución progresiva del euskera ha cambiado de signo.

Aunque el número de hablantes de euskera haya aumentado en los últimos años, la verdad es que continúa siendo un número pequeño, inferior a lo que hemos visto en otras Comunidades y además muy desigualmente repartidos, como se comprueba comparando los porcentajes de hablantes en las tres provincias.

No sólo influye la localización geográfica sino también el lugar de procedencia. La industrialización del País Vasco produjo una afluencia de inmigrantes que aun siendo mucho menos importante que la que llegó a Cataluña es, sin embargo, apreciable. Más de la cuarta parte de los habitantes del País Vasco han nacido fuera.

Población según el lugar de nacimiento. Censo de 1986

Lugar de nacimiento	*Habitantes*	*Porcentaje*
País Vasco	1.452.240	69,42 %
Navarra	35.423	1,69 %
Otros lugares	604.242	28,88 %

A continuación se muestra la correlación entre lugar de nacimiento y nivel de conocimiento del euskera.

Lugar de nacimiento y conocimiento del euskera. Censo de 1986

Lugar de nacimiento	*Habitantes*	*Erdalduna*	*Cuasi-euskald.*	*Euskaldun*
País Vasco	1.452.240	631.336	347.124	491.790
	100 %	43,47 %	23,90 %	33,86 %
Navarra	35.423	21.402	4.300	9.221
	100 %	61,82 %	12,13 %	26,03 %
Otros lugares	604.242	452.456	46.950	14.835
	100 %	89,77 %	7,77 %	2,45 %
Totales	2.091.905	1.195.644	380.375	515.836
	100 %	57,15 %	18,18 %	24,65 %

Las cifras son bien expresivas. De los habitantes del País Vasco, el 33 % de los nacidos en el propio país, así como el 26 % de los nacidos en Navarra, se declaran capaces de hablar en euskera, mientras que de los nacidos en otros lugares sólo el 2,5 % tienen esta capacidad.

Si los nacidos en el País Vasco hablan euskera en mayor proporción es porque una buena parte de ellos lo aprendieron en su propio hogar y lo han tenido, por tanto, como lengua materna y familiar.

Lengua materna de los habitantes. Población mayor de dos años. Censo de 1986

Lengua materna	*Número*	*%*
Euskera	429.888	20,55 %
Castellano	1.548.503	74,02 %
Las dos lenguas	80.934	3,84 %
Otra lengua	35.580	1,55 %
Total	2.091.905	100 %

Por supuesto, hay una clara correlación entre el hecho de haber tenido el euskera como lengua familiar en la infancia y el nivel actual de competencia en esta lengua.

Lengua materna y nivel de competencia en euskera. Población mayor de dos años. Censo de 1986

Lengua materna	*Número*	*Erdalduna*	*Cuasi-euskaldun*	*Euskaldun*
Euskera	429.888	7.478	29.185	393.225
	100 %	1,73 %	6,78 %	91,47 %
Castellano	1.548.503	1.152.733	321.381	74.389
	100 %	74,44 %	20,75 %	4,80 %
Las dos lenguas ..	80.934	6.284	27.195	47.455
	100 %	7,76 %	33,60 %	58,63 %
Otras	32.580	29.199	2.614	767
	100 %	89,62 %	8,02 %	2,35 %

Los datos transcritos son reveladores por sí solos. De los que han tenido el euskera como lengua materna el 91,5 % lo hablan, y si les añadimos los que declaran un conocimiento limitado llegamos al 97 %. Y de los que en su casa oían las dos lenguas, el 58,6 % dicen ser capaces de hablarlo, y si les añadimos los que declaran una capacidad limitada llegamos al 92 %. En cambio, de los que en su casa sólo oían hablar en castellano sólo el 4,8 % se declaran capaces de hablar en euskera, proporción que sube al 25 % si se les añade los que declaran un conocimiento limitado. Y los que en su hogar aprendieron a hablar en otra lengua, inglés por ejemplo, todavía presentan resultados más bajos, probablemente porque el primer esfuerzo para adquirir otra lengua se dirigió al castellano antes que al euskera.

Hasta aquí hemos visto la influencia de los factores que podemos considerar conservadores de la lengua. Los nacidos en el País Vasco tienen más conocimiento del euskera que los nacidos fuera, y entre los nacidos, lo conocen mejor los que lo han tenido como lengua materna, y ello basta para explicar la supervivencia de la lengua. Pero como hemos visto, se produce además una cierta recuperación; entre los censos de 1981 y 1986 se observa una ganancia de 70.000 hablantes y los mismos censos revelan que un número similar de individuos que no tuvieron el euskera como lengua materna se declaran capaces de hablarlo. Ello implica la actuación de otros factores.

Una primera pista para localizarlos lo constituye la distribución geográfica de los hablantes. Hemos visto que los datos del censo muestran una distribución muy desigual y si en vez de presentar los datos por provincias se hubiese hecho por unidades geográficas más pequeñas —por comarcas— las diferencias habrían sido todavía más pronunciadas. Pero, por otra parte, si comparamos los datos del censo con la evaluaciones anteriores de Irízar o con otras informaciones más antiguas veremos que la concentración en determinadas zonas empieza a ser menor. Hace unos años la presencia del euskera en la provincia de Alava y más concretamente en su capital, Vitoria, era prácticamente nula y hoy empieza a ser apreciable. También el número de hablantes de euskera en Bilbao ha aumentado de forma notable.

Otro dato significativo nos lo ofrece la comparación entre categorías profesionales y competencia en euskera.

Categorías profesionales y competencia en euskera. Porcentaje. Censo de 1986

Categoría profesional	*Erdaldunes*	*Cuasi-euskaldun.*	*Euskaldunes*
Profesionales y técnicos .	56,50 %	22,05 %	20,00%
Personal directivo	60,63 %	21,16 %	18,20 %
Personal administrativo .	63,04 %	20,73 %	16,21 %
Personal de servicios	76,78 %	10,22 %	12,98 %
Agricultores	29,18 %	6,97 %	63,83 %
Obreros industriales	76,40 %	8,21 %	15,57 %

Aun admitiendo que las clasificaciones por categorías profesionales son siempre discutibles y más todavía en el caso de los censos de población, los datos transcritos permiten de todos modos algunas deducciones claras. La categoría profesional que presenta un nivel más alto de competencia en euskera es la de «agricultores», pero a continuación se sitúan «profesionales y técnicos» y «personal directivo», mientras que «empleados administrativos y de servicios» y «obreros industriales» presentan los niveles más bajos. Los niveles más altos se dan, por tanto, en un grupo situado en la base de la escala social y en otros situados más bien en la cúspide. La aparente paradoja no es difícil de explicar. El retroceso secular de la lengua vasca llevaba a su concentración en determinadas comarcas con formas de vida tradicionales: agricultura, ganadería, pesca, etc., mientras que se perdía en las zonas urbanizadas y modernizadas. En cambio, el proceso de recuperación empieza precisamente en estas zonas y en grupos de población de un determinado nivel cultural y con ciertas preocupaciones políticas.

Pero quizás el dato más significativo del censo respecto a este inicio de recuperación del euskera sea el que se refiere a la relación entre edad y competencia lingüística. A continuación se indica para todo el País Vasco y para cada grupo de edad el porcentaje de los que se declaran euskaldunes, es decir, capaces de hablar en euskera con mayor o menor facilidad.

Edad y competencia en euskera. Porcentajes. Censo de 1986

Edad	*Euskaldunes*
10-14	26,2 %
15-19	22,5 %
20-24	22,7 %
25-29	23,0 %
30-34	20,5 %
35-39	20,5 %
40-44	21,7 %
45-49	19,8 %
50-54	22,3 %
55-59	25,4 %
60-64	29,7 %
65-69	34,6 %
70-74	35,3 %
75 y más	35,8 %

Fuente: *Educación y Euskara* y elaboración propia.

La tabla muestra claramente que el máximo conocimiento se da en los niveles más altos de edad y progresivamente desciende hasta alcanzar su mínimo entre los que ahora tienen 30 y 50 años de edad. En los menores de 30 años no sólo se ha detenido el descenso sino que se advierte un comienzo de recuperación.

Política lingüística

La Ley de Normalización del Euskera dice en su Preámbulo que su objetivo es: «reconocer al euskera como el signo más visible y objetivo de la identidad de nuestra Comunidad y un instrumento de integración plena del individuo en ella a través de su conocimiento y su uso», afirmación comparable a las que se enuncian en otras leyes de normalización que hemos comentado. Sin embargo la ley vasca en su texto, y sobre todo en la forma de su aplicación, presenta características propias de las que intentaré destacar algunas.

La primera es el compromiso explícito del Gobierno vasco con una política enérgica de defensa y promoción de la lengua. El compromiso es, por supuesto, comprensible y esperable en un Gobierno de predominio nacionalista como es el vasco actual, pero este compromiso tiene una base más amplia. Durante la resistencia al franquismo, el movimiento nacionalista llegó a la conclusión de que la recuperación de la lengua era una condición ineludible para la recuperación de la identidad nacional, y a partir de este convencimiento se iniciaron acciones populares de gran envergadura, tanto para divulgar su conocimiento entre los adultos por medio de cursos diversos como para conseguir que los niños lo adquiriesen desde su primera infancia, creando escuelas en las que el euskera fuese la lengua de enseñanza. Acciones populares que a menudo fueron impulsadas por los sectores más radicales del nacionalismo. Una vez formalizada la Autonomía, el Gobierno ha asumido esta política lingüística y cuenta al hacerlo con el apoyo implícito de una mayoría de la población que vota a los partidos nacionalistas, pero entre estos votantes están también los simpatizantes de los grupos radicales, que consideran insuficiente la acción del Gobierno y mantienen sus propias iniciativas. Y aunque es cierto que las más importantes entre ellas, ikastolas y cursos para adultos, han entrado en la órbita de la Administración, la presión de estos grupos reclamando una política más radical sigue ejerciéndose.

Una política que no es precisamente fácil de aplicar. Los datos que hemos visto del censo confirman que el nivel de conocimiento del euskera entre la población es muy bajo, pero además la adquisición del euskera desde el castellano es muy dificultosa, mucho más que la adquisición desde el castellano de otra lengua latina. Los esfuerzos personales y económicos que el Gobierno y la sociedad vasca dedican a la promoción de la lengua son mucho mayores que los que dedica a la promoción de su lengua cualquier Comunidad Autónoma.

El bajo nivel de conocimiento del euskera entre la población, así como la gran distancia lingüística entre el euskera y el castellano, tienen otra consecuencia importante para la política lingüística. El Gobierno vasco, igual que el de cualquier otra Comunidad Autónoma con lengua propia, utiliza su lengua en su denominación oficial y en las de todos sus organismos y cargos públicos. Pero mientras que las restantes Comunidades autónomas utilizan exclusivamente la denominación en lengua propia, el Gobierno vasco la simultanea con la castellana. Una justificación de este proceder podría consistir en decir que desde cualquier lengua latina se puede leer: «Institut Catalá d'Estadística/Director General» o «Instituto Galego de Estadística/Director Xeral» incluso sin conocer catalán o gallego y se entiende a qué se refiere, o al menos se sospecha, lo que no ocurre cuando se lee: Euskal Estatistica Erakundea/Zuzendari Orokorra». Por tanto, podríamos decir que el Gobierno catalán y los restantes gobiernos de Comunidades autónomas con lengua neolatina se comportan dando por supuesto que prácticamente la totalidad de la población posee al menos un conocimiento pasivo de la lengua y que si no lo posee le bastará un pequeño esfuerzo para alcanzarlo. Por otra parte, en los casos en los que no pueden utilizar exclusivamente su lengua sino que legalmente han de usar las dos, al promulgar y dar a conocer una ley por ejemplo, o al editar un formulario administrativo, estos gobiernos hacen ediciones separadas en las dos lenguas reservando la edición en castellano para el público que la solicite. El Gobierno, y en general las instituciones vascas, que no pueden dar por supuesto un conocimiento pasivo generalizado de la lengua, utilizan sistemáticamente la práctica contraria, todas sus publicaciones oficiales, empezando por el *Boletín Oficial,* incluyen en el mismo ejemplar los mismos textos en las dos lenguas.

En la misma línea se puede citar la existencia de servicios de traducción en todos los departamentos de la Administración Pública vasca, servicios previstos en la propia Ley de Normalización. Significativamente, la Administración Publica catalana, que estimula la existencia de servicios internos de asesoramiento lingüístico en todos los organismos públicos, les niega el carácter de oficinas de traducción, pues ello supondría admitir y sancionar la existencia de funcionarios que desconocen una de las dos lenguas.

La lengua en el Gobierno y en la Administración

Algo de lo que acabo de decir sobre el funcionamiento administrativo puede repetirse para el propio Parlamento vasco. El nivel de conocimiento del euskera por parte de los parlamentarios es parecido al de la población en general, y no llegan a la cuarta parte los que se consideran capaces de hablar en euskera y menos todavía los capaces de pronunciar un discurso formal en esta lengua. E incluso agregándoles los que tienen alguna competencia pasiva no se llega a la mitad. Por supuesto, en los partidos nacionalistas la proporción es mayor que en los de otros signos, pero tampoco en ellos la competencia en euskera es unánime ni tan siquiera mayoritaria. En estas condiciones, para que los diputados que prefieren expresarse en euskera puedan hacerlo cuando el Parlamento está reunido funciona permanentemente un servicio de traducción simultánea.

Aparte del principio ya citado de que en sus relaciones genéricas con el público la Administración vasca utiliza simultáneamente las dos lenguas, la Ley de Normalización establece que cualquier ciudadano vasco puede dirigirse a la Administración en cualquiera de las dos lenguas oficiales, y por tanto en euskera. Para hacerlo posible, aparte de los servicios de traducción de documentos a que he hecho referencia se ha realizado un gran esfuerzo para aumentar la competencia en euskera de los funcionarios públicos. Si se tiene en cuenta que antes de la autonomía y en el momento de establecerse el Gobierno vasco toda la Administración funcionaba en castellano, así como que el número de funcionarios competentes en euskera era muy pequeño, se comprende que incluso para conseguir unos resultados modestos el esfuerzo ha tenido que ser considerable. Es cierto que en la actualidad existen departamentos administrativos del Gobierno, los más relacionados con la lengua y con la cultura, que en gran parte funcionan internamente en euskera pero que representan una excepción. En gran parte la lengua del funcionamiento interno sigue siendo el castellano.

De todos modos, incluso si el euskera no es la lengua principal de la Administración, la producción y el manejo de documentos en vasco tiende a aumentar y con ello la necesidad de un mayor dominio de esta lengua por parte de los funcionarios. Para responder a esta necesidad se creó en 1983 el Instituto Vasco de Administración Pública con una doble misión, por un lado desarrollar un lenguaje administrativo en euskera, tarea considerable en la que había que partir de cero, y por otro aumentar la competencia en euskera de los funcionarios. Para dar idea del esfuerzo que esto supone se debe tener en cuenta, como más adelante se dirá, que para adquirir un nivel aceptable de competencia en euskera una persona motivada para ello debe dedicar a su adquisición un año entero a pleno rendimiento, de lo que puede deducirse el esfuerzo que ha de realizar un servicio administrativo interesado para que algunos o todos sus miembros se hagan competentes en esta lengua.

Un tema relacionado con éste es el de la competencia en euskera exigible a los empleados de nuevo ingreso. El Gobierno vasco ha establecido la relación de los puestos en los que esta competencia es exigible por razón de la naturaleza de su trabajo y la ha introducido como condición o como mérito preferente en las convocatorias de admisión de personal. Pero estas convocatorias han sido protestadas ante los Tribunales de justicia al considerarse discriminatorias por razones lingüísticas y por tanto anticonstitucionales, y la cuestión dista de estar resuelta. Aunque la reciente resolución del Tribunal Constitucional que he citado al hablar de Cataluña puede indicar su próxima solución.

Lo dicho hasta aquí se refiere a la Administración Pública dependiente del Gobierno vasco. En las delegaciones en el País Vasco de la Administración central y en las grandes empresas públicas y privadas la presencia del euskera se limita a que la información al público se ofrezca al menos en parte en las dos lenguas y a que algunos de los empleados en contacto directo con el público sean capaces de utilizarlo.

La lengua en la enseñanza

Igual que en cualquier otro territorio español con lengua propia, en el País Vasco la lengua única de la enseñanza, hasta la publicación en 1978 de los «decretos de bilingüismo», era el castellano. Sin embargo, ya en la década de los sesenta, y por tanto en plena época franquista, empezaron a aparecer escuelas establecidas y sostenidas por defensores de la lengua y la nacionalidad vascas que no sólo pretendían enseñar la lengua vasca sino basar en ella toda la enseñanza. Su justificación era que sólo haciéndolo así los niños de hoy y hombres de mañana podrían llegar a dominar plenamente el euskera, tanto los que lo tenían como lengua materna como los que aprendían a hablar en familias donde se hablaba en castellano pero cuyos padres deseaban que sus hijos llegasen a considerar el euskera como lengua suya. Aunque en el momento en que se fundaron estas escuelas eran totalmente ilegales, el amplio apoyo popular que recibieron obligó en la práctica a tolerarlas, y su número aumentó rápidamente. En 1978 al producirse la transición a una legalidad democrática, existían ya unas 150 ikastolas en el País Vasco y algunas más en el resto de Euskalerria, y en 1980 al entrar en vigor el régimen de autonomía eran 243 en el País Vasco, con unos 65.000 alumnos, y unas 60 más con unos 5.000 alumnos en Navarra y el País Vascofrancés.

Con la entrada en vigor del Estatuto de Autonomía el Gobierno vasco se hizo cargo de la gestión del sistema educativo y desde el primer día se preocupó por reforzar la presencia del euskera en la enseñanza. Pero para hacerlo debía tener en cuenta la existencia de tres tipos de escuelas, o si se prefiere de tres redes diferentes de centros de enseñanza. Son los siguientes:

1. La red de centros escolares públicos creados y mantenidos por el Estado, que a partir de entonces iban a depender del Gobierno vasco. La inmensa mayoría del profesorado de estos centros, el 95 % aproximadamente, desconocía el euskera y por tanto los decretos de bilingüismo, en la práctica, no se cumplían por falta de profesorado competente. En esta red de centros de enseñanza públicos se incluían la mitad aproximadamente de los centros de enseñanza primaria y media del País Vasco y la mitad aproximadamente de sus alumnos.
2. La red de centros escolares privados, unos religiosos y otros laicos, pero todos independientes entre sí y con una gran diversidad de orientaciones ideológicas y pedagógicas. En la mayoría de ellos la enseñanza se daba exclusivamente en castellano aunque había excepciones significativas. Esta red absorbía algo menos del 40 % de los escolares del País Vasco.
3. La red de ikastolas, agrupadas en una Federación de Ikastolas en las que como queda dicho la lengua de enseñanza era exclusiva o principalmente el euskera. Las ikastolas estaban organizadas y sostenidas sobre una base cooperativa, con aportaciones de los propios padres y con aportaciones populares conseguidas de distin-

tas maneras. Inicialmente, el Gobierno vasco a las ikastolas podía ofrecerles apoyo económico y asesoramiento pedagógico pero no controlarlas ni absorberlas. Posteriormente se ha producido un proceso de aproximación que ha debido superar complejas dificultades administrativas y académicas al mismo tiempo que recelos políticos por ambas partes, y en la actualidad la red de ikastolas está en camino de integrarse en el sistema público vasco manteniendo determinadas características. En el momento en que el Gobierno vasco asumió las competencias educativas la red de ikastolas acogía a algo más del 10% de los escolares del País Vasco.

La política lingüística del Gobierno vasco respecto a la enseñanza se formuló por primera vez en un Decreto de 1983 en el que se establecen tres modelos de centros escolares según el papel que en cada uno de ellos desempeña la lengua vasca. Los tres modelos pueden caracterizarse así:

— Modelo A. Enseñanza en castellano con enseñanza del euskera como asignatura en todos los cursos con un mínimo de tres horas semanales en cada curso.
— Modelo B. Enseñanza predominantemente en castellano con enseñanza del euskera en todos los cursos y enseñanza en euskera de algunas asignaturas.
— Modelo C. Enseñanza en euskera con enseñanza del castellano como asignatura en todos los cursos.

Teniendo en cuenta la situación existente en el momento de promulgarse el decreto a estos tres modelos básicos se añadió un modelo «X» de enseñanza exclusivamente en castellano sin presencia del euskera, modelo predominante hasta entonces pero en vías de extinción a partir del decreto.

A partir de la promulgación de este decreto el Departamento de Enseñanza se propuso dos objetivos básicos:

El primero, y más inmediato, la eliminación del modelo «X» y su sustitución por el modelo «A», o, dicho de otro modo, conseguir que la enseñanza del euskera formase parte de los programas de todos los niveles y todos los cursos en todos los centros de enseñanza primaria y media del País Vasco. Un objetivo que en realidad no significaba otra cosa que el cumplimiento de los decretos de bilingüismo de 1978.

El segundo, y más general, aumentar en el conjunto del sistema educativo el número y la proporción de los centros adscritos a los modelos «B» y «C» y, por tanto, de los centros en los que el euskera es, parcial o totalmente, lengua de enseñanza.

Siete años después de haberse formulado estos objetivos y de acuerdo con los datos difundidos por el Departamento de Enseñanza el primero parece haberse conseguido plenamente, y prácticamente en todos los centros de enseñanza primaria (Educación General Básica) existe la enseñanza del euskera en todos lo cursos. Respecto al segundo, se calcula que entre el 18 y el 20 % de los alumnos del País Vasco siguen el modelo «B», con enseñanza parcialmente en euskera, lo que representa un avance considerable dado que siete años antes este modelo no existía. El 12 % aproximadamente siguen el modelo «C», con enseñanza principalmente en euskera, un avance también respecto al 10 % de hace siete años en las ikastolas, avance debido a la incorporación a este modelo de algunos centros privados y de otros en la red oficial y pública.

En la enseñanza media (bachillerato) y profesional la situación es parecida pero menos favorable al euskera. Existen todavía centros en los que el modelo «X» no ha sido eliminado y la proporción de alumnos en los modelos «B» y «C», es decir, de alumnos capaces de seguir algún tipo de enseñanza en euskera es menor que en la enseñanza primaria. Pero dado que la introducción de la lengua en el sistema educativo es necesariamente un proceso gradual es posible prever que la situación cambiará a medida que lleguen a la enseñanza media nuevas promociones de alumnos que se habrán familiarizado con el euskera en la enseñanza básica.

Los datos transcritos hasta aquí responden a la política lingüística en la educación seguida por el Gobierno vasco. Hay indicios para suponer que a partir de ahora (1990) esta política va a cambiar en el sentido de renunciar a la consagración de los tres modelos de escuelas, dando por demostrado que el modelo «A» no asegura una mínima competencia en euskera y sustituyéndoselos por una situación mas flexible que permita una progresiva ampliación de la presencia del euskera en todos los centros de enseñanza en la línea de lo que se ha hecho en Cataluña, pero en este momento se trata sólo de una propuesta.

En cualquier caso, los índices de presencia del euskera en el sistema educativo son claramente inferiores a los que hemos visto para el catalán en Cataluña. Pero el esfuerzo que ha habido que realizar para alcanzarlos ha sido, sin duda, mucho mayor. Pensemos en primer lugar en el conocimiento de la lengua por parte de los enseñantes. He aquí los datos de una encuesta realizada en 1978 (encuesta CIADECO):

Conocimiento de la lengua vasca por parte del profesorado de los centros públicos. Año 1978

Territorio	*Maestros*	*Competentes en euskera*
Alava	884 (100 %)	20 (2,2 %)
Vizcaya	3.809 (100 %)	140 (3,8 %)
Guipúzcoa	1.927 (100 %)	154 (8,0 %)
Conjunto PV	6.620 (100 %)	314 (4,7 %)

Una encuesta similar realizada cinco años después ofreció los siguientes resultados:

Conocimiento de la lengua vasca por parte del profesorado de los centros públicos. Año 1983

Territorio	*Maestros*	*Nada*	*Algún conocimiento*	*Competentes*
Alava	1.250 (100 %)	975 (78 %)	125 (10 %)	150 (12 %)
Vizcaya	4.429 (100 %)	2.841 (64 %)	748 (17 %)	840 (19 %)
Guipúzcoa	2.019 (100 %)	990 (49 %)	353 (17 %)	676 (33 %)
Conjunto PV	7.698 (100 %)	4.806 (62 %)	1.226 (16 %)	1.666 (21 %)

En la medida en que estos datos sean fiables el cambio que revelan es ciertamente extraordinario. Mientras que en 1978 sólo el 5 % de los enseñantes en los centros oficiales se declaraban competentes en euskera, cinco años después esta proporción subió al 21 %. Dado que la encuesta se limita a recoger las afirmaciones de los propios sujetos es posible pensar que el hecho de que en 1978 el euskera fuera prácticamente ignorado por la enseñanza oficial, mientras que cinco años después su conocimiento era considerado un mérito, haya influido en la actitud de los maestros a la hora de contestar la encuesta y con ello también en sus respuestas. Y hay que tener en cuenta que en estos cinco años ingresaron en el sistema educativo un buen número de enseñantes debido a su competencia en euskera y precisamente para enseñarlo. De todos modos, una parte importante del cambio hay que atribuirla al progreso en el conocimiento del euskera por parte de los enseñantes en ejercicio como resultado de las actividades de reciclaje organizadas por el Departamento de Enseñanza. Durante estos cinco años varios centenares de enseñantes de distintos niveles dedicaron una parte sustancial de su tiempo, y en muchos casos un año completo, a adquirir o a mejorar esta competencia. En los años posteriores estas actividades de reciclaje se han mantenido y se siguen conservando en la actualidad, aunque es cierto que se puede imaginar que los enseñantes más interesados en el tema fueron los primeros en capacitarse, y por tanto que las actividades actuales producen menos resultados es igualmente cierto. El dato más importante de cara al futuro es que los nuevos maestros preparados en las Escuelas de Formación del Profesorado iniciarán sus tareas docentes con un conocimiento del euskera mucho más amplio que sus antecesores.

Un segundo tema al que ha habido que prestar una atención preferente ha sido la producción de libros y material didáctico tanto para la enseñanza de la lengua como para la enseñanza de cualquier asignatura. Una tarea de vasto alcance y en la que prácticamente había que partir de cero. En pocos años la situación ha variado completamente y actualmente no sólo existen editoriales vascas que producen este material sino que las grandes editoriales pedagógicas españolas están interesadas en este mercado y producen manuales en euskera para todas las necesidades de los programas escolares.

Y queda por referirme a un tercer tema por el que han debido preocuparse los responsables del Departamento de Enseñanza del Gobierno vasco: la necesidad de promover una reflexión pedagógica sobre los problemas que plantea la introducción precoz de una segunda lengua. Ya en la primera época de las ikastolas abundaban los alumnos de lengua familiar castellana que recibían la enseñanza en euskera, algo parecido a lo que hemos visto en Cataluña con el nombre de «inmersión», pero en circunstancias más difíciles porque la distancia entre las dos lenguas en presencia es mayor y porque en sus comienzos la inmersión se hacía sin las precauciones que hemos descrito en Cataluña y confiando en que el entusiasmo de los enseñantes supliría todas la limitaciones. Poco a poco se ha ido abriendo camino la convicción de que hacía falta una reflexión pedagógica específicamente referida a la situación vasca y apoyada en una investigación meticulosa.

Tan importante como el esfuerzo realizado para introducir el euskera en el sistema educativo ha sido el que ha tenido por objetivo su enseñanza a los adultos. Al mismo tiempo que en 1964 aparecían las primeras ikastolas se creaban también centros cooperativos para esta enseñanza, centros sostenidos por suscripciones populares y ayudas municipales. Una vez alcanzada la autonomía, el Gobierno vasco ha institucionalizado el movimiento creando el HABE (*Helduen Alfabetatze Berreuskalduntzerako Erakundea,* Instituto para la Alfabetización y Reeuskaldunización de Adultos).

El Instituto sostiene varios centros de enseñanza de euskera y subvenciona otros municipales o privados hasta un total, en 1986, de 230 con unos 50.000 alumnos y con un presupuesto global de 1.000 millones en 1989.

El Instituto calcula que para alcanzar una alfabetización mínima limitada a una competencia pasiva escrita, o dicho de otro modo, para entender un texto escrito de dificultad normal, se precisa una escolaridad de unas 400 horas, y para alcanzar una competencia activa, hablar y escribir correctamente y sin dificultad, unas 1.500 horas, lo que puede representar un año completo —nueve meses— a jornada completa en régimen de internado y una dedicación importante durante un segundo año.

Para cumplir sus fines el Instituto ha desarrollado también una metodología pedagógica propia y ha producido abundante material audiovisual.

La Universidad del País Vasco, «Euskal Erriu Unibertsitatea», posee facultades y otros centros docentes en las tres provincias vascas. Como las universidades de otras Comunidades Autónomas, la Universidad del País Vasco ha inscrito en sus Estatutos su compromiso con la lengua propia y con la cultura que a través de ella se expresa, al mismo tiempo que la cooficialidad de las dos lenguas, y de acuerdo con estos principios ha hecho un vigoroso esfuerzo por potenciar la presencia del euskera en las actividades universitarias, esfuerzo que ha estado además directamente respaldado por el Gobierno vasco.

El nivel de conocimiento del euskera entre el profesorado y el alumnado universitario así como entre el personal administrativo de la Universidad es similar al de la población general, tal como se conoce por el censo, y por tanto demasiado bajo, para permitir su introducción generalizada en las actividades universitarias. Así, el primer esfuerzo ha debido dirigirse a aumentar este conocimiento mediante cursos dirigidos a todos los estamentos universitarios y que en el caso de los profesores y del personal administrativo podían incluir la atribución de tiempo libre para poder dedicarse a la adquisición de la lengua. Paralelamente, se ha introducido el euskera en la información académica y en la documentación administrativa cuyas ediciones se hacen sistemáticamente en forma bilingüe.

Pero el esfuerzo más significativo es el que ha llevado a introducir la enseñanza en euskera de ciertas asignaturas. Dado que el número de alumnos capaces de seguir enseñanzas en euskera es por ahora pequeño, el principio admitido es que sólo se ofrece la enseñanza de una asignatura en euskera si simultáneamente en el mismo centro o en cualquier otro es posible cursar la misma asignatura en castellano. En el curso 1989-1990 el conjunto de asignaturas o programas de estudios que es posible cursar en euskera se aproxima al 10 % del total de las enseñanzas ofrecidas por la Universidad.

Hay carreras universitarias que pueden cursarse íntegramente en euskera: Profesorado de Educación General Básica, Pedagogía, Psicología... Y otras en las que es posible cursar en euskera el primer año completo y algunas asignaturas en los cursos posteriores: Biología, Química... Y finalmente otras en las que sólo es posible cursar en euskera algunas asignaturas o incluso ninguna, es el caso de Medicina, Derecho y de la mayoría de las escuelas de Ingeniería. La presencia de la lengua es distinta según las Facultades y según las especialidades. Es diferente también según sea la localización de los centros, más alta en los radicados en San Sebastián que en los situados en Bilbao y Vitoria. En el País Vasco existe además una Universidad privada, la de Deusto, y dos escuelas de Formación del Profesorado dependientes de la Iglesia en las que la situación de la lengua vasca es comparable a la que acabo de describir para la Universidad oficial.

La introducción de la lengua en la enseñanza universitaria ha obligado a la redacción de manuales universitarios en euskera, una iniciativa patrocinada por el Gobierno vasco no sólo para facilitar la docencia sino como una contribución a los esfuerzos para modernizar la lengua vasca y consolidar un vocabulario científico. De todos modos, el número de tesis doctorales y de trabajos de investigación que se redactan en vasco es todavía muy reducido.

La lengua en las producciones culturales y en los medios de comunicación

Hasta 1965 la producción anual de libros en euskera era insignificante. En el período 1965-1974, coincidiendo con el despertar del sentimiento nacionalista y la aparición y la extensión de las ikastolas se produjo un aumento sustancial. En 1974 se editaron ya un centenar de títulos, número que fue creciendo progresivamente hasta alcanzar los 200 en 1978, y que con altibajos se mantuvo estacionaria hasta 1981. A partir de entonces la cantidad de títulos publicados ha crecido rápidamente hasta acercarse a los 700 en 1989. Las tiradas de cada título oscilan entre los 500 y los 10.000 ejemplares, con una media entre 2.000 y 3.000.

Este crecimiento es el resultado directo del mayor conocimiento y prestigio de la lengua vasca y más concretamente de la expansión de la enseñanza del euskera y en euskera, que multiplica la demanda de libros para la docencia, así como de la política de promoción del Gobierno vasco, que subvenciona o adquiere para las bibliotecas públicas libros publicados en euskera.

Coincidiendo con este crecimiento, el euskera escrito ha aumentado su calidad y su versatilidad. Si hace unos años la literatura en euskera era básicamente folklórica y costumbrista actualmente se produce poesía y prosa en línea con la más estricta modernidad. Y como acabamos de ver, se ha iniciado la producción de libros de tema científico. De todos modos, el grueso de la producción editorial en euskera sigue concentrado en otros temas: literatura, incluyendo la infantil y juvenil, y los libros didácticos, incluyendo los dedicados a la propia lengua. Cerca del 85 % de los títulos publicados en 1989 pueden incluirse en estos apartados.

En el País Vasco se leen los principales periódicos diarios publicados en Madrid y Barcelona y además cinco periódicos diarios publicados en el propio País Vasco, con una tirada conjunta de unos 300/400.000 ejemplares. La mayor presencia del euskera se da en

Deia, 60.000 ejemplares y en *Egin*, los dos representantes de corrientes de opinión nacionalistas. En la actualidad existen planes para publicar también ediciones exclusivamente en euskera de ambos periódicos.

En 1988 se contaban en el País Vasco 24 publicaciones periódicas en euskera de temática muy diversa: información general, literarias, infantiles, religiosas, pedagógicas..., con frecuencia entre semanal y semestral y difusión también muy diversa. Entre ellas *Hemen* semanal de información general y 10.000 ejemplares de tirada y *Argia,* semestral también con 10.000 ejemplares...

Algunas de las emisoras instaladas en el País Vasco emiten total o parcialmente en euskera. Entre ellas está Euzkadi Irratia (Radio Euzkadi), emisora del Gobierno vasco que emite exclusivamente en euskera y que cubre todo el territorio donde se habla esta lengua incluyendo, por tanto, Navarra y el País Vascofrancés. Tiene una supuesta audiencia habitual de unos 60.000 oyentes. Emiten también en euskera: Radio Popular (Loyola), que emite algo más de la mitad de su programación en euskera, Radio Popular (San Sebastián) emite parte de su programación, Radio Gasteiz (Vitoria), una hora diaria de programación.

A partir de su establecimiento y aprovechando las posibilidades que le ofrecía el Estatuto de Autonomía el Gobierno vasco inició gestiones para disponer de una emisora propia de televisión que con el nombre de Euskal Telebista empezó a funcionar en la Navidad de 1982. Actualmente cuenta con dos canales, uno de los cuales emite exclusivamente en euskera unas doce horas diarias mientras que el otro emite principalmente en castellano, con alguna presencia del euskera. Los telespectadores vascos pueden optar entre estas dos emisiones y las dos de la televisión estatal además de emisoras privadas, todas ellas en castellano. La televisión vasca se capta no sólo en el País Vasco sino en gran parte del territorio lingüístico vasco: Navarra y el País Vascofrancés, y su influencia sobre el proceso de recuperación de la lengua es considerable, aumenta su prestigio y constituye un apoyo inestimable para los que se esfuerzan por aprenderla; al mismo tiempo consagra la vigencia del «euskera batúa», la lengua unificada, por encima de las diferencias dialectales.

6. Navarra

Generalidades. Instituciones

Navarra (en vasco *Nafarroa*), 10.420 km² y 512.512 habitantes, constituyó en la Edad Media y a lo largo de varios siglos un reino independiente que en 1512 se unió a la Corona de Castilla a pesar de lo cual Navarra no sólo conservó una acusada personalidad colectiva sino que mantuvo un conjunto de normas jurídicas propias, los Fueros de Navarra, paralelos y similares a los que regían en las villas y ciudades del País Vasco pero con la particularidad de que los de Navarra se mantuvieron vigentes incluso durante la dictadura de Franco. En el aspecto económico Navarra es un país fundamentalmente agrícola con una agricultura moderna y bastante avanzada que en los últimos años ha conocido además un relativo desarrollo industrial.

El Estatuto de Autonomía de Navarra, promulgado en 1982, significativamente se denomina Ley Orgánica de Reintegración y Amejoramiento del Régimen Foral de Navarra, para destacar que no se trata de una novedad sino de la consagración de un régimen singular que Navarra ha mantenido desde la Edad Media. El Estatuto de Navarra, igual que el del País Vasco, concede una autonomía financiera muy superior a la de otros territorios autónomos aunque en el resto de las competencias las diferencias no son tan marcadas y en algunos puntos son inferiores. En 1990 el Gobierno central español ha traspasado al de Navarra la competencia sobre el sistema educativo.

La vida política navarra está en buena parte condicionada por las distintas actitudes ante el nacionalismo vasco. Antes de la ocupación romana en buena parte del territorio navarro se hablaba vasco y en la actualidad es la lengua principal en varias comarcas cercanas a los Pirineos. Y como se ha recordado en la introducción histórica, cuando a finales del siglo pasado se formuló el nacionalismo vasco fue sobre la base de que Navarra es una parte constitutiva de Euzkadi, la nación vasca. En Navarra esta afirmación provocó reacciones encontradas, y la guerra civil las agravó más. En la actualidad los partidos nacionalistas vascos están implantados en Navarra y reciben algún apoyo popular pero no mayoritario. Los restantes partidos, aun reconociendo los lazos culturales y lingüísticos que unen Navarra y el País Vasco, se niegan a aceptar lo que consideran una supeditación política.

Las fuerzas políticas representadas en el Parlamento navarro, que mantienen su denominación tradicional de Diputación Foral de Navarra, se distribuyen en tres direcciones. El Partido Socialista, con algo más de la tercera parte de los diputados, Unión del Pueblo Navarro, regionalista y conservador, aliado y ahora prácticamente unido al Partido Popular, con un número parecido de diputados. El resto de los diputados, con algunas pequeñas excepciones, se distribuyen entre los distintos partidos nacionalistas vascos, profundamente divididos entre sí por la actitud de los nacionalistas radicales (HB). Como resultado de esta composición, el Gobierno navarro ha resultado tradicionalmente inestable, siendo pequeñas diferencias en el número de votos las que determinan que el Gobierno sea de predominio socialista o conservador, mientras que los nacionalistas vascos permanecen al margen.

Situación sociolingüística

En Navarra también se utilizó el Censo de población de 1986 para realizar un censo lingüístico utilizando el mismo cuestionario que en el País Vasco y pidiendo, por tanto, a los sujetos que se autocalificasen «Erdaldun», no conoce el euskera; «Cuasi-Euskaldun», tiene un conocimiento reducido del euskera, o «Euskaldun», capaz de mantener una conversación en euskera. Los resultados globales fueron los siguientes:

Navarra. Conocimiento del euskera. Censo de 1986

Población total	*Erdaldun*	*Cuasi-Euskaldun*	*Euskaldun*
512.512 100 %	434.594 84,8 %	26.8101 5,23 %	51.108 9,95 %

Incluso si añadimos a los que se consideran «euskaldunes» los «cuasi-euskaldunes» con sólo algún conocimiento del euskera, la suma total sólo representa un 15 % de la población total de Navarra. Pero el dato más importante es que más aun que en el País Vasco en Navarra la población vascoparlante está muy desigualmente distribuida en su territorio. De hecho, deben distinguirse varias zonas muy diferenciadas lingüísticamente: una vascófona en la que la lengua predominante es el euskera, una mixta o de transición en la que la lengua predominante es el castellano, y una zona castellanófona en la que el castellano es prácticamente la lengua exclusiva. La capital Pamplona (en vasco *Iruña*), aunque está situada en la zona mixta porque atrae inmigrantes de todas las zonas presenta características singulares y conviene considerarla aparte.

Una encuesta efectuada en 1978 (encuesta Ciadeco) ofrecía los siguientes resultados por zonas:

Navarra. Conocimiento del euskera por zonas lingüísticas. Año 1978

Zonas	*Población*	*Conocen euskera*	*%*
Vascófona	35.531	30.485	85 %
Mixta	31.366	7.855	25 %
Catellanófona	251.695	—	—
Pamplona	165.277	15.000	9 %
Conj. Navarra	483.867	53.440	11 %

Ocho años después, el Censo de 1986 ofrece los siguientes resultados:

Navarra. Conocimiento del euskera por zonas lingüísticas. Censo de 1986

Zonas	*Población*	*Euskaldunes y Cuasi-Euskaldunes*	*%*
Vascófona	57.247	39.091	68 %
Mixta	269.569	35.043	13 %
Castellanófona	185.696	3.794	2 %
Pamplona	183.539	24.342	13 %
Conj. Navarra	512.512	79.918	15 %

Las dos series no son directamente comparables pues la delimitación de las zonas no fue la misma en los dos casos como se advierte en las cifras de población, siendo asimismo diferente el cuestionario utilizado para apreciar la competencia lingüística de los sujetos. A pesar de lo cual la comparación entre los resultados ofrecidos por las dos evaluaciones separadas por ocho años de diferencia permite apreciar algunas tendencias. En la zona vascófona el euskera claramente ha retrocedido. Aparentemente también ha retrocedido en la zona mixta, pero esto puede ser sólo aparente y resultado de haber atribuido mayor extensión a la zona. En cambio, el conocimiento del euskera claramente ha aumentado en Pamplona e incluso en la zona castellanófona en la cual antes no se detectaba su presencia.

Esta doble tendencia nos confirma lo que ya hemos observado en el País Vasco. La zona vascófona navarra es una zona poco poblada y exclusivamente rural en la que el euskera se ha transmitido a lo largo de los siglos en forma exclusivamente oral y en la que ha estado protegida por el aislamiento, pero en la actualidad los mayores contactos exteriores, la escolaridad generalizada y los medios de comunicación, especialmente la televisión han aumentado la influencia del castellano y debilitado la del euskera, lo que se traduce en su retroceso, a lo que hay que añadir todavía la disminución de habitantes de esta zona debido a la emigración hacia comarcas más ricas. El aumento del número de hablantes del euskera en la capital y en otros lugares de Navarra puede atribuirse a esta emigración pero hay otra razón más importante y es un interés renovado por el euskera entre las generaciones jóvenes, interés que acostumbra a ir unido a motivaciones políticas y que fue especialmente intenso en la década de los setenta y en medios urbanos y que se manifestó en la creación de ikastolas y de sistemas de enseñanza de euskera para adultos. Se trata por tanto de dos tendencias opuestas, por un lado el euskera ligado a las formas de vida tradicionales y aldeanas retrocede frente a un castellano asociado al progreso económico y a la modernidad, y simultáneamente el euskera asociado a una toma de conciencia política y a ciertas formas de solidaridad conoce un proceso ascendente precisamente en medios urbanos e ilustrados. Es la misma dualidad de tendencias que hemos visto actuar en el País Vasco pero porque en Navarra la presencia del euskera es menor, la dualidad resulta más acusada.

Política lingüística

La Ley de Régimen Foral o Estatuto de Autonomía de Navarra en su artículo 9 establece:

1.º El castellano es la lengua oficial de Navarra.
2.º El vascuence tendrá también el carácter de lengua oficial en

> las zonas vascoparlantes. Una ley foral determinará los límites de estas zonas.

De acuerdo con estas disposiciones el Parlamento navarro aprobó en diciembre de 1986, cuatro años después de la aprobación del Estatuto, la Ley Foral del Vascuence, que fue así la última de las leyes lingüísticas de las Comunidades Autónomas con lengua propia en aprobarse. Este retraso fue consecuencia de las dificultades que se encontraron para alcanzar un texto consensuado, lo que finalmente no se consiguió, no pudiéndose aprobar por unanimidad pues los diputados representantes de los partidos nacionalistas vascos se negaron a votarla por considerarla insuficiente.

La diferencia de criterios sobre la ley responde a la diferencia en los planteamientos de fondo a la que antes ya he hecho referencia. Para los nacionalistas vascos Navarra es una parte constitutiva de la nación vasca y la recuperación de la lengua para convertirla en señal de identidad y lazo de unión entre todos los vascos debe ser una tarea prioritaria a la que deben dedicarse unos esfuerzos proporcionados a la dificultad de la tarea. Para el resto de los partidos políticos navarros la lengua vasca merece respeto y protección como símbolo de un pasado histórico y como una realidad actual, pero su expansión no les aparece como una tarea prioritaria, con tanta más razón cuando hay comarcas en Navarra en las que no existe recuerdo histórico de haberse hablado en euskera. Lógicamente, los nacionalistas vascos no sólo rechazan por insuficiente la Ley del Euskera, sino toda la política lingüística del Gobierno navarro.

Notemos de todos modos que aunque la ley navarra se denomina Ley del Vascuence y no del euskera en uno de sus artículos establece que la institución consultiva a efecto de las normas lingüísticas será la «Academia de la Lengua Vasca», lo cual no sólo significa reconocer que se trata de la misma lengua sino aceptar en la práctica las normas del «euskera batúa» o euskera unificado.

En los años inmediatamente posteriores a la promulgación del Estatuto de autonomía y de preparación de la Ley las posturas sobre la lengua no sólo estaban muy politizadas sino polarizadas de forma casi irreductible. Posteriormente ha habido una clara suavización y el Gobierno foral ha iniciado una política de ayuda al euskera representada por un «Servicio de Enseñanza del Euskera» y por un «Servicio de Traducción» en el seno de la administración pública así como por subvenciones a actividades culturales que tengan el euskera como objetivo o como medio de expresión.

La lengua en el Gobierno y en la Administración

De acuerdo con lo prescrito en el Estatuto la Ley del Vascuence delimita tres zonas lingüísticas en el conjunto del territorio de Navarra.

Zona vascófona, donde el vascuence es lengua oficial en la que los funcionarios administrativos deben conocer el vascuence y en las escuelas debe enseñarse. Se trata de una zona rural con 61 municipios de los que la mayoría tienen menos de mil habitantes. Como hemos visto, según los datos del censo en 1986 esta zona contaba 57.247 habitantes.

Zona mixta, donde los ciudadanos que lo desean pueden dirigirse a los organismos de la Administración utilizando el vascuence y en la que un cierto número de funcionarios deben conocerlo y donde su enseñanza debe ser voluntaria, es decir, dependiendo del deseo de los padres. Esta zona es la más poblada y en ella residen más de la mitad de los habitantes de Navarra, 453.108 según el censo y además incluye la capital.

Zona castellanófona, con un régimen para el euskera prácticamente igual al de la zona anterior y que según el censo cuenta con 183.539 habitantes.

Dado que el conocimiento y el uso del euskera está concentrado en una zona y que en el resto del territorio la proporción de habitantes capaces de hablarlo es pequeña la presencia de la lengua en el funcionamiento normal de la Administración es escasa y poco más que simbólica. La excepción la constituye la zona vascófona, en la que la actividad municipal —sesiones del Ayuntamiento, información al público—, se efectúa en general en euskera. En el resto del territorio navarro su presencia se limita a salvaguardar el derecho de cualquier ciudadano a dirigirse a la Administración en euskera y a recibir en euskera la información solicitada o las resoluciones que le afectan. Para ello existe el ya citado Servicio de Traducción, que se encarga gratuitamente de verter al euskera o del euskera la documentación que se le entregue. Y a ello puede añadirse que el Ayuntamiento y en menor medida la Diputación Foral utilizan el euskera en ciertas ocasiones solemnes y que difunden información en las dos lenguas.

La lengua en la enseñanza

Hasta muy recientemente el sistema educativo en Navarra ha seguido dependiendo del Ministerio de Educación del Gobierno central español y por tanto ha correspondido a la Delegación del Ministerio en Navarra la programación de la enseñanza del euskera y eventualmente en euskera de acuerdo con las prescripciones de los «decretos de bilingüismo». El Gobierno de Navarra ha creado un Servicio de Enseñanza del Euskera, que ha colaborado con el Ministerio en esta labor ocupándose de tareas variadas, desde la preparación lingüística de los maestros hasta la elaboración de directrices pedagógicas y preparación del material docente.

Como se ha señalado en el capítulo anterior las ikastolas, escuelas en lengua vasca, surgieron en el País Vasco pero pronto se establecieron también en Navarra, promovidas por los defensores del nacionalismo vasco. La primera ikastola en territorio navarro fue fundada en 1965 y en los años posteriores se extendieron con cierta rapidez no sólo en la zona vascófona sino también y muy especialmente en Pamplona, la capital navarra, y en otras ciudades donde el euskera prácticamente había desaparecido hacía mucho tiempo. Lo que significa que, como ocurría en el País Vasco, en muchos casos los alumnos procedían de familias de lengua castellana que deseaban que sus hijos llegasen a dominar el euskera y a considerarlo como su lengua propia. En 1980 se alcanzó la cifra de 42 ikastolas en Navarra con unos 5.000 alumnos, de los que 4.000 eran de Educación General Básica y el resto de preescolar, lo que significa que las ikastolas acogían aproximadamente el 7 % del alumnado de EGB. A partir de entonces el crecimiento se ha detenido y a finales de los ochenta existen aproximadamente el mismo número de ikastolas y de alumnos. Originariamente las ikastolas se nutrían de las aportaciones de los padres y de subvenciones populares; actualmente reciben subvenciones tanto del Ministerio de Educación como del Gobierno de Navarra, que cubren entre la mitad y la tercera parte de su presupuesto.

En los centros escolares que hasta ahora han dependido del

Ministerio y a partir de ahora del Gobierno navarro la situación respecto a la lengua puede resumirse así:

En la zona vascófona la enseñanza del euskera es obligatoria y en principio son legales tres tipos diferentes de planificación lingüística: 1) Escuelas con enseñanza en castellano y enseñanza del euskera. 2) Escuelas con enseñanza en las dos lenguas. 3) Escuelas con enseñanza en euskera y enseñanza del castellano. Hay que recordar que la zona vascófona es una zona pequeña y rural donde la mayoría de poblaciones no llegan al millar de habitantes. La elección entre estos tres tipos depende de la competencia lingüística de los maestros predominando en la práctica las escuelas del segundo tipo.

En la zona de transición y en la zona castellanófona las escuelas en principio utilizan exclusivamente el castellano como lengua de enseñanza, sin presencia del euskera, pero pueden convertirse en escuelas de cualquiera de los tres tipos citados a condición de que lo soliciten los padres de los alumnos y de que la Administración asegure la presencia del personal docente capacitado para hacerlo.

En el curso 1987-1988 la presencia del euskera en la Educación General Básica en Navarra podía resumirse así:

Navarra. Presencia del euskera en la EGB (6 a 14 años). Curso 1987-1988

Lengua vehicular	*Número de alumnos*			*Total*	*%*
	C. Públicos	*C. Privados*	*Ikastolas*		
Castellano exclusivamente	28.728	24.802	—	53.894	83,5 %
Castellano con enseñanza del euskera	4.509	—	—	4.509	7 %
Euskera total o parcialmente	1.866	—	4.201	6.067	9,3 %
Totales	35.467	24.802	4.201	64.470	100 %

La presencia del euskera en la enseñanza media es mucho más reducida. Existe una ikastola en las cercanías de Pamplona dedicada a la enseñanza media, y en algunos centros oficiales se ofrece el euskera como asignatura.

La falta de profesores preparados ha sido una de las dificultades mayores para la introducción del euskera en la enseñanza. Cuando se aprobó el Estatuto de Autonomía de Navarra el número de maestros en ejercicio que conocían el euskera era mínimo y seguía siéndolo cuando en 1986 se aprobó la Ley del Vascuence, de manera que cuando en una escuela se cumplían las condiciones legales para implantar su enseñanza era frecuente que no existiese en la escuela ningún maestro dispuesto a hacerlo o interesado en hacerlo. Para solventar esta dificultad el Ministerio estableció el llamado «cupo de bilingüismo», un cierto número de maestros pagados por el Ministerio y encargados de la enseñanza de la lengua en las escuelas que la habían introducido en sus programas. El cupo comprendía unos 50 maestros al establecerse y cerca de un centenar al traspasarse las competencias educativas al Gobierno de Navarra. El Gobierno navarro por su parte, o la Diputación Foral de Navarra para designarlo con su nombre propio, contrata a un cierto número de enseñantes encargados de la enseñanza voluntaria del euskera y fuera del horario escolar en los centros docentes que no lo han incorporado a sus programas pero que desean ofrecer esta oportunidad a sus alumnos.

En cuanto a las ikastolas, en 1984 ocupaban a 307 profesores, de los que 120 trabajaban en preescolar, 181 en EGB y 6 en bachillerato y la situación ha variado poco desde entonces.

La falta de profesorado competente se ha procurado suplir, al igual que en otras partes, mediante cursos de capacitación para los enseñantes en ejercicio. Pero también, como en otros territorios autónomos con singularidades lingüísticas, la garantía para el futuro la ofrece el hecho de que la Escuela de Formación del Profesorado de Pamplona haya incorporado el euskera a sus enseñanzas y asegure así la disponibilidad de futuros enseñantes.

En Navarra al igual que en el País Vasco el surgimiento de las ikastolas se acompañó de iniciativas para difundir el aprendizaje del euskera entre la población mediante centros que organizaban cursos para adultos *(ganescolas)*. En el momento de su máxima expansión, hacia 1978, existían en Navarra unos 60 con 4.300 alumnos, un número que a finales de los ochenta se ha reducido a la mitad, aunque la disminución está en parte compensada por los cursos de euskera de la Escuela de Idiomas de la Diputación Foral y por los organizados por otras entidades.

El traspaso de las competencias educativas al Gobierno de

Navarra es demasiado reciente como para poder predecir cómo va a influir sobre la presencia del euskera en el sistema educativo; es posible, pero no seguro, que se inicie al igual que en el País Vasco una aproximación de las ikastolas al sistema de la enseñanza pública. Y es probable que el Gobierno foral preste más atención que el Ministerio a la organización de su enseñanza y a la preparación de los enseñantes, lo que se traduciría en un aumento de la presencia de esta lengua. Pero también es cierto que para aumentar la presencia del euskera en los programas escolares es necesaria una cierta presión, o al menos un clima favorable por parte de los padres, y es posible pensar que los más interesados en el tema hayan canalizado ya sus inquietudes a través de las ikastolas.

Un nivel en el que también es posible imaginar cambios es el universitario. En Navarra existe una Universidad denominada «Universidad de Navarra», pero se trata de una institución privada ciertamente prestigiosa pero que hasta ahora no ha prestado atención al euskera. En cambio, en los planes de la recién creada Universidad pública se incluye una presencia apreciable de esta lengua.

La lengua en los productos culturales y en los medios de comunicación

La mayor parte de las publicaciones, tanto libros como revistas, que se pueden leer en euskera en Navarra proceden del País Vasco. A ello puede añadirse que la Diputación Foral de Navarra, el Ayuntamiento de Pamplona y la institución Príncipe de Viana publican en euskera libros de tema histórico y literario o simplemente informativos y turísticos, y que la Diputación Foral patrocina igualmente la edición de manuales para la enseñanza de euskera y libros de lectura para escolares. Y puede añadirse aun la existencia de una pequeña editorial privada.

Dos periódicos diarios editados en Pamplona, *Diario de Navarra* (40.000 ejemplares diarios) y *Navarra hoy* publican una página semanal en euskera y ocasionalmente algún otro texto. *Deia* y *Egin* son dos periódicos ya citados al hablar del País Vasco, de orientación nacionalista y presencia cotidiana del euskera, que publican ediciones especiales para Navarra. Y existen, además, en Navarra dos revistas literarias de aparición irregular.

Tres de las cuatro emisoras españolas con programas específicos para Navarra emiten regularmente en euskera: Radio Popular, una hora diaria; Radio Cadena, media hora diaria, y Radio Nacional, cinco minutos diarios.

No existe una emisora navarra de televisión. El programa regional de la segunda cadena española, TVE2, emite cada día a continuación del boletín informativo un brevísimo resumen en euskera. Y en la mayor parte del territorio navarro es posible captar la televisión vasca.

7. Otras situaciones de diversidad lingüística

Asturias (asturiano/bable)

Asturias (10.564 km^2, 1.112.000 habitantes), situado en el centro de la zona septentrional de la Península Ibérica, región de altas montañas y de valles que descienden hasta el mar fue conocida ya en la Antigüedad por la resistencia que opuso a la invasión romana y siglos después frente a los árabes. Un país tradicionalmente agrícola, a partir del siglo XIX su economía estuvo dominada por la minería del carbón y posteriormente por la siderurgia y ha estado por ello muchas veces en vanguardia de las luchas obreras, sufriendo duramente las consecuencias de la reconversión industrial.

En el capítulo dedicado a los orígenes de la diversidad lingüística española ya se señaló que en las montañas asturianas cristalizó un núcleo lingüístico neolatino que se ha denominado astur-leonés por el nombre de la región donde se originó y del reino por el que se extendió a medida que avanzaba la reconquista. El castellano, surgido en la vecina Castilla, pronto se difundió por el reino de León y el asturiano no pudo llegar a estabilizarse como lengua ni a tener un cultivo literario destacable. En los siglos transcurridos desde entonces el castellano se ha consolidado como la lengua exclusiva de la Administración y de la enseñanza, a pesar de lo cual, el asturiano, conocido popularmente como bable, ha mantenido su vigencia aunque reducido cada vez más a usos cotidianos y a ambientes rurales. Como ocurre necesariamente en estos casos, la ausencia de un uso escrito o más en general la falta de un ámbito común de comunicación y de un modelo compartido, han hecho que una lengua que sólo había iniciado su evolución como tal se haya fragmentado en múltiples variedades dialectales y «hablas» locales distribuidas por la mayor parte de su territorio. Un territorio que por un lado no coincide exactamente con el de la Comunidad Autónoma o Principado de Asturias porque el gallego se extiende por la zona occidental de Asturias y en algunos lugares más bien podría hablarse de hablas intermedias o de mezclas de gallego y asturiano. Y por otra parte porque al sur de Asturias, en la actual provincia de León, hay comarcas en las que se mantienen variedades dialectales relacionadas con el antiguo astur-leonés.

Esta diversidad dialectal, sin que ninguno resulte dominante, y su uso exclusivamente rural explican que cuando en el siglo pasado se produjo la recuperación literaria de tantas lenguas minorizadas el movimiento no tuviese prácticamente repercusiones en Asturias. Menos todavía la existencia de particularidades lingüísticas justificó ningún movimiento autonomista ni tuvo repercusiones políticas a pesar de la intensidad de la vida política asturiana a finales del siglo pasado y en los comienzos de éste. Fue sólo en las postrimerías del régimen franquista cuando algunos intelectuales, unos movidos por preocupaciones literarias y otros por motivaciones políticas, iniciaron campañas de recuperación y de revalorización de la lengua. Campañas que encontraron un cierto eco y que provocaron controversias entre los que no creen posible hablar hoy del asturiano como una lengua única y menos todavía pretender codificarla y modernizarla a partir de las variedades dialectales existentes.

A pesar del entusiasmo de quienes impulsaban estas campañas no consiguieron ni un gran apoyo popular ni que ningún partido político incluyese las reivindicaciones lingüísticas en su programa, y este es el motivo por el que en el Estatuto de Autonomía, elaborado y defendido por los representantes asturianos, no se reivindicara para el bable el carácter de lengua propia de Asturias y oficial con el castellano. Por ello, Asturias no figura entre las Comunidades Autónomas con lengua propia objeto de este libro.

Pero, si el Estatuto de Asturias no sanciona el uso oficial del bable, tampoco desconoce su existencia. En el capítulo dedicado a «El marco legal» de las situaciones lingüísticas he transcrito ya el artículo 4 del Estatuto de Asturias, que dice: «El bable gozará de protección. Se promoverá su uso, su difusión en los medios de comunicación y su enseñanza respetando en todo caso las variantes locales y la voluntariedad en su aprendizaje». Y el artículo 10, que detalla las competencias del Principado de Asturias en su párrafo n) dice literalmente: «Fomento y protección del bable en sus diversas variantes que como modalidades lingüísticas se utilizan en el Principado de Asturias».

A partir de estas afirmaciones del Estatuto, el Gobierno de Asturias, impulsado por los defensores del bable y estimulado por las actuaciones de otras Comunidades Autónomas en favor de sus lenguas respectivas, ha establecido en su Consejería de Cultura una Oficina de Política Lingüística cuya finalidad es promover y difundir el conocimiento del bable. La Oficina, además de efectuar o patrocinar encuestas, ha preparado programas de enseñanza de la lengua para las escuelas y ha contratado maestros dispuestos a hacerse cargo de esta enseñanza. Pero quizás la realización más ambiciosa haya sido la creación de la «Academia de la Lingua Asturiana», que tiene entre otros objetivos el llegar a formular una norma lingüística común.

Una encuesta sobre el conocimiento del bable por parte de la población asturiana realizada en 1984 por la Sociedad Asturiana de Estudios y difundida por la Consejería de Cultura ofrece los siguientes resultados:

Asturias. Conocimiento del bable (asturiano). Año 1984

Población de Asturias 1.112.000 habitantes	100,0 %
Lo entienden	51,2 %
Lo hablan	26,2 %
Lo leen	31,0 %
Lo escriben	8,6 %

En cuanto a las opiniones de la población sobre la posibilidad de que se introduzca el bable en la enseñanza, según la citada encuesta se distribuyen así: un 34 % de la población se declaran partidarios de que la enseñanza utilice exclusivamente el castellano y un 66 % partidarios de alguna presencia del bable en la enseñanza, más concretamente un 48,5 % partidarios de que la enseñanza sea predominantemente en castellano pero con enseñanza del bable, un 11 % partidarios de una enseñanza en las dos lenguas y un 5,8 % partidarios de una enseñanza en castellano o en bable, a elección de los padres.

Y en cuanto a realizaciones en la enseñanza, los últimos datos difundidos por la Oficina de Política Lingüística indican que en el curso 1985-1986 de los 146.481 alumnos que constituían el censo escolar de Asturias recibían clase de lengua asturiana 5.123, lo que equivale al 3,5 % del alumnado de Enseñanza General Básica.

Vall d'Aran/aranés

El Valle de Arán (620 km^2, 5.000 habitantes) es un valle pirenaico en la frontera hispanofrancesa por el que discurre el primer tramo del río Garona, que a continuación se interna en territorio francés. De hecho, el Valle está directamente abierto a Francia y relativamente aislado de España. Hasta la apertura relativamente reciente del túnel de Viella durante el invierno el aislamiento era completo y sólo en verano existían comunicaciones regulares con España. Pero, por una de tantas paradojas a las que tan aficionada parece la historia el Valle de Arán forma parte de España mientras, el vecino Rossellón, geográfica y lingüísticamente catalán, pertenece a Francia.

En el Valle de Arán se habla aranés, un dialecto del gascón —lengua de la Gasconia— que a su vez es un dialecto occidental del complejo lingüístico que constituye la lengua occitana o *lengua d'oc* que un día fue la hablada en todo el sur de Francia. Pero en el Valle de Arán desde su incorporación a España, la lengua de la Administración y de la enseñanza ha sido el castellano. Así, se ha producido una situación diglósica clásica en la que la casi totalidad de los habitantes del Valle tenían el aranés como primera lengua y como lengua de relación social, pero conocían también el castellano con mayor o menor competencia y lo utilizaban en determinadas circunstancias. En los últimos años esta situación tradicional está siendo influida y modificada por varios hechos nuevos de los que el primero y más importante es que el proceso de decadencia económica y de regresión demográfica a que estaba sometido el Valle de Arán, como tantas otras comarcas de alta montaña, se ha detenido e incluso invertido de signo al convertirse en una zona privilegiada para deportes de montaña que atrae a una importante población flotante turística y a una no menos importante inmigración laboral más o menos permanente procedente en parte de Cataluña y en parte de toda España.

Según los últimos Censos de población el Valle de Arán tiene 5.241 habitantes que por el lugar de nacimiento se distribuyen así:

Valle de Arán. Habitantes por lugar de nacimiento

Nacidos en el Valle	3.241
Nacidos en Cataluña	792
Nacidos en el resto de España	1.110
Nacidos en Francia	84
Nacidos en otros países	14
Total de habitantes	5.241

Nota: La estadística anterior se refiere a los habitantes censados, no incluye la población flotante ni la inmigración reciente y todavía no inscrita.

Una encuesta minuciosa realizada recientemente (Climent, 1986) a una muestra representativa de la población aranesa, que de hecho abarcó a la mayor parte de la misma con entrevistas individuales, permite clasificar a los habitantes del Valle según la lengua que en su opinión es su primera lengua:

Valle de Arán. Primera lengua de los habitantes. 1986

Aranés	59 %
Catalán	8 %
Castellano	29 %
Francés y otras lenguas	4 %

Valle de Arán. Conocimiento del aranés por los habitantes

No lo entienden	7 %
Sólo lo entienden	14 %
Lo entienden y lo hablan	55 %
Además lo leen	16 %
Además lo escriben	9 %

Finalmente y en cuanto al uso efectivo de la lengua el 58 % de los habitantes consideran que el aranés es la lengua que con más frecuencia utilizan a lo largo del día, mientras que el resto consideran lo contrario. La frecuencia de uso está, sin embargo, relacionada con la edad, entre los mayores de 60 años más del 70 % consideran que ésta es su lengua habitual mientras que entre los menores de 20 años sólo el 47 % lo consideran así.

Los datos transcritos muestran la supervivencia frente al español, lengua estatal, de un islote lingüístico en condiciones precarias y sin apoyos externos, pues la lengua hermana, el gascón, se ha mostrado más débil todavía frente al francés. La brusca irrupción de nuevas formas de vida y el aflujo de inmigrantes han acentuado más esta precariedad.

Pero además de este cambio sociológico en los últimos años se ha producido un acontecimiento político destinado a influir fuertemente sobre esta evolución lingüística. El Valle forma parte de Cataluña y ésta consiguió en 1979 su autonomía política y con ella el derecho a formular su propia política lingüística.

En la preparación de la Ley de Normalización Lingüística, aprobada por el Parlamento de Cataluña en abril de 1983, se tuvo en cuenta la peculiaridad lingüística del Valle y en el texto de la ley su capitulo quinto se refiere a «la normalización del aranés». Sus preceptos más destacables dicen así:

Artículo 28.

1. El aranés es la lengua propia del Valle de Arán. Los araneses tienen el derecho de conocerlo y de expresarse en el mismo en las relaciones y en los actos públicos dentro de este territorio.
2. La Generalitat, junto con las instituciones aranesas, debe tomar las medidas necesarias para garantizar el conocimiento y el uso normal del aranés en el Valle de Arán y para impulsar su normalización.
3. Los toponímicos del Valle de Arán tienen como forma oficial la aranesa.
4. El Consejo Ejecutivo (de la Generalitat) debe proporcionar los medios que garanticen la enseñanza y el uso del aranés en los centros escolares del Valle.
5. El Consejo Ejecutivo (de la Generalitat) debe tomar las medidas necesarias para que el aranés sea utilizado en los medios de comunicación social en el Valle de Arán.

Como se desprende del texto de la ley, la responsabilidad para tomar las medidas que permitan dar cumplimiento a sus preceptos corresponde en primer lugar al Gobierno de la Generalitat de Cataluña, a su Dirección de Política Lingüística y a otros departamentos afectados, como el de enseñanza.

Como primeras manifestaciones de esta política pueden citarse:

— La realización de la encuesta sociolingüística, cuyos resultados se han transcrito, como base para posibles actuaciones posteriores.
— La creación de una comisión encargada de codificar las normas del aranés, que ha dado ya a conocer una norma ortográfica.
— La edición de un libro de lecturas en aranés para su uso en las escuelas.

Pero la realización más importante es la que tiene por objeto la introducción del aranés en el sistema educativo. En la actualidad en las escuelas del Valle de Arán la lengua vehicular de la enseñanza continúa siendo el castellano, pero los alumnos reciben además siete horas semanales de enseñanza «de» y «en» catalán y dos horas semanales «de» y «en» aranés en todos los cursos. Se recomienda además que la introducción en la escolaridad —preescolar y aprendizaje de la lectura— se haga en la lengua familiar del niño.

Muy recientemente, en junio de 1990, el Parlamento de Cataluña ha aprobado una «Ley del Valle de Arán» que restablece una institución tradicional del Valle, el «Conselh Generau» (Consejo General), al que se atribuyen ciertas competencias de gobierno y entre ellas las de promover el uso del aranés en la Administración del Valle y en la enseñanza.

Aragón

Como he recordado en el capítulo dedicado a la presentación general de la España de las autonomías, el Estatuto de Aragón, en su artículo 7, dice literalmente que «las diversas modalidades lingüísticas de Aragón gozarán de protección como elementos integrantes de su patrimonio cultural e histórico». No ha habido ningún esfuerzo por definir oficialmente estas modalidades lingüísticas pero hay que entender que básicamente son dos: el antiguo aragonés conservado en los valles pirenaicos y el catalán hablado en territorios limítrofes con Cataluña, la llamada *franja oriental o de «ponent»* según el lugar desde donde se contempla.

En el capítulo dedicado a las lenguas he incluido una breve descripción del origen y la situación actual de esta lengua tempranamente truncada en su desarrollo así como de los intentos contemporáneos de reactivarla. En 1976 se fundó en Zaragoza el *Consello da Fabla Aragonesa*. Eran los días de la transición política y la propuesta encontró simpatía y apoyo en algunos medios intelectuales y el año siguiente se celebró un Congreso para preparar la normativa lingüística. Pero el intento no consiguió movilizar apoyos políticos y sólo el Partido Socialista Aragonés asumió la reivindicación. En su Congreso de 1978 propuso la cooficialidad del aragonés con el castellano en las comarcas pirenaicas en las que se mantiene vivo y lo mismo para el catalán en las comarcas limítrofes con Cataluña en las que se hablan dialectos catalanes. Pero en el mismo Congreso se acordó la incorporación al PSOE, con lo que las propuestas quedaron en alguna medida diluidas. De hecho, y como hemos visto, en el Estatuto de Aragón no se hace alusión a la cooficialidad y sólo a la protección de las peculiaridades lingüísticas. Aunque es cierto que el primer Gobierno autónomo aragonés inició una política de protección tanto del aragonés como del catalán en las comarcas afectadas.

En el caso del aragonés la respuesta popular fue débil, y aunque el *Consello* ha mantenido su actividad y ha publicado algunos libros, desde la Administración no se ha pasado de organizar algunos cursillos de alfebetización. En cambio en la *franja* el ejemplo de la política de defensa del catalán seguida en Cataluña ha constituido un estímulo eficaz y varios ayuntamientos han conseguido que la Delegación del Ministerio de Educación estableciese clases voluntarias de catalán en las escuelas. Los límites de la *franja* son imprecisos pero se considera que viven en ella unos 40.000 habitantes, aunque el grado de presencia del catalán es muy diverso, desde poblaciones como Fraga, donde el catalán es la lengua común hasta otras donde su presencia es meramente residual. En el curso 89-90 seguían las clases de catalán en las escuelas unos 2.000 alumnos, lo que equivale al 40 % de la población escolar de las poblaciones en las que se impartían. De estos 2.000 alumnos la mitad residen en Fraga y la mayor parte de los restantes en otras poblaciones de la provincia de Huesca. Hay algunas enseñanzas de este tipo en localidades de la provincia de Zaragoza y casi ninguna en la de Teruel. Puede añadirse que en Fraga y su comarca no sólo se mantiene vivo el catalán sino que la emigración incluida la profesional y académica tiende a dirigirse a Lérida y en alguna medida a Barcelona.

Andalucía

También en la presentación general he recordado que el Estatuto de Autonomía de Andalucía incluye en su artículo 12 una referencia a «los valores lingüísticos del pueblo andaluz» sin precisar sin embargo en la naturaleza de estos valores.

Ha habido quien, sin negar el carácter dialectal del andaluz respecto del castellano, ha considerado que el castellano de Andalucía presenta características tan singulares que autorizan a hablar de una lengua distinta en gestación o al menos permiten codificar estas diferencias y enunciar a partir de ellas una norma. Tampoco estos intentos han encontrado una acogida digna de mención. Lo que sí es cierto, en cambio, es que mientras que tradicionalmente en las escuelas y en general en el sistema educativo tendía a consagrarse el castellano de Castilla como la norma lingüística, y por tanto a reprimir o suavizar la influencia andaluza en la prosodia e incluso en ciertas modalidades léxicas que se consideraban aptas para la comunicación informal pero no para los usos públicos y formales, hoy esta presión ha desaparecido. La televisión andaluza es un factor suplementario a la hora de prestigiar estas modalidades andaluzas del castellano.

Lenguas de comunidades limítrofes

En las Comunidades Autónomas a las que el Estatuto de Autonomía les reconoce el uso de una lengua propia no siempre los límites administrativos coinciden con los límites lingüísticos. Hemos visto que hay comunidades en las que en el texto de su Estatuto se consigna la existencia de zonas lingüísticas diferenciadas; este es el caso de Valencia y Navarra con el castellano y de Cataluña con el aranés. Pero también ocurre la situación contraria, que la lengua considerada como propia de una comunidad se extienda por el territorio de una comunidad vecina.

En Asturias, como ya he hecho notar, hay una penetración del gallego pero hay también territorios con variedades intermedias entre los dos núcleos lingüísticos que finalmente cristalizaron. Más al sur, el gallego penetra también en la provincia de León.

Algo parecido puede decirse respecto a Cataluña y Aragón. En los valles pirenaicos, donde el catalán y aragonés estuvieron en contacto desde sus orígenes, encontramos hablas intermedias entre las dos lenguas. Más al sur, donde las lenguas entraron en contacto cuando ya estaban constituidas se trata claramente de una presencia del catalán en territorio administrativamente aragonés, de modo parecido a como más hacia el sur, en el territorio valenciano, la frontera entre el catalán y el castellano tampoco coincide con la política.

Lenguas de países limítrofes

La frontera política entre España y Francia recorre la cordillera de los Pirineos, una frontera natural que no basta para evitar las interpenetraciones lingüísticas, como lo demuestran la presencia del vasco y del catalán en el territorio francés. No existe, en cambio, presencia del francés al sur de los Pirineos por la simple razón de que el francés, y lo mismo puede decirse del español, sólo llegó a la zona de los Pirineos mucho más tarde de que se convirtiese en frontera política y en la medida en que una y otra lengua se convirtieron en lenguas oficiales de los respectivos Estados.

La situación es distinta en el caso de Portugal, donde la frontera se delimitó con posterioridad a que las lenguas respectivas, galaico-portugués y castellano se hubiesen extendido por los territorios en los que actualmente son predominantes. En la provincia de Salamanca existen comarcas con influencias lingüísticas mutuas que deben atribuirse a la pervivencia del antiguo astur-leonés, pero existen además varias poblaciones fronterizas que constituyen verdaderos enclaves del portugués en territorio español. Más al sur, en la provincia de Badajoz, existen otros enclaves de lengua portuguesa de los que el más importante es Olivenza.

En el norte de Africa España mantiene desde comienzos de la época moderna la soberanía sobre dos ciudades: Ceuta y Melilla, que se consideran parte integrante del territorio español y en las que hay una minoría musulmana con ciudadanía española relativamente importante a la que se añade un número considerable de inmigrados. Esta minoría, que tiene el árabe como primera lengua, tiene reconocidos algunos derechos, entre ellos la enseñanza del árabe, en los programas de Educación General Básica, así como la asistencia de intérpretes en ciertos procesos administrativos.

Inmigración interior

Mucho más importantes que estas zonas fronterizas debido al volumen de personas afectadas son las cifras de los que hablando la lengua propia de una comunidad residen en una distinta en la que esta lengua no tiene vigencia social ni apoyo legal. Deben ser cerca de cien mil los nacidos en Cataluña, en Valencia o en las islas Baleares que residen en Madrid, y habrá también un número importante en otras Comunidades donde no se habla el catalán. La emigración de Galicia a otras comunidades es todavía más numerosa y está menos concentrada, y aunque afecte a un número menor también hay cantidades apreciables de nacidos en el País Vasco y en Navarra en otras comunidades. No todos, por supuesto, pero sí una fracción apreciable de ellos no sólo son capaces de utilizar su lengua sino que la siguen utilizando en el seno de sus familias y procuran transmitirla a sus hijos, lo cual no les resulta fácil.

Los Estatutos de Autonomía han consagrado la fórmula de la territorialidad como manera de abordar el plurilingüismo español. Los derechos lingüísticos de los individuos se circunscriben a los límites de un territorio determinado y fuera de él la lengua es una cuestión estrictamente privada. Se podría imaginar un ordenamiento jurídico distinto en el que los ciudadanos españoles que hablan lenguas diferentes del castellano mantuviesen algunos derechos lingüísticos cualquiera que fuese el lugar en el que residiesen. E incluso sin variar el ordenamiento actual parece que podrían encontrarse medios para facilitar a estas personas la conservación y la utilización de la lengua propia así como su adquisición por parte de sus hijos en la medida en que lo deseasen.

Inmigración exterior

Quedan al margen del tema de este libro otras diferenciaciones lingüísticas ciertamente importantes y cuya importancia seguirá aumentando en el curso de los próximos años. Me refiero a la presencia de una población numerosa originaria de otros países y establecida en España por diferentes motivos.

Las relaciones comerciales o más en general económicas explican la presencia de un gran número de extranjeros distribuidos por todo el país pero concentrados especialmente en las grandes ciudades y en las zonas de mayor desarrollo económico. Predominan los que proceden de los países económicamente más desarrollados y entre ellos especialmente de los geográficamente más cercanos: Francia, Alemania, Inglaterra, etc.; algunos de estos grupos nacionales disponen de centros educativos propios para responder a las necesidades educativas de sus hijos y también de centros para la difusión de su lengua y de la cultura que a través de ella se vehicula.

Desde hace algún tiempo, a estas colonias extranjeras establecidas desde antiguo hay que añadir una inmigración provocada por el turismo. Y no me refiero con ello a la presencia de una población flotante con estancias breves y concentrada en determinadas zonas: costa mediterránea, Baleares y Canarias sino a la presencia permanente en estas mismas zonas de una población extranjera que las ha elegido como lugar de residencia en muchos casos a partir de la jubilación.

Y queda todavía por aludir a un tercer tipo de inmigrantes. Los que llegan a España en busca de trabajo o simplemente con la esperanza de asegurar su subsistencia. Es un fenómeno relativamente reciente provocado por el despegue económico de España, que tradicionalmente había sido un país emisor más que receptor de emigrantes. Una categoría especial de estos emigrantes lo constituyen los procedentes de América del Sur, Argentina en primer lugar, con los que no existen diferencias lingüísticas. Existe también una emigración portuguesa relativamente importante trabajando, por ejemplo, en la minería en la provincia de León, y para los hijos de estos inmigrados funciona un servicio escolar para ayudarles a mantener el portugués, al mismo tiempo que frecuentan la escolaridad española. Pero el hecho nuevo y con tendencia a aumentar es la presencia de inmigrantes procedentes del Magreb, Marruecos especialmente, de países de Africa central y también aunque sea en menor número del Cercano y del Lejano Oriente.

Es difícil ofrecer cifras aunque sólo sean aproximadas sobre la población extranjera en España. Pero más importante aun que las cifras que expresen su volumen es hacer notar la posibilidad de un aumento rápido en los próximos años. El progreso de la integración europea favorecerá la libre circulación de personas en el interior de la Comunidad y con ello el establecimiento de un gran número de profesionales de todo tipo. Y al mismo tiempo, si el actual desnivel económico entre España y el norte y el centro de Africa se mantiene, la inmigración procedente del sur lógicamente seguirá aumentando a pesar de todas las trabas que se le pongan. Todos los emigrantes que se instalan en España, con la lógica excepción de los hispanoamericanos, sienten la necesidad de llegar a adquirir la lengua del país en el que se instalan, aunque en muchos casos éste sea sólo uno de los muchos problemas que les plantea su situación de inmigrados. Ya he hecho notar que éste no es el tema de esta obra y me limito a recordar su existencia. Lo que sí quiero señalar, porque es un resultado directo de la pluralidad lingüística objeto de esta obra, es que cuando un inmigrante se instala en una Comunidad Autónoma con lengua propia puede sentir la conveniencia o la necesidad de adquirir no una sino dos lenguas, las que son oficiales en aquella Comunidad, y no porque tengan este carácter de oficialidad sino porque efectivamente sean medios de comunicación habituales en el medio social en el que se desenvuelve. Y cuando sus hijos asistan a la escuela recibirán necesariamente enseñanza en la lengua propia de la Comunidad, al menos en los mínimos que impone la legislación vigente y que hemos expuesto en los capítulos correspondientes, obligación que alcanza incluso a los centros de enseñanza extranjeros, en la medida en que pretenden que los estudios efectuados en aquéllos tengan validez académica en España.

8. Las lenguas distintas del castellano en el conjunto del Estado

Al iniciar la descripción de la nueva situación española en el aspecto lingüístico señalaba que ésta se apoya en dos principios constitucionales, el reconocimiento del carácter plurinacional y plurilingüe de España y el precepto de que en las Comunidades Autónomas con lengua propia estas lenguas tienen al mismo tiempo que el castellano carácter de lengua oficial. Pero esta cooficialidad se limita estrictamente al territorio de las distintas comunidades, más todavía, los Estatutos de Autonomía que conceden autoridad a los respectivos Gobiernos para promulgar y ejecutar políticas lingüísticas de protección de estas lenguas tienen también una vigencia limitada a sus límites territoriales. Es posible, entonces, preguntarse por las consecuencias que tiene el reconocimento constitucional no ya en el interior de las Comunidades Autonómas, lo que hemos examinado hasta ahora, sino en el conjunto del Estado español.

Del examen de los textos fundamentales del Estado parece deducirse que ninguna. La lengua oficial del Estado, de sus instituciones y de los organismos que dependen directamente de él es el castellano/español. Sólo se puede citar un ejemplo de uso institucional de una lengua distinta del castellano y es el hecho de que tanto el Rey como el heredero de la Corona al intervenir en actos oficiales en Cataluña se han expresado en catalán. Dado el papel singular que en el entramado constitucional español corresponde al monarca ello no puede considerarse como un hecho anecdótico sino como un gesto plenamente significativo. Pero un gesto para el que no hay paralelos en los niveles ejecutivos del Estado.

Es cierto que la Constitución establece que el Senado, la segunda Cámara de representación popular, es una cámara de representación territorial y dado que varios de los territorios que componen el Estado español tienen lenguas cooficiales con el español existen propuestas para que estas lenguas tengan algún tipo de presencia en las actividades del Senado, y parece probable que en fecha próxima se encuentren fórmulas que aseguren esta presencia.

El reconocimiento del plurilingüismo español puede considerarse desde otra perspectiva. Incluso admitiendo que el castellano sea la única lengua oficial del Estado español, y por tanto la única que se utilice en los niveles institucionales, ello no excluye que el Estado tenga responsabilidades muy claras respecto a estas lenguas que la Constitución llama también españolas. Si España es una realidad pluricultural y plurilingüe, si la Constitución se propone: «Proteger a todos los españoles y pueblos de España en el ejercicio de los derechos humanos, sus culturas y sus tradiciones, lenguas e instituciones» y si en su artículo 2 dice que «la riqueza de las distintas modalidades lingüísticas de España es un patrimonio cultural que será objeto de especial respeto y protección» resulta evidente que al Gobierno y a los diversos sectores de la Administración Pública: Ministerio de Cultura, Ministerio de Educación, Ministerio de Asuntos Exteriores, les corresponde una tarea importante; tarea de defensa y de promoción de estas lenguas y de las culturas que a través de ellas se expresan sin perjuicio de lo que en el ámbito de sus competencias realicen las distintas Comunidades Autónomas.

Es cierto que existe un reconocimiento formal de esta responsabilidad que se traduce en acciones concretas de las que no es difícil ofrecer ejemplos. Existen premios literarios patrocinados por organismos de la Administración española en los que se admiten originales en las distintas lenguas. En las Ferias Internacionales del Libro y en otras manifestaciones en el exterior es posible y frecuente que la representación española patrocinada por el Estado incluya libros y otros productos culturales en estas lenguas. Y es posible que una Embajada española en el extranjero organice actos culturales en relación con estas lenguas, e incluso que colabore en su enseñanza. Si esto se compara con lo que ocurría hace unos años o, más en general, con la actitud tradicional del Estado y de la Administración española ante estas cuestiones, el cambio es indiscutible e importante.

Pero aunque el cambio sea real, el conjunto de actuaciones en las que se ha traducido es muy pequeño y, lo que es peor, parecen actuaciones esporádicas que no responden a ninguna política definida. El contraste entre las solemnes afirmaciones del texto constitucional y la modestia de lo que efectivamente hacen los diferentes departamentos de la Administración resulta decepcionante.

El contraste no se produce sólo en los organismos que dependen directamente de la Administración central sino que se repite en todas las instituciones públicas más o menos dependientes o independientes de ellas. También en este campo es posible ofrecer ejemplos de nuevos planteamientos, pero se trata también de ejemplos aislados. Resulta significativa en este sentido la actitud de las universidades. Parecería lógico que en la mayoría de las universidades españolas existiesen departamentos o cátedras dedicados a la docencia y a la investigación de estas lenguas y de las literaturas y de las culturas que se expresan a través de ellas. Pero la verdad es que si prescindimos de las universidades localizadas en los territorios de estas lenguas, en las restantes estos temas no parecen despertar un interés apreciable. Y algo parecido puede decirse de los centros de investigación y de las grandes fundaciones privadas. Puede suponerse, por tanto, que más que de una política del Gobierno central el contraste resulta de una actitud general de la sociedad española.

Lo cual nos lleva a considerar un tercer aspecto ¿Cómo ha reaccionado la sociedad española y más concretamente los habitantes de las Comunidades Autónomas en las que el castellano continúa siendo la única lengua oficial ante la institucionalización del plurilingüismo y ante las políticas de normalización de estas lenguas? La pregunta es imposible de contestar con precisión porque no existen estudios sociológicos sobre el tema apoyados en encuestas de opiniones o en actitudes dignas de crédito. Sólo es posible, por tanto, ofrecer una opinión, y yo me atrevo a proponer la mía.

Hace medio siglo, por los días en que en el Parlamento español se discutía el Estatuto de Autonomía de Cataluña, el advertir que había españoles que hablaban habitualmente en otra lengua y que no sólo hablaban sino que se sentían orgullosos de hacerlo y reclamaban derechos para su lengua producía reacciones de sorpresa e incomprensión, al mismo tiempo que irritación. En la actualidad todos los españoles saben que en Cataluña se publican periódicos en catalán, que en Galicia la televisión local emite en gallego y que incluso los vascos que no conocen el euskera creen que su lengua debe ser mantenida y apoyada. Y nadie se extraña y menos se enfada, como antes fácilmente ocurría, cuando en el compartimiento contiguo en el ferrocarril o en la mesa de al lado en el restaurante se oye hablar en catalán, en gallego o en vasco. El cambio es debido, por supuesto, a la nueva situación legal de las lenguas pero más todavía a que los contactos exteriores e interiores de los españoles, sus desplazamientos y su frecuentación de los medios audiovisuales de comunicación les han familiarizado con el pluralismo lingüístico y con la coexistencia de lenguas.

Pero el hecho de que la pluralidad lingüística española sea conocida y aceptada no quiere decir necesariamente que inspire simpatía. Durante los últimos tiempos del franquismo, como se recordó en la introducción histórica, en los medios de la oposición se produjo un apoyo explícito a las reivindicaciones de las lenguas reprimidas, con frecuentes y entusiastas muestras de apoyo a producciones literarias y culturales en estas lenguas, pero con el cambio político y la institucionalización de las Autonomías esta simpatía por lo prohibido dejó de actuar. En la actualidad, estas lenguas son vistas en la perspectiva de las políticas de normalización de las Comunidades Autónomas que las apoyan y en primer lugar de las más activas en este sentido: Cataluña y el País Vasco y en relación, por tanto, con sus respectivos nacionalismos, sin que ello se traduzca más que en casos muy extremos en una oposición a estas lenguas en nombre del nacionalismo español. La opinión más general parece ser la de que una vez que se ha asegurado el derecho de los hablantes de estas lenguas a poder utilizarlas en cualquier circunstancia y que se ha asegurado por tanto su supervivencia, tampoco deben desorbitarse las cosas y promover artificialmente y desde el poder su desarrollo más allá de los límites que espontáneamente alcanzarían.

Esta opinión, que parece general en las Comunidades Autónomas ajenas al problema, acostumbra acompañarse de una cierta actitud de sorpresa y de displicencia ante la cantidad de esfuerzos y de medios dedicados a promover unas lenguas que en definitiva por el número de hablantes son lenguas menores que en ningún caso podrán sustituir al castellano. Y a ello puede añadirse una cierta impresión de incomodidad e incluso una sensación de amenaza cuando el habitante de una Comunidad monolingüe castellana se traslada real o imaginariamente a una Comunidad con lengua propia. El encontrarse con señalización y con informaciones en la carretera, en la calle, en un museo, al entrar en un establecimiento público, etc., en otra lengua le produce incomodidad. Y al imaginar que un día podría fijar su residencia en el territorio supone que por el hecho de desconocer la lengua se encontraría con dificultades o, en todo caso, en situación de inferioridad de condiciones. Y esta perspectiva, que en el caso de instalarse en un país extranjero le parecería normal, en su propio país le resulta irritante.

No puedo asegurar en qué medida este intento de caracterizar las actitudes del español medio ante los procesos de normalización de las «otras» lenguas se corresponde con la realidad. En todo caso el hecho de que esta actitud no sea simplemente positiva es un dato con el que hay que contar y que claramente constituye un obstáculo para las políticas de normalización lingüística. Por supuesto, las opiniones enraizadas con las actitudes colectivas son muy difíciles de variar y ha pasado muy poco tiempo para que la nueva situación haya podido influir sobre ellas. Pero quizás el hecho que debe ser destacado es que el conocimiento que los habitantes de las Comunidades Autónomas monolingües tienen sobre el carácter plurilingüe de España y sobre las políticas lingüísticas en vigor es todavía muy limitado y no sería difícil mejorarlo. Los medios de comunicación, y la televisión en primer lugar, podrían reflejar con más detalle esta realidad, pero sobre todo los manuales escolares deberían incorporarla a la imagen que ofrecen de España. Indudablemente, queda mucho camino por recorrer en esta dirección.

Capítulo 5
LOS PROCESOS DE NORMALIZACION

1. Balance de conjunto

Una vez resumidas las políticas lingüísticas de las distintas Comunidades Autónomas, y antes de intentar hacer algunas consideraciones sobre el futuro, parece conveniente considerarlas en su conjunto para destacar sus rasgos comunes y también sus diferencias.

Uso institucional de la lengua

Todos los gobiernos de Comunidades Autónomas con lengua propia han coincidido en adoptar la lengua en su imagen institucional, lo que quiere decir, en primer lugar, utilizarla en la denominación del propio Gobierno, de sus organismos y Departamentos y los de los cargos que los representan, denominaciones que aparecen en los rótulos externos, en los membretes de la correspondencia, en las publicaciones oficiales, etc. A ello se añade el uso de la lengua en la señalización interna de los edificios y en la señalización exterior, urbana y territorial (calles, carreteras, etc.). Asimismo, el uso de la lengua, sola o simultáneamente, con el castellano en actos públicos y en toda clase de publicaciones, especialmente en las representativas o de prestigio. Las administraciones locales: diputaciones y ayuntamientos, han seguido en conjunto la misma política con más o menos intensidad.

Paralelamente se ha producido en todas las Comunidades un esfuerzo por rectificar la toponimia en la medida en que había sido castellanizada restituyendo las formas antiguas si éstas eran en la lengua propia y adaptándola en su grafía en el caso de denominaciones modernas.

Aunque se trate del aspecto más superficial de la normalización, el que a veces ha sido denominado «uso emblemático» de la lengua, es también el más inmediatamente visible y por ello su importancia es innegable. Incluso el turista que recorre accidentalmente una ciudad española en la que esto ocurre, o el habitante de una región en la que el español es lengua única que recibe una carta oficial con membrete en otra lengua, advierte que está en presencia de una situación lingüística singular.

Aunque no corresponda a las competencias de las Comunidades Autónomas podemos incluir aquí otro cambio importante y de trascendencia más bien simbólica y es la posibilidad de que las inscripciones de los nombres de las personas en el Registro Civil se hagan con las formas propias de cada lengua, lo cual, anteriormente, no era legal.

Un aspecto más significativo del uso institucional de la lengua lo constituye la que utilizan las autoridades y en general los oradores en los actos públicos y oficiales. Aunque es difícil precisar sobre este tema, es fácil constatar que hay grandes diferencias entre las comunidades, con un máximo de uso en Cataluña. Un ejemplo muy característico lo constituye la lengua utilizada en los distintos parlamentos. En el Parlamento de Cataluña los parlamentarios en sus intervenciones utilizan siempre el catalán. En el Parlamento de Baleares la proporción de uso de la lengua propia por parte de los diputados es bastante menor, y en el de Valencia todavía menor y reducido a algunos diputados. En los tres parlamentos, la proporción prácticamente no ha variado desde su constitución, lo contrario ha ocurrido en Galicia, donde en los primeros años predominaban las intervenciones en castellano mientras que ahora la mayoría se hacen en gallego. En las cuatro comunidades de lengua románica el derecho a expresarse en cualquiera de las dos lenguas oficiales se acompaña de la suposición de que todos los diputados entienden las dos. En el País Vasco esta asunción no es posible y para que los diputados que desean expresarse en vasco, que probablemente no llegan a la tercera parte, puedan hacerlo, funciona un servicio de traducción simultánea.

La lengua en la Administración

Hemos visto que en todas las leyes de normalización figura la afirmación de que cada administrado podrá relacionarse con la Administración en la lengua que prefiera, y también que los actos administrativos y jurídicos tienen el mismo valor legal cualquiera que sea la lengua en la que se extiendan sus documentos y que la elección de ésta corresponde al ciudadano.

Teniendo en cuenta que se partía de una situación en la que la lengua única de la Administración era el castellano se comprende que las dificultades para hacer entrar la lengua propia en el funcionamiento administrativo debían ser y siguen siendo muy grandes. Entre las más importantes hay que contar el que una proporción muy alta de los funcionarios no conocían esta lengua, y que incluso los que la conocían no habían tenido ocasión de utilizarla en usos administrativos y menos aún por escrito. De hecho, a la ignorancia de la lengua por parte de muchos funcionarios habría que añadir la inexistencia de un lenguaje administrativo en las diferentes lenguas que se pretendían utilizar. Y ha habido, por tanto, que hacer un esfuerzo considerable en varias direcciones, desde el reciclaje de funcionarios, hasta la elaboración de un lenguaje administrativo.

Para que la lengua propia pueda ser utilizada en las relaciones con la Administración han de cumplirse varias condiciones: disponibilidad de información y de formularios en esta lengua; capacidad por parte de la Administración de comprender comunicaciones enviadas por los administrados y de producir documentos en esta lengua, y capacidad por parte de los funcionarios de ventanilla para utilizarla verbalmente.

Las diferencias entre las distintas Comunidades Autónomas en todos estos aspectos son muy grandes, pero en conjunto se puede decir que el primer punto, la disponibilidad de información y de formularios, en alguna medida se cumple en todas aunque sea en proporciones muy diversas. También la comprensibilidad de las comunicaciones y la producción de documentos está asegurada, aun cuando en ciertas comunidades y en ciertas situaciones ello entra dentro de la plena normalidad, mientras que en otras comunidades o en otras situaciones se trata más bien de algo excepcional. En cuanto a las comunicaciones verbales «cara a cara» o de ventanilla ello dependerá de la competencia lingüística del funcionario individualmente considerado. Pero aún más que las competencias individuales influyen los hábitos colectivos y el prestigio social de la lengua, lo que hace que en ciertos lugares y en ciertos ambientes sociales se considere normal utilizar la lengua propia en las relaciones con la Administración y que en otros cause sorpresa o incomodidad. De todos modos, incluso en las Comunidades donde este uso es mínimo sólo su existencia como posibilidad legal representa ya una innovación considerable.

Una administración se relacionará con sus administrados en la lengua propia de la Comunidad con mayor facilidad en la medida en que esta lengua lo sea a su vez de su funcionamiento interno. El cambio en este aspecto ha sido más bien moderado. Si se exceptúa Cataluña, donde gran parte de la Administración autonómica funciona efectivamente en catalán, en las restantes comunidades la lengua propia sólo es lengua de funcionamiento habitual en algunos organismos.

Lo dicho hasta aquí se refiere a las administraciones autonómicas. Para las administraciones locales —ayuntamientos— puede repetirse lo mismo aun cuando con mayor margen de variabilidad. Y en cuanto a los organismos administrativos que siguen dependiendo de la Administración central la penetración de las lenguas distintas de la española ha sido naturalmente menor. Tanto su funcionamiento interno como los documentos que producen son exclusivamente en castellano. Pero en algunas comunidades se ofrece tanto la información como los formularios a la vez en castellano y en la lengua propia, y los funcionarios de ventanilla que la conocen no tienen inconveniente en utilizarla en las relaciones con el público. Como ejemplo de documentos que en todas las Comunidades con lengua propia se ofrecen en forma bilingüe se pueden citar los Anuarios Telefónicos y los impresos para la Declaración de la Renta.

La lengua en el sistema educativo

Un segundo punto importante de las políticas lingüísticas definidas por las leyes de normalización se refiere al sistema educativo. También aquí se partía de una situación en la que, dejando al margen el lugar concedido a la enseñanza de lenguas extranjeras, el castellano era la lengua única en el doble sentido de lengua enseñada y de lengua de enseñanza. Es cierto que esta situación había cambiado ya unos años antes de la promulgación de las leyes de normalización e incluso de la promulgación de la mayoría de los Estatutos de Autonomía con los llamados «decretos de bilingüismo» de 1978 y 1979, que en los territorios en los que se hablaban lo que después se denominaron lenguas propias establecían la obligación de enseñarlos en todos los niveles de la enseñanza obligatoria dedicándoles un mínimo de cuatro horas semanales. Los decretos tuvieron una acogida desigual, en unos lugares legalizaron una situación o unas demandas que ya se habían producido mientras que en otros quedaron inoperantes por falta de interés de las autoridades educativas o por falta de presión popular para que se aplicasen. Pero una vez establecidos los gobiernos autónomos y promulgadas las leyes lingüísticas la situación cambió con más o menos rapidez en todas las comunidades y puede decirse que en la actualidad la enseñanza de la lengua propia en todos los cursos de la enseñanza obligatoria se cumple en todos los casos o en casi todos, pues siempre hay excepciones. Y dado que esta medida afecta al 40 % de la población española y que en la mayoría de las Comunidades no había tradición en este sentido ello ha supuesto una novedad absoluta y no puede disimularse su importancia.

Claro que el hecho de que exista esta enseñanza no asegura que se cumpla el objetivo que figura en la mayoría de las leyes de que al término de la escolaridad obligatoria todos los escolares sean capaces de usar las dos lenguas. Se cumple en general con los que ya tenían la lengua de la Comunidad como lengua materna pero, en cambio, los que tienen el castellano como lengua materna alcanzan a lo sumo una comprensión pasiva o se limitan a familiarizarse con su existencia. La comprobación de este hecho llevó a la Generalitat de Cataluña a dictar una disposición que añade a la obligación de la enseñanza del catalán en todos los cursos la obligación de enseñar en catalán al menos una asignatura en cada uno de los cursos de la escolaridad obligatoria. El Gobierno de Galicia *(Xunta)* dictó recientemente una disposición parecida aunque hasta ahora sólo se cumple parcialmente y la Generalitat Valenciana recomienda esta práctica, que se aplica sólo en algunos centros en plan experimental.

Como hemos visto, en todas las leyes de normalización figura el derecho de los niños, si sus padres lo desean, a recibir la enseñanza en su lengua materna, lo que implica la existencia de centros en los que se enseña en esta lengua. En el País Vasco existen con la denominación de *ikastolas* centros de enseñanza donde desde el comienzo de la escolaridad la lengua de enseñanza es el euskera. Iniciadas bastantes años antes de la Autonomía estas escuelas tuvieron un crecimiento rápido y en la actualidad acogen al 10 % aproximadamente de la población escolar del país, una proporción que en los últimos años parece estabilizada. En Navarra existen también *ikastolas* que acogen a un 7 % de la población escolar. En Cataluña, donde la política escolar se orienta a una progresiva catalanización de la enseñanza, la población escolarizada en centros en los que el catalán es la lengua de enseñanza puede calcularse para el curso 1988-1989, en un 30 % de la población escolar, pero si se tienen en cuenta sólo los que en este curso han comenzado su escolaridad la proporción puede superar el 50 %. En las restantes Comunidades Autónomas, Galicia, Valencia y las islas Baleares, los centros de enseñanza que ofrecen la enseñanza en la lengua de la Comunidad no llegan a abarcar el 5 % de los escolares de la Comunidad, por tanto, pueden considerarse como casos aislados.

Hasta aquí me he referido al período de enseñanza obligatorio, lo que hasta ahora se ha llamado Educación General Básica. En el Bachillerato y en la Formación Profesional en todas las Comunidades se ha producido también una introducción de la lengua propia pero en conjunto menor que en la Educación General Básica aunque con tendencia a aumentar.

En cuanto al nivel universitario, y teniendo en cuenta la autonomía universitaria, la introducción ha seguido otros caminos. Con una única excepción, todas las universidades públicas existentes hasta hoy en los territorios de las Comunidades Autónomas de las que nos ocupamos en esta obra han inscrito en sus Estatutos, en forma similar a como figura en los Estatutos de las respectivas Comunidades, el reconocimiento de su lengua propia y la cooficiali-

Tipos de presencia de la lengua propia en el sistema educativo y porcentaje de escolares de EGB en cada tipo. Evaluaciones para el curso 1988-1989

	Enseñanza en lengua propia + Enseñanza del castellano	*Enseñanza en castellano + Enseñanza de la lengua + Enseñanza de algunas materias en lengua propia*	*Enseñanza en castellano + Enseñanza de la lengua*	*Ninguna presencia*
Cataluña	40 %	60 %	—	—
Baleares	2 %	8 %	84 %	6 %
Valencia	1 %	2 %	92 %	5 %
País Vasco	12 %	20 %	68 %	—
Navarra	9 %	—	7 %	84 %
Galicia	2 %	67 %	21 %	—

Nota: Este cuadro refleja sólo la opinión del autor a partir de datos, de valor desigual, dados a conocer por los distintos gobiernos autónomos. La precisión de las cifras es sólo aparente y no pretende indicar más que un orden de magnitudes.

dad de las dos lenguas, a lo que se añade el derecho de todos los universitarios a utilizar cualquiera de las dos lenguas oficiales así como el principio de no discriminación por razones de lengua.

De modo parecido a como lo han hecho los gobiernos autónomos puede hablarse de un uso institucional y emblemático de la lengua (denominaciones, señalización, publicaciones, etc.). Y de modo similar a como lo han hecho los gobiernos estas universidades han establecido organismos encargados de promover la normalización lingüística y han procurado hacer posible la elección de lengua en todas las gestiones administrativas. Y en cualquier tipo de reuniones, en principio, se da por supuesto, como lo decía para los parlamentos, que cada cual puede expresarse en la lengua que prefiera aun cuando este principio tenga una aplicación muy desigual según las universidades.

Pero el dato más significativo se refiere a la lengua de la enseñanza. En principio y según los Estatutos cada profesor debe sentirse libre para enseñar en la lengua que prefiera, pero en la práctica el número de asignaturas enseñadas en lengua diferente al castellano depende del número de profesores capaces de hacerlo e interesados en ello, así como del conocimiento que los alumnos tengan de la lengua y de la simpatía que les inspire la innovación. En este sentido, la situación en las diversas universidades es totalmente diversa. Aunque es muy difícil, por no decir imposible, ofrecer cifras incluso aproximadas, yo diría que en el conjunto de las tres universidades de Cataluña la proporción de clases profesadas en catalán es algo superior al 50 % con grandes diferencias de universidad a universidad, de facultad a facultad e incluso de departamento a departamento. Contra lo que podría suponerse, los porcentajes más altos de enseñanza en catalán se dan en las facultades de Ciencias. En la Universidad de Santiago la proporción de asignaturas profesadas en gallego es menor situándose alrededor del 20 %, y una proporción parecida en las universidades de las islas Baleares, menor todavía en la de Valencia y puramente simbólica en la de Alicante. En todos estos casos se supone que los alumnos pueden entender las dos lenguas y, por tanto, que si una asignatura se profesa en catalán o en gallego no es necesario profesarla también en castellano, aunque a veces por el gran número de alumnos se organicen distintos grupos de una misma asignatura y en unos se utilice una lengua y en otros otra. Aunque es cierto que en la Universidad de Valencia, en contra de lo que establecen sus Estatutos y como consecuencia de una decisión judicial, sólo es posible enseñar en valenciano una asignatura si al mismo tiempo se ofrece su enseñanza en castellano para los alumnos que lo prefieran. En el País Vasco, donde no es posible dar por supuesto el conocimiento del euskera ni la posibilidad de adquirirlo rápidamente, la introducción de enseñanzas en euskera se ha hecho duplicando enseñanzas en castellano. Actualmente, en la Universidad del País Vasco es posible cursar en euskera la totalidad de las enseñanzas que constituyen el Magisterio y la casi totalidad de las licenciaturas en Pedagogía y Psicología, así como primer año de algunas otras carreras y asignaturas aisladas de las restantes. En conjunto, algo más del 10 % del total de enseñanzas ofrecidas por la Universidad.

Los productos culturales

Como ha quedado claro en la introducción histórica, ya antes de la transición política existía en todas las lenguas de las que nos ocupamos una producción editorial más o menos importante así como muestras de otros productos culturales: teatro, cine, música, etc. Pero el establecimiento de los regímenes autonómicos y la puesta en marcha de las políticas lingüísticas ha significado un gran impulso para estas producciones. El dato más revelador lo constituye el aumento del número de libros publicados en catalán, en gallego y en euskera, que en diez años, de 1980 a 1990, se han más que duplicado.

Las Comunidades Autónomas, con sus actuaciones, han contribuido de distinta manera a este incremento. En parte con sus propias publicaciones pero sobre todo estimulando a autores y a editores con premios o bien por otros medios y también con la adquisición de ejemplares para bibliotecas públicas y otros destinos. Pero probablemente el hecho nuevo que más directamente ha influido sobre este incremento es la presencia de las lenguas propias en el sistema educativo, que ha generalizado la necesidad no sólo de libros para la enseñanza de la lengua sino de textos escolares en la propia lengua. Y simultáneamente ha aumentado también la producción y la venta de libros infantiles y juveniles, lo que en parte puede atribuirse a la influencia directa de la escuela —libros de lectura obligada o recomendada—, pero en parte también a la adquisición de hábitos de lectura que se mantienen al margen de la escuela, lo cual parece abrir perspectivas más favorables para el futuro. También la presencia de la lengua en la Universidad ha propiciado la publicación de libros científicos aunque sea en pequeñas cantidades.

En el campo del teatro sólo la Generalitat y otras instituciones públicas de Cataluña ha adoptado una política de protección que se traduce en la existencia de varias compañías estables en lengua catalana. En otros ámbitos de la creación ligada al espectáculo: música, cine, etc., la complejidad de los medios y de los circuitos comerciales así como el volumen de las inversiones requeridas ha hecho que las intervenciones de las Comunidades Autónomas sean sólo esporádicas. Entre ellas merecen citarse varias películas habladas en euskera, patrocinadas por el Gobierno vasco. Pero, en conjunto, la presencia de las lenguas propias en estos medios continúa siendo muy pequeña.

La lengua en los medios de comunicación

En cuanto a los medios de comunicación, un tema por el que las leyes de normalización demuestran una clara preocupación, sólo en Cataluña existen periódicos diarios que utilizan exclusivamente la lengua propia, es decir el catalán, y que representan un porcentaje sustancial de la venta de prensa diaria en el territorio de la Comunidad *(Avui, Diari de Barcelona, Punt Diari)*. En el País Vasco hay un par de periódicos diarios que publican una parte importante de su contenido en euskera y se ha anunciado para una fecha próxima la aparición de uno íntegramente en esta lengua. En las restantes Comunidades los periódicos diarios locales se publican exclusivamente en castellano aunque la mayoría acepten con mayor o menor frecuencia colaboraciones en la lengua de la Comunidad.

En todas las Comunidades existen revistas periódicas de temas variados, unas sostenidas por los gobiernos o por instituciones públicas y otras de propiedad privada, pero son pocas las que entran en los canales normales de distribución comercial y logran conseguir un número importante de lectores, en todo caso, su cuota de mercado, si se compara con las revistas publicadas en castellano, es pequeña.

Más favorable es la situación en el campo de la radio. En algunas comunidades hay emisoras que dependen del Gobierno autónomo y que emiten íntegramente o preferentemente en su lengua. Y las delegaciones de cada Comunidad de las grandes cadenas privadas nacionales dedican también algún tiempo de emisión, al igual que muchas emisoras estrictamente locales. En conjunto, la audiencia radiofónica en la lengua propia de la Comunidad constituye una parte importante aunque difícil de precisar, de la audiencia total.

Pero las innovaciones más importantes han ocurrido en el campo de la televisión, un medio del que el Estado en principio se reservó el monopolio pero que a partir del establecimiento de las Autonomías se comprometió a compartir con los gobiernos autónomos. Progresivamente estos gobiernos y a imagen de la televisión estatal han ido creando sus propias corporaciones para gestionar sus propias televisiones, autónomas en teoría y controladas en la práctica por los gobiernos.

En Cataluña se recibe la televisión pública española, TVE, en sus dos cadenas, la primera casi exclusivamente en español y la segunda en parte producida en una delegación en Barcelona y mayoritariamente en catalán. La televisión autonómica, controlada por el Gobierno catalán, TV3, dispone también de dos cadenas, las dos totalmente en catalán. A ello hay que añadir la recepción desde hace algún tiempo de tres cadenas privadas de ámbito estatal que hasta ahora emiten exclusivamente en castellano, aun cuando una de ellas tiene planes para efectuar también emisiones en catalán. Y por supuesto empieza a difundirse la recepción de emisiones extranjeras transmitidas vía satélite. En el País Vasco se reciben las dos cadenas de la televisión estatal y las tres privadas y además la televisión autonómica, ETB, que emite en dos canales, uno totalmente en euskera y otro que alterna el euskera y el castellano. En Galicia se reciben igualmente los dos canales de la televisión estatal, los tres privados y un canal de la televisión gallega, TVG, totalmente en gallego. En Valencia, además de las televisiones de ámbito estatal se recibe la televisión autonómica que emite en valenciano, y durante un tiempo ha sido posible captar también las emisiones de la televisión catalana y es factible que en el futuro vuelva a serlo. Finalmente, en las islas Baleares no hay por ahora proyectos de establecer una televisión propia, pero la delegación local de la televisión central emite durante algunos minutos diarios en catalán, y gracias a una red de repetidores se puede recibir también la televisión catalana. En Navarra tampoco existe emisora propia pero, dada la proximidad las emisiones de la televisión vasca se captan sin dificultad en la mayor parte de su territorio.

En Cataluña se considera que la audiencia de las emisiones en catalán representa algo así como la tercera parte de la audiencia total, con grandes oscilaciones, por supuesto, según los programas. En otras comunidades la proporción es mucho menos favorable a la lengua propia aunque siempre representa una parte importante de la audiencia total. En todo caso, es evidente que la presencia de las lenguas propias en la televisión, tanto proporcionalmente como en términos absolutos, es mayor que en ningún otro medio de comunicación o de difusión cultural. Y puede decirse con razón que la televisión está jugando un papel de primer orden en los procesos de normalización de estas lenguas, difundiendo y ampliando su conocimiento en sectores de la población que no estaban familiarizados con ellas y aumentando su prestigio social en otros que ya las conocían.

Conocimiento y uso de la lengua

En este resumen de las políticas lingüísticas de las distintas Comunidades Autónomas me he centrado en sus efectos directos. Pero lo que pretenden, en último término, estas políticas lingüísticas es difundir y extender el conocimiento de las lenguas así como potenciar su utilización en todos los ámbitos, empezando por los usos privados y cotidianos que son, en definitiva, los que justifican la existencia y la supervivencia de una lengua.

Cuando se escriben estas páginas sólo han pasado doce años desde que se aprobó la Constitución Española y ocho desde que se aprobó la primera de las leyes de normalización, un espacio de tiempo demasiado corto para apreciar diferencias importantes en este sentido. Y tampoco disponemos de análisis sociológicos en profundidad que nos permitan detectarlos. He de limitarme, por tanto, a algunas deducciones a partir de los datos de los censos lingüísticos que figuran en los capítulos correspondientes así como a unas impresiones personales.

En algunas Comunidades con lengua propia se pueden comparar los datos lingüísticos del Censo de 1986 con los de diez años antes y en otras con los de cinco años antes. En todos los casos se advierte un cierto incremento, más o menos importante, del número y la proporción de los que dicen entender la lengua y de los que se declaran capaces de hablarla. Este incremento significa que un determinado número de personas que anteriormente sólo entendían y hablaban el castellano se han hecho en alguna medida competentes en la lengua de la Comunidad. Dado que este incremento no se limita a las edades más jóvenes no puede atribuirse o no puede atribuirse exclusivamente a la influencia de la escolaridad siendo necesario explicarlo por el interés que despierta la lengua. Paralelamente, los censos demuestran un aumento de los que se declaran capaces de leer y escribir en la lengua de la Comunidad un efecto éste que si se concentra en las edades más jóvenes hay que atribuirlo directamente a la presencia de la lengua en el sistema escolar.

Ha aumentado, por tanto, el conocimiento de las distintas lenguas y es probable que si se mantienen las circunstancias actuales siga aumentado en el futuro aunque sea con ritmos muy diversos en cada Comunidad. Pero una cosa es el conocimiento de una lengua y otra su utilización.

Que los usos públicos y formales de las lenguas propias han aumentado se desprende claramente de todo lo que hemos dicho sobre las políticas lingüísticas; ahora se utilizan en la política, en la Administración, en la enseñanza, en los medios de comunicación y en lugares y circunstancias que antes les estaban vedadas. Pero lo que ahora pretendemos es preguntarnos por su utilización en la vida de relación de los individuos, desde la intimidad familiar a las relaciones sociales de cualquier orden.

Empecemos por el caso de Cataluña. La mitad aproximadamente de los habitantes de Cataluña han tenido como lengua materna y familiar el catalán y más o menos la otra mitad, el castellano. Del conjunto total, una cierta proporción, entre el 5 y el 10 %, se declaran plenamente bilingües afirmando que utilizan con la misma frecuencia y facilidad las dos lenguas, pero el resto manifiesta tener una lengua principal, que en la mayoría de los casos coincide con la primera que adquirieron en la infancia. Añadamos a este dato básico que prácticamente todos los que tienen como lengua primera o principal el catalán son capaces también de expresarse en castellano, que el 30 % de los que tienen como lengua principal el castellano son capaces de hablar el catalán, y que el 85 % lo entiende. Y tengamos en cuenta que cuando se entabla una conversación entre dos interlocutores de lengua principal distinta, en cuanto el catalanoparlante advierte que su interlocutor no es capaz de expresarse en catalán o lo hace con dificultad automáticamente adopta el castellano. Partiendo de estos datos es fácil concluir que más de la mitad de las conversaciones en Cataluña se mantienen en castellano, con grandes diferencias según los medios y los lugares pero en conjunto con un claro predominio del castellano.

¿En qué medida las nuevas circunstancias han influido o están influyendo en esta situación?

A primera vista el que un cierto número de personas que sólo conocían el castellano lleguen a ser capaces de entender y de hablar el catalán parece suficiente para producir un cambio. Pero ya he dicho que no es lo mismo conocer una lengua que utilizarla. Para promover el cambio, una campaña institucional de la Dirección de Política Lingüística recomienda que cuando coinciden dos personas de distinta lengua principal se utilice el «bilingüismo pasivo», o sea, que cada uno se exprese en su lengua, ya que cada uno entiende la del otro. No parece que esta campaña vaya a modificar los hábitos con un desconocido, pero, en cambio, sí que es posible y frecuente entre personas que mantienen contactos repetidos, por ejemplo en un lugar de trabajo, y más todavía cuando se trata de conversaciones de grupo. Mientras que hace unos años en Cataluña bastaba con que alguien se expresase en castellano para que a continuación todas las intervenciones se hiciesen también en castellano en la actualidad tiende a darse por supuesto que todos los participantes entienden las dos lenguas y que cada cual puede expresarse en la lengua que prefiera. De modo parecido, hace unos años para iniciar un contacto con un desconocido, funcionario en la ventanilla, cliente en una tienda, llamada telefónica, etc., era normal utilizar el castellano, ahora no sorprende iniciar el contacto en catalán a la espera de que el interlocutor decida la lengua común.

Por tanto, puede decirse que en las relaciones sociales el catalán ha ganado terreno. Y si a esto se añade el hecho comprobado de que muchos inmigrados, por término medio en la tercera generación, se catalanizan y que sus nietos adquieren el catalán en su infancia podría concluirse que el tiempo trabaja en favor del catalán y de su progresiva utilización en las relaciones sociales. El hecho no es, sin embargo, tan claro.

La rapidez con la que los inmigrantes aprenden el catalán depende de la proporción de catalanohablantes en el medio en el que se instalan, y si esta proporción es baja, como ocurre en el cinturón metropolitano de Barcelona, este aprendizaje espontáneo puede retrasarse mucho o no llegar a producirse. Y no es seguro que la política lingüística actual vaya a modificar este hecho. Los niños de lengua familiar castellana que actualmente asisten a una escuela en la que se practica la inmersión, y por tanto a una escuela en catalán, se hacen muy pronto capaces de expresarse en catalán en clase, pero en el patio de juegos y en la calle siguen utilizando el castellano para comunicarse entre sí y sus compañeros de estudios catalanoparlantes, que están en minoría en la escuela, se acostumbran a utilizar el castellano para comunicarse con ellos. Y cuando se hagan mayores si siguen manteniendo contacto habrá que ver qué lengua predomina en su relación, si la lengua común del aula o la lengua común del patio de juegos. Más importante sería todavía observar, si algunos se casan entre ellos, qué lengua adoptaran como lengua común. Este dato, el que la lengua que acaba predominando en los matrimonios en los que los dos cónyuges tienen lengua materna y principal distinta aunque ambos puedan expresarse sin dificultad en las dos es, probablemente, el índice más significativo del prestigio social de cada lengua y de la fidelidad lingüística de sus hablantes. Es, ademas, importante de cara al futuro porque será la lengua predominante en el matrimonio la que transmitirán en primer lugar a sus hijos. Desgraciadamente, aunque esta situación sea muy frecuente no podemos decir en conjunto lo que ocurre. Los datos que poseemos son fragmentarios y no parecen indicar la predominancia clara de ninguna de las dos lenguas. Podemos, por tanto, concluir que en la próxima generación las proporciones de habitantes de Cataluña que tendrán el catalán o el castellano como primera lengua familiar no serán demasiado distintas de las actuales aunque probablemente aumentará la proporción de los que entran muy pronto en contacto con las dos. Y deducir de ello que si en la actualidad el conocimiento del catalan e incluso la capacidad de hablar en catalán está aumentando sensiblemente, el uso personal de la lengua —el catalán como primera lengua— se mantiene estacionario o aumenta muy lentamente.

El comentario que acabo de hacer sobre la evolución probable del conocimiento y del uso personal y social de la lengua en Cataluña puede repetirse en las islas Baleares y en Valencia pero con resultados más desfavorables para la lengua propia. En ambos casos, la probabilidad de que el inmigrante actual llegue a adquirirla en un tiempo determinado es menor que en Cataluña. Por el contrario, la presión o la inercia social en favor del castellano es mayor que en Cataluña. El hecho de que, como vimos al comentar la situación sociolingüística en las distintas comunidades, en las islas Baleares y en Valencia se dé una cierta correlación negativa entre la edad de los sujetos y el conocimiento y el uso de la lengua —los más jóvenes la conocen y la usan menos que los mayores— es un dato bastante significativo en este sentido.

El caso del País Vasco, en cambio, es sensiblemente distinto al de Cataluña y ha de examinarse desde su propia perspectiva. El número y la proporción de hablantes en el conjunto de la sociedad vasca es evidentemente menor, y los que no conocen el euskera no son sólo inmigrados o hijos de inmigrados sino en buena parte autóctonos. Esto significa, por tanto, menos conocimiento y menos uso. Pero, además, la adquisición del euskera desde el castellano es difícil y no puede compararse con Cataluña, con una adquisición casi espontánea al menos de la comprensión. No es posible fomentar su adquisición y su uso con fórmulas como la práctica del bilingüismo pasivo o proponiendo que en una reunión cada cual hable en la lengua que prefiera dando por supuesto que todos o la mayoría entienden las dos. La situación es, por tanto, mucho menos favorable que en Cataluña para la expansión del uso de la lengua en las relaciones personales y sociales.

Pero hay otros factores a tener en cuenta que apuntan en sentido contrario. A pesar de la dificultad que representa la adquisición del euskera los censos indican que en los últimos años ha aumentado el número de hablantes y, dada la dificultad de la adquisición, hay que entender que estos nuevos hablantes han realizado un esfuerzo considerable que en muchos casos deberá ser resultado de una decisión personal. Mientras que en Cataluña el hecho de que una persona que tiene el castellano como primera lengua se haga capaz de hablar en catalán no quiere decir que vaya a utilizarlo sistemáticamente y mucho menos que piense en convertirlo en su lengua principal, en el País Vasco esta suposición es posible. Hay, por ejemplo, matrimonios en los que los dos cónyuges aprendieron el euskera en su juventud y ahora lo utilizan como lengua de relación entre sí y con sus hijos.

De manera que por pequeña que sea la expansión del euskera en el País Vasco actual es una expansión perfectamente real, no sólo en cuanto al conocimiento sino en cuanto al uso. El hecho, que ya hemos registrado, de que el aumento de hablantes de euskera no se produzca en los medios rurales tradicionales sino en los medios urbanos y cultivados, así como que el aumento se produzca en las capas jóvenes de la población son datos que confirman esta conclusión.

En Galicia, a su vez, la situación es también distinta. No existe un volumen importante de población procedente del exterior como en Cataluña, ni la adquisición del gallego presenta las dificultades que tiene la del euskera. Una gran mayoría de la población entiende las dos lenguas y los que dicen no ser capaces de hablarlo podrían llegar a hacerlo sin demasiado esfuerzo. No se trata, por tanto, en primer lugar de un problema de conocimiento sino de uso.

Tradicionalmente, en la sociedad gallega han regido unas pautas de comportamiento lingüístico típicamente diglósico. El gallego se utilizaba más bien en las relaciones familiares y amistosas así como en la vida cotidiana y el castellano en las circunstancias más públicas y formales. Y al mismo tiempo, el gallego se utilizaba sobre todo en el campo y en las zonas rurales mientras que en las ciudades tendía a preferirse el castellano; y dentro de las ciudades el gallego se utilizaba en los niveles sociales bajos mientras que en los más elevados se prefería el castellano. De acuerdo con estas pautas, el traslado de la ciudad al campo o el ascenso profesional y social acostumbraba acompañarse de un desplazamiento hacia el castellano, incluso en el interior de la familia, de manera que no era infrecuente que padres que hablaban habitualmente gallego se dirigiesen en castellano para testificar y asegurar la continuidad de este ascenso.

De lo que se trataría es de averiguar en qué medida la actual política lingüística y, más en general, la revalorización del gallego y su mayor presencia en la vida pública están cambiando esta tendencia. La presencia relativamente importante del gallego en la Universidad implica que hay un número elevado de jóvenes que se identifican con la promoción del mismo y esto puede interpretarse como un signo de que se está produciendo algún cambio. Pero sobre la importancia o el volumen del cambio la verdad es que no podemos decir nada. Ya he señalado que para Galicia ni tan siquiera se dispone de un censo lingüístico.

La consecuencia de estas reflexiones en torno al conocimiento y el uso de las lenguas es relativamente simple y se limita a constatar que las políticas lingüísticas basadas en medidas de Gobierno tienen escasa influencia sobre los comportamientos lingüísticos de base o, si la tienen, es a largo plazo. Por lo cual podría incluso ocurrir que en alguna Comunidad Autónoma el progreso en el uso institucional y público de la lengua propia coincidiese con el retroceso de su uso en los contactos personales y sociales. Es una opinión que se expresa a menudo en Baleares y en la Comunidad Valenciana en boca de los que consideran insuficiente la política lingüística aplicada.

Los procesos de normalización: problemas y perspectivas

Si comparamos las actuaciones y los resultados que acabo de resumir con los objetivos propuestos en las leyes de normalización lingüística resulta evidente que en los años transcurridos desde su formulación éstos distan de haberse conseguido. Incluso si dejamos de lado las concepciones maximalistas de la normalización para limitarnos a pretender una cierta equivalencia y equilibrio en el uso de las dos lenguas es indiscutible que en muchos lugares y muchas situaciones el castellano sigue desempeñando un papel preponderante. Pero tampoco sería lícito deducir de esto que han fracasado ni mucho menos. Y no sólo porque ocho o diez años son un plazo de tiempo demasiado corto como para juzgar los resultados, sino porque una vez transcurrido este tiempo la intencionalidad que motivó estas leyes y los objetivos que se propusieron siguen intactos, y todos los parlamentos que las aprobaron volverían a hacerlo si no exactamente con el mismo texto sí con la misma intención, y en todo caso probablemente con objetivos más ambiciosos. Y porque en los pocos años transcurridos, las lenguas afectadas han experimentado cambios en su situación, modestos o muy importantes según la perspectiva en que uno se sitúe, pero que en todo caso constituyen una novedad absoluta en la historia de la España moderna.

¿En qué medida el proceso así iniciado continuará en un futuro previsible? Una respuesta prudente consistiría en decir que en la medida en que estas leyes sigan en vigor la continuidad del proceso está asegurada y puede eliminarse, por tanto, el retroceso. En cuanto al ritmo del progreso, resulta más difícil de prever. Es posible creer que los resultados conseguidos hasta ahora, por ejemplo, la introducción de las lenguas en la enseñanza, tendrán un efecto multiplicador para el futuro y por tanto acelerarán el proceso, y puede creerse, a la inversa, que los cambios producidos hasta ahora son los más fáciles y espectaculares y que a partir de ahora las resistencias serán mayores y el progreso más lento. Y es posible limitarse a concluir prudentemente que los factores que intervienen son tantos y tan complejos que es imposible anticipar el ritmo, que por otra parte será distinto en cada Comunidad Autónoma, sin excluir la posibilidad de que en unas progrese, mientras que en otras retroceda. Pero aun corriendo el riesgo de olvidar la prudencia intentaremos decir algo más.

2. Política lingüística y nacionalismo

Si hay algo que se deduzca con claridad de la descripción de las políticas lingüísticas aplicadas en las distintas comunidades con lengua propia es que las más decididas y más eficaces para la consecución de sus objetivos han sido las de las Comunidades en las que partidos políticos de signo explícitamente nacionalista son mayoritarios en los respectivos parlamentos y consecuentemente en el Gobierno de la Comunidad, como es el caso de Cataluña y del País Vasco. Por supuesto, si estos partidos detentan el poder es porque son los partidos más votados y porque representan unas opiniones predominantes o muy extendidas entre la población. Un dato fundamental a tener en cuenta es, por tanto, la estrecha relación entre política lingüística y nacionalismo.

Desde una perspectiva puramente descriptiva llamamos nacionalista al individuo que se identifica como formando parte de una realidad colectiva llamada Nación definida por una historia común, entendida no sólo como una historia política, sino como un pasado cultural común, por una manera de ser y de comportarse, y por unos problemas y una expectativas para el futuro también comunes. Los miembros de la Nación ocupan un territorio geográfico determinado y comparten unos símbolos que permiten ser reconocidos y reconocerse entre sí. Y entre estos símbolos está en primer lugar el hecho de hablar la misma lengua, lengua que es mucho más que un signo externo de identificación, es efectivamente un lazo de comunicación y de unión entre los miembros de la colectividad así como expresión de su pasado cultural.

Es cierto, de todos modos, que la relación entre nacionalidad y lengua es menos simple de lo que ciertas formulaciones nacionalistas parecen dar por supuesto; muchas veces los límites administrativos marcados por la historia política no coinciden con los lingüísticos, y sobre todo muchas veces los de la comunidad lingüística no coinciden con los de la conciencia nacional. A este tema me referiré más adelante. Aquí pretendo sólo hacer notar la estrecha relación que acostumbra a darse entre conciencia nacional y defensa y promoción de la lengua y, por tanto, entre nacionalismo y política lingüística.

Conviene añadir que lo que podemos calificar de conciencia nacional no coincide necesariamente con sus formulaciones políticas. Tanto en Cataluña como en el País Vasco hay personas con sentimientos nacionalistas muy moderados que por distintas razones votan a partidos explícitamente nacionalistas, y a la inversa, abundan en Cataluña votantes del PSC y del antiguo partido comunista, PSUC, que se consideran tan nacionalistas como los partidarios de

Convergencia i Unió o de otros partidos explícitamente nacionalistas, y es posible que en alguna medida algo semejante ocurra en el País Vasco. Y lo que es más importante todavía, la conciencia de formar parte de una colectividad, que puede definirse como una Nación, no es algo uniforme sino que admite gradaciones y matices, como lo demuestra cualquier encuesta sociológica, y que en el límite puede reducirse a la adhesión sentimental a ciertas imágenes y categorías simbólicas. Y la lengua ocupa el primer lugar entre estos símbolos. Es decir, que aunque la defensa de la lengua sea una nota esencial del nacionalismo todos los que se sienten formando parte de una comunidad con lengua propia pueden sentirse solidarios con la defensa de esta lengua sin que todos ellos puedan definirse estrictamente como nacionalistas.

La primera consecuencia de este hecho es que en determinadas Comunidades, concretamente en Cataluña y en el País Vasco, no sólo en las elecciones consiguen la mayoría partidos que se declaran inequívocamente nacionalistas y que lógicamente defienden políticas lingüísticas ambiciosas sino que a la hora de decidir y de aplicar esta política pueden contar con el consenso del resto de las fuerzas políticas, incluso de los que preferirían una actuación más moderada o de los que, a la inversa, la consideran insuficiente. Pero la consecuencia más importante de este consenso mayoritario en torno a la lengua es que la política lingüística promovida desde el Gobierno no constituye un hecho aislado sino que por parte de instituciones públicas y privadas de todo tipo se llevan a cabo acciones paralelas dirigidas también a la defensa y la promoción de la lengua e implícitamente coordinadas con la acción desplegada desde el Gobierno. Y la conjunción de tantos esfuerzos es naturalmente la razón de su eficacia.

A diferencia de Cataluña y del País Vasco, hay otras Comunidades Autónomas en las que la conciencia de nacionalidad, la conciencia de constituir una unidad cultural y política diferenciadas en el conjunto o al margen de España está menos difundida o incluso es inexistente. En estos casos, los partidos más votados por los electores no son partidos nacionalistas sino Partidos de ámbito estatal presentes en todas las Comunidades Autónomas que no tienen la defensa de la lengua entre sus objetivos prioritarios y que lógicamente aplican una política lingüística menos ambiciosa, o bien Partidos regionalistas moderadamente reivindicativos, tanto respecto a la identidad de la Comunidad como respecto a sus peculiaridades lingüísticas. Es cierto que en el tejido social de estas Comunidades Autónomas existen personas, grupos y organizaciones directamente comprometidos con la defensa de la lengua, pero su influencia política y social es menor y con frecuencia, además, están en desacuerdo con la política del gobierno respectivo, con lo que la defensa de la lengua se convierte en disputa partidista. No es extraño que en estos casos los resultados alcanzados sean más débiles.

Pero para entender el papel que representa la lengua en la definición de la identidad colectiva conviene distinguir el caso de Galicia del de las restantes Comunidades Autónomas con lengua propia: Baleares y Valencia por un lado, y Navarra por otro.

En Galicia la lengua gallega efectivamente identifica a la Comunidad gallega como una entidad propia y singular con aspiraciones autonómicas. Incluso los lusitanistas, que defienden el acercamiento del gallego a la lengua portuguesa y su integración en la lusofonía, no deducen de ello la posibilidad de una integración política. Dado que no existe una conciencia nacional generalizada puede concluirse que para la mayoría de los gallegos la conciencia de su identidad colectiva puede calificarse de regionalismo. Pero el regionalismo que intenta destacar los rasgos propios dentro del conjunto español no es incompatible con la defensa y la promoción de la lengua propia aunque sea en forma moderada. Y es posible que con el tiempo esta actitud todavía se refuerce y que el regionalismo se acerque a planteamientos nacionalistas.

La situación es más complicada en las islas Baleares, en Valencia y en Navarra, porque la lengua que los Estatutos califican de lengua propia, y en el caso de Navarra de lengua propia al mismo tiempo que el castellano, es también en su misma forma o en alguna de sus variantes lengua propia de otras Comunidades Autónomas. Así, se abre la posibilidad de un conflicto entre los que consideran que la comunidad de la lengua fundamenta una identidad nacional y por ello defienden la integración de la Comunidad en un proyecto político que engloba a todas las Comunidades que comparten la misma lengua: *Paisos Catalans* en el caso de Baleares, y de Valencia y Euzkadi en el caso de Navarra, y los que sitúan en primer lugar la defensa de la identidad de la propia Comunidad. Este conflicto, más o menos agudo según los casos, que admite también posturas intermedias y conciliadoras, se presenta con modalidades distintas en cada una de las Comunidades afectadas tal como hemos tenido ocasión de ver en los capítulos correspondientes, pero en todos los casos las diferencias de opinión y los enfrentamientos que origina repercuten negativamente sobre la efectividad de sus políticas lingüísticas.

Para terminar estos comentarios sobre el papel de la lengua como símbolo de la identidad colectiva y su repercusión sobre las políticas lingüísticas añadiré todavía un par de observaciones.

La primera es que incluso en las Comunidades con menos conciencia de nacionalidad y menos tradición reivindicativa frente al Estado central, la experiencia autonómica y el hecho de disponer de un Gobierno y de una administración propios, están reforzando la conciencia de tener una identidad colectiva y probablemente este efecto aumentará todavía con el tiempo. Esto está especialmente claro en Galicia y Valencia, aunque las consecuencias para la lengua sean distintas en los dos casos.

Y la segunda es que las políticas lingüísticas más enérgicas de Cataluña y del País Vasco tienen un cierto valor ejemplar para las restantes comunidades con lengua propia, lo que podemos calificar de «ejemplo escaparate», como ya quedó claro al hablar de las leyes de normalización.

3. Las resistencias y los límites

Las resistencias

Con la única excepción de la Ley de Navarra todas las leyes lingüísticas de las distintas Comunidades Autónomas con lengua propia fueron aprobadas con un amplio consenso parlamentario que en muchos casos significó la unanimidad. Sería, sin embargo, inexacto suponer por ello que la totalidad o que la gran mayoría de la población comparte los objetivos de estas leyes y está dispuesta a hacer los esfuerzos necesarios para hacerlos efectivos. Y si se quiere entender la forma en que se aplican estas leyes y los resultados que se consiguen es necesario prestar también atención a las actitudes de estos sectores indiferentes o reacios ante el tema.

En todas las Comunidades Autónomas con lengua propia existen personas que han adquirido esta lengua en su primera infancia y la utilizan a lo largo de su vida en el ámbito privado y cotidiano pero que desde sus años escolares se han acostumbrado a utilizar el castellano en todas las ocasiones formales y como vehículo de todas las comunicaciones escritas y no encuentran nada de extraño en ello ni ven motivos para cambiarlo. No se trata de que desprecien o se avergüencen de su lengua, al contrario, la utilizan y están dispuestos a transmitirla como primera lengua a sus hijos, pero no sienten la situación diglósica como ofensiva o anormal y no están dispuestos a hacer de ello una cuestión política ni a realizar los esfuerzos individuales y colectivos precisos para cambiarla. Cuando estas personas entran en contacto con las leyes de normalización, o con la aplicación de alguno de sus preceptos, sus reacciones pueden ser muy variadas: sorpresa, indiferencia, rechazo del esfuerzo solicitado, propuesta de soluciones alternativas —«el tiempo que los niños han de dedicar en la escuela aprendiendo catalán, gallego, o vasco, lo aprovecharían mejor aprendiendo inglés; el catalán, el gallego o el vasco ya lo aprenderán con nosotros en casa o jugando en la calle, como hicimos nosotros»— y en último término aceptación pasiva de la nueva política, cuando el impreso para solicitar una beca para el hijo está redactado en catalán, en gallego o en vasco, o cuando el partido de fútbol que se desea ver lo transmite la televisión autonómica.

Al lado de estas personas que presentan una actitud pasiva y no reivindicativa en relación con su propia lengua hay que tener en cuenta, además, a las que en todas las Comunidades con lengua propia tienen el castellano como primera lengua y que son muy abundantes en todas ellas, incluso, como hemos visto, en aquellas en las que predominan los sentimientos nacionalistas: cerca del 50% de los habitantes en Cataluña y bastantes más en el País Vasco. Para estas personas, la aplicación de las leyes de normalización implica evidentemente un mayor esfuerzo y en alguna medida les pone en situación de inferioridad ante los que tienen la lengua del territorio como propia a la hora de competir en esta lengua incluso si esta competición es sólo una posibilidad imaginada y no llega nunca a plantearse. O más simplemente, el solo hecho de que pierdan la situación de privilegio y comodidad en que se encontraban cuando su lengua era la única oficial y el esfuerzo por la adaptación lingüística correspondía por principio al interlocutor, puede sentirse como una pérdida de prestigio. Se comprende por ello que sus reacciones ante la propuesta de las leyes de normalización sean más fuertes y más afectivamente cargadas. Y también más variadas que en el caso anterior, yendo desde la aceptación plena y sin problemas de la nueva situación, pasando por todos los grados de aceptación pasiva, indiferencia u hostilidad larvada, hasta la oposición expresa en nombre de lo que consideran unos derechos lesionados.

En las Comunidades en las que predominan los sentimientos nacionalistas, estas actitudes de indiferencia, inercia y resistencia pasiva son, a pesar de todo, frecuentes y mucho más abundantes de lo que los resultados electorales puedan sugerir. Y estas actitudes son las que explican en buena parte la distancia que incluso en estas Comunidades se observa entre los objetivos de las leyes de normalización y los resultados alcanzados. Los responsables de la aplicación de las leyes no sólo procuran evitar los incidentes, sino que saben que el ritmo de la aplicación no puede ser mayor que el que la sociedad en su conjunto está dispuesta a admitir.

En las Comunidades en las que los sentimientos nacionalistas son menos populares estas actitudes de indiferencia o resistencia pasiva están compartidas por la mayoría de la población y en parte por los propios gobernantes y sirven para explicar la gran lentitud y la escasa eficacia de la aplicación de las leyes y el que tal aplicación en gran parte se limite a los aspectos más superficiales.

Conflicto lingüístico

Si la aplicación de las leyes de normalización lingüística por un lado provoca críticas de los sectores nacionalistas más radicales por considerarlas insuficientes e inoperantes y por otro encuentra resistencia y oposición por parte de sectores más o menos extensos de la población, que consideran inútil o absurdo desplazar al castellano del lugar prominente que desde hace tiempo ocupa como lengua común de comunicación, parece que puede hablarse de conflicto lingüístico. Y, efectivamente, se trata de un conflicto lingüístico, pero conviene precisar su significado.

Dado que la defensa de las llamadas lenguas propias se hace en primer lugar en nombre del nacionalismo, se podría suponer que en el otro extremo del espectro los más hostiles a las mismas levantan la bandera de la defensa de la lengua castellana en nombre a su vez del nacionalismo español. Y no sólo es posible suponerlo, sino que ha sucedido más de una vez. Durante los primeros tiempos del franquismo la propaganda oficial llevaba la oposición entre las lenguas hasta la incompatibilidad: «si eres español habla en español». Y unos años antes, en plena República, en las frecuentes discusiones sobre el separatismo de catalanes y vascos, por ejemplo al discutirse en las Cortes el Estatuto de Autonomía, cualquier propuesta de dar carácter legal al uso del catalán o del vasco era acusada fácilmente de poner en peligro la unidad de España. También hacia 1930 la vida política vasca estaba tajantemente escindida entre partidos nacionalistas vascos y partidos españolistas que no eran únicamente conservadores o de derechas, sino el Partido Liberal y el Partido Socialista en primer lugar. Y la división afectaba a toda la sociedad vasca y a los intelectuales en primer lugar, y las opiniones relacionadas con la lengua, la una o la otra, estaban condicionadas por este enfrentamiento.

Hoy, esta postura exclusivista puede considerarse agua pasada; a nadie se le ocurriría en nombre de la defensa del castellano/español como lengua nacional de España proponer la supresión de lo que la Constitución llama «las otras lenguas de España». No lo haría porque sería anticonstitucional, pero también porque de hacerlo encontraría escaso eco. El derecho de las que en los Estatutos de Autonomía se denominan «lenguas propias» no sólo a su existencia sino a su defensa y promoción parece definitivamente adquirido. Buena prueba de ello es que ninguno de los grandes partidos políticos españoles con implantación estatal, a los que el sentido nacional español se les debe dar por supuesto, ha levantado banderas en frente de las leyes de normalización lingüística sino que más bien al contrario se ha producido una evolución en sentido favorable. En el caso del Partido Popular, es evidente que sus antecedentes no le inclinaban en esta dirección, y sin embargo en la actualidad, tanto en Comunidades en las que está en la oposición —Cataluña— como en otras en las que participa en el Gobierno o lo controla —Baleares o Galicia— ha expresado formalmente su voluntad de colaborar en la promoción de la lengua. Y si fuese cierto, como piensan sus enemigos políticos, que este compromiso es puramente verbal, el mismo hecho de haberse visto obligado a formularlo reforzaría mi argumentación. En el PSOE, cuyo pasado histórico es ciertamente poco condescendiente con cualquier tipo de autonomía, se ha producido una evolución similar. Incluso prescindiendo de Cataluña, donde su representante, el PSC, Partit Socialista de Catalunya, es de una catalanidad indiscutible, en el País Vasco, donde la hostilidad entre socialistas y nacionalistas era tradicional, el Partido Socialista ha colaborado recientemente con el Partido Nacionalista en las tareas del Gobierno, una situación que hace cincuenta años habría sido inconcebible. Y en Valencia, como hemos visto, su postura ha sido claramente positiva.

El ejemplo de Valencia es todavía mas significativo, si cabe. En Valencia durante años ha existido una lucha abierta entre partidarios y enemigos del catalán como lengua de Valencia. Pero los que se oponían a la promoción del catalán o del valenciano como variedad del catalán no lo hacían en nombre de la primacía del castellano sino en defensa de un supuesto valenciano/valenciano, que sería la auténtica lengua propia del antiguo Reino de Valencia. Y aunque sus adversarios sospechan que se trata de una argucia y que en el fondo no sienten ningún interés por defender la lengua propia, también en este caso el solo hecho de plantear así la argumentación refuerza mi punto de vista de que en este momento no es posible proponer la unidad lingüística de España como objetivo y olvidar la pluralidad realmente existente.

Digamos para terminar este comentario que las leyes de normalización lingüística ciertamente tienen aspectos conflictivos, pero que el conflicto de fondo en el ámbito de cada Comunidad con lengua propia, a pesar de la íntima relación que he señalado entre nacionalismo y defensa de la lengua, no puede definirse como la oposición entre dos lenguas nacionales luchando mutuamente por eliminarse y sustituirse, sino más bien como la difícil búsqueda de un equilibrio en la regulación de su coexistencia en condiciones «normales», con las lógicas diferencias de criterio en torno a la normalización de las condiciones de coexistencia.

Los límites

La Constitución Española, al mismo tiempo que abría unos cauces legales para la defensa y la promoción de las lenguas distintas del castellano, estableció también unos límites a esta expansión. El castellano es la lengua oficial y única del Estado español, de sus organismos e instituciones y es lengua cooficial en las Comunidades

Autónomas con lengua propia. Y en nombre de estas limitaciones constitucionales el Gobierno español ha recurrido ante el Tribunal Constitucional ciertos preceptos de algunas de las leyes de normalización aprobadas por los respectivos parlamentos y ciertas actuaciones de los gobiernos autónomos en materia lingüística. Y en algunos casos, no en todos, el Tribunal ha atendido la reclamación.

Los sectores más resueltamente nacionalistas en las distintas Comunidades entienden que estas limitaciones constitucionales constituyen un obstáculo para la expansión de sus lenguas y una limitación de sus derechos nacionales. Y, por tanto, que para hacer posible la plena normalización lingüística sería necesario variar la estructura política del Estado español para permitir un máximo autogobierno a las nacionalidades que lo componen.

Dejando para el siguiente y último capítulo de este libro el examen de las posibilidades en esta dirección, aquí me limitaré a recordar que las lenguas propias tienen limitaciones intrínsecas que condicionan actualmente su expansión, y que posiblemente tampoco desaparecerían en la eventualidad de un cambio, incluso radical, en la estructura del Estado español.

Un primer dato a tener en cuenta es de orden demográfico. Incluso en Cataluña, donde los sentimientos nacionalistas están muy extendidos y donde existe un amplio consenso en torno a la lengua, lo cual le concede una situación muy favorable, cerca de la mitad de la población tiene como primera lengua el castellano porque es la primera que aprendieron en su infancia y porque es la que utilizan con preferencia, y aunque muchos de ellos se expresan también en catalán y lo utilizan sin dificultad y sin recelo y en un futuro próximo pueden ser la mayoría, a pesar de ello seguirán teniendo el castellano como primera lengua y lo transmitirán a sus hijos con este carácter. Basta este dato para advertir hasta qué punto es difícil imaginar para Cataluña un futuro cercano al monolingüismo. Y todavía habría que contar con la previsible llegada de inmigrantes como resultado de la libre circulación de personas en Europa así como de los desequilibrios económicos con las regiones extraeuropeas cercanas. Observaciones parecidas se podrían hacer para las restantes Comunidades.

Otras limitaciones están relacionadas con la economía. La mayor parte de las actividades económicas en Cataluña, y lo mismo puede decirse para el País Vasco, tienen como espacio natural y como marco de referencia el conjunto del mercado español, bien sea porque se trate de empresas radicadas en Cataluña que vendan o presten servicios en el exterior, o la inversa, porque se trata de empresas radicadas en el exterior que actúan en Cataluña, e incluso, dada la complejidad de las interconexiones financieras, en muchos casos resulta difícil apreciar si una empresa es local o forastera. En cualquier caso, imaginar que una empresa establecida en Cataluña utiliza el catalán en sus relaciones con sus clientes además de en su proyección exterior e incluso en alguna medida en su funcionamiento interno es perfectamente posible y en alguna medida ya está ocurriendo. En el País Vasco esto es más difícil de realizar pero continúa siendo imaginable si se está dispuesto a asumir el coste del esfuerzo necesario. Pero, pensar que el conjunto de una actividad económica que tiene el mercado español como marco de referencia puede hacer del catalán o del vasco o del gallego su lengua principal no parece realista. Incluso si se pensase en establecer barreras arancelarias, que a las puertas del siglo XXI y en vísperas del Acta Unica resultan difícilmente imaginables.

Lo que sí, en cambio, es muy imaginable es que a medida que avance la integración europea, sea a través del Mercado Común, sea por otros caminos, el actual espacio económico español se ampliará considerablemente y que los agentes económicos en Cataluña, el País Vasco o Galicia no sólo deberán estar familiarizados con la lengua castellana al mismo tiempo que con la suya sino que deberán ser capaces de utilizar otras lenguas europeas.

Pero probablemente la limitación más importante es la que resulta del número total de hablantes de estas lenguas y de las reducidas dimensiones del mercado económico que abren. Cuando en los años veinte en Barcelona empezaron a instalarse las primeras emisoras de radio su alcance se limitaba a unas decenas de kilómetros y su instalación suponía una aventura económica de escaso calibre y al alcance, por tanto, de aficionados entusiastas. Dado que la mayoría de los primeros promotores eran catalanes, la mayoría de estas primeras emisoras emitían en catalán. Cincuenta años después, cuando RNE decidió que una de sus emisoras de Barcelona emitiría en catalán la situación era muy distinta. Hoy las emisoras bien son propiedad de instituciones públicas bien forman parte de grandes cadenas privadas, a veces con intereses internacionales, supeditadas a las exigencias del mercado y guiadas por criterios de rentabilidad.

Cuanto mayores son los costes, más necesario es poder apoyarse en un mercado amplio y expresarse en una lengua que posibilite este acceso. Y los costes de instalación y de funcionamiento de una emisora de radio son pequeños comparados con lo que supone la puesta en marcha de una emisora de televisión, y no digamos de una emisora que pretenda cubrir un espacio internacional por medio de la retrasmisión vía satélite.

El argumento puede repetirse para cualquier medio de comunicación: prensa diaria, prensa periódica, discos, películas, vídeos, etc., en cualquiera de estos campos el progreso técnico ofrece cada día nuevas posibilidades, pero con un mayor coste que sólo puede ser compensado por un mercado más amplio. Piénsese como ejemplo en lo que representa lanzar un periódico diario de calidad, una inversión que sólo puede rentabilizarse con tiradas muy superiores a los cien mil ejemplares diarios. El catalán, con seis millones de hablantes en cifras redondas, y el gallego y el vasco con cifras todavía menores, encuentran una limitación intrínseca en las reducidas dimensiones del mercado a que dan acceso. Incluso lenguas como el danés, que son lenguas oficiales de países que han sido independientes a lo largo de la historia, empiezan a notar esta limitación. Por tanto, sería absurdo ignorarla a la hora de reflexionar sobre las posibilidades de nuestras lenguas.

El argumento que acabo de exponer excluye la posibilidad de que la política lingüística de determinadas Comunidades Autónomas se pueda proponer como objetivo alcanzar un cierto nivel de monolingüismo en la lengua propia y asimismo puede presentarse como objeción a los que consideran este objetivo deseable. Pero puede presentarse también en la misma forma a los que desde una perspectiva contraria consideran que estas políticas lingüísticas están produciendo un daño irreparable al castellano y pueden conducir a su desaparición en determinados lugares.

4. Un futuro previsible

Parece que las consideraciones anteriores permiten hacer algunas previsiones sobre el futuro inmediato de las políticas de normalización.

En Cataluña, donde el nacionalismo alcanza cotas importantes de poder, incluyendo el propio Gobierno de la Comunidad, y donde existe un consenso político generalizado en torno a la promoción de la lengua catalana, se puede prever que seguirá el esfuerzo por alcanzar los objetivos de la Ley de Normalización, especialmente en el campo de la Administración y de la enseñanza, así como por promocionar los usos literarios y culturales de la lengua. Como consecuencia se puede predecir igualmente un aumento en el conocimiento de la lengua por parte de la población y de su uso público e incluso, aunque sea en menor medida, de su uso social y privado. Todo ello sin olvidar las graves limitaciones que seguirán afectando a su expansión, en parte debidas a las dimensiones limitadas de su mercado potencial. Y puede predecirse igualmente que seguirá la presión por alcanzar algún tipo de reconocimientos y de presencia en el conjunto del Estado español y de los organismos europeos.

El caso del País Vasco es comparable en muchos aspectos al de Cataluña. También aquí hay un claro predominio del nacionalismo en los órganos de Gobierno, y también aquí existe un amplio consenso en cuanto a la promoción de la lengua, y pueden preverse, por tanto, avances paralelos a los que he citado para Cataluña. Paralelos, pero menores. La razón está en el menor número de hablantes actuales de la lengua, tanto en términos absolutos como relativos, y también y sobre todo en la mayor dificultad en adquirir el euskera desde el castellano, lo cual exige esfuerzos mucho mayores para conseguir resultados similares.

En Galicia las perspectivas son menos claras y la predicción más arriesgada. Ni en el conjunto de la población, ni en el propio Gobierno autónomo ha existido hasta ahora un compromiso político decidido en favor de la lengua. De todos modos, la experiencia autonómica ha provocado una evolución en este sentido que probablemente se mantendrá. Al mismo tiempo, la proporción de los que han adquirido la lengua en su infancia es más alta que en ninguna otra Comunidad, y la adquisición del gallego desde el castellano es relativamente fácil, lo cual debería facilitar su promoción. Desde la autonomía también la lengua ha empezado a superar el desprestigio que le imponía siglos de asociación con la pobreza y la ignorancia. En sentido contrario influye la controversia de la norma lingüística, y más en general las posturas enfrentadas que oponen a nacionalistas radicales y gestores de la política lingüística con la consiguiente desorientación entre la población y descrédito para la lengua.

Más simple parece en principio la situación en las islas Baleares. La lengua ha mantenido mayoritariamente su uso incluso en las clases altas de la sociedad tradicional. Ha tenido, además, un cultivo literario prestigiado. Y nadie parece dudar de que la lengua que se habla con variedades dialectales en las distintas islas es la misma que se habla en Cataluña, e incluso se acepta que se le llame catalán. La Ley de Normalización es extremadamente explícita en sus objetivos, y aunque el Gobierno balear no es de signo nacionalista no tiene inconveniente en asumirla con más o menos entusiasmo; apenas hay grupos políticos radicales que expresen su desacuerdo y sólo algunas entidades culturales se lamentan de la poca relevancia de la política lingüística y de su escasa incidencia. Esta ausencia de conflictos no es un síntoma positivo, sino más bien de indiferencia. Los grupos radicales, que consideran que la comunidad de lengua justifica la inclusión de Baleares en un proyecto conjunto de los Países Catalanes, tienen un peso político mínimo. Alternativamente, la lengua tampoco tiene demasiado sentido como lazo común de la Comunidad balear, pues, como acostumbra a ocurrir en los archipiélagos, las relaciones entre las tres islas son más bien recelosas. Así, la lengua vacía de implicaciones políticas claras no despierta actitudes apasionadas en favor ni en contra sino que se beneficia más bien de una cierta inercia. Y dado que la dedicación preponderante al turismo de las islas Baleares está produciendo una inmigración abundantísima y creciente es posible imaginar que un aumento del uso oficial y público de la lengua en la enseñanza y en la Administración coincida con un descenso en su uso real y cotidiano.

El caso de Valencia es mucho más complejo. La controversia sobre el catalán como lengua propia de Valencia, a la que varias veces he debido hacer referencia, se ha apaciguado y el Gobierno de la Comunidad así como los responsables de política lingüística mantienen actitudes de suma prudencia, consagrando la denominación de valenciano para la lengua, pero reconociendo que se trata de una variedad del catalán que no rompe la unidad básica de la lengua y sobre todo imprimiendo un ritmo lento a la introducción de su uso en cualquier ámbito de la vida pública. Pero la cuestión de fondo sigue abierta. La intención de los que situaban en primer lugar la unidad de la lengua era incorporar Valencia a un proyecto cultural común catalán y eventualmente a un proyecto político común, los *Paisos Catalans*. Para rechazar no ya este proyecto político sino simplemente un compromiso cultural común habría que ofrecer alguna definición de la identidad cultural valenciana que afirme su singularidad sin dejar de tener en cuenta su lengua. Mientras que esto no se formule y subsista la ambigüedad actual resultará difícil la promoción eficaz de la lengua. Y mientras tanto es una realidad que la lengua, a pesar de la política lingüística, está perdiendo terreno.

Navarra es la última de las Comunidades Autónomas cuyo Estatuto establece la cooficialidad de dos lenguas aunque en este caso limitada a una parte más bien pequeña de su territorio. A pesar de las diferencias dialectales no se ha expresado ninguna duda de que la lengua hablada en Navarra es la misma que en el País Vasco y se ha aceptado incluso la autoridad de la Academia de la Lengua Vasca. Pero en Navarra, como en Valencia, el problema de fondo radica en su identidad cultural y política. Para los que consideran que Navarra es una parte integrante de Euzkadi, la política lingüística debe tener como objetivo no sólo proteger el euskera en la zona en la que se ha mantenido, sino promover su conocimiento y su uso en la totalidad del territorio navarro. Para los que entienden que Navarra constituye una entidad política propia que debe continuar siéndolo, la política de fomento del euskera debe tener objetivos más modestos, y dado que estos últimos son mayoritarios en las instituciones representativas de Navarra ésta es la política que se aplica. No totalmente inefectiva, pues el proceso de reducción del número de hablantes de euskera en Navarra parece que se ha detenido e incluso que ha invertido la tendencia.

Del panorama esbozado en los párrafos anteriores puede deducirse una doble constatación.

La primera es que en el futuro previsible, la Comunidades Autónomas con lengua propia seguirán manteniendo sus políticas de defensa y de promoción de estas lenguas con estilos diversos y resultados igualmente diversos en cada Comunidad, pero sin retrocesos en sus planteamientos ni en sus realizaciones y además es probable que insistan en conseguir alguna presencia de estas lenguas en los niveles institucionales del Estado. De manera que frente a la imagen tradicional de España como Estado monolingüe, el reconocimiento de su realidad plurilingüe parece irreversible.

Y la segunda es que a pesar de esta expansión, estas lenguas seguirán coexistiendo con el castellano, que en muchos lugares y en muchas circunstancias continuará teniendo un papel predominante.

A lo que habrá que añadir todavía la presencia cada vez más importante de otras lenguas, y en primer lugar del inglés.

Estas dos afirmaciones contrarias y complementarias definen el amplio campo en el que seguirán actuando las políticas lingüísticas, esforzándose por ampliar el campo y el prestigio de las diferentes lenguas en lucha con resistencias y limitaciones internas y externas de muy diversa índole. Esta contraposición de esfuerzos producirá inevitablemente tensiones y enfrentamientos pero resulta probable que en conjunto el proceso se siga desarrollando como hasta ahora, sin conflictos graves y, por tanto, en un clima de relativa comprensión.

Pero la ausencia de conflictos graves no puede hacernos olvidar que lo que alimenta los movimientos reivindicativos de las distintas lenguas es, en primer lugar, tal como he tenido ocasión de destacar a lo largo de la exposición, una ideología nacionalista explícita o difusa, y que estas concepciones pueden entrar potencialmente en conflicto con las estructuras del Estado español. No creo exagerado afirmar que a largo plazo la suerte de las lenguas distintas del español dependerá de la manera en que se integren —o no se integren— las aspiraciones nacionalistas en las estructuras presentes o futuras de España como entidad política. Esta es la cuestión de fondo y a ella dedicaré los últimos comentarios de esta obra.

Capítulo 6

ESPAÑA: NACION Y NACIONES

1. La consolidación de las Autonomías

Cuando en el período de la transición política se preparaba el modelo del nuevo régimen español existía un acuerdo implícito entre todas las fuerzas políticas para satisfacer las aspiraciones nacionalistas de Cataluña y del País Vasco con alguna forma de autogobierno, y así, antes incluso de aprobarse la nueva Constitución, se legalizaron en Cataluña y en el País Vasco y también en Galicia unos gobiernos preautonómicos que se suponía continuaban la legalidad de los Estatutos de Autonomía de tiempos de la República suprimidos por el franquismo.

En esta misma línea, el texto constitucional garantizó el derecho a la Autonomía de las nacionalidades y regiones que integran España estableciéndose la posibilidad de que todos los territorios —provincias o conjuntos de provincias— que lo deseasen pudiesen constituirse en Comunidades Autónomas, posibilidad que Cataluña y el País Vasco aprovecharon inmediatamente. La Constitución no delimitaba el mapa autonómico de España sino que dejaba esta delimitación a los propios solicitantes, y tampoco daba por supuesto que la totalidad del territorio español iba a organizarse de este modo. Pero esto fue lo que finalmente ocurrió, en un tiempo relativamente corto se sucedieron las peticiones con diferentes justificaciones. Había regiones históricas con una fuerte conciencia regional que no querían sentirse inferiores a las autonomías históricas. En otras, sus dirigentes políticos creyeron perder una oportunidad si renunciaban a pedir la autonomía. Y más tarde, desde el propio Gobierno central, se consideró absurdo que quedasen parcelas sometidas a un régimen común que se convertía en excepcional. Finalmente, todo el territorio español quedó estructurado en 17 Comunidades Autónomas.

De este modo, lo que en un principio se había propuesto como una respuesta al problema que planteaban los nacionalismos se convirtió en la fórmula general para la estructuración del Estado español. Pero una fórmula que no había sido prevista ni planificada sino que en buena parte era resultado de la improvisación, con las consecuencias lógicas de este proceder. En el lugar correspondiente he señalado ya las grandes diferencias en extensión, en población y en riqueza entre las comunidades que parecen hacer inviables algunas de ellas. Pero más importante todavía es que las competencias que los Estatutos atribuyen a cada una de ellas son muy distintas sin que las diferencias respondan a criterios explicitables. Los inconvenientes que se derivan de esta diversidad son tan claros que pronto se produjo desde el Gobierno central un intento de armonización de los Estatutos, la LOAPA, que finalmente no prosperó porque desde las autonomías mayores se interpretó que con este argumento lo que pretendía el Gobierno era reducir sus competencias.

Si a pesar de los numerosos problemas planteados la España de las Autonomías ha logrado sobrevivir y hoy tiene asegurada su continuidad es porque al lado de limitaciones e incongruencias que son innegables, tiene también ventajas que superan a los inconvenientes. Las Comunidades Autónomas más antiguas y con inspiración nacionalista acogieron el régimen autonómico con entusiasmo, y sus respectivos gobiernos han aprovechado a fondo sus competencias y lo que hoy en todo caso se plantean es la ampliación de su autonomía para alcanzar mayores cotas de autogobierno. Pero lo más notable e inesperado del nuevo sistema español es que la experiencia autonómica ha resultado positiva en el conjunto de las Comunidades, incluso en aquellas en las que la autonomía no es el resultado de una aspiración largamente alimentada sino consecuencia de unas circunstancias puramente coyunturales.

La razón hay que buscarla probablemente en el hecho de que la experiencia autonómica, incluso reducida a una descentralización administrativa, efectivamente ha producido una mejora importante en muchos servicios públicos y una impresión de mayor «cercanía del poder» al mismo tiempo que la existencia de unas instituciones propias, Gobierno y Parlamento, ha reforzado la conciencia de una identidad colectiva. En todo caso, los resultados están a la vista. En ciertas Comunidades —Andalucía, Canarias— han surgido movimientos nacionalistas de cierta entidad, en otras —Aragón, Baleares, Valencia— se han creado partidos regionalistas que son una novedad. Y lo que todavía es más significativo, los grandes partidos españoles se han declarado partidarios y defensores de los regímenes autonómicos, participan con entusiasmo en las elecciones a sus parlamentos y en la medida en que encuentran el apoyo de los electores participan en sus gobiernos, e incluso en ciertos casos defienden la ampliación de sus competencias. Curiosamente son las Comunidades Autónomas donde predomina el Partido Conservador (PP), como Galicia o Baleares, las que más explícitamente formulan estas peticiones, mientras los gobiernos de signo socialista sienten el lógico recelo a poner en dificultades al Gobierno central. Pero también en estos lugares y en el seno del Partido Socialista son perceptibles aspiraciones para elevar el techo de las competencias autonómicas.

En teoría es fácil imaginar una evolución que refuerce el papel de las Comunidades Autónomas en diferentes direcciones. Es factible que las Comunidades que tienen competencias varias y además reducidas se igualen «por arriba» hasta un techo común. Es posible proponer que en el futuro otras Comunidades dispongan de las fórmulas de financiación que hoy sólo tienen el País Vasco y Navarra, y que les permiten una amplia autonomía económica, o que todas las Comunidades y no sólo algunas tengan competencias plenas para gestionar el sistema educativo. Y es igualmente posible suponer que en el futuro el Senado se convierta en la cámara de representación de las Comunidades Autónomas y que éstas estén también representadas en otros órganos centrales del Estado.

Todo ello es posible en el marco de la Constitución actual, pero no es seguro ni mucho menos que ocurra. Porque el Gobierno central opondrá la lógica resistencia a ceder más competencias y a asumir más problemas de coordinación, y también por una razón de prudencia, porque cualquier modificación parcial podría poner en cuestión la totalidad del sistema. Pero es poco probable que ocurra, por una razón más profunda: porque no existe ningún proyecto político coherente sobre el desarrollo futuro del Estado de las Autonomías.

En los momentos en los que se estructuraba el nuevo régimen español y se discutía sobre el texto de la Constitución que debía ordenarlo, que la urgencia de tomar decisiones viables primase sobre cualquier otra consideración y obligase a improvisar en materias en las que no existía una reflexión previa suficiente es perfectamente comprensible. Pero que diez años después, a la vista de los problemas planteados y de la experiencia acumulada, esta reflexión siga sin producirse resulta sorprendente. Y sin esta reflexión de fondo, que no corresponde exclusivamente a los políticos, demasiado absorbidos como están por las cuestiones a corto plazo, es imposible que se formule un proyecto político coherente sobre el desarrollo futuro del Estado de las Autonomías.

¿En qué dirección se puede buscar este desarrollo?

Hay quien sigue considerando que la generalización de las autonomías fue un error y que habría sido mejor conceder autonomías amplias a las «nacionalidades históricas» mientras que el resto del territorio español hubiera continuado con un régimen común compatible con una amplia descentralización. Pero, dado que se eligió otra dirección y que el camino andado resulta irreversible, parece que la profundización de la situación actual habrá que buscarla de alguna manera por la vía del federalismo.

La propuesta de organizar España como un Estado federal no sería una novedad absoluta, pues en el siglo pasado y desde posturas ideológicas muy alejadas se defendieron fórmulas de este tipo. Hubo una corriente federal liberal que se manifestó en las Cortes de Cádiz y que se prolongó hasta Pi y Margall y la I República. Y en una perspectiva ideológica opuesta, el carlismo defendía una España tradicional y foral frente al centralismo liberal. Pero, a pesar de estos precedentes históricos, la verdad es que no existe una propuesta contemporánea de federalismo para España, aparte de algunas declaraciones de intenciones sin apenas contenido real.

Dada la ambigüedad del vocabulario político conviene recordar que hay en el mundo Estados que se titulan federales sin que se entienda bajo este nombre más que una autonomía administrativa, más o menos amplia, de sus componentes, mientras que el sentimiento nacional se refiere exclusivamente al Estado en su conjunto.

Estados Unidos, México, Alemania, la propia Suiza, pueden ser ejemplos de este sentido. Aquí me refiero a Estados federales que reconocen una pluralidad de componentes nacionales y nacionalistas en su interior. Canadá puede ser un ejemplo, y no por los estados que lo constituyen, sino por la integración del «Estado» de Quebec —Canadá francés— y del resto de los «estados» —Canadá inglés— en una unidad estatal común. O también el caso de Bélgica, aunque formalmente no se denomine Estado federal.

Evidentemente, no sería nada fácil proponer un proyecto de este tipo para España porque para ello habría que empezar por establecer el mapa de las distintas nacionalidades o entidades federadas, lo que implica concretar su número y sus límites y ello solo ya presenta graves dificultades. Si se entiende Cataluña como una nacionalidad, ¿cuáles son sus límites, los de la Cataluña estricta o los de los Países de lengua catalana? Las opiniones difieren, pero en todo caso es evidente que para incluir a Baleares y a Valencia en un proyecto político común con Cataluña habría que contar con la opinión de los habitantes de estas Comunidades. Lo mismo puede decirse respecto a la inclusión de Navarra en el proyecto político de Euzkadi incluso si en este caso todos los nacionalistas vascos coinciden en reivindicarla. Por otra parte, es discutible que con Cataluña, Euzkadi y eventualmente Galicia se complete la lista de las Comunidades Autónomas con aspiraciones a ser tenidas en cuenta en una estructuración federal de España; Andalucía y Canarias, al menos, podrían ser también aspirantes calificados. Finalmente habría que dejar claro si lo que se propone es una federación de Comunidades o de conjuntos de Comunidades en la que todos los miembros tendrían las mismas atribuciones, o de una combinación de territorios «nacionales» y de «regiones autónomas». Y hay que añadir todavía que dado que España forma parte de la Comunidad Económica Europea el proyecto debería especificar también las modalidades de integración de los territorios federados en la estructura comunitaria.

Por todas estas razones y otras que podrían añadirse la formulación de un proyecto de camino hacia el federalismo resulta muy problemática y no debe extrañarnos que ningún partido político haya asumido esta tarea. Pero en realidad la mayor dificultad para hacerlo es que choca con la imagen tradicional de España como entidad nacional única.

2. Más allá de los Estados nacionales

La idea de nación se fue forjando a lo largo de la edad moderna como última justificación de la progresiva constitución de los Estados nacionales. Pero fue en el siglo XIX cuando culminó la reflexión teórica sobre qué es una nación, reflexión teórica probablemente provocada por las evidentes contradicciones entre el mapa de los Estados existentes y su justificación nacionalista. Su resultado, que por la época y el clima intelectual en que surgió bien puede llamarse teoría romántica de la nacionalidad, puede resumirse diciendo que una nación es una comunidad humana con una base étnica y un soporte territorial, que tiene un pasado histórico y una cultura propia que se manifiesta de diferentes modos: tradiciones, formas de vida, fórmulas jurídicas, literatura, arte, y que se expresa a través de una lengua. Pero por encima de estas características más o menos objetivas que se traducen en una manera de ser y un carácter nacional una nación existe en la medida en que los miembros de la colectividad que la componen son concientes de los lazos que les unen, conciencia que se manifiesta en la asunción del pasado común pero sobre todo en la participación en un proyecto común de cara al futuro.

De esta caracterización de la nacion como entidad completa y autosuficente se pasa a deducir que la organización política adecuada a la nación es el Estado de tal modo que toda nacionalidad tiende históricamente a constituir un Estado y, a la inversa, que todo Estado es o debería ser un Estado nacional, encarnación política de una nacionalidad.

Es fácil advertir las limitaciones de esta teoría cuando se convierte en explicación básica del devenir histórico. Los que lo creen así tienden a imaginar las naciones como entidades esenciales e intemporales cuando la verdad es que cualquier nación ha empezado en el tiempo y que ninguna tiene la existencia indefinidamente asegurada. O que las naciones son realidades estancas y mutuamente excluyentes, cuando la realidad es que se mezclan e interfieren de muchas maneras y varias naciones políticamente independientes pueden compartir una misma cultura y una misma lengua —caso de Alemania y Austria— y a la inversa, una nación con un grado muy alto de conciencia nacional puede compaginar en su interior lenguas y cultura diversas —caso de Suiza—. Y no digamos de la dificultad de hacer derivar las fronteras políticas de los Estados de los límites «naturales» de las naciones. Las fronteras de los actuales países de América no tienen ninguna relación con las antiguas realidades culturales indígenas, ni son tampoco el resultado de diferencias culturales introducidas por los colonizadores, son completamente artificiales y, sin embargo, a partir de ellas se han desarrollado sentimientos e ideologías nacionalistas. Algo parecido está ocurriendo actualmente en Africa. Y en el Este de Europa, y muy especialmente en los Balcanes, donde secularmente han convivido en los mismos territorios colectividades de etnia, lengua y religión distintas, y donde los esfuerzos por convertirlos en Estados nacionales en el sentido occidental de la expresión acostumbran a implicar desplazamientos masivos de población y cuando no, desembocan en conflictos abiertos y violentos.

A pesar de estas limitaciones continúa siendo cierto que la teoría de la nacionalidad ha tenido una extraordinaria influencia en la evolución del mundo moderno y que buena parte de los conflictos y de las tensiones de nuestro tiempo tienen esta raíz. Y de ello precisamente España es un buen ejemplo. A lo largo de varios siglos España se constituyó en un Estado nacional, en parte con fórmulas propias y en parte a imitación de Francia, ejemplo máximo de este tipo de procesos, y adoptó un modelo centralizado y uniformador tanto en el orden político como en el cultural y lingüístico. A consecuencia de ello, otras posibilidades políticas y culturales existentes en la Península o se integraron en este proyecto y con ello se disolvieron —caso de Cataluña— o siguieron un camino independiente —caso de Portugal—. Pero en el siglo XIX, tal como se ha contado en la introducción histórica, por diferentes razones se produjeron renacimientos en relación con las lenguas distintas del castellano y a partir de ello planteamientos políticos que pronto tomaron la forma de ideologías nacionalistas.

Estas ideologías nacionalistas: catalana, vasca y gallega, formuladas a finales del siglo XIX, tenían en común el partir de la idea de nación que acabo de resumir, para concluir que sus pueblos respectivos poseen los caracteres propios de una nación, la lengua en primer lugar pero también el resto de sus rasgos definitorios: historia, manifestaciones culturales, carácter colectivo, y de la existencia de la nacionalidad deducían su derecho a la autonomía y la aspiración a la independencia. La amplia adhesión que estas ideas encontraron en

Cataluña y en el País Vasco hay que ponerla en relación con el empuje renovador que sacudía a estos pueblos y a que en mayor o menor medida identificaron el nacionalismo con este impulso renovador oponiéndolo a la inercia y el marasmo que paralizaba la sociedad española. En Galicia, donde este impulso renovador no existía, los nacionalistas entendían que sólo la difusión de una conciencia nacional podía provocarlo y sacar a Galicia de su atraso.

La impresión de que la España del siglo XIX, escindida entre conservadores nostálgicos y revolucionarios utópicos, era en realidad una sociedad atrasada y estéril no era una impresión privativa de los nacionalismos periféricos, sino que era compartida por muchos españoles. Y a partir de esta insatisfacción algunos de ellos emprendieron una reformulación del nacionalismo español renunciando a la nostalgia de una misión mesiánica española como garantía de la unidad religiosa de Europa y forjadora de un imperio ultramarino para proponer a los españoles unas tareas colectivas más acordes con la modernidad y con las realidades cotidianas. Esta propuesta, en la realidad nacional de España: una etnia, un territorio, una historia, una cultura y una lengua y por supuesto la conciencia colectiva de constituir una comunidad y de colaborar en un empeño común.

Así a finales del siglo pasado y como reacción a una impresión de decadencia surgen dos formulaciones nacionalistas: la reformulación del nacionalismo español y los nacionalismos periféricos, rigurosamente paralelos, pues se inspiran en la misma idea de nacionalidad, rigurosamente coetáneos, pues se manifiestan al mismo tiempo y mutuamente excluyentes, pues proponen fórmulas opuestas para estructurar políticamente un mismo espacio geográfico. Un Estado único y unitario en el primer caso, una pluralidad de aspiraciones a la máxima autonomía en el segundo. Y lo más sorprendente es que las dos formulaciones se hacen no sólo con plena independencia entre sí sino ignorándose mutuamente.

Los nacionalismos periféricos afirman su derecho a la plena autonomía sin dar detalles de cómo harán efectivo este derecho frente a la previsible resistencia española ni sobre cómo se estructurará el actual espacio político español una vez alcanzada esta plena autonomía, como si la impresión de decadencia que el Estado español ofrecía en el momento en que fueron formulados fuese garantía de su próxima desaparición.

Y por otro lado, el nacionalismo español considera que estos nacionalismos periféricos son simples manifestaciones de la decadencia española, negándose a advertir su capacidad para movilizar entusiasmos y energías colectivas en los territorios en los que han surgido y dando por supuesto que bastará con que el Estado español recupere su vitalidad para que se desvanezcan.

Formulados aproximadamente hace un siglo y sin que desde entonces hayan variado sensiblemente sus planteamientos ni su ignorancia mutua, los acontecimientos a lo largo de este tiempo no parecen haber justificado ni a unos ni a otros. La afirmación repetida del derecho a la autodeterminación por parte de los nacionalistas no se ha traducido en su ejercicio. Cuando se derrumbó la monarquía y se instauró un nuevo régimen político y hubo que redactar una nueva Constitución los nacionalismos aceptaron un compromiso solidario en el marco del Estado español. Y años después, en el momento en que las estructuras del Estado español estuvieron prácticamente paralizadas como consecuencia de la rebelión militar tampoco se produjo una secesión. En Euzkadi la ocupación temprana por parte de las tropas franquistas impide especular sobre los desarrollos posibles. Pero en Cataluña, que inicialmente quedó entregada a sus propias fuerzas, la posibilidad no llegó ni a plantearse. Y con el paso del tiempo Barcelona se convirtió en la capital de la República y de su ejército popular al mismo tiempo que la guerra tomaba cada vez más el carácter de una guerra de liberación nacional española.

Tampoco el nacionalismo español reformulado ha salido mejor parado de la prueba de la historia. Una de las razones de la guerra civil fue precisamente la defensa de la unidad de España, aparentemente amenazada por los Estatutos de Autonomía. Y el régimen surgido de la guerra hizo de la unidad de España el primero de sus objetivos y luchó con todas sus fuerzas contra cualquier diferenciación lingüística o de otro tipo que pudiese justificar singularidades políticas. Y, tal como he recordado en la introducción histórica, al final del régimen franquista las reivindicaciones de las «nacionalidades históricas» eran más fuertes que nunca y existía un consenso entre todas las fuerzas democráticas para atenderlas. De manera que, cuando se quiso organizar un régimen democrático, la pluralidad lingüística y nacional de España se inscribió en el propio texto constitucional.

Tras un siglo de vigencia de ideologías nacionalistas encontradas el hecho es que la actual Constitución española no coincide con las formulaciones de ninguna de ellas. En su artículo primero proclama «la indisoluble unidad de la nación española» pero a continuación y en el mismo artículo afirma «el derecho a la autonomía de las nacionalidades y regiones que la integran». Y en nombre de esta Constitución, Cataluña y el País Vasco no sólo gozan de un régimen autonómico sino que sus gobiernos están detentados por partidos nacionalistas. Y resulta evidente que la afirmación de la pluralidad de nacionalidades en España y la amplitud de los Estatutos de Autonomía se contradice directamente con las formulaciones consagradas por el nacionalismo español, al igual que la afirmación de la unidad indisoluble de España y el acatamiento explícito o implícito de la Constitución por parte de los partidos nacionalistas en el poder se contradice directamente con el ejercicio de la autodeterminación propugnado por los idearios nacionalistas. Y no es menos evidente que a pesar de estas contradicciones flagrantes el régimen político basado en esta Constitución parece más estable y gozar de mayor apoyo popular que ninguno de los que ha conocido España en los últimos cien años.

En estas circunstancias resultaría normal que se abriese una reflexión crítica sobre lo que significa la idea de nación y las actitudes nacionalistas en el caso de España. Y lo realmente sorprendente es que esto todavía no haya ocurrido. Aunque quizás en un país que siempre ha sufrido de una excesiva carga ideológica y de una abundancia de retórica el pragmatismo actual resulte saludable. En todo caso, no es este el lugar para abrir tal discusión y me limitaré a una advertencia previa. No se trata de proclamar el ocaso del nacionalismo porque muchos datos de esta obra nos demuestran su vitalidad y muchos acontecimientos europeos nos lo confirman. Se trata, simplemente, de constatar que a lo largo de la historia siempre han coexistido tendencias localistas que refuerzan los lazos próximos y tendencias universalistas que abrazan horizontes más amplios, y probablemente siempre seguirán existiendo y lo importante es en cada momento de la historia encontrar la fórmula de equilibrio entre estas dos tendencias más adecuadas a las circunstancias de la época. Y lo que cada vez parece más claro, al menos en la Europa que pretendemos construir, es que en nuestros días la fórmula de este equilibrio ya no puede limitarse al Estado nacional como realidad autosuficiente o como aspiración última. En la construcción de Europa se sobreentiende que los Estados transfieren una parte de su soberanía a estructuras supranacionales, al mismo tiempo que se ofrece a instancias inferiores, locales o regionales, un mayor protagonismo, lo que les permite valorizar sus peculiaridades e incluso sus aspiraciones nacionalistas. La relación entre Estado y nacionalidad se hace así mucho más fluida y también la relación entre lengua y Estado.

La referencia a Europa hace caer en la cuenta de que esta problemática hasta aquí referida a España puede transferirse íntegramente a Europa. También Europa pretende constituirse en una «nación de naciones» articulando aspiraciones nacionalistas con proyectos comunes, y también ha emprendido este camino sin disponer previamente de una formulación coherente sobre su naturaleza y sus objetivos y «hace camino al andar». Añadir asimismo que en Europa la pluralidad de lenguas no puede considerarse incompatible con su aspiración a la unidad. Esta similitud en los problemas puede tener consecuencias favorables en las dos direcciones. La progresiva integración de España en Europa puede ayudar a plantear las cuestiones de los nacionalismos españoles con mayor serenidad y sin crispaciones. Y al mismo tiempo, el ejemplo de lo que está ocurriendo en España puede servir de marco de referencia a otros países europeos con problemas similares así como a la propia Europa, entendida como estructura supranacional.

Con tal de que se conozca, por supuesto. La imagen indiscutiblemente positiva que de España se tiene actualmente en muchos ambientes internacionales se apoya en gran parte en la habilidad con que los españoles consiguieron pasar de una dictadura a una democracia pacífica y ordenadamente, y el gobierno, con razón, hace todo lo posible por reforzarla. Igualmente podría basarse este prestigio en el tránsito de un Estado unitario a un Estado respetuoso con las diferencias culturales y nacionales, pero la verdad es que hasta ahora el Gobierno español en su proyección exterior ha sido muy parco en este aspecto, prisionero todavía de los clichés unitarios.

Estas consideraciones de orden general se hacen todavía más pertinentes si las concretamos en el tema de esta obra: la pluralidad lingüística en el ámbito del Estado español. El reconocimiento institucional de esta pluralidad y la adopción de políticas lingüísticas, así como para asegurarla y reforzarla protegiendo a las lenguas distintas del español es uno de los aspectos más originales de la

España democrática. Al justificar en el prólogo el esfuerzo por escribirlo hacía referencia al desconocimiento generalizado de esta pluralidad y del tratamiento que en la actualidad recibe cuando se da este tratamiento, la existencia de un marco político y jurídico para la defensa y la promoción de las lenguas distintas del castellano constituye uno de los aspectos más característicos del nuevo régimen político español. A lo largo de las páginas de esta obra ha quedado clara la complejidad de las situaciones con las que se enfrenta cada lengua y la dificultad de los problemas que éstas plantean, pero ha quedado también claro, o al menos así lo espero, que este reconocimiento político y legal de la pluralidad lingüística es ya un hecho irreversible y un progreso en la dirección correcta, la misma dirección en la que avanza Europa, en la medida en que intenta conjugar los derechos de todas las lenguas habladas por sus habitantes con la conciencia de su solidaridad y con la multiplicación de sus capacidades de comunicación y de diálogo.

APENDICE: MAPAS

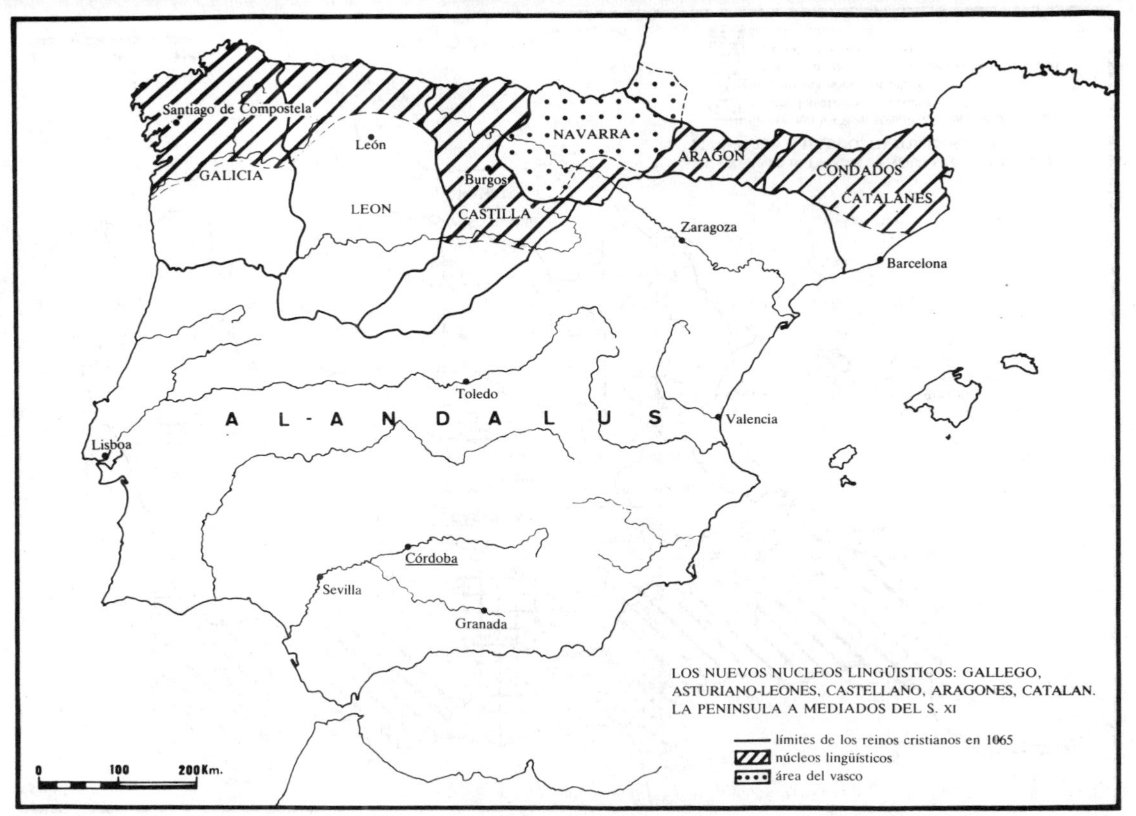
Santiago de Compostela
León
GALICIA
LEON
Burgos
CASTILLA
NAVARRA
ARAGON
CONDADOS
CATALANES
Zaragoza
Barcelona
Toledo
A L - A N D A L U S
Valencia
Lisboa
Córdoba
Sevilla
Granada
LOS NUEVOS NUCLEOS LINGÜISTICOS: GALLEGO, ASTURIANO-LEONES, CASTELLANO, ARAGONES, CATALAN.
LA PENINSULA A MEDIADOS DEL S. XI
límites de los reinos cristianos en 1065
núcleos lingüísticos
área del vasco
0
100
200 Km.

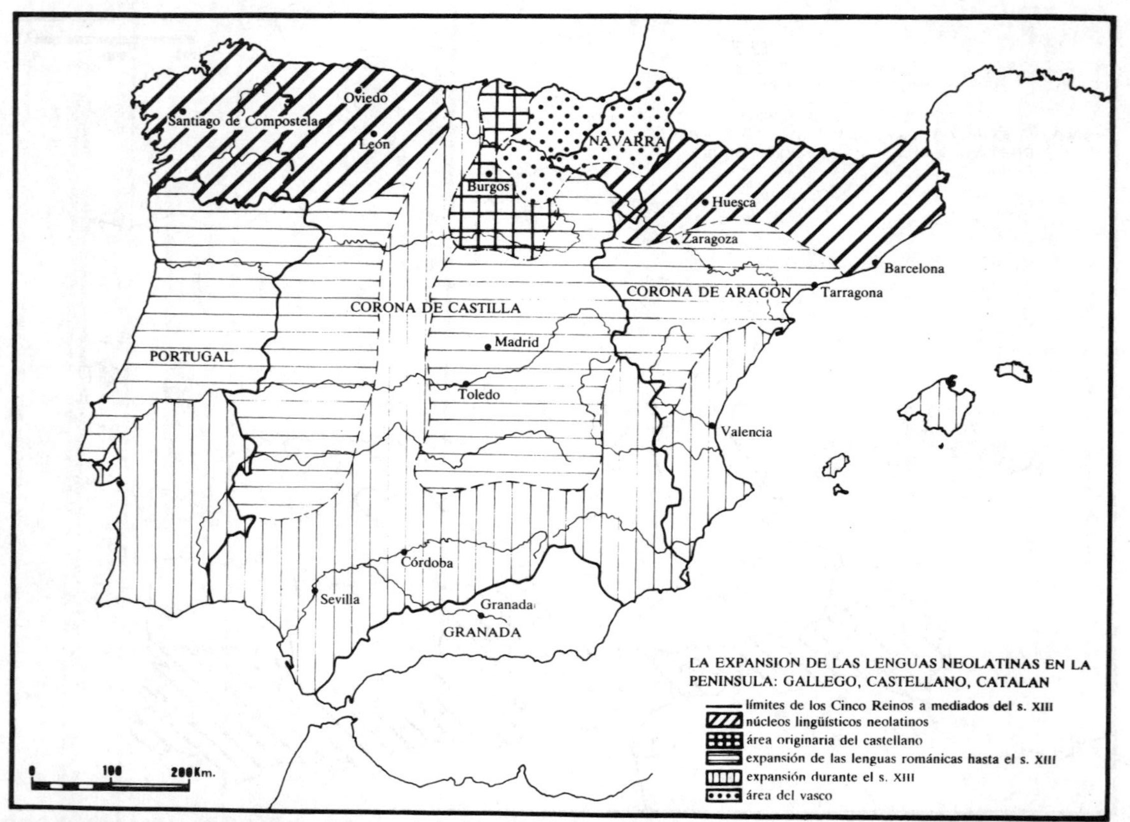
Santiago de Compostela
Oviedo
León
Burgos
NAVARRA
Huesca
Zaragoza
Barcelona
Tarragona
CORONA DE ARAGON
CORONA DE CASTILLA
Madrid
PORTUGAL
Toledo
Valencia
Córdoba
Sevilla
Granada
GRANADA
LA EXPANSION DE LAS LENGUAS NEOLATINAS EN LA PENINSULA: GALLEGO, CASTELLANO, CATALAN
límites de los Cinco Reinos a mediados del s. XIII
núcleos lingüísticos neolatinos
área originaria del castellano
expansión de las lenguas románicas hasta el s. XIII
expansión durante el s. XIII
área del vasco
0
100
200Km.

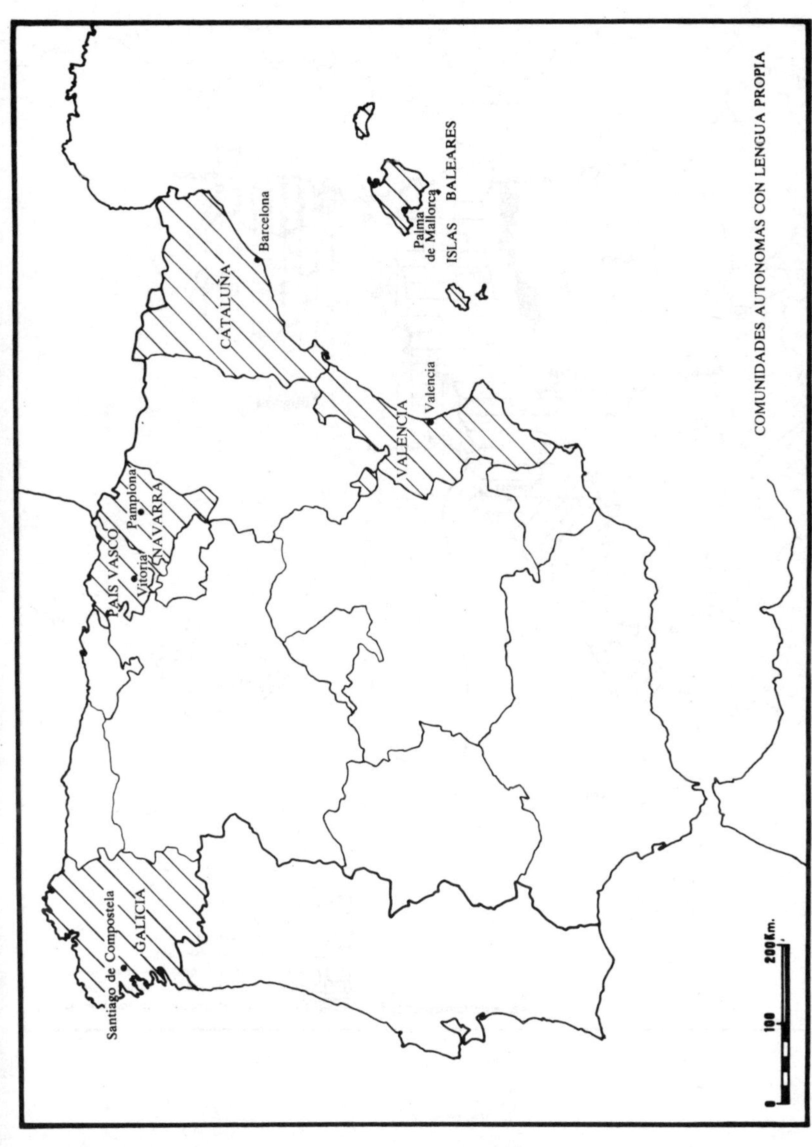

COMUNIDADES AUTONOMAS CON LENGUA PROPIA

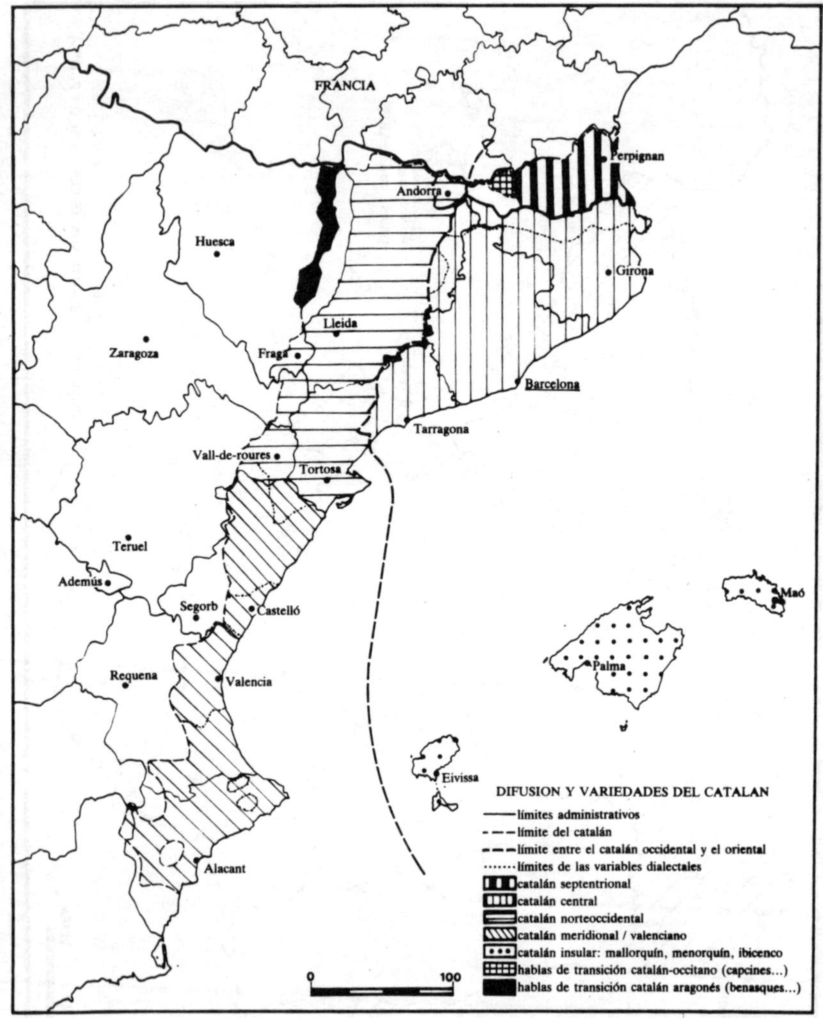
FRANCIA
Perpignan
Andorra
Huesca
Girona
Lleida
Zaragoza
Fraga
Barcelona
Tarragona
Vall-de-roures
Tortosa
Teruel
Ademús
Maó
Segorb
Castelló
Palma
Requena
Valencia
Eivissa
Alacant
DIFUSION Y VARIEDADES DEL CATALAN
límites administrativos
límite del catalán
límite entre el catalán occidental y el oriental
límites de las variables dialectales
catalán septentrional
catalán central
catalán norteoccidental
catalán meridional / valenciano
catalán insular: mallorquín, menorquín, ibicenco
hablas de transición catalán-occitano (capcines...)
hablas de transición catalán aragonés (benasques...)
0
100

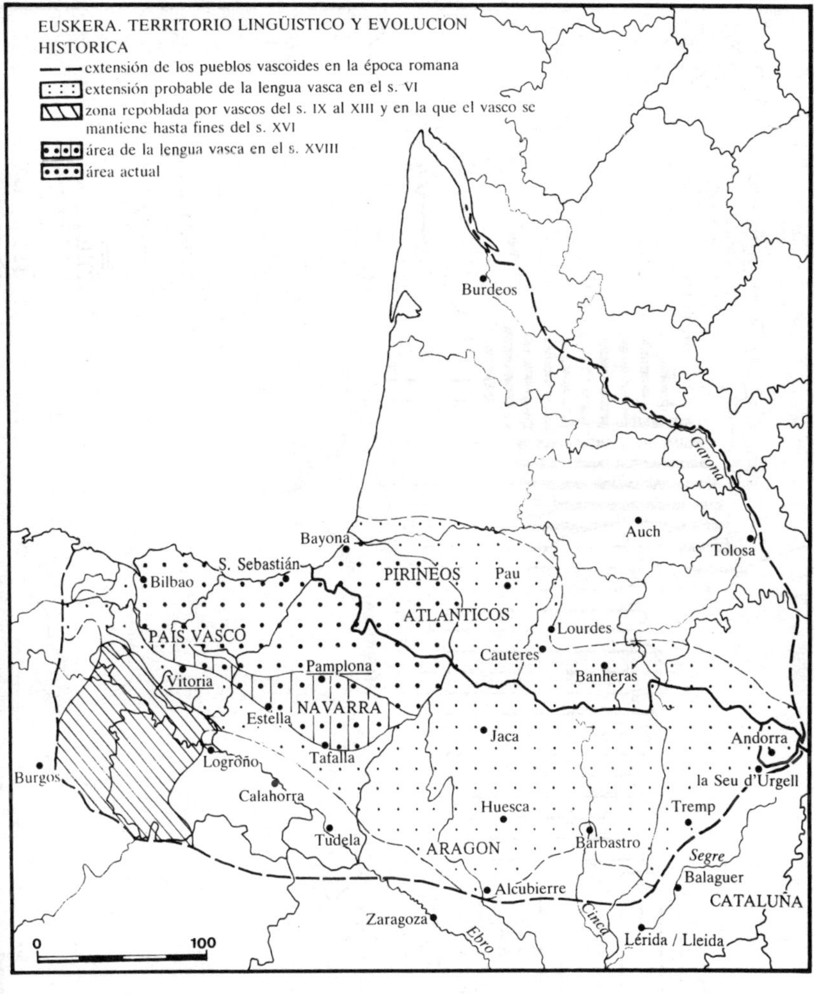
EUSKERA. TERRITORIO LINGÜISTICO Y EVOLUCION HISTORICA
extensión de los pueblos vascoides en la época romana
extensión probable de la lengua vasca en el s. VI
zona repoblada por vascos del s. IX al XIII y en la que el vasco se mantiene hasta fines del s. XVI
área de la lengua vasca en el s. XVIII
área actual
Burdeos
Garona
Auch
Tolosa
Bayona
S. Sebastián
Bilbao
PIRINEOS
Pau
ATLANTICOS
Lourdes
Cauteres
Banheras
PAIS VASCO
Vitoria
Pamplona
NAVARRA
Estella
Tafalla
Logroño
Burgos
Calahorra
Tudela
Jaca
Andorra
la Seu d'Urgell
Huesca
Tremp
ARAGON
Barbastro
Segre
Balaguer
Alcubierre
CATALUÑA
Zaragoza
Ebro
Cinca
Lérida / Lleida
0
100

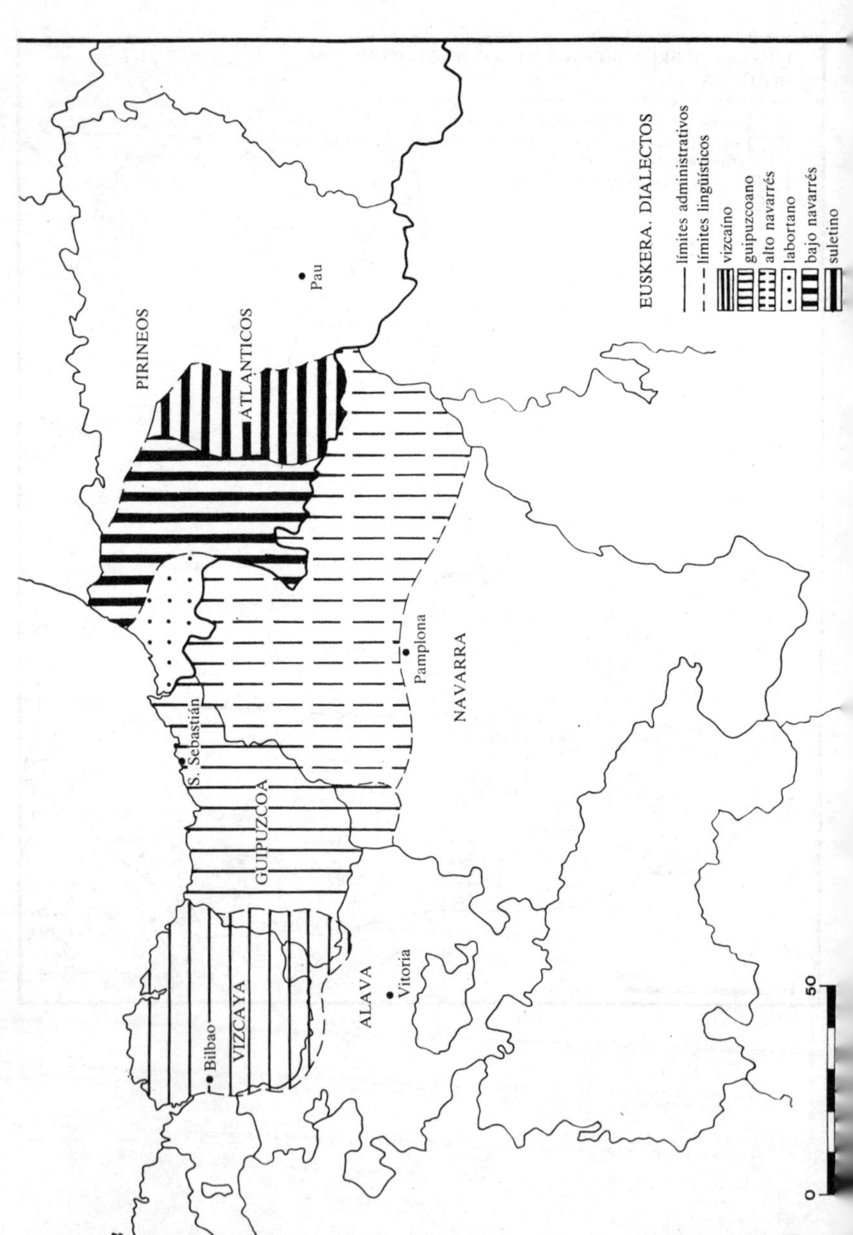
EUSKERA. DIALECTOS
límites administrativos
límites lingüísticos
vizcaíno
guipuzcoano
alto navarrés
labortano
bajo navarrés
suletino
PIRINEOS
ATLANTICOS
Pau
Pamplona
NAVARRA
S. Sebastián
GUIPUZCOA
VIZCAYA
Bilbao
ALAVA
Vitoria
0
50

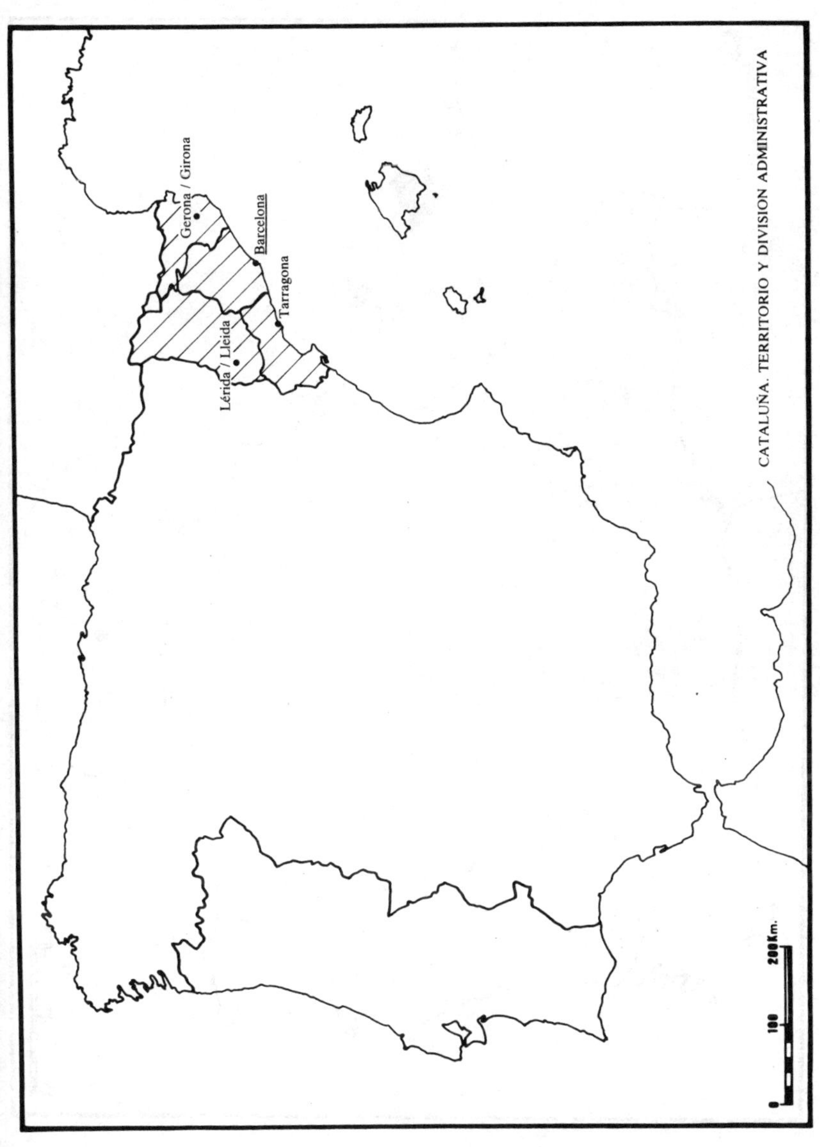

CATALUÑA. TERRITORIO Y DIVISION ADMINISTRATIVA

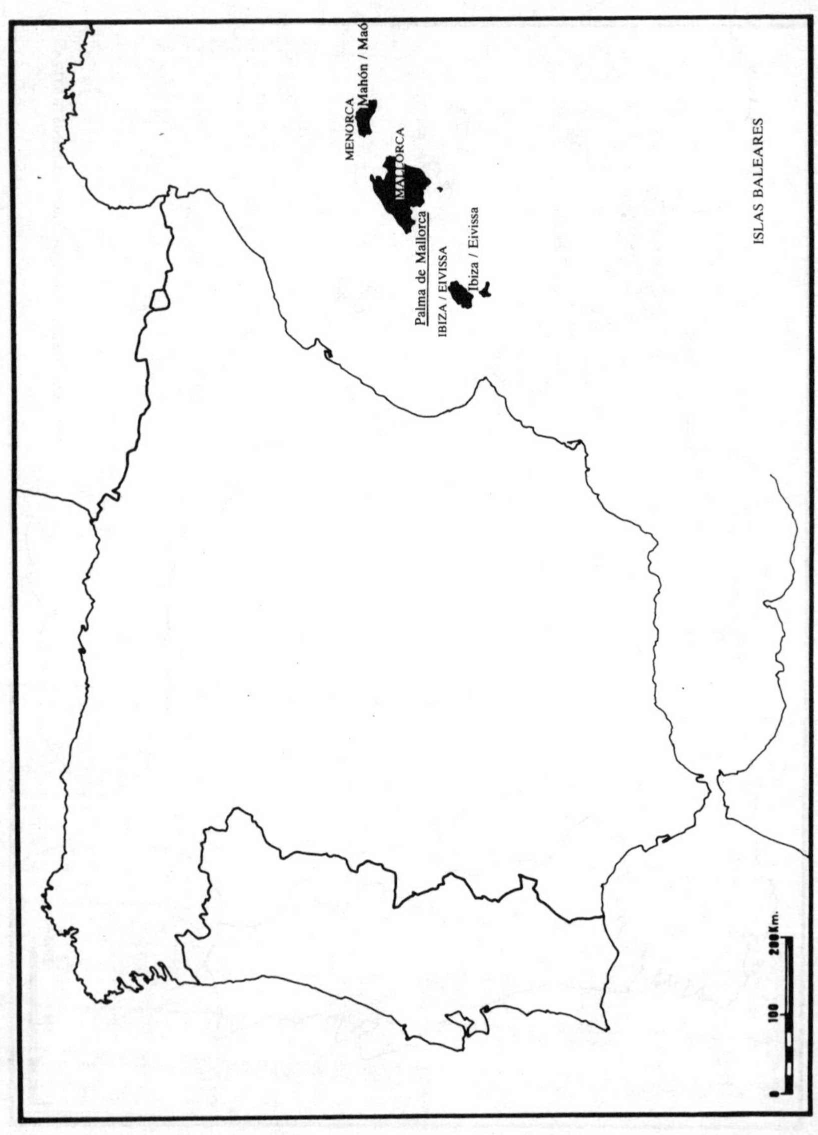
MENORCA
Mahón / Maó
MALLORCA
Palma de Mallorca
IBIZA / EIVISSA
Ibiza / Eivissa
ISLAS BALEARES
0
100
200Km.

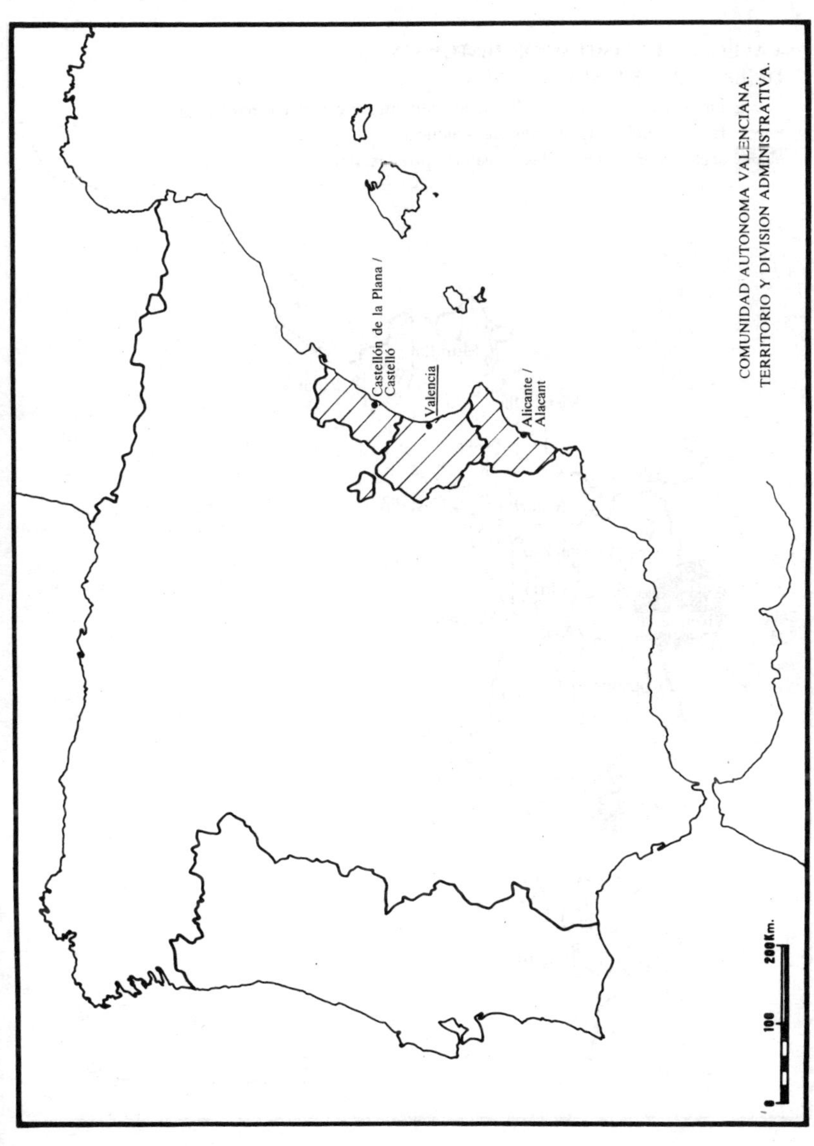
COMUNIDAD AUTONOMA VALENCIANA.
TERRITORIO Y DIVISION ADMINISTRATIVA.
Castellón de la Plana /
Castelló
Valencia
Alicante /
Alacant
0
100
200Km.

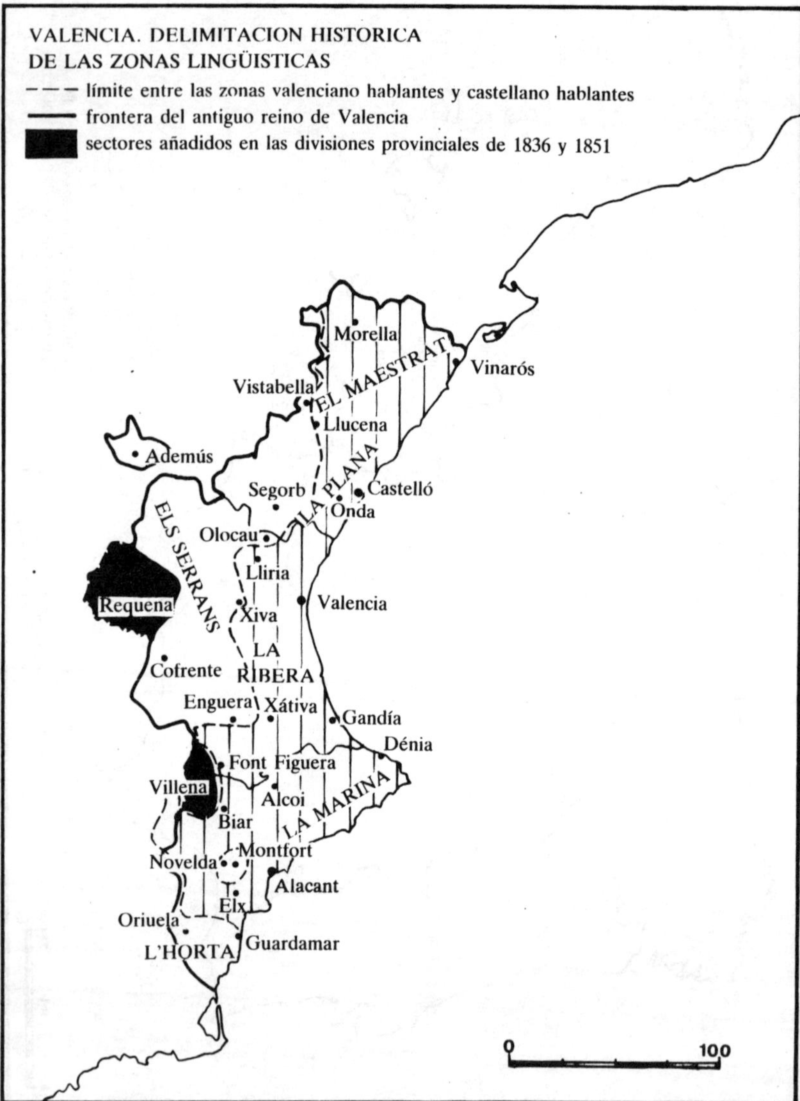
VALENCIA. DELIMITACION HISTORICA
DE LAS ZONAS LINGÜISTICAS
límite entre las zonas valenciano hablantes y castellano hablantes
frontera del antiguo reino de Valencia
sectores añadidos en las divisiones provinciales de 1836 y 1851
Morella
EL MAESTRAT
Vinarós
Vistabella
Llucena
Ademús
LA PLANA
Segorb
Castelló
Onda
ELS SERRANS
Olocau
Lliria
Requena
Xiva
Valencia
LA
RIBERA
Cofrente
Enguera
Xátiva
Gandía
Dénia
Font Figuera
Villena
Alcoi
LA MARINA
Biar
Montfort
Novelda
Alacant
Elx
Oriuela
L'HORTA
Guardamar
0
100

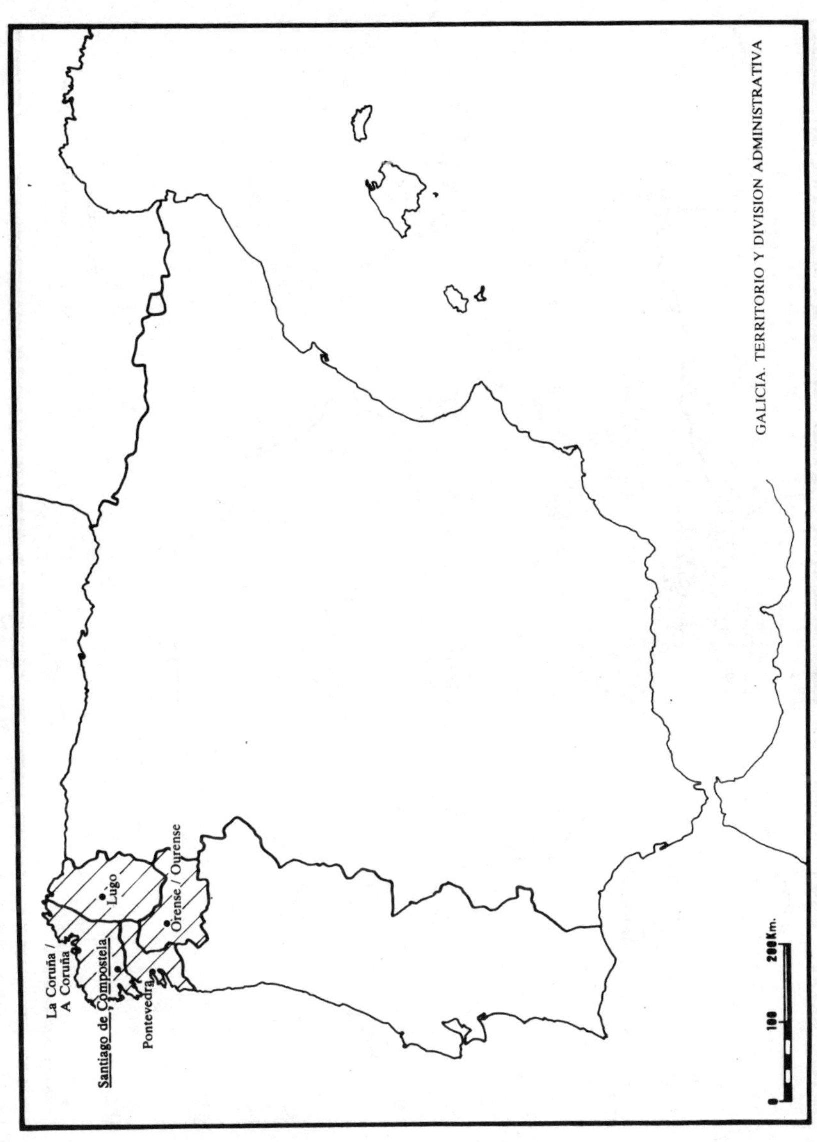
GALICIA. TERRITORIO Y DIVISION ADMINISTRATIVA
La Coruña /
A Coruña
Santiago de Compostela
Lugo
Pontevedra
Orense / Ourense
0
100
200 Km.

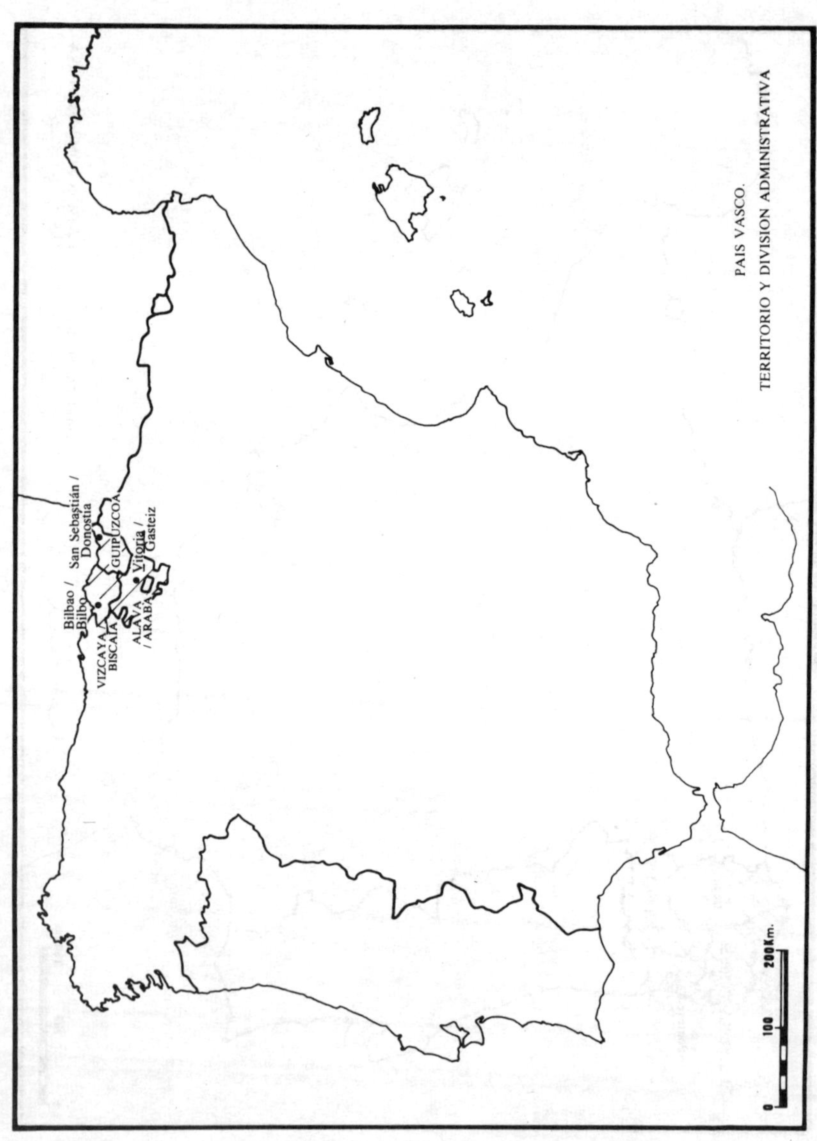

PAIS VASCO.
TERRITORIO Y DIVISION ADMINISTRATIVA

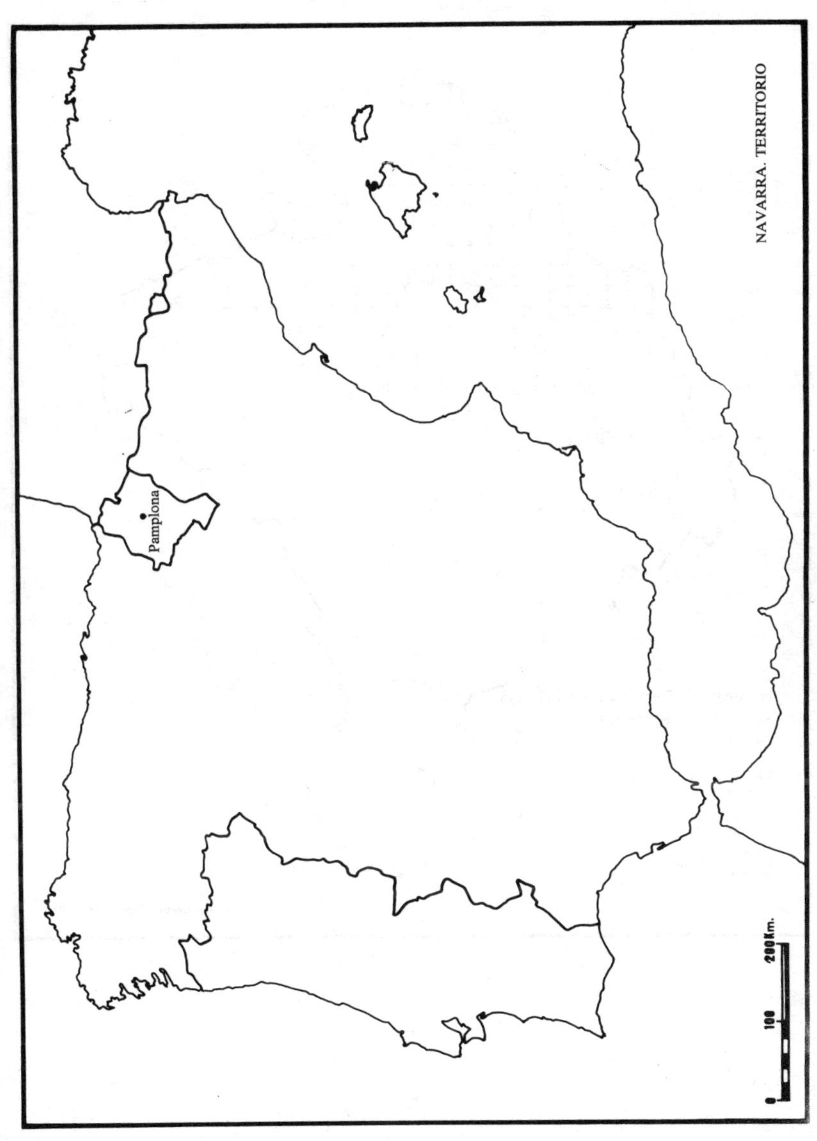
NAVARRA. TERRITORIO
Pamplona
0
100
200Km.

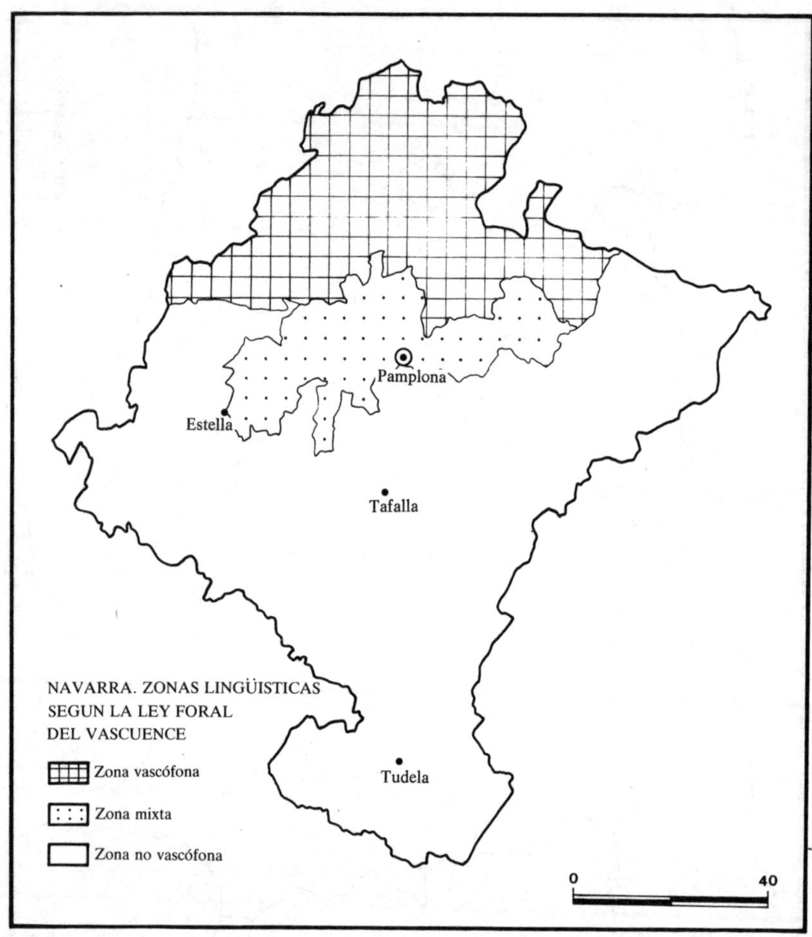
Pamplona
Estella
Tafalla
Tudela
NAVARRA. ZONAS LINGÜISTICAS
SEGUN LA LEY FORAL
DEL VASCUENCE
Zona vascófona
Zona mixta
Zona no vascófona
0
40

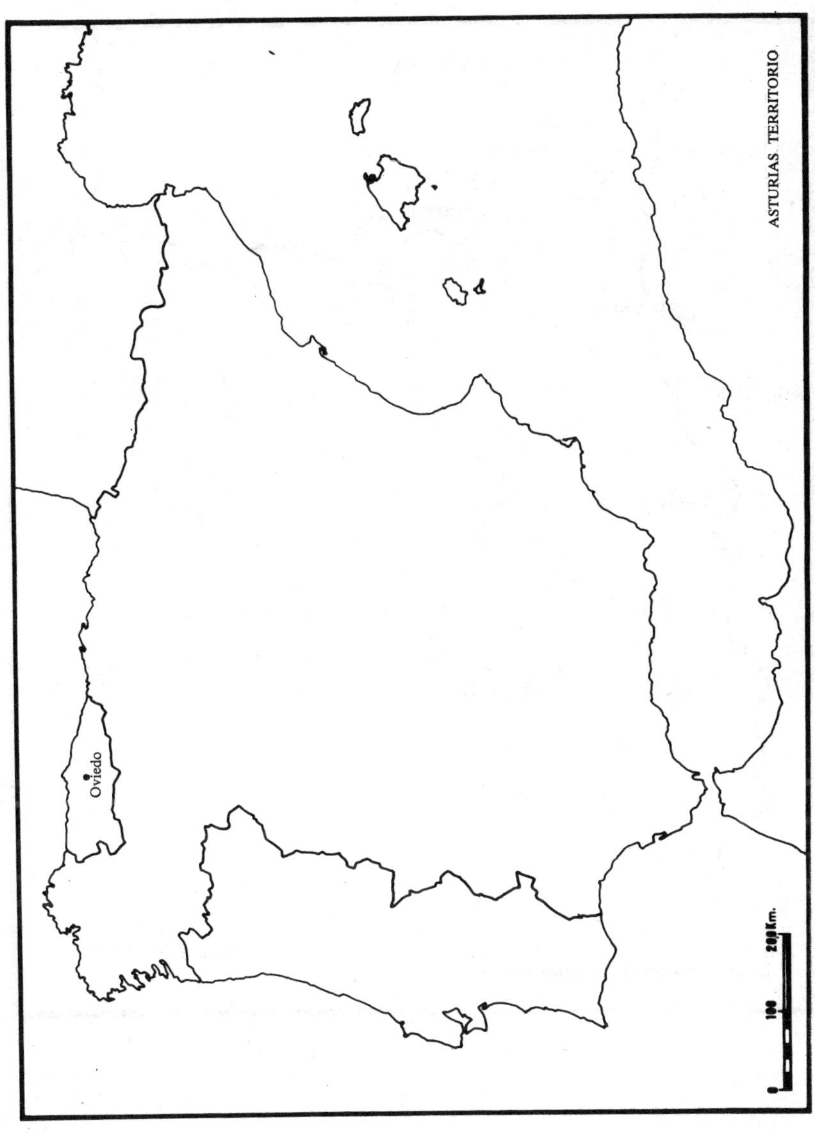
ASTURIAS. TERRITORIO
Oviedo
0
100
200 Km.

FRANCIA
P
I
R
I
N
E
O
S
Viella
ARAN
ANDORRA
ESPAÑA
ARAGON
Gerona / Girona
CATALUÑA
Lérida / Lleida
Barcelona
Tarragona
0
100
VALLE DE ARAN

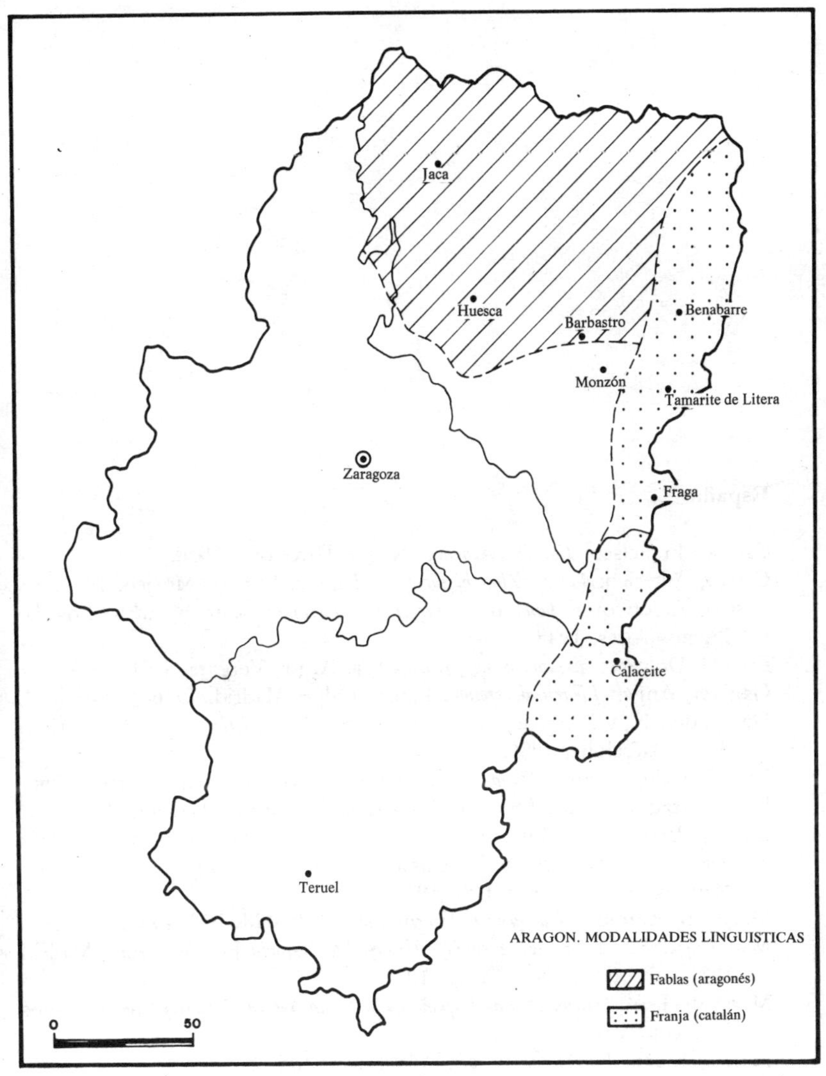
Jaca
Huesca
Barbastro
Benabarre
Monzón
Tamarite de Litera
Zaragoza
Fraga
Calaceite
Teruel
ARAGON. MODALIDADES LINGUISTICAS
Fablas (aragonés)
Franja (catalán)
0
50

BIBLIOGRAFIA

España

Cambó, Francisco: *Por la concordia*. Nagsa, Barcelona, 1930.

Castro, Américo: *La realidad histórica de España*. Porrua. México, 1954.

Castro, Américo: *España en su historia: Cristianos, moros y judios*. Losada. Buenos Aires, 1948.

Franco, Dolores: *España como preocupación*. Argos Vergara. 1980.

Ganivet, Angel: *Idearium español*. Espasa Calpe. Madrid, 1976.

Hernández, F., y Mercadé, F.: *Estructuras sociales y cuestión nacional en España*. Ariel. Barcelona, 1986.

Laín Entralgo, Pedro: *España como problema* 2 vol. Aguilar. Madrid, 1956.

Laín Entralgo, Pedro: *Ejercicios de comprensión*. Taurus. Madrid, 1959.

Linz, J. *Early State-bulding and the late periphereal nationalism against the State: The case of Spain*. en: S. N. Eisenstad y S. Rokan. Building States and Nations. Sage. Beverly Hill, 1973.

Machado, Antonio: *La guerra. Escritos 1936-1939*. Madrid, 1983.

Madariaga, Salvador de: *España. Ensayo de historia contemporanea*. Madrid 1931. (10.ª ed. Buenos Aires, 1974).

Maravall, J. A.: *El concepto de España en la Edad Media* (2.ª ed.). Ins. Estudios Políticos. Madrid, 1964.

Marías, Julián: *España inteligible*. Alianza. Madrid, 1985.

Menéndez Pidal, Ramón: *Los españoles en la historia y en la literatura*. Espasa Calpe, Argentina. Buenos Aires, 1951.

Menéndez Pidal, Ramón: Prólogo a: *Historia de España*. Espasa Calpe. Madrid, 1947.

Menéndez Pidal, Ramón: *Los españoles en la historia* (2.ª ed.). Espasa Calpe. Madrid, 1971.

Menéndez Pidal, Ramón: *España y su historia.* Editorial Castilla. Madrid, 1957.

Ortega y Gasset, José: *La redención de las provincias.* Alianza Editorial. Madrid, 1967.

Palacio Atard, Vicente: *Derrota, agotamiento y decadencia en la España del siglo XVII* 3ª ed.). Rialp. Madrid, 1966.

Sánchez Albornoz, Claudio: *España, un enigma histórico* Ed. Sudamericana. Buenos Aires, 1956.

Solé Tura, Jordi: *Nacionalidades y nacionalismos en España.* Alianza Editorial. Madrid, 1985.

Tornos, J. (Coord.) *Legislación sobre Comunidades Autónomas. (Estatutos de Autonomía)* 2 vols. Tecnos. Madrid, 1986.

Unamuno, Miguel: *Por tierras de Portugal y de España* (3.ª ed.). Aguilar. Madrid, 1958.

Cataluña

Almirall, Valentí: *Lo Catalanisme.* Barcelona, 1886, Trad. cast. *El Catalanismo* Antonio López. Barcelona, 1902.

Balmes, Jaime: Obras Completas. vol. XIII: *De Cataluña.* Barcelona, 1925.

Campmany, Mia. Aurelia: *¿Qué diablos es Cataluña?* Temas de Hoy. Madrid, 1990.

Campmany, Antonio de: *Código de las costumbres marítimas de Barcelona.* Madrid, 1791.

Cortada, Juan: *Cataluña y los catalanes.* Barcelona, 1859.

Cucurull, Felix: *Panorámica del nacionalisme catalá.* (seis vol.) París, 1975

Ferrater Mora, J.: *Les formes de la vida catalana.* Selecta. Barcelona, 1960.

García Venero, Maximiliano: *Historia del nacionalismo catalán.* Madrid, 1944, 2ª ed., 1967.

Giner, Salvador: *The social structure of Catalonia.* The Anglo-catalan Society. Londres, 1980.

González Casanova, J. A.: *Federalisme i Autonomia a Catalunya.* Curial. Barcelona, 1975.

Hernández, F.: *La identidad nacional en Cataluña.* Vicens Vives. Barcelona, 1983.

Horst, Hina: *Castilla y Cataluña en el debate cultural 1714-1939.* Península. Barcelona, 1986.

Maragall, Joan: *Obres completes.* Vol. I, Obra catalana. Vol. II, Obra castellana. Selecta. Barcelona, 1981.

Pinilla de las Heras. *Estudios sobre el cambio social y las estructuras sociales en Cataluña*. C. I. S. Madrid, 1979.
Prat de la Riba, Enric: *La nacionalitat catalana*. Barcelona, 1906.
Serrahima, Maurici: *Realidad de Cataluña*. Barcelona, 1967.
Vicens Vives, Jaume: *Noticia de Cataluña*. Barcelona, 1954.
Vilar, Pierre: *Cataluña en la España moderna*. Crítica. Barcelona, 1978.

Islas Baleares

Archiduque Luis Salvador: *Die Balearen in Wort und Bild geschildert* (9 vol.). Leipzig, 1869-1891. Traducción castellana: Las Baleares. Palma de Mallorca, 1955-1965.
Meliá, Josep: *Los Mallorquines*. Madrid, 1968.
Meliá, Josep: *La nació dels mallorquins*. Selecta. Barcelona, 1977.
Varios autores: *Islas Baleares*. en: Historia de los pueblos de España. vol. II. Ediciones Argos-Vergara. Barcelona, 1984.
Varios autores: *Cent anys d' historia de les Balears*. Salvat. Barcelona, 1982.

Valencia

Belenguer, E. (Coord.): *Historia del Pais Valenciá*. 5 vol. Ed. 62. Barcelona, 1990.
Cucó, Alfons: *Pais i estat: la questió valenciana*. Climent. Valencia, 1989.
Fuster, Joan: *Nosaltres els valencians*. Edicions-62. Barcelona, 1962 (7.ª ed. 1987).
Mira, Joan: *Critica de la nació pura*. Tres i quatre. Valencia, 1984.
Pérez Casado, R.: *Pais Valencia. Geografia i historia*. Valencia, 1980.
Pérez Casado, R.: *Estudis i reflexions. El cas valenciá*. Climent. Valencia, 1980.

Galicia

Castelao, A. R.: *Sempre en Galicia*. Buenos Aires, 1961. reedición Akal. Madrid, 1976.
Martínez Murguía, M.: *Historia de Galicia*. El Ferrol, 1865-1874.
Pérez Vilariño, J.: *Rasgos característicos de la identidad nacional de Galicia*. en: Urkola. «Subjetividad nacional y estructura social». Universidad del País Vasco. San Sebastián, 1984.
Risco, Vicente: *Teoria do nacionalismo galego*. Orense, 1920. Versión cast. Teoría nacionalista. Madrid, 1981.
Villares, Ramón: *Historia de Galicia*. Galaxia. Vigo, 1984.

País Vasco

Apalategui, J.: *Los vascos de la nación al Estado*. Elkar. Zarauz, 1979.
Arzak, J. I. *Historia del País Vasco*. Haramburu. San Sebastián, 1984.
Azaola, José Miguel: *Vasconia y su destino*. Revista de Occidente. Madrid, 1972.
Caro Baroja, Julio: *Introducción a la historia social y política del País Vasco*. Txertoa. San Sebastián, 1974.
Collins, R.: *Los vascos*. Alianza Editorial, Madrid, 1989.
Corcuera, J.: *Orígenes, ideología y organización del nacionalismo vasco (1876-1904)*. Siglo XXI. Madrid, 1979.
García de Cortázar, F. y Montero, M.: *Historia de Vizcaya* (2 vol.). Txertoa. San Sebastián, 1980.
Garmendia, J. M.: *La resistencia vasca*. Haramburu. San Sebastián, 1982.
Jauregui, G.: *Ideología y estructura política de ETA., 1959-1968*. Siglo XXI. Madrid, 1981.
Letamendia, F.: *Los vascos ayer, hoy y mañana*. Mugalde. Hendaya, 1976.

Navarra

Huici, Vicente y col.: *Historia de Navarra*. Txertoa. San Sebastián, 1986.

Pluralidad de lenguas

Alvar, Manuel: *Lenguas peninsulares y proyección hispánica*. Instituto de Cooperación Iberoamericana. Madrid, 1986.
Alvar, Manuel: *Mapa lingüístico de la España actual*. Fundación Juan March. Madrid, 1986.
Baldinger, Kurt: *La formación de los dominios lingüísticos en la Península Ibérica*. Gredos. Madrid, 1972.
Díez, M.: *Las lenguas de España*. Ministerio de Educación. (2.ª ed.) Madrid, 1980.
Entwistle, William J.: *Las lenguas de España: Castellano, Catalán, Vasco y Gallego-Portugués*. Istmo. Madrid, 1978 (3.ª ed., 1982).
Ninyoles, Rafael: *Cuatro idiomas para un Estado*. Cambio, 16. Madrid, 1977.
Tovar, Antonio: *La lucha de lenguas en la Península Ibérica*. Gregorio del Toro. Madrid, 1968.

Castellano/Español

Generalidades. Gramática. Normativa.

Alarcos, A. y E.: *Fonología española*. (2.ª ed.) Madrid, 1966.

Marsá, Francisco: *Diccionario normativo y guía práctica de la lengua española.* Ariel. Barcelona, 1986.
Mosterin, Jesús: *La ortografía fonémica del español.* Madrid, 1981.

Historia

Lapesa, R.: *Historia de la lengua española.* Gredos. Madrid (9.ª ed.), 1986.
Menéndez Pidal, R.: *Orígenes del español.*

Dialectos. Español fuera de España

Alvar, Manuel: *El dialecto aragonés.* Madrid, 1953.
Alvar, Manuel: *Atlas lingüístico etnográfico de Andalucía.* Granada, 1959.
Beinhauer, W.: *El español coloquial.* (3.ª ed.) Madrid, 1978.
Fontanella, M. B.: *La lengua española fuera de España.* Paidós. Buenos Aires, 1976.
Malberg, B.: *La América hispano hablante.* Istmo. Madrid, 1970.
Steel, B.: *Manual de español coloquial.* SGEL. Madrid, 1976.
Zamora, Vicente: *Dialectología española.* Gredos. (2.ª ed.) Madrid, 1966.

Diccionarios

VOX. Diccionario General Ilustrado de la lengua española. Bibliograf. Barcelona, 1987.
Corominas, J.: *Diccionario crítico etimológico de la lengua castellana.* Madrid, 1954.

Catalán/Valenciano

Generalidades. Gramática. Normativa

Meliá, José: *Informe sobre la lengua catalana.* Novelas y Cuentos. Madrid, 1970.
Ballot, Josep Pau: *Gramática y apología de la lengua catalana.* Barcelona, 1814.
Badia, J.: *Ortografía Catalana.* Jonc. Barcelona, 1986.
Fabra, Pompeu: *Converses filológiques.* Edició d'homenatge. París, 1946.
Fabra, Pompeu: *Gramática catalana.* teide. Barcelona, 1979.
Jané, Albert: *La llengua catalana.* Barcelona, 1966.
Marti, J. *Gramática catalana. Curs superior.* Edhasa. Barcelona, 1985.
Segarra, M.: *Historia de la normativa catalana.* Enciclopedia Catalana. Barcelona, 1986.

Historia de la lengua

Badia, Antoni M. *Gramática histórica catalana.* Noguer. Barcelona, 1951.
Massip, A. i Duarte, C.: *Sintesis d' historia de la llengua catalana.* La Magrana. Barcelona, 1981.

Dialectos. Variedades

Moll, F. de B.: *Gramática catalana referida especialment al catalá de les Illes Balears*. Moll. Palma de Mallorca, 1979.

Sanchis Guarner. *La llengua dels valencians.*

Valor, E.: *Curs mitja de Gramática catalana referida al País Valenciá*. Eliseu Climent. Valencia, 1977.

Veny, J.: *Els parlars*. Moll. Palma de Mallorca, 1986.

Fabra, Pompeu: *El catalá literari*. Barcelona, 1932.

Diccionarios. Enciclopedias

Albertí, S.: *Diccionari de la llengua catalana*. Albertí. Barcelona, 1984.

Alcover-Moll: *Diccionari catalá-valenciá-balear*. (10 vol.) Moll. Palma de Mallorca, 1980.

Corominas, Joan: *Diccionari etimologic i complementari de la llengua catalana*. Curial. Barcelona (17.ª ed.), 1983.

——*Diccionari Enciclopedic*. Enciclopedia Catalana. Barcelona, 1984.

——*Gran Enciclopedia Catalana*. (24 vol.) Enciclopedia Catalana. Barcelona, 1986.

Cataluña

Datos estadísticos y sociolingüísticos. Política lingüística

Cens lingüístic 1981. Consorci d'Informació i Documentació de Catalunya. Barcelona, 1986.

Cens lingüístic 1986. Consorci d'Informació i Documentació de Catalunya. Barcelona, 1986.

Coneixement del catalá. Padrons municipals, 1986. Centre d'Informació i Documentació de Catalunya. Barcelona.

Llibre blanc de la Direcció General de Politica Lingüistica. Generalitat de Barcelona. Barcelona, 1983.

Les expectatives d'us, actituts i necessitats lingüistiques entre la població adulta de l'aglomeració urbana barcelonina. Generalitat de Catalunya. DGPL. Barcelona, 1983.

Reixach, Modest: *Coneixement i us de la llengua catalana a la provincia de Barcelona*. Institut de Sociolingüistica. Generalitat de Catalunya. Barcelona, 1985.

Reixach, Modest: *Difusió social del coneixement de la llengua catalana (análisis del padró de, 1986)*. Generalitat de Catalunya. Departament de Cultura. Barcelona.

Strubell, Miquel: *Llengua i poblaciö a Catalunya*. Barcelona, 1982.

Strubell, M. y Romani, J.: *Perspectives de la llengua catalana a l'área barcelonina*. Generalitat de Cataluña. Barcelona, 1986.

Transmissió i coneixement de la llegua catalana a l'area metropolitana de Barcelona. Enquesta metropolitana, 1986. Vo. 20. Area Metropolitana i Institut de Sociolingüistica. Barcelona, 1991.

La lengua en la enseñanza

Quatre anys de Catalá a l'escola. Departament d'Ensenyament. Generalitat de Catalunya. Barcelona, 1983.

El Coneixement del catalá entre els alumnes de EGB, BUP y FP. Departament d'Ensenyament. Generalitat de Catalunya. Barcelona, 1984.

Les llengues en el sistema educatiu de Catalunya. Departament d'Ensenyament. Generalitat de Catalunya. Barcelona, 1987.

Arenes, Joaquim: *Catalunya, Escola i llengua.* Llar del Llibre. Barcelona, 1984.

Moners, J.: *L'escola a Catalunya sota el franquisme.* Barcanova. Barcelona, 1984.

Serra, Enric: *La llengua catalana a la Universitat Autonoma de Barcelona.* UAB. Gabinet de llengua catalana. Bellaterra, 1990.

Siguan, M.: *The Catalan language in the educational system of Catalonia.* International Review of Education. UNESCO, Institute for Education. Hamburgo, vol. 37, n. 1, 1991.

La lengua en la Administración

Duarte, C.: *Curs de llenguatge administratiu catalá.* Teide. Barcelona, 1981.

Rebes, J. E.: *Formulari de procediment administratiu.* Generalitat de Catalunya. Barcelona, 1987.

La lengua en los medios de comunicación

Ametller, C.: *Cataleg de la producció video gráfica a Catalunya., 1970-1985.* Generalitat de Catalunya. Barcelona, 1986.

Carreres, Lluis. *La radio i la televisió a Catalunya avui.* Edicions 62. Barcelona, 1987

Guillamet, Jaume: *La nova premsa catalana.* Edicions 62. Barcelona.

Guillamet, Jaume: *Anuari de la premsa catalana, 1986.* Generalitat de Catalunya. Barcelona, 1987.

Parés, M.: *La Televisió a la Catalunya autónoma.* Edicions 62. Barcelona.

Islas Baleares

Datos estadísticos y sociolingüísticos

Padró Municipal d'Habitants, 1986. Volum I. Resultats generals. Institut Balear d'Estadística. Palma, 1987.

Enquesta sociolingüística a la població de Mallorca. Universitat de les Illes Balears. Palma, 1986.

La lengua en la enseñanza

Vives, Miquel: *La lengua catalana en el sistema de enseñanza de las Baleares* en: Siguan (coord.) «Lenguas y Educación en el ámbito del Estado Español». Universidad de Barcelona,, 1983.

La lengua en los medios de comunicación

El mirall. Revista mensual de cultura e información general. Obra Cultural Balear.

La lengua en las producciones culturales

Llompart, J. M.: *La literatura moderna a les Balears.* Moll. Palma, 1964.

Valencia

Datos estadísticos y sociolingüísticos. Politica linguistica

Padró Municipal d'Habitants, 1986. Coneixement del valenciá. Generalitat Valenciana. Valencia, 1987.

Estudi sociologic sobre la problemática sociolingüística a la Comunitat Valenciana. Universitat de Valencia. Valencia, 1985.

Instituto Emer: *Coneixement del valenciá. Analisis dels resultats del Padró Municipal de, 1986.* Generalitat Valenciana. Valencia, 1989.

Mira, J. F.: *Població i llengua al Pais Valenciá.* Valencia, 1981.

La lengua en la enseñanza

Informe sobre la situació de l' ensenyament a la Comunitat Valenciana. Conselleria de Cultura i Educació. Generalitat Valenciana. Valencia, 1987.

Iborra, Josep: *La situación de la lengua en el sistema educativo de Valencia.* en: Siguan (coord.): «Lengua y Educación en el ámbito del Estado Español». Universidad de Barcelona, 1983.

Pascual, V. Sala, V.: *Un model educatiu per un sistema escolar en tres llengues.* Generalitat Valenciana. Valencia, 1991.

La lengua en la Administración

Les llengues en l'administració. Conselleria de Cultura. Generalitat Valenciana. Valencia, 1986.

Solé, J. R.: *Manual de llenguatge administratiu.*

Vasco/Euskera

Generalidades. Gramática. Normativa

El libro blanco del euskera. Euskaltzaindia. Bilbao, 1977.

DIADECO: *Estudio sociolingüístico del euskera.* San Sebastián., 1977.

(J. Ruiz de Olabuénaga): *Atlas lingüístico vasco.* Gobierno Vasco. Servicio de Publicaciones. Vitoria/Gasteiz, 1984.

Michelena, Luis. *Normalización de la forma escrita de una lengua: el caso vasco. Revista de Occidente,* n.º 10-11. Febrero, 1982.

Núñez, L. C.: *Opresión y defensa del euskera.* Txertoa. San Sebastián, 1977.

Tovar, Antonio: *Mitología e ideología sobre la lengua vasca.* Alianza. Madrid, 1980.

Historia de la lengua

Echenique, M. T.: *Historia lingüiastica Vasco-romana.* C.A.P. San Sebastián, 1984.

Michelena, Luis: *Historie de la lange* en: Etre Basque. Privat. Toulouse, 1983.

Dialectos. Variedades

Yrizar, Pedro: *Los dialecticos y variedades de la lengua vasca.* Estudio lingüístico demográfico. *Boletín de la Sociedad Vascongada de Amigos del País.* vol. XXIX (1973).

Yrízar, Pedro: *Contribución a la dialectología de la lengua vasca.* (2 vol.) Caja de Ahorros de Guipuzcoa. San Sebastián, 1981.

Diccionarios

Michelena, Luis: *Orotariko Euskal Hiztegia. Diccionario General vasco.* Euskaltzaindia. Bilbao, 1987.

Literatura

Sarasola, Ibon: *Historia Social de la Literatura Vasca.* Akal. Madrid, 1976.

País Vasco

Datos estadísticos y sociolingüísticos. Política lingüística

La lucha del euskera. Una encuesta básica: conocimiento, uso y actitudes. Gabinete de Prospección Sociológica. Gobierno Vasco. Servicio de Publicaciones. Zarauz, 1984.

Padrón de habitantes, 1986. Avance de resultados estadísticos. Instituto Vasco de Estadística. Vitoria/Gasteiz, 1987.

Padrón de habitantes, 1986. Educación y euskara/Herkuntza eta euskara. Instituto Vasco de Estadística. Vitoria/Gasteiz, 1988.

Mapa sociolingüístico. Análisis demolingüístico de la Comunidad Autónoma vasca derivado del Padrón de, 1986. Gobierno Vasco. Servicio de Publicaciones. Vitoria/Gasteiz, 1989.

María J. Azurmendi: *La juventud vasca en relación con el euskera,* en: *Jóvenes vascos.* Gobierno Vasco. Servicio de Publicaciones. Vitoria/Gasteiz, 1990.

La lengua en la enseñanza

Aierbe, Pello: *Situación general y escolar del bilingüismo en Euzcadi,* en: Siguan (coord.): «Lenguas y educación en el ámbito del Estado Español». Universidad de Barcelona, 1983.
Garagorri, X: *Desarrollo y situación actual de la enseñanza en las ikastolas,* en: Siguan (coord.): «Lenguas y educación en el ámbito del Estado español». Universidad de Barcelona, 1983.
Gobierno vasco: *Diez años de enseñanza de euskera: 1980-1990.* Secretaría de Publicaciones del Gobierno Vasco. Vitoria/Gasteiz, 1991.

Navarra

Datos estadísticos y sociolingüísticos

Distribución de la población de Navarra según el nivel de conocimiento de euskera. Gobierno Foral de Navarra. Sección de Estadística. Pamplona, 1988.
Sánchez Carrión: *El estado actual del vascuence en la provincia de Navarra.* Diputación Foral de Navarra. Pamplona, 1972.

La lengua en la enseñanza

Larraza, J.: *La difícil situación del euskera en la enseñanza.* Pamplona, 1983.
Zabaleta, M. F.: *Situación del euskera en el sistema educativo de Navarra,* en: Siguan (coord.): «Lenguas y educación en el ámbito del Estado español». Universidad de Barcelona, 1983.
Zabaleta, M. F.: *Euskal irakaskuntza Nafarroan.* Normalizaziorako oinarriak. Iruñea, 1986.

Gallego

Generalidades. Gramática. Normativa

Fallade Galego. Xunta de Galicia. Consellería de Educación e Cultura. Santiago, 1985.
García. Constantino: *Temas de lingüística galega. La Voz de Galicia.* A Coruña, 1985.
Moralejo Alvarez, José: *A lingua galega e os seus problemas. Galaxia. Vigo, 1982.*
Carvalho Calero, R.: Gramática elemental del gallego común. Galaxia Vigo (7.ª ed.), 1979.

Normativa de la Academia o aislacionista. Real Academia Galega/Instituto da Lingua Galega. *Normas ortográficas e Morfológicas do Idioma Galego.*

Normativa reintegracionista o lusitanista Associaçom Galega da Lingua (AGAL). *Estudio crítico das Normas Ortográficas e Morfolóxicas do Idioma Galego. A Corunha, 1983.*

AS-PG (Asociaçom Socio Pedagogica Galega). Orientaçons para a escrita do noso idioma. Ourense, 1982.

Historia de la lengua

Maia, Clorinda de A.: *Historia do Galego-portugués.* INIC. Coimbra, 1986.

Diccionarios. Enciclopedias

Diccionario da Lingua Galega. Real Academia Galega/Instituto da Lingua Galega. A Coruña/Santiago, 1990.

Diccionario Xerais da Lingua. Ed. Xerais, 1990.

Gran Enciclopedia Gallega. Silverio Gallego. Santiago, 1974-1987.

Galicia

Datos sociolingüísticos. Política lingüística

Lexislacion sobre a lingua galega. Xunta de Galicia. Conselleria de Educacion e Cultura. Santiago, 1984.

La lengua en la enseñanza

Fernández, Mauro: *La situación de la lengua en Galicia: la lengua de los escolares,* en: Siguan (coord.) «Lenguas y educación en el ámbito del Estado español». Universidad de Barcelona, 1983.

Pérez Vilariño: *Dependencia y discriminación escolar en Galicia.* Akal. Madrid, 1979.

Ruibal, Xose: *Situación y perspectiva de la enseñanza bilingüe en Galicia,* en: Siguan (coord.): *Lenguas y educación en Europa.* Barcelona. PPU, 1987.

Ruibal, Xose y Rodríguez Neira, M.: *O galego no ensino publico non universitario.* Consello de Cultura Galega. Santiago, 1991.

Rodríguez Neira, M.: *O galego na universidade.* Consello da Cultura Galega. Santiago, 1988.

La lengua en la administración

Cuadernos de Documentación Municipal. Editados por el «Instituto da Lingua Galega. Seccion de Linguaxe Administrativo».

Revista de Administracion Galega. Editada por la Asociación de Funcionarios para la Normalización Lingüística en Galicia.

Otras diferencias lingüísticas

Asturiano/Bable

Estudios y trabajos del Seminario de Llingua Asturiana. (2 vol.) Oviedo, 1978.

Díaz Castañon, M. C.: *Literatura asturiana en bable.* Salinas. Asturias, 1976.

Neira, Jesús: *El bable, estructura e historia.* Salinas. Asturias, 1970.

Neira, Jesús: *Bable y castellano en Asturias.* Temas de investigación asturiana,, 1982.

Sociedad Asturiana de Estudios. *Asturias: segunda encuesta regional* Principado de Asturias. Servicio de Publicaciones. Oviedo, 1984.

Llingua asturiana. La so situacion. Principau d'Asturies. Oficina de Política Lingüística. Oviedo/Uvieu, 1987.

Aranés. Val d'Arán

Normes ortografiques de l'aranés. Generalitat de Catalunya. DGPL. Barcelona, 1982.

Climent, T.: *Realitat lingüistica a la Val d'Arán.* Generalitat de Catalunya. Institut de Sociolingüística Catalana. Barcelona, 1986.

Aragonés

Conte, Anchet et al.: *El aragonés, identidad y problemática de una lengua.* Librería General. Zaragoza, 1977.

Conte, Anchet et al.: *El aragonés hoy.* Publicazions d'o Consello d'a Fabla Aragonesa.

Nagore, Francho. *Gramática de la lengua Aragonesa.* Mira Editores. Zaragoza (5.ª ed.), 1989.

Andaluz

Val de Soto, J. M. *Defensa del habla andaluza.* Edisur. Sevilla, 1981.

Conjunto de España

Datos estadísticos y sociolingüísticos

Encuesta de equipamientos, prácticas y contenidos culturales. Ministerio de Cultura. Madrid, 3 vol.

Fundación Santa María (P. González Blasco, F. Andrés Orizo, J. J. Toharia, J. Elzo). *Jóvenes españoles 89.* Ediciones SM. Madrid, 1989.

Fundación Santa María. *Juventud Española, 1984.* Ediciones SM. Madrid, 1985.

Alianza Universidad

Volúmenes publicados

616 Max Delbrück: **Mente y materia**

617 Juan C. García-Bermejo: **Aproximación, probabilidad y relaciones de confianza**

618 Frances Lannon: **Privilegio, persecución y profecía**

619 Carlos Castilla del Pino: **Teoría del personaje**

620 Shlomo Ben-Ami: **Los orígenes de la Segunda República: anatomía de una transición**

621 Antonio Regalado García: **El laberinto de la razón: Ortega y Heidegger**

622 William L. Langer: **Enciclopedia de Historia Universal 4. Siglo XIX**

623 Barrington Moore, Jr.: **Autoridad y desigualdad bajo el capitalismo y el socialismo: EE.UU., URSS y China**

624 Pierre Vidal-Naquet: **Ensayos de historiografía**

625 Donald N. McCloskey: **La retórica de la economía**

626 Heinz Heimsoeth: **Los seis grandes temas de la metafísica occidental**

627 Angelo Panebianco: **Modelos de partido**

628 José Alcina Franch (compilación): **Indianismo e indigenismo**

629 Ricardo Gullón: **Direcciones del Modernismo**

630 Saim Sambursky: **El mundo físico de los griegos**

631 Lewis Pyenson: **El joven Einstein**

632 Jack Goody: **La lógica de la escritura y la organización de la sociedad**

633 Brian Vickers (compilación): **Mentalidades ocultas y científicas en el Renacimiento**

634 Andrés Barrera González: **Casa, herencia y familia en la Cataluña rural**

635 Anthony Giddens, Jonathan Turner y otros: **La teoría social, hoy**

636 David Goodman: **Poder y penuria**

637 Roberth Hertz: **La muerte y la mano derecha**

638 Carolyn Boyd: **La política pretoriana en el reinado de Alfonso XIII**

639 Manuel Santaella López: **Opinión pública e imagen política en Maquiavelo**

640 Pietro Redondi: **Galileo herético**

641 Stéphane Deligeorges, Ed.: **El mundo cuántico**

642 M. J. Piore y C. F. Sabel: **La segunda ruptura industrial**

643 I. Prigogine e I. Stengers: **Entre el tiempo y la eternidad**

644 William L. Langer: **Enciclopedia de Historia Universal 5. De la 1.ª a la 2.ª Guerra Mundial**

645 Enrique Ballestero: **Estudios de mercado. Una introducción a la mercadotecnia**

646 Saim Sambursky: **El mundo físico a finales de la Antigüedad**

647 Klaus Offe: **Las contradicciones del Estado de Bienestar**

648 David Morgan: **Los mongoles**

649 Victor F. Weisskopf: **La física en el siglo XX**

650 Luis Vega Reñón: **La trama de la demostración**

651 John King Fairbank: **Historia de China. Siglos XIX y XX**

652 Emilio García Gómez: **Las jarchas romances de la serie árabe en su marco**

653 P. M. Harman: **Energía, fuerza y materia**

654 Manuel Rodríguez: **El descubrimiento del Marañón**

655 Anthony Sandford: **La mente del hombre**

656 Giordano Bruno: **Cábala del caballo Pegaso**

657 E. L. Jones: **El milagro europeo**

658 José Hierro S. Pescador: **Significado y verdad**

659 Georges Duby: **El amor en la Edad Media y otros ensayos**

661 J. S. Bell: **Lo decible y lo indecible en mecánica cuántica**

662 F. Tomás y Valiente y otros: **El sexo barroco y otras transgresiones premodernas**

663 R. Descartes: **El tratado del hombre**

664 Peter Burke: **La cultura popular en la Edad Moderna**

665 Pedro Trinidad Fernández: **La defensa de la sociedad**

666 Michael Mann: **Las fuentes del poder social**

667 Brian McGuinness: **Wittgenstein**

668 Jean-Pierre Luminet: **Agujeros negros**

669 W. Graham Richards: **Los problemas de la química**

670 Ludwig Wittgenstein: **Diarios secretos**

671 Charles Tilly: **Grandes estructuras, procesos amplios, comparaciones enormes**

672 P. Adriano de las Cortes (S.I.): **Viaje de la China.** Edición de Beatriz Moncó

673 Paul Martin y Patrick Bateson: **Medición del comportamiento**

674 Otto Brunner: **Estructura interna de Occidente**

675 Juan Gil: **Hidalgos y samurais**

676 Richard Gillespie: **Historia del Partido Socialista Obrero Español**

677 James W. Friedman: **Teoría de juegos con aplicaciones a la economía**

678 Fernand Braudel: **Escritos sobre la Historia**

679 Thomas F. Glick: **Cristianos y musulmanes**

680 René Descartes: **El Mundo o el Tratado de la Luz**

681 Pedro Fraile: **Industrialización y grupos de presión**

682 Jean Levi: **Los funcionarios diarios**

683 Leandro Prados y Verra Zamagni (eds.): **El desarrollo económico en la Europa del Sur**

684 Michael Friedman: **Fundamentos de las teorías del espacio-tiempo**

685 Gerolamo Cardano: **Mi vida**

686 Francisco Sánchez-Blanco: **Europa y el pensamiento español del siglo XVIII**

687 Jagdish Bhagwati: **El proteccionismo**

688 Carl Schmitt: **El concepto de lo político**

689 Salomon Bochner: **El papel de la matemática en el desarrollo de la ciencia**

690 Hao Wang: **Reflexiones sobre Kurt Gödel**

691 David Held: **Modelos de democracia**

692 Enrique Ballestero: **Métodos evaluatorios de auditoría**

693 Martin Kitchen: **El período de entreguerras en Europa**

694 Marwin Harris y Eric B. Ross: **Muerte, sexo y fecundidad**

695 Dietrich Gerhard: **La vieja Europa**

696 Violeta Demonte: **Detrás de la palabra**

697 Gabriele Lolli: **La máquina y las demostraciones**

698 C. Ulises Moulines: **Pluralidad y recursión. Estudios epistemológicos**

699 Rüdiger Safranski: **Schopenhauer y los años salvajes de la filosofía**

700 Johannes Kepler: **El secreto del universo**

701 Miquel Siguan: **España plurilingüe**

702 El silencio: **Compilación de Carlos Castilla del Pino**

703 Pierre Thuillier: **Las pasiones del conocimiento**

704 Ricardo García Cárcel: **La leyenda negra**

705 Miguel Angel Escotet: **Aprender para el futuro**

706 Martin Heidegger: **Fenomenología del espíritu de Hegel**

707 Clara Eugenia Núñez: **La fuente de la riqueza**

708 Fernando Ainsa: **Historia, utopía y ficción de la Ciudad de los Césares**

709 John Keane: **Democracia y sociedad civil**

710 A. Lafuente y J. Sala Catalá: **Ciencia colonial en América**

711 Gerold Ambrosius y William H. Hubbard: **Historia social y económica de Europa en el siglo XX**

712 Jean Delumeau: **La confesión y el perdón**

713 Claus Offe: **La sociedad del trabajo**

714 Alejandro R. Garcíadiego Dantán: **Bertrand Russell y los orígenes de las «paradojas» de la teoría de conjuntos**

715 Morris Kline: **El pensamiento matemático de la Antigüedad a nuestros días, I**

716 Pedro Miguel González Urbaneja: **Las raíces del cálculo infinitesimal en el siglo XVII**

717 Alfonso Botti: **Cielo y dinero**

718 Teresa Carnero Arbat (Edición): **Modernización, desarrollo político y cambio social**

719 Jacob A. Frenkel y Assaf Razin: **La política fiscal y la economía mundial**

720 M.ª Luisa Sánchez-Mejía: **Benjamin Constant y la construcción del liberalismo posrevolucionario**

721 Charles Tilly: **Coerción, capital y los estados europeos, 990-1990**

722 Vicent Llombart: **Campomanes, economista y político de Carlos III**

723 N. G. L. Hammond: **Alejandro Magno**

724 Morris Kline: **El pensamiento matemático de la Antigüedad a nuestros días, II**

725 Thomas F. Glick: **Tecnología, ciencia y cultura en la España medieval**

726 E. J. Aiton: **Leibniz. Una biografía**

727 Heinz Duchhardt: **La época del absolutismo**

728 Lawrence M. Krauss: **La quinta esencia**

729 Morris Kline: **El pensamiento matemático de la Antigüedad a nuestros días, III**

730 Heiko A. Oberman: **Lutero**

731 Hugo Ott: **Martin Heidegger**

732 Heinrich Lutz: **Reforma y contrarreforma**

733 Jorge Benedicto, Fernando Reinares y otros: **Las transformaciones de lo político**

734 Pablo Fernández Albaladejo: **Fragmentos de monarquía**

735 S. Bowles, D. M. Gordon y T. E. Weisskopf: **Tras la economía del despilfarro**

736 Stephen Jay Gould: **La flecha del tiempo**

737 Serge Lang: **El placer estético de las matemáticas**

738 Malcolm S. Longair: **Los orígenes del universo**

739 Erwing Schrödinger: **La estructura del espacio-tiempo**

740 Valentin Nikólaievich Voloshinov: **El marxismo y la filosofía del lenguaje**

741 Margaret L. King: **Mujeres renacentistas. La búsqueda de un espacio**

742 Robert W. Smith: **El universo en expansión**

743 Thomas Crump: **La antropología de los números**

744 Carlos Castilla del Pino (Dirección): **La obscenidad**

745 Leandro Prados de la Escosura y Samuel Amaral (Editores): **La independencia americana: consecuencias económicas**

746 William R. Shea: **La magia de los números y el movimiento**

747 Julian Pitt-River y J. G. Peristiany (Editores): **Honor y gracia**

748 Joel Mockyr: **La palanca de la riqueza**

749 Anthony de Jasay: **El Estado**

750 Niklas Luhmann: **Teoría política en el estado de bienestar**

751 Santiago Muñoz Machado: **La Unión Europea y las mutaciones del Estado**

752 David Ruelle: **Azar y caos**

753 Jesús Mosterín: **Filosofía de la cultura**

754 Francisco Rico: **El sueño del humanismo**

755 Roger Chartier: **Libros, lecturas y lectores en la Edad Moderna**

756 Stephen W. Hawking y Roger Penrose: **Cuestiones cuánticas y cosmológicas**

757 Juan Gil: **En demanda del Gran Kan**

758 Clara Eugenia Núñez y Gabriel Tortellá (Editores): **La maldición divina. Ignorancia y atraso económico en perspectiva histórica**

759 Giordano Bruno: **Del infinito: el universo y los mundos**

760 Anthony Giddens: **Consecuencias de la modernidad**

761 Helena Béjar: **La cultura del yo**

762 Larry Laudan: **La ciencia y el relativismo**

763 Rita Levi-Montalcini: **NGF. Hacia una nueva frontera de la neurobiología**

764. Pedro Schwartz, Carlos Rodríguez Braun, Fernando Méndez Ibisate (eds.): **Encuentros con Karl Popper**

765. Peter Burke: **Formas de hacer Historia**

766. Luis Garrido, Enrique Calvo: **Estrategias familiares**

767. **Imágenes y metáforas de la ciencia.** Compilación de Lorena Preta

768. N. G. Wilson: **Filólogos bizantinos**

769. Francesco Benigno: **La sombra del rey**

770. Wolfgang Merkel: **Entre la modernidad y el postmaterialismo**

771. Geoffrey Cantor, David Gooding, Frank A. J. L. James: **Faraday**

772. Jonathan Lear: **Aristóteles**

773. Gonzalo Bravo: **Historia del mundo antiguo**

774. Giovanni Sartori y Leonardo Morlino (eds.): **La comparación en ciencias sociales**

775. Furio Díaz: **Europa: de la Ilustración a la Revolución**

776. **La envidia.** Compilación de Carlos Castilla del Pino

777. Edmund Husserl: **Problemas fundamentales de la fenomenología**

778. Nigel Townson (ed.): **El republicanismo en España (1830-1977)**

779. Franco Selleri: **Física sin dogma**

780. Derek Bickerton: **Lenguaje y especies**